全国教育科学"十五"规划课题项目

中国文化概论

（第三版）

主　编　陈江风

副主编　徐仪明

　　　　李世桥

编写者（以姓氏笔画为序）

王仁宇　李世桥　李富华

陈江风　汤广全　钟坤杰

徐仪明

南京大学出版社

图书在版编目(CIP)数据

中国文化概论 / 陈江风主编. —3 版.—南京：南京大学出版社，2014.1(2016.8 重印)

ISBN 978-7-305-12870-7

Ⅰ.①中… Ⅱ.①陈… Ⅲ.①中华文化—教材 Ⅳ.①K203

中国版本图书馆 CIP 数据核字(2014)第 011605 号

出版发行 南京大学出版社
社 址 南京市汉口路 22 号 邮 编 210093
出 版 人 金鑫荣

丛 书 名 新世纪地方高等院校专业系列教材
书 名 中国文化概论(第三版)
主 编 陈江风
责任编辑 金鑫荣 尤 佳 编辑热线 025-83592123

照 排 南京紫藤制版印务中心
印 刷 南京大众新科技印刷有限公司
开 本 787×960 1/16 印张 21.5 字数 364 千
版 次 2014 年 1 月第 3 版 2016 年 8 月第 3 次印刷
ISBN 978-7-305-12870-7
定 价 38.00 元

网 址：http://www.njupco.com
官方微博：http://weibo.com/njupco
官方微信：njupress
销售咨询热线：025-83594756

新世纪地方高等院校专业系列教材

编 委 会

目　录

第一章 绪 论

中国文化是中国人的伟大创造，蕴含着中华民族对整个世界所作的无与伦比的伟大贡献。因此，努力探索、发掘和研究民族文化的历史遗产，为当今的现实社会服务，是摆在我们面前的一项重要任务。文化是人的活动方式与活动成果的辩证统一，是一个动态系统，一个不断创造、积累和沉淀的历程。从过程的意义上看，文化一方面是在人和自然基础上不断创造的过程；另一方面又是一种对人和自然不断改造，使人不断从动物状态中提升即不断人化的过程。只有充分认识文化在这两方面的价值，理解这种创造还包含着对人自身的改造，文化研究才更有意义，文化建设才更有针对性。因此，本教材一方面注意对中国传统文化基本结构、基本精神与历史线索的研究与介绍；另一方面十分注意结合社会现实需要对当今文化体系的建设做出深情呼唤。而后者的实现是当今乃至今后几代中国人的伟大历史责任。

第一节 中国文化的研究范围与对象

一、文化与文明

文化是一个众说纷纭的概念。1952 年，美国文化人类学家克罗伯(A.L. Kroeber)和克拉克洪(Clyde Kluckhohn)合著的《文化——有关概念和定义的回顾》一书，列举了西方学术界从 1871 年到 1951 年 80 年间出现的各种"文化"定义 160 余种。1952 年至今，世界各国、各地关于"文化"的新定义层出不穷，莫衷一是。究其原因，一方面是文化涉及面极广，由于多维视野的文化理论的争鸣与发展，形成了研究者彼此的视角和研究范围的不同；另一方面也因为语源学角度上各种语言歧义的客观存在，导致各自诠释的不尽相同。

汉语中的"文化"一词，既是中国语言系统中固有的传统词汇，又是近代以来学者们宣传外来文化时所确定的赋予了新的内涵的翻译语汇。

在中国本土的语言系统中，"文化"是"文"与"化"两个字组成的复合词组。见之于殷商甲骨文的“文”字,像一个袒胸而立、身有花纹文饰的人,可见“文”字在造字时与人息息相关的本义。以后“文”引申为各色交错的纹理。《易·系辞》:“物相杂,故曰文”,《礼记·乐记》:“五色成文而不乱”已说得很清楚;而许慎《说文解字》所谓“文,错画也,象交叉”则讲得更明白。由此进一步引申为文字典籍、礼乐制度、文德教化等含义。因为与五色成文有关,“文”字又有了与“质”、“实”相对的含义,引申为精神修养、德行美善之义。《论语》称,“质胜文则野,文胜质则史,文质彬彬,然后君子”。汉儒郑玄注《礼记》时说:“文犹美也,善也。”可见,“文”字早在远古,便已与今天的“文化”一词有了不解之缘。“化”字本义指事物动态的变化过程。如《易》所说的“男女构精,万物化生”和《礼记》“赞天地之化育”,表达的都是这层意思。由此又衍生出造化、大化等义,并由自然万物(造化)的生成、变易,引申出对伦理道德、社会文明的化成等教育与塑造过程的表达。

“文”、“化”二字的复合使用,是春秋战国以后的事情。《易·贲卦·彖传》:“(刚柔交错)天文也。文明以止,人文也。观乎天文,以察时变;观乎人文,以化成天下。”在这里,天文与人文相对,“天文”指天道运行的自然规律,“人文”指人际之间纵横交织的社会关系、人伦规范和风土民情。这段话是中国古代传统政治和文化思想的集中显现,讲究为政治国,须通过观察天象变化,把握自然规律和时令变化。同时,对于人间生活百态,要高度关注、因势利导、随宜教化,以求得人自身的不断文明和社会的理想治局的实现。在这里,“人文”与“化成天下”紧相关联,“因文教化”或“以文教化”的思想已十分明确。到西汉的刘向作《说苑》开始将“文”、“化”二字联为一词。他在《指武》篇中说:“圣人之治天下也,先文德而后武力,凡武之兴,为不服也,文化不改,然后加诛。”其后,晋人束皙在《补亡诗·由仪》中提出“文化内辑,武功外悠”,是“以文化辑和于内,用武德加于外远”①的政治策略的精辟表述。很明显,在古汉语的表达系统中,“文化”一词的本义是与“武功”、“武力”相对的概念,指以文德教化天下。这里面既有政治主张、政治(教育)过程,又有伦理意义。

作为近代翻译语汇的“文化”,是从日语中借用过来的。该词的原型是拉丁文 Cultura,含有耕作、居住、练习等多重含义。英文写作 Culture,含有改良土壤、栽培植物、种植树木、饲养牲畜等含义。这种用法至今保留在 agriculture(农业)和 horiticulture(园艺)一类英语词汇中。《牛津词典》把 1510

① 萧统:《文选》卷一九,中华书局 1977 年版,第 272 页。

年作为 culture 一词具有精神、人文意义的年份，词义中含有了为增进某种东西的质量而作的努力一类义项。后来逐渐引申出神明崇拜、性情陶冶、品德教化等含义，这就与古汉语中“文化”所具有的“文治教化”的义项比较接近。所以，学者们便用它来对译 culture 这一外来语汇。

显然，古汉语的“文化”与西方传统的“Culture”在词义上是有着明显的区别的。“文化”强调人的教育过程和以教育为目的的社会活动，偏重于精神领域；而“Culture”则从人类的物质生产活动出发，逐渐引申到社会领域和精神领域，其本义强调的是人与自然的关系。

“文明”一词，在中国古代典籍中出现较早。《尚书·舜典》说：“睿哲文明，温恭允塞。”对于这段话，唐朝人孔颖达解释说：“经纬天地曰文，照临四方曰明。……舜既有深远之智，又有文明温恭之德，信能允实上下也。”《易·贲卦·彖传》说：“文明以止，人文也。”晋人王弼注释说：“止物不以威武而以文明，人之文也。”孔颖达则进一步解释说：“用此文明之道，裁止于人，是人之文德之教。”可见在古代汉语中，“文明”的最初用法有光明、文德彰显和普及的含义，其义项有部分与文化交叉。

近代以来，西学东渐，在文化的启蒙过程中，大量的西方学术思想与术语涌入我国。学术界始用“文明”一词来翻译英文中的 Civilization。该英文词来源于拉丁文的 Civis(市民)和 Civilitas(都市)，本身具有两方面的含义：1. 有文雅之义。2. 有政治方面的意义，与国家的概念相对应。在古代的希腊和罗马，城市作为政治、经济、文化中心，具有“国家”的含义。这一含义我们通常译作“城邦”。而在城市里居住的市民，不但在政治上具有特殊地位，而且在生活态度与方式上也较文雅、进步。因此，现代意义的“文明”的概念不同于古汉语，它是一定的社会生产力发展水平的产物，与个体家庭、私有制度和国家制度的产生大体上相对应。

从现代意义上讲，“文化”与“文明”是两个概念。它们既相联系，又有区别。概括地说，文化是人类创造的所有物质成果和精神成果的总和，而文明则是人类创造的文化成果达到一定发展水平的显现。正是从这一意义上讲，人们称古埃及、印度、巴比伦和中国为四大文明古国，而不称其为文化古国。

二、文化的结构与分类

“文化”内涵的丰富性决定了它外延范围的广泛性。对此，美国文化人类学家洛威尔(A. Lawrence Lowel，1856—1942)形象地表述说：“在这个世界上，没有别的东西比文化更难捉摸。我们不能分析它，因为它的成分无穷无尽;我们不能叙述它,因为它没有固定形状。我们想用文字范围它的意义,这正像要把空气抓在手里似的,当我们去寻找文化时,除了不在我们手里以外,它无所不在。"①文化的研究由于这一特点而更加扑朔迷离,同时也更加具有魅力。于是,研究文化的人们,为了便于把握和解释,往往十分注意区分文化的基本结构和分类。

人们对文化基本结构和分类的划分,视研究者所从事的不同学科和课题的需要,视实际操作过程的需要而定。通常情况下,文化研究者往往根据各自不同的视角,对文化做出不同的分类。例如,从时间角度上,分为原始文化、古代文化、近代文化、现代文化等;从空间角度上,分为东方文化、西方文化、海洋文化、大陆文化等;从不同的社会层面上,分为贵族文化、平民文化、官方文化、民间文化等;从不同的社会功能上,分为礼仪文化、服饰文化、校园文化、企业文化等。这些从时间、空间或社会层面对文化所作的分类是从外在角度所作的划分。从文化自身的内在逻辑结构和层次上,或分为物质文化、精神文化两个层次;或分为物质文化、制度文化、精神文化三个层次;也有的学者分为物质文化、行为文化、精神文化、制度文化四个层次。这些划分,无论是两层次说、三层次说,还是四层次说,所研究的都是文化本身的基本结构。其中四层次说概括表达得较完整。

物质文化,又称物态文化,是人类所从事的物质生产创造活动及其劳动产品的总和。物质文化以满足人类生存发展所必需的衣、食、住、行一类条件为目标,直接反映人与自然的关系,反映人类对自然的认识、利用和改造的程度与结果,反映社会生产力的发展水平,是一种可以感知的、具有物态实体的文化事物,是人类从事一切文化创造的基础。

精神文化,是人类在长期的社会实践活动和意识形态活动中升华出来的价值观念、知识体系、审美情趣和思维方式等的总和。具体来说,精神文化又可以进一步区分为社会心理和社会意识形态两个部分。社会心理指人们的日常精神状态和思想面貌,是尚未经过理论加工和艺术升华的流行的大众心态,包括人们的情绪、愿望和要求,等等。社会意识形态是指经过系统加工的社会意识,往往是由文化专家、政治家等对社会心理进行理论归纳、逻辑整理、艺术升华,并以著作或作品等物化形态固定下来,流行传播,垂于后世。

行为文化,是人类在长期的社会实践和复杂的人际交往中约定俗成的

① 转引自殷海光:《中国的文化展望》,中国和平出版社1998年版,第26页。

习惯行为定势，是以民风和民俗形态出现，见之于日常生活中的具有鲜明民族和地域特性的行为模式。一定的行为文化是一定的精神文化，尤其是观念文化，在人们社会实践中的反映。

制度文化，是人类在社会实践活动中所建立的各种社会规范的总和，包括婚姻、家庭、政治、经济、宗教等制度以及组织形式在内。人是社会化的动物，社会活动要求人处理好人与人、人与社会、人与自然的关系，否则，社会就会陷于无序与灾难。制度文化是解决与规范协调人与人之间行为的文化，具有很强的调适性，因此，制度文化又称为调适文化。

在文化基本组成结构的诸部分中，物质文化是人类在适应自然的同时，改造自然、征服自然的创造及其成果，反映的是人与自然的关系。制度文化和行为文化是人在建立社会、推动社会发展过程中的创造及其行为的自觉，反映的主要是人与社会的关系。精神文化是人在自身发展的历史过程中主体意识的自觉及其精神创造能力和成果，反映的是人与自我的关系。

在文化结构的诸层次中，外显的物质性的文化往往随着生产力这一最为活跃的因素的变革而迅速变革，它的外在的物质实体比较容易发生变化。处于中层的制度文化随着社会革命和社会变革或快或慢地发生，并由于统治阶级文化的改变而影响人们的社会行为方式。而精神文化、行为心理文化则由于内化于人心，长久积淀在民族文化深层，形成民族独特的心理结构，最难于发生变化。其核心的部分是历史形成的思维方式、价值观念和长期对生活意义的体认。比如，对于外来文化，人们最容易理解和接受的是外来的物质文化，如西方文化中外显的物质实体性文化。对中层的制度行为文化人们有较大的选择性，而对于深层的精神心理文化则很难认同和接受。西方人也是这样，他们欣然接受了中国发明的火药和鞭炮，却无法认同中国人的鞭炮驱鬼避邪的传统信念。文化差异的关键是深层文化的不同，是思维方式和价值观的不同所致。

三、文化的功能

1. 文化的记忆与认知功能

文化记录着人类的活动历程。在文字没有出现的年代，人们就通过口头语言，将经验、知识、观念口耳授受，代代相传。世界各民族的文字几乎都是在口头文学的基础上发展起来的。直至今天，一些没有文字的民族依然如此。

文字是人类天才的创造。作为文化的载体，它极大地扩大了文化的记录功能。中国的甲骨文、埃及的纸草、巴比伦的楔形文字等，都为我们保存了早期人类社会实践的记录，让我们领略了远古先民的智慧和能力。随着造纸术、印刷术的出现，随着科学技术和文字本身的不断发展，这种记录功能更是无时不在，无处不起作用。史书典籍、科学著作、报纸杂志、音像媒体，无一不在发挥着文化的记录功能。人类正是凭借文化的记录功能，不断积累知识经验，在前人的基础上，持续开拓深广的认知领域，创造出更加灿烂的新文化。

人类创造的物质文化也有记录功能。一种工具、一件兵器、一种生活用具、一个艺术装饰，不同程度记录着创造者的审美观念和文化价值取向，可以使我们感知到彼时彼地人们的精神岁月和实践活动，彼时彼地的风土人情和历史沧桑。秦朝兵马俑、汉代的画像石，使我们神往秦汉王朝风采；《清明上河图》，使宋代都市繁华喧闹的生活图画历历呈现，如此等等。

文化既然有记录功能，也就有认识功能。因为，人的认识过程总是受到文化的制约和规范。几千年流衍的传统文化，对于今天的人，第一个用处就是它的认识价值。现存的古文化，无论是令人神往的故宫、家喻户晓的《红楼梦》，还是代代相传的二十四史，从某种意义上说，都是一面面历史的镜子。人类正是通过文化，不断积累经验，改进自己的思维方式，提高自己的认知能力，从而逐渐地认识自然、认识社会、认识自身、认识世界的。物理学使我们认识物体的运动规律，化学使我们认识地球的构造、矿藏的方位，而哲学则为我们提供了世界观和方法论，提供了认识世界的思维工具。

通过文化，人们还能不断改进已有的物质性认识工具，并创造出新的物质认识工具，从而使自己认识的能力不断扩大和深入，质量不断提高，速度不断加快。从望远镜到射电望远镜，从显微镜到CT机，从算盘到电子计算机，都是很好的明证。

通过文化，人类还能认识不同国家、民族、阶级、阶层的昨天和今天，并去探索它们的明天。摩尔根的《古代社会》使人们认识印第安人的原始社会；联合国大会可以使我们了解当今世界各国政治经济的风云变幻；各种情报、各种信息的总汇，不仅可以使我们现在正确决策，还可以使我们预测明天的走向。由此看来，一部人类文化史既记忆着人类成长发展的心路历程和伟大创造，又是一部内容丰富的人类认识史。

2. 文化的传播功能

和文化的记录功能、认知功能相联系，文化还具有传播功能。任何一种文化现象都是社会现象，它在社会交往中产生和发展，自然就会在社会交往中得到传播。款式新颖的时装，风行一时的歌曲，知识的普及，技能的推广，靠的就是文化传播功能。显然，这种传播，可以是纵向的，也可以是横向的；

可以在社会群体之内，也可以在社会群体之间。

言语和文字既是文化现象，又是文化的载体，其传播功能特别巨大。言语会传播，婴儿才会牙牙学语，于是一个地区乃至一个国家都能操同一种言语，各种信息才得以交流。文字会传播，一部二十四史才能为我们送来中国古代社会早已消逝的诸多信息。

实物也可以传播。古有丝绸之路，昭君出塞，文成公主入藏，郑和下西洋，促进了中国和邻国、汉族和少数民族之间的文化交流。现在各种交易会上琳琅满目的商品、艺术节里精彩纷呈的节目，以及各种展览会、博物馆、体育竞技、学术报告等，无不在利用文化的传播功能促使文化广泛交流。

随着科技不断进步，文化传播功能更臻完美。电话、电报、电台、电传、电脑，使天涯若比邻，四海成一家。世界上每个角落发生的事情，通过文化传播的媒体，我们可以当天知道。同时，文化的传播还可以跨越时空。上下几千年，纵横数万里，都可以通过文化的传播功能去认识。1977 年，美国先后发射两艘宇宙飞船，载着地球上人类的各种信息，包括莫扎特乐曲、中国的《二泉映月》，以及许多数学符号，飞向茫茫的太空。这是一次人类利用文化传播功能向宇宙传播人类文化的尝试。

3. 文化的教化和凝聚功能

人类的出现首先是分地域的，各地人群按照自己不同的方式来创造自己的文化。文化被人们所创造以后，就成了人们生活环境中的有机组成部分。这种不同于自然的人造环境，我们称之为文化环境。文化一旦产生就具有一定的功能，这些功能反过来影响人、塑造人，执著地发挥其教化作用。

人从呱呱坠地开始，就生活在一定的文化环境中，父母教他学话，教他识别器物，教他爱憎。长大后，学校教他知识，教他做人。社会上各种规章制度、风俗习惯、言行举止，都在引导他适应社会。文化不仅自觉教化人，更多的是通过耳濡目染、潜移默化的方式实施教化功能，以期使人按照社会的理想和价值标准成功地社会化，使人最大限度地削弱其动物性而成为社会的人。

人是社会化的动物，人的生存与发展对社会存在着依赖性。正是因为人对社会的这种依赖性，文化的教化功能才能通过文化模式的范畴功能和社会价值观的灌输来实现。人所生活的环境，奉行什么样的文化模式，推广和灌输什么样的价值观，人就会通过接受教化的过程，通过不断处理与周边各种关系的过程，自觉不自觉地调整自己的观念和行为，以至于最终内化成为自己的行为方式。因此，在人类社会的发展过程中，随着人的文化环境发生变化，人们的思维方式、行为习惯、价值观念、审美趣味都会受教化功能的影响而发生变化。这是文化发展的一条重要规律。也就是凭着对这一规律的自觉把握，历代统治者把教化百姓当成政治的第一要务。因为，对于社会，文化的教化功能既可以是积极的，也可以是消极的。近朱者赤，近墨者黑，因而我们要积极营造健康向上的文化环境，确立正确的价值观，克服文化消极因素的影响。

文化有教化功能，也就有凝聚功能。因为文化可使一个社会群体中的人们，在同一文化类型或模式中得到教化，从而产生相同的思维方式、价值观念、行为习惯，而紧紧团结在一起，产生巨大的认同抗异力量。

文化凝聚功能，在民族群体中表现得尤为明显。世界史上，此起彼伏的民族冲突和战争，苏联战胜德国法西斯，中国赶走日本侵略者，其中一个重要原因就是认同抗异的文化凝聚力量的表现。

传统中华文化的凝聚功能，主要表现为忠君与爱国。岳飞抗金、文天祥抗元、史可法抗清、三元里抗英、艰苦卓绝的抗日战争……中华民族历尽劫难，仍生生不息，这一功能的维系是最重要原因之一。历史发展到今天，忠君思想已经过时，但是，伟大的爱国主义却仍然是我们高扬的旗帜。中华振兴的今天，国人艰苦奋斗，默默奉献；海内外华人，同心同德，捐资捐物，献计献策，靠的是文化的凝聚功能，靠的是爱国主义的维系力量。

爱国主义是民族核心价值观念的体现，属于精神文化范畴中的内层文化，因而它的凝聚范围大、程度深，最稳固持久。至于共同的爱好，共同的职业，共同的习惯、经历等，则属于表层、中层文化，相对而言，其凝聚功能也趋于表面化。不同层次的文化凝聚功能，既有其积极方面，也有其消极方面。总的说来，凡有利于社会安定团结、人民幸福安康的都是积极的，反之就是消极的。

四、中国文化概论的研究范围

美国人类学家拉尔夫·林顿说："文化指的是任何社会的全部生活方式。"①《大英百科全书》把文化概念分为两类，第一类是"一般性"定义，即文化等同于"总体的人类社会遗产"。这些学者主张的都是一种涵盖物质文明和精神文明总体的大文化观。

中国文化的研究范围是一个非常宽泛的大课题。广义地说，应该包括中华人民共和国 960 万平方公里范围内的 56 个民族自有史以来创造的物质

---

① 拉尔夫·林顿：《个性的文化背景》，转引自 C.恩伯：《文化的变异》，辽宁人民出版社 1988 年版，第 29 页。

文化、精神文化、制度文化以及心理文化的总和。就目前情况看，要做出这样一本内容广泛的教材来是不现实的。因此，本书拟侧重中国文化中的精神文化、观念形态的形成、演变、沿革及其规律性的探讨。

对作为观念形态的文化涵义，应作全面性理解。我们不能把观念形态与纯抽象的思想意识等同起来。观念是意识、思想、思维活动的结果，除了哲学、宗教、思维方式、道德等属于观念形态的东西，绘画、雕塑、建筑、音乐、舞蹈、工艺、诗歌、书法等同样表现出精神价值，凝聚着人们的艺术观念、价值伦理观念和审美观念，因此，也属于文化的研究对象。当然，科学技术思想、教育思想也应该是文化研究的重要对象。虽然科学技术是生产力，科技史不同于文化史，但是科学技术在其发展过程中，逐渐形成了系统的理论体系和思想方法。这些带有华夏民族思维特色的精神产品，也属于观念形态的内容。如果不对这部分内容加以研究，便不能清楚阐明人类文化的历史进程。

作为人类精神生产领域的文化，一经产生就具有相对的独立性，有其自身的发展规律。各种文化形式既然具有承传性，也就必然具有自己独立的历史过程，因此具有极高的认识价值、研究价值和历史借鉴价值。因此，作为概论要对文化作理论的概括和历史的研究，既要认识文化和当时经济、政治的关系，更要找到文化现象产生和发展演变自身的内在联系，揭示其规律性，为我们今天的社会发展和精神文明建设服务，为学生认识与把握中国传统文化的特点与规律服务。

基于以上认识，本书在研究和概述中国文化形成和发展的过程、特点及规律时，既注意到它的历时性，又注意到它的共同性；既阐述文化基本结构的有机组成，又侧重其中精神文化等重要部分的规律探讨与揭示。其审视的重点在于，通过对包括哲学、宗教、科技思想、文学、艺术、教育、思维方式和习俗等文化门类的研讨，使学生建立起对于中国文化的一个概要的理解和把握。

第二节 中国文化发展概述

一、中国文化的萌发与奠基

文化的本质是人化或人类化。有了人，就开始有了历史，也开始有了文化。因此，中国文化的发生与中国人的起源实质上是联系在一起的。根据目前通行的说法，中国境内最早的人类活动从距今 200 万年左右的四川巫山人到距今170万年前的云南元谋猿人开始。从猿转变到人，这是两大物质形态之间的转变，是生命物质实现的质的飞跃，而中国文化就产生于从猿到人的转变过程中。

在文化生产的过程中，最早出现的是工具。猿最初使用的工具是简单加工的石块，考古学将这一时期称为旧石器时代。虽然新、旧石器时代的划分学术界仍存在争议，从实物考古角度看，从元谋人直到距今近8000年的四川资阳人，经历了漫长的旧石器时代，开始迎来新石器时代的曙光。火的使用标志着人与动物的最后诀别。元谋人是否已经学会用火，学术界尚有争议，而距今50万年前的一支北京猿人，已经熟练地使用火，并能有效地保留火种，可见中国文化的确源远流长。

保守地说，从距今8000年开始，中华先民已进入新石器时代，农业、畜牧业取代采集狩猎，成为首要的生产部门。以“泥条盘筑”为主要制作方式的陶器也广泛出现。迄今为止，我国已发现新石器时代的文化遗址7000多处，其中最著名的类型有仰韶文化(公元前5000年—前3000年，1921年发现于河南)、大汶口文化(公元前4500年—前2500年，1959年发现于山东)、红山文化(与仰韶文化同期，1935年发现于辽宁)、良渚文化(公元前3300年—前2250年，1936年发现于浙江)、马家窑文化(公元前3000年—前2600年，1923年发现于甘肃)、龙山文化(公元前2800年—前2300年，1928年发现于山东)。

中国古代典籍的历史叙事历来保持着“中原中心说”的传统，以“自从盘古开天地，三皇五帝到如今”为主要线索。由于上古文献大多失传，三皇五帝在散见的典籍中说法不一，互相牴牾，无法统一，于是，现代以来，人们大多借用考古学的文化年代排序来标注文化发展的历史。大量石器时期文化遗址的广泛发现说明，中华文化在中国大地上的发生，一开始即呈多元状态，考古学的实证，对传统的“中原中心说”提出挑战。1977年，夏鼐发表《碳十四测定年代与中国考古学》，划分中国文明为七大区域。苏秉琦则划分起源期的中国文化为六大区系。与考古学相呼应，神话学、民族学、民俗学的研究也在支持中国文化多元发生的理论。他们把中华民族的远祖粗略划分为华夏、东夷、苗蛮三大文化集团。在中国跨入文明时代的前夕，黄河流域出现了部落联盟之间的兼并战争。首先是炎帝、黄帝联军在涿鹿大败蚩尤，继之，炎、黄二帝发生冲突。阪泉一战，黄帝打败了炎帝，从此成为华夏集团的代表。经过对东夷集团以及稍后对苗蛮的征战，华夏集团取得连续胜利，从而确立了中原在中华文化多元发生中的主导地位。

从黄帝逐鹿中原到传说中的大禹、夏启，中国文化在自身的生命运动中，迈出了令后世瞩目的华夏文明的巨大步伐。其社会组织结构方式已初步具备国家雏形，有了统一而宽泛的管理制度和管理办法，但经济生活方式以及包括图腾崇拜、灵魂崇拜、生殖崇拜、祖先崇拜和巫术在内的精神生活仍处在原始状态。至殷商西周，中国文化的独特岁月开始形成。大约在公元前 14 世纪，长期流动不定的商民族在第十代君王盘庚的率领下，从奄（山东曲阜）迁都到殷（河南安阳），在此传位八代十二王，历时 273 年。这一时期，商王朝的文明水平有了长足的发展和提高。甲骨文字的使用，标志着中国文字的成熟，标志着中华文明发展的又一个崭新阶段。以殷为中心的商朝人，在其浪漫的民族性格和以神秘性为特征的原始思维方式的支配下，尊神重巫，热衷于与天沟通、崇拜祖先的祭祀文化，体现出强烈而浪漫的神本文化特色。所以，《礼记·表记》说："殷人尊神，率民以事神。"

对于中国文化的发展来说，周人入主中原，具有决定文化模式转换的重要意义。周是一个历史几乎与商同样悠久的部族，作为偏处西方的小邦，长期附属于商。经过数百年的惨淡经营，周民族逐渐强大，公元前 11 世纪，"小邦周"终于取代"大邑商"，建立起周王朝。周朝建立之后，一方面因袭商代的种族血缘统治办法，一方面实行文化主旨上的转换，开始了中国文化史上一次重大的维新运动。

周人的维新，首先表现在宗法制度的建立。与殷商王朝兄终弟及，弟死然后儿子继承王位的制度不同，周朝创立了完善的以血缘为纽带的嫡长子继承制：人的家族关系分为大宗和小宗。在家族中，嫡长子世代为大宗，起主导作用；其他儿子为小宗，居于从属地位。小宗在自己的家庭中也依血缘远近分为大、小宗，理性而有序地传承。由此建立起一个庞大而秩序分明的以"国是大家，家是小国"为特征的宗法体制。周人确立的兼备政治权力和血亲道德制约双重功能的宗法制，其影响深入此后三千年中国社会与文化的肌体，形成中国传统文化的重要特征。与宗法制相匹配，周人根据血缘的亲疏远近来分封土地，封侯建邦，实行一种历史上称为"分封制"的以血缘为纽带的分权制国家体制，完成了宗法与国家体制的一体化建设。

其次，周人维新还表现在礼制文化的创建。为了保证宗法制和分封制的有效实施，周人的另一文化创新是确立了一套把上下尊卑等级关系固定下来的礼制制度和与之相配合的情感艺术系统（乐），这便是所谓"制礼作乐"传统。周代的礼制是周代的制度文化、行为文化和观念文化的集中体现，它既是典章制度的总汇，又是政治生活、经济生活、社会生活、家庭生活各种行为规范的准则。周初统治者在总结夏亡商灭的历史教训的基础上,提出了影响深远的"天命靡常,唯德是辅"、"以德配天"、"敬德保民"等道德理想主义思想。中国传统文化中的德治主义、民本主义、忧患意识,乃至"天人合一"的价值取向的确立,都与周文化有关。

从公元前770年到公元前221年的春秋战国是中国文化重要的奠基时期,其特点是社会制度由奴隶制向封建制转变,文化随着社会生产力的发展走向空前繁荣,出现了为后世景仰的诸子蜂起、百家争鸣的学术盛况,奠定了中国文化基本格局的基础。

先秦诸子百家对中国后世文化发展影响较大的是儒、墨、道、法四大学派。这些学派各有其产生、发展、演变和分化的历史过程,各家在学术观点和政治主张上存在着不同程度的分歧与对立。然而,意味深长的是,这一时期却是中国学术界最有活力、生气蓬勃的时期。在思想解放的前提下,学术的主要特点从神秘化、理想化、宗教色彩浓厚的原始状态下解脱、升华出来,表现为鲜明的人文意识和历史深刻性。这一时期学术的长足发展对中国历史产生了深远的影响,最终凝聚成中国文化的基本精神。

儒家学派由孔子创立,从人的道德修养出发,着重发展了社会政治伦理思想。"仁"是儒学的基本范畴,"仁"的核心是爱人。而要具体实现仁的原则,就是做到"孝悌"、"忠恕"、"克己复礼"、"己所不欲,勿施于人"等许多要求。"仁"以亲亲、孝悌为根本,由内向外,推及社会。"礼"是儒学的又一范畴。孔子以仁释礼,仁礼结合,认为人既要努力做到仁,又要严格遵守"贫富有度,上下有等,贵贱有序"的礼。礼体现着仁,仁贯彻于礼。仁是礼的内容,礼是仁的表现,二者互相包含,互相统一,形成孔子的人道观和社会观。

儒家把仁礼一体的思想推广到人类生活的各个领域。在施政过程中,孔子把礼乐并称。这个"礼"即仁礼一体,温和而有原则——爱人与遵循规矩相结合。而"乐"即艺术,能使人在潜移默化中提升情操、化于规矩。他认为艺术的最高标准是"尽善"与"尽美"的统一,遵从于"中庸"、"中和"之道,形成了中国礼乐文化"乐而不淫,哀而不伤"、"和而不流"、"温柔敦厚"的传统。儒家把人践行仁义作为自己的内在道德要求。人从自我修养开始,由己推及家庭、社会,在此基础上,形成一个崇尚道德、崇尚理想的礼义之邦。

道家学派着重于天道的探求。创始人老子把"道"看成是天地万物的本源和支配世界的普遍法则。被记载于《老子》一书的他的理论认为,道是天地之根、"万物之母",并且"道常无为而无不为"。天地人都由道产生,并按照道的规定性而运动。因此,自然无为的天道是人道的根本,也是治国之道的依据。庄子继承和发挥了老子的思想，提出人生的道德修养就是要体道、达道，实现“与天地精神合而为一”、“逍遥于无何有之乡”的至道境界，达到超越人世、精神绝对自由的境界，成为该学派的另一重要创始人。

道家探讨宇宙的本源，以自然无为的“道”取代了上古神话中的人格神，反映了人类对自然认识的深化，是人类理性精神的重大发展。道家所涉及的宇宙生成、宇宙本体、宇宙无限等问题，对后世天文学产生了深远影响。道家学派善于运用辩证思维，抽象、概括出了中国哲学的一系列相互依存、相互渗透的对立范畴，如阴与阳、美与丑、贵与贱、有与无、动与静、损与益等，反映了我国古代理论思维的飞跃。道家同样重视个人修养，其理论却同儒家迥异其趣，追求“自喻适志”的精神解脱，讲究吐纳导引之术，对后世医药学、气功学、炼丹术、房中术的发展均有重要影响。

法家从天道和人道两方面立论。就天道而言，法家主要是吸取老子的道本体论和天道自然论，而弃其自然无为的思想。法家把人道规定为法治之道，而天道则被视为法治之道的依据。因此，法家重在人道，核心为治国耕战，与道家的“无为”、“不争”相反，强调“争于气力”；与儒家的“仁爱”原则也相反，强调抱法处势、刻薄寡恩。韩非为法家思想之集大成者。他的《韩非子》一书认为“抱法处势则治”，创立了法、术、势相结合的完整的法治学说，为后世的统治术提供了重要的参照系。法家在道德观上主张功利主义，强调以功利、效果论善恶。正因为法家强调人力、权术，从而否定巫术宗教的作用。如韩非说：“用时日，事鬼神，信卜筮，而好祭祀者，可亡也。”① 这种理论不给“神道设教”之类留有余地，表现了鲜明的无神论倾向，在中国文化发展的历史上具有进步意义。

墨家的中心思想是“兼爱”，即不分远近，不别亲疏，讲求无差等的爱，与儒家的推己及人、由近及远、有差等的爱恰恰相反。墨家反对儒家所讲的繁琐礼节，推崇大禹治水的艰苦奋斗精神。墨子及其弟子都是“以绳墨自矫，而备世之急”，“日夜不休，以苦为极”②，并且具有一种视死如归的侠义精神，“皆可使赴汤蹈刃，死不旋踵”③。这些精神在中国文化史上留下了很深的烙印，积演成为中华民族文化精神的有机组成部分。同时墨家代表小私有者的利益，其天道观与人道观之间存在很深的矛盾，一方面墨家大倡天志、明

---

① 《韩子浅解·亡征》，中华书局1960年版，第113页。

② 《庄子今注今译·天下》，中华书局1983年版，第862页。

③ 《百子全书·淮南子·泰族训》，浙江人民出版社1984年版，第5册，第5页。

鬼,另一方面又强调非命、尚力。相信天志鬼神最终压倒了以力代命的非命思想,表现了墨家学说中保守的一面。然而,后期墨家在光学、力学、几何学以及生理学、心理学等自然科学领域中做出了突出的贡献,在唯物主义认识论和逻辑学理论方面也独树一帜,从而在中国文化史上具有一定的地位和积极的贡献。

春秋战国时期思想解放、百家争鸣的局面促使中国文化发展取得了重大的进步,标志着中国文化进入了一个崭新的发展阶段。体现这一特点的,在哲学方面包括自然观、认识观、发展观、历史观、人性论、辩证法等都有了系统的理论和比较严密的体系,提出并发展了一系列哲学范畴和哲学命题;而且更重要的是这一时期初步形成了刚健有为、自强不息、兼容并包、厚德载物的民族精神。这一切,从内容到形式上,都对秦汉以后的中国文化产生了深远的影响,形成了中国文化基本的框架结构和不竭的思想源泉。

二、中国文化的成熟

中国文化的成熟期是一个跨度很大的历史阶段,自秦汉迄宋明大约延续了近两千年,形成了为世人瞩目、独具一格的文化传统和文化模式。这一时期中国封建社会从鼎盛向相对停滞过渡,但从总体上说,仍具有较强的生气和活力,文化的各个方面都得到了较充分的发展,取得了灿烂的成果。

从秦代开始,我国确立了中央集权的封建专制政体。这种政体和政治传统的出现,有其经济和文化的必然性。正是这种必然性的存在,此后,尽管朝代不断更迭,战争频仍,分裂局面屡次出现,但是国家统一始终成为主流和人心所向,分裂割据,不得人心。于是,致使中国封建社会在多数时期保持"天下为一,万里同风"①的政治局面。这种国家统一、社会稳定的局面,正是封建经济繁荣,文化成为当时世界最高水平的一个基本原因。

与政治上的统一相适应,中国文化的基本方向也趋于统一。秦始皇利用国家政权的力量推行共同的文字,促进共同的经济生活,形成共同的心理状态和伦理规范,即所谓"书同文"、"车同轨"、"行同伦"。汉初,一些思想家通过对秦王朝迅速灭亡原因的探索,得出一个共同的结论:"文武并用,长久之术也。"② 汉武帝时代,为了适应封建大一统政治局面的需要,硕儒董仲舒强调统一思想的重要性。他针对当时"儒道互绌"、"百家殊方"的情况,坚决主张"罢黜百家,独尊儒术",并且提出了德、刑并用而以德政为主的统治方

① 《终军传》,《汉书》卷六四,中华书局 1962 年版,第 2818 页。
② 《史记·郦生陆贾列传》,中华书局 1959 年版,第 2692 页。

针，主张充分发挥“礼乐教化”的作用，以纲常名教等封建宗教道德规范，作为建立“法度”、化民成俗的根本，从而在文化政策上为后来以儒为宗的文化模式提供了蓝本。

东汉中后期，世家大族疯狂地兼并土地，宦官外戚轮流干预朝政，政治黑暗。于是，正直的士大夫品评人物，议论时政，蔚成名士清流之风。统治者大兴党锢，迫害清流，反而致使“清议”之风愈演愈烈。魏晋时期，玄学大盛，针对儒学的繁缛化、神学化趋向，为了疗救时弊，以何晏、王弼等人为代表的玄学家祖述老庄，倡导以“无”为本的本体论哲学，开创所谓“正始玄风”。然而，玄学家称道老庄却不脱离儒家的纲常名教，而是用“无为”来巩固“仁义”、“礼法”。王弼推尊孔子为“圣人”，并认为孔子比老子高明，所以南齐周颙说：“王何旧说，皆云老不及圣。”① 即使在当时公开宣称“非汤武而薄周孔”的嵇康，其实也是将礼教当作宝贝，或称“非义不言”，或谓“忠臣热士之节”，或言“君静其上，臣顺其下”，对儒家的礼教奉若神明，不肯违背。

到了隋唐时期，佛教和道教广泛流行。尽管如此，当时一些学者仍以儒家学说为武器，与佛道二教展开较量，其中以韩愈最为著名。韩愈着重驳斥了佛教的虚无主义和出世主义。他依据《公羊春秋》的“夷夏之辨”，把佛教宣布为“夷狄之教”，把仁义道德宣布为“圣人之道”。他认为中国的“圣人之道”高于“夷狄之教”，推崇佛教就是毁灭“圣人”所创造的中国文化的精华。因此，他认为自己的历史使命就是继承从尧舜到孔孟的儒家道统，使人服膺仁义，复兴儒学。韩愈的努力和成就，在儒学的发展历程中起了承先启后的作用。

晚唐五代，梁、唐、晋、汉、周政权更迭不断，朝秦暮楚，战乱频仍，人心思定。宋朝建立，政权一统，时代呼唤学术与文化的重建，致使宋明时期，理学持续兴盛，终成注重义理之风。理学是融儒、释、道为一体的新儒学，在哲学的思辨程度上高于前代，但其本质仍是以伦理观为核心，既反映了学术思想的不断发展，又反映了中华文化的一脉相承。作为理学奠基者的程颢、程颐以“理”或“天理”为自然界与社会的最高原则，其实质则是封建社会的伦理原则和道德规范。二程认为“天理”与“人欲”关系是个人的修养之道中必须处理好的一对范畴，而修养的最高境界是“仁”。他们以“敬”为基本的修养工夫，强调“涵养须用敬”。所谓“敬”，就是强调保持社会稳定，建立等级社会秩序的合理性。二程认为，要建立和谐的社会秩序，作为社会成员的每一个个体，确立诚意正心的态度，遵守伦理关系的各种规定是十分重要的。

① 《重答张长史书》，《弘明集》卷六，《四部丛刊》初编本，第109册第12页。

南宋朱熹是理学的集大成者，他建立了以"理"为本的天人合一宇宙观，给传统儒学赋予了哲理性和思辨性。他提出的"格物致知"的认识论，提出"天下之物，莫不有理"、"即物而穷其理"的命题，在认识史上具有重要意义。朱熹的格物穷理的目的是要"穷天理，明人伦，讲圣言，通世故"①，即是要为人们的文化实践确立道德的最高目标，构建人的修养体系。儒家认识论的伦理化特点，在朱熹这里得到了新发展。

从以上论述可以看到，走向成熟期的传统文化，与儒学传统的确有着重要的关系。儒学以伦理道德为核心，在封建社会中以道德教育与修炼代替宗教信仰，从而既确立了虔敬的人生态度，又避免了整个社会陷入宗教迷狂。以儒学为代表的传统文化，在学术上广纳博采、兼容并包，最终熔铸了儒释道合流的学术传统。在科学技术上讲求"开物成务"，并且一些有识之士，也潜心于对自然界的探索，像北宋时期的沈括，其所著《梦溪笔谈》被李约瑟称为"中国科技史的坐标"。儒学抽象地确立人的地位，尊重人的价值，提倡用世进取，兼济天下，讲究修齐治平，即使在佛教、道教极盛的南北朝、隋唐时期，依然起着支撑整个社会意识形态的主导作用，并且表现出一定的无神论倾向，对社会的稳定和发展起着积极的影响。儒学具有重视气节、操守的传统，在特定历史条件下成为鼓舞人们自觉维护正义、反对邪恶、忠于民族国家的精神力量。从秦汉至宋明这一历史阶段造就了许多气节高逸、壮怀激烈的民族英雄，像饮雪吞毡、坚贞不屈的苏武，"精忠报国"的岳飞，"留取丹心照汗青"的文天祥，都从传统儒家教化中汲取了营养。以儒学思想为主架的文化模式的长期推行，使中华民族重气节、崇文化、团结向心、国力强盛，同时使中华文化流被广远，光彩照人，树立了高度文明的形象，对周边文化和世界文化史产生了深远的影响。当然，受华夏传统思维模式的影响，儒家学说讲求直觉体悟，不鼓励精密的分析，而且长期文明高度发展造成的优越感和儒学中的保守因素相互作用，阻滞了创新活力的产生，阻碍了对外来的科学知识和思想观念的借鉴，因此，从两汉经学到宋明理学，都没有表现出突出的创新精神，对自然界的探索缺乏深度。其所提倡和坚持的重本抑末思想，虽然保持了农业大国的稳定与繁荣，同时阻滞了社会经济的发展速度。

总而言之，这一时期中国文化发展的特点为定型化与程序化倾向。尽管在这一过程中也出现过以道家学说为外在特征的"魏晋玄学"和隋唐"佛

① 《答陈齐仲问》，《朱文公文集》卷三八，《四部丛刊》本，第 176 页。

学”中国化的繁荣，但统观中国文化发展全过程此期应是儒释道三教合流的最关键时期。而“理学”的最终形成反映出中国文化内在走向的必然性特征，其主要表现为儒家的宗法伦理和道德至上观念始终占据着社会的主导地位，并最终形成中华传统文化的鲜明特征。

三、中国文化的转衰

从明末清初到1919年五四运动以前，是中国文化由盛转衰时期。这一时期的文化，与延续了两千年的成熟期文化相比，在时间上是短暂的，但是在我国文化发展史上，却处于一个大变革的时代，新旧文化之间呈现出错综复杂的变化和尖锐曲折的斗争状态。

明清之际整个社会出现了像黄宗羲形容的“天崩地解”般的动荡。伴随着封建制度走向衰落，封建文化面临着严重的挑战。由于有了更先进的文化体系做参照，一些进步思想家对封建君主专制进行了大胆的反思和猛烈的抨击。作为中国文化变革的先驱，他们认为君主专制是天下万民受害的根源，“为天下之大害者，君而已矣”①。王夫之认为天下不是一姓的私产，提出“不以一人疑天下，不以天下私一人”②，反映了新兴市民阶层的初步民主思想和要求。为了反对君主以天下为私产，黄宗羲主张以“天下之法”取代“一家之法”③，这是难能可贵的要求法权平等的思想。在经济上，他们反对封建的崇本抑末的政策，反对压制工商贸易，公开主张“工商皆本”。他们反对封建蒙昧主义，提倡“经世致用”的学风，重习行，重实证，重实际，痛斥宋明以来“空谈性理”的腐朽学风，注意从当时自然科学的成果中汲取思想营养。他们努力把中国传统文化与外来文化加以“会通”，并且有一种“超胜”西学的民族自信心。早期启蒙思想开始有了许多“别开生面”的思想内容。在他们“更新而趋时”的思想中，混杂着新芽生于旧本的特征。他们在对封建专制主义及其走向衰落的意识形态的斗争中，大胆地批判了旧世界，却没有也不可能发现新世界；他们对封建末世的社会矛盾和时之积弊，勇于揭露，而对理想社会的构思，又只能沿袭“六经之旨”或“三代之法”的格局，表现为新思想与旧传统结合，旧瓶装新酒的思想特征。

清代是长期封建社会制度回光返照时期。清初，幅员辽阔的大一统，使统治者仍盲目地以“天朝”、“上国”自居，政治上沿用着旧有的思想体系与理

---

① 黄宗羲：《明夷待访录·原君》，中华书局1981年版，第2页。

② 《黄书·宰制》，中华书局1956年版，第17页。

③ 《明夷待访录·原法》，中华书局1981年版，第6页。

论武器,经济上闭关自守,夜郎自大,妄图在与外界隔绝的状态中维系生存。19世纪40年代,帝国主义以海盗式的行径,用坚船利炮打开了向中国“通商”的大门。至此,中华民族的危机日趋加深,独立的中国沦为半殖民地半封建的中国。

从1840年鸦片战争到1919年的五四运动,在近80年的时间里,中国这块土地上所发生的一系列不屈不挠、前仆后继的革命斗争,充分证实了中国人民反帝反封建的坚韧的革命精神,中国革命进入资产阶级旧民主主义革命的历史时期。在这种社会历史急剧动荡、变革的背景下,文化发展出现了这样的基本趋势:在我国封建社会长期存在和演变的代表权威封建文化形态的汉学和宋学走向没落,陷入窘境;资产阶级的新文化和新思潮代之而起。

迫于西方列强的威慑和强大,近代中国人民在苦难中觉醒。明末清初倡导的经世致用之学又重新复活、兴盛起来,“西学”也通过各种渠道逐渐地输入了中国。“经世致用之学”与“西学”相结合,别树一帜,构成代表新兴阶级利益的新文化派——“新学”。新文化派向封建主义正统派文化即所谓“旧学”公然举起批判旗帜,对繁琐的汉学与抽象的宋学展开了尤为猛烈的抨击。关于这个时期的西学与中学、新学与旧学斗争的实质,毛泽东曾经指出:“在‘五四’以前,中国文化战线上的斗争,是资产阶级的新文化和封建阶级的旧文化的斗争。在‘五四’以前,学校与科举之争,新学与旧学之争,都带着这种性质。”①

总的来说,当时所谓的“新学”或“西学”的特点是尽力吸收西方近代自然科学的新成果以及社会学、哲学的新知识,用以批评封建传统意识,突破旧的思维方式。在当时的历史条件下,具有顺应历史潮流的进步意义。

但是,近代中国资产阶级的新文化,始终有一个很长的封建发辫。同时,在它生吞活剥西学的过程中,把西方帝国主义的奴化思想也夹杂进来。他们害怕人民大众的革命运动,在反封建的斗争中,他们所追求的是发展资本主义。由于脱离群众,资产阶级倡导的新文化、新思潮,显得十分软弱无力。在帝国主义和封建主义的文化同盟攻击下,很快败下阵来,宣告破产。

资产阶级新文化没有能够解救中国于水深火热。俄国十月革命胜利的炮声,给中国送来了马克思列宁主义,中国的先进分子,抱着新热忱、新希

① 《毛泽东选集》第2卷,人民出版社1991年版,第696页。

望，开始用无产阶级的世界观作为观察国家命运的工具，重新考虑中国的问题。经过与封建文化和资产阶级文化的长期斗争，中国人民在中国共产党的领导下，告别了封建主义、官僚资本主义和帝国主义统治的时代，真正走上了独立发展的道路。尽管在这探索的途中曲曲折折，历尽艰辛，然而，中国文化的发展毕竟掀开了新的一页。

四、近现代中国文化的转型与走向

中国文化是一个共时态和历时态相互统一的概念，它既是中华民族的生命本质，又贯通着历史性和层次性。因此在论述中国文化的时候，除了中国传统文化以外，理应包括中国现实文化的历史形成、转化以及未来中国文化的走向与建设。

中国文化的转型已经进行了多次尝试。第一次文化转型发生于洋务运动至五四新文化运动期间，它是对旧有传统文化的革命。鸦片战争以后，中国在抵抗西方侵略的同时，也曾抵制西方文明，义和团运动是其最后的尝试。失败迫使中国人认识旧传统文化之积弊，于是转而学习西方文化。首先是洋务运动引进西方物质文化，以求富国强兵。甲午一战，证明了不改变政治制度而企图以“船坚炮利”来救国的想法不切实际。于是，以救国救民、重振辉煌为己任的志士仁人又发动了戊戌变法直至辛亥革命，以求引进西方的政治而奋发图强。但是，推翻帝制，实现共和，只是换汤不换药。军阀割据，政治腐败，民生凋敝，人民仍然在水深火热之中。于是，五四运动爆发，中国的启蒙者开始着眼于引进西方的精神文化，批判旧有的传统文化，以图改造国民性，使西方个体本位的文化模式取代群体本位的传统文化模式。但是这种引进西方精神文化的尝试，因其与中国人习惯的传统有很大距离，同样没有成功。传统文化仍在生活中占统治地位，真正意义上的文化转型远没有完成。

第二次文化转型发生于五四运动之后到改革开放之前。它是对第一次文化转型反思和奋斗的结果。与第一次转型中西方文化一枝独秀不同之处在于，第二次转型不同阶段的主导力量都在追求中外文化的二源会通。此次转型的前一阶段之中，辛亥革命以及护国、护法运动的失败，使孙中山对西方式的民主革命道路感到失望，开始把目光转向东方的苏俄革命，制定了“联俄、联共、扶助农工”的三大政策，并把旧三民主义改造成为新三民主义。在孙中山看来，旧三民主义以西方文化为楷模，建立资本主义自由经济、多党制议会民主和个人主义文化的道路，不符合中国的实际，于是把它改造成继承、变革东方文化（包括中国文化）模式，经济上节制资本，建立集体社会主义;政治上施行一党专政;文化上主张恢复中国固有道德,确立新的群体本位文化,并对西方个体本位文化采取批判态度。这种改造的尝试实际上是把苏俄式的社会主义与中国传统文化相融合的产物。这是一代伟人孙中山的"二源会通"思想及其实践。

孙中山逝世后,蒋介石背离了他的三大政策,而中国共产党人则继承了孙中山的遗志,以马克思列宁主义和中国实际相结合的方式继续进行二源会通文化体系的探索,并在中国革命的实践中,最终形成了新的时代的指导思想——毛泽东思想。经过长期的武装斗争,共产党人建立了中国式的社会主义。这是一次从旧民主主义文化向社会主义文化转型的历史实践,保留并深刻改造了旧有的群体本位价值取向、高度理性主义内涵、一元化权威体制,是马克思主义与中国文化结合的一次文化变革尝试。这种新文化的建立使当时命运奄奄的中国文化得以恢复活力,并且使中国从积贫积弱的半殖民地半封建社会转变为一个初步繁荣的社会主义国家,这是第二次转型后一阶段的历史功绩。但是因当时国际形势所造成的封闭性;一穷二白的经济基础;过分理想主义带来的头脑发热,不讲规律;过分强调意识形态的文化氛围,很快显现出其弊端。当建设现代国家的任务被历史地提出来以后,这种文化模式又显得极为不适应。于是,当"文革"结束后,面临着改造新中国成立后形成的新传统文化和建设现代化国家、现代文化的历史任务,在改革开放的旗帜下,中国开始了第三次的文化转型。

第三次的文化转型是在痛苦的文化反思的基础上进行的。由于"文革"的影响,人们认为二次转型所建立起来的文化体系继承了许多传统文化的特征,这种忽视个性、追求集权的文化模式,束缚了人的创造精神,带来了经济的落后、文化的板滞和政治的弊端,不符合现代化国家建设的要求,必须进行改革。于是,80 年代初在中国大地上又持续开始了新的文化启蒙。经过长期的论争和实践,文化转型的主要特征表现为西方文化、马克思主义文化和中国传统文化三源会通的新局面。这种三源会通是一个很大的历史课题。理论界为马克思主义在新时代的解释性,国家为固有的社会主义原则与西方文化的接轨做出了艰苦的探索。尽管如此,要建立与时代相适应的现代文化体系,目前仍存在相当大的困难。

这是因为,首先,第三次文化转型是在第二次转型的基础上进行的,与第一、第二次文化转型不同的是,这是一次艰苦细致的社会改良,而不是砸烂重建的社会革命。这就决定了改革的长期性和艰巨性。其二,物质层面、经济层面的改革发展得快,尤其是社会主义市场经济兴起之后,中国经济发展驶入快车道，创造了令世人钦羡的发展速度。然而文化领域的改革滞后于经济改革和社会生活变革。为了保持社会稳定，减少改革阻力，国家采取了首先实现经济现代化，然后再进行政治改革和文化变革的策略。这是必要的。但是文化变革长期滞后于经济改革和社会生活的变革，又会导致改革缺乏必要的思想基础和理论指导。

在这种历史背景下，文化的转型存在两种可能、两种方式。一种是积极方式，即文化转型为自觉的、有序的社会运动，并与经济改革同步进行，通过对传统文化的扬弃、改造和对新文化的建设，以较少的代价和时间完成文化现代化。另一种是消极方式，即文化转型陷于盲目、自发，滞后于经济改革和社会生活的变革，结果造成传统文化在盲目中悄然颓变，社会在不断的摸索中缓慢生长出新文化。这意味要付出巨大代价、文化失范，甚至产生不必要的社会震荡，使文化现代化经历一个痛苦而长久的历史阶段。采取自觉态度，文化转型可能以积极方式为主，社会的文明程度就发展，因此，我们必须力争采取积极方式，避免消极效果。

根据中国的现实预测，21 世纪的中国文化走向，必然是两种社会制度并存、多种文化类型同在、多维价值体系共生的社会。21 世纪中国文化的多元发展主要体现在有中国特色的社会主义文化、带有自由主义色彩的文化，以新儒学为代表的保守主义文化以及一国两制下的港、台文化等多种文化观念的并存。应当指出，21 世纪文化中国广泛空间中相对统一的精神文化基础只能是中华文化。中国人之所以为中国人，并不完全在于黄皮肤、黑头发、黑眼睛，而在于他们拥有一个共同的根，即中华民族在长期的历史发展过程中形成的源远流长的共同的文化心理结构。全球华人在社会制度上可以不同，但在文化上可以同一。中华文化是唯一能把多元文化，不同地域所有成员联系起来的纽带。当代中国人的艰巨任务就是要在这种复杂背景下，整合出一套符合中华民族现实生存的文化价值体系，满足不同民族、不同背景下的中国人的文化认同和文化凝聚要求。

这一点启示是深刻的。其一，从现实文化的角度讲，中国的改革开放不仅仅是一场经济、政治体制的变革，而且必将是一场真正意义上的文化革命。经济、政治体制的变革本身具有文化意义，属于物质文化和制度文化领域的革命，这些领域的变革呼唤并促动着精神文化的变革，以期科学而持续稳定地引导物质层面和制度层面的改革，最终形成“经济——政治——文化”三元一体的和谐的社会结构。要实现这样一种境界就必须正视华人的广泛分布、政治制度的差异、思想认识的多元，同时必须寻觅各种差异的契合点,在一个共同的平台上打造新的文化价值体系,形成全民族共享的精神财富,客观、科学地看问题。这个契合点只能是中华文化共同心理结构;这个新的文化价值体系只能是建立在多元文化基础上的新的多元一体的中华文化。找到了这个坚实的基础,中国传统的以儒学为核心的文化体系就不应该再被忽视。因为,它是形成中华民族大家庭共同文化心理结构的内核与基础。其二,有了这样一个认识基础,21 世纪的中国文化建设的趋势应该从这里出发去追求多元文化相辅相成、共同发展基础上的深层次整合,使多种文化类型、多维价值体系在相互冲突中相互渗透,在相互对立中相互结合,最终在吸纳古今中外文化营养的同时,整合、创造出一种崭新的多元一体的新文化!

第三节　中国文化的基本特征

一、道德理想主义特征

起源在中华大地上的中国文化,是一种主导性的、具有长久影响力的文化。这种文化植根于中国这个大陆性季风气候条件下典型的农业文明的自然条件、生产劳动的实际;植根于中华民族独到的思维方式与主观体验能力;植根于独具民族特色的"天人合一"信念之上的自然主义和偏重人伦实践的伦理中心主义文化及其生存模式。这种文化既是十分朴实的、理性的,又是非常理想化的。这种鲜明的理想化特点,我们称之为道德理想主义。

道德概念中的"道",原指道路,引申为事物发展应遵循的规律,事物运动变化的规则、道理。道是做人的准则、规矩,与人交往的原则和规范。"德",基本含义为得,即人对道的要义经过接触、体悟、模仿而最终获得。人们接触、认识了道,内得于己,外施于人,便称之为德。古代的道与德,分别表示我们今天说的客观的道德规范与主观的道德品质。而道德,则是指人们行为的原则或规范的总和。道德是人的行为受社会生活制约的属性,是那些使具体的个人相互联系在一起的价值意义。

中国文化是早熟的文化。中国人文主义和理性主义发生于周代至春秋、战国时期,因延续三千年不绝而成为突出的特色。周代统治者吸取商王朝临阵倒戈、一朝覆亡的历史教训,扭转、清算商王朝骄奢淫逸、好大喜功、敬天事鬼、酒池肉林的骄奢淫佚、浪漫政治,改以"敬德保民"的"德治主义",奠定了中国文化理性主义的发展方向。周王朝的理论家确信统治者的道德楷模作用可以获得天命的垂青，确信“皇天无亲，唯德是辅”[1]，“以为人主，天下之仪式也。君倡而臣和，主先而臣随”[2]。周人的观念得到中国文化实践的认同，经过春秋战国时期的孔子、孟子以及诸子百家中若干主要流派的理解和阐发，形成了中国文化和中国哲学的古典人文主义和道德理想主义传统。

中国文化的道德理想主义建立在周王朝的以人为本的民本主义的价值自觉上。儒家强调“天地之间人为贵”[3]。儒家将人在宇宙中的地位提高到了无以复加的高度，认为人具有“勘天役物”的主观能动性，因而可以“与天地参”，可以“赞天地之化育”，与天地并列，合称“三才”。儒家关于人的价值思想，还有一个最重要的方面，即肯定了人主体中道德理性的存在与地位。孔子把这道德理性简括为“仁”。他说：“仁远乎哉？我欲人，斯仁至矣！”[4]人正是因为具有道德理性和道德的实践性，才将自己与动物界乃至整个感性世界区别开来，高扬了人性的尊严。在孔子那里，这伦理的“仁”的存在是人之所以为人的本质所在。“仁者，人也”，它所建立的“仁学”，其核心就是要“立人道之常，立人道之极”，去探讨一个人应该如何去做人，如何与社会人际关系保持和谐的道理。“仁学”的本质是关于人的学问。所以，儒家文化的根本特征是人文主义和理性主义的。

中国文化的理想主义特征，典型而集中地体现在它的理性主义人生观上。儒家将人生视为人在道德修养上“苟日新、日日新、又日新”的不断自我完善的实现过程，把“成圣贤”规定为人生理想和终极目标，从而给人生赋予一种永恒、崇高的价值和意义。

中国传统文化把“成圣贤”规定为人生的目标，这就充分肯定了人性的道德尊严与崇高。它还强调道德理想与现实生活的统一，进而要求每个人从道德践履的主体实践的活动出发，由己及人，扩展到全社会，去做一番经世济民、改造社会的弘道事业。《论语》中说，“如有博施于民而能济众，何如？可谓仁乎？子曰：何事于人，必也圣乎？”[5]赞叹的就是这种圣贤气派。儒家的人生观就是从这一道德实践的主体活动与社会现实生活的密切联系中去寻觅人生的真谛，去探寻人生的意义，由此而获得一种情感心理上的内

① 《尚书·蔡仲之命》。
② 《史记·太史公自序》。
③ 曹操诗：《度关山》。
④ 《论语·述而》。
⑤ 《论语·雍也》。

在超越。这种人生哲学,相对于希伯来神学在对超越的外在上帝的虔敬之情中去求得人生价值的意义,相对于佛道在对人生作空幻虚无的认知中去求得内心情感安慰和解脱,它富有强烈的人文意识,更具有积极入世的现实精神。这种精神对中华民族无数优秀人才的成长,曾发挥过积极的作用。历史上所谓"国家兴亡,匹夫有责","身无分文,心忧天下","居庙堂之高则忧其民,处江湖之远则忧其君"的济世精神,所谓"三军可以夺帅也,匹夫不可夺志也","志士仁人无求生以害仁,有杀身以成仁"的情操气节和人格的自我完善,都可以视作这一文化思想的反映。

中国文化的道德理想主义特征的形成,建立在中国文化"天人合一"哲学信念的基础上。它与中国式的观照方式和独到直觉体悟方法有关。中国哲学认为,"道"是一个重要的哲学范畴,一个伦理本体,而不是一个外在的实体。对于道的把握要靠直觉体验和内在的体悟。孔子说:"朝闻道,夕死可矣。"可见儒学把这种体悟看成是一种崇高的追求。

中国人在自己的文化实践中,养成了仰观俯察的观照方式。《易·系辞》说:"古者庖牺氏(伏羲氏)之王天下也,仰则观象于天,俯则观法于地。观鸟兽之文与地之宜,近取诸身,远取诸物。"形成了自己的哲学观照与思维习惯。这种思维习惯导致了我们的先民对于满天群星拱北极的天体格局的极大兴趣,并最终从中体悟到了天国秩序的道德魅力和伦理含义,典型地概括在《论语·为政》中"譬如北辰(北极星),居其所而众星共(拱卫)之"的表述中。在俯察人间万物关系的过程中,先民们体悟到了与天同构的人间规矩和伦理教化对于政治的重要性,并在"观乎天文以察时变,观乎人文以化成天下"的信念中,确立了天道具有的理性内涵:人只有加强修养,超越自我,归属群体,符合天国的理想秩序,才是领悟了人生存的意识,领悟了天道。这种信念的确立最终决定了"天人合一"的文化传统、政治理论、道德理想主义这一突出的文化特色的形成和发扬光大。

二、追求和谐统一的特征

随着中国改革开放的不断深入,在社会越来越现代化的同时,越来越多的学者认识到,我们过去对中国传统文化的认识较为片面,尤其是对儒学的认识确曾有过较长时间的偏激。实际上,儒学是中国传统文化的主干,儒学和中国社会、中国传统文化之间,存在着一个深层次的内在结构联系,一种内在的、本质的、一以贯之的精神,一种崇高而现实的人生理想与社会理想。这种理想与精神的核心是一个"和"字,我们可以称之为和谐或和谐统一。它是我们今天创建和谐社会的重要思想基础和文化渊源。

汤一介先生说，如果我们能够重视中国文化"'普遍和谐'的观念，并对它做出适应现代生活的诠释，并使其落实于操作层面，应该说对今日和将来人类社会的发展是非常重要的"，"普遍和谐作为一种观念学说，无疑对现代社会有其正面价值"。张立文先生指出："和合是中国文化人文精神的精髓和首要价值"，"是民族精神活生生的灵魂"。[①] 这种和谐的思想和文化精神不仅仅是一种逝去的文化传统，对于当今社会仍有其社会意义与较强的生命潜力。因此，应该视为我们现实文化建设的有机组成部分。

回到中国文化的历史过程，很容易发现中国文化自觉追求人与人、人与社会和人与自然之和谐的文化特色。

在处理人与人之间的关系问题上，中国文化坚持儒家提出的"己所不欲，勿施与人"和"己欲立立人，己欲达达人"的"恕道"原则，要求每一个人在自己的文化实践中，"老吾老，以及人之老，幼吾幼，以及人之幼"。[②] 这种推己及人的思维形成一种传统处世方式，通过人际之间情感的交流和彼此间的联系，达到一种和谐的境地。具体说来，就是强调一事当前，要先设身处地地为对方、他人着想，以对方、他人为重。在文化实践中，中国文化彰显的正是一种"仁者爱人"、"和为贵"的精神。

在处理人与社会的关系问题上，中国文化坚持"中和为上"的致中和原则，把个人与社会的关系看作一个矛盾的统一体。矛盾方面表现在个人与社会常有对立冲突。对立的原因，是因为每个个体都有血肉之躯。既有血肉之躯，必然会有所欲求。人人有所欲求，而社会又不可以满足人的所有欲求，这就必然会与社会发生冲突。统一的方面表现在个人与社会是不可分的，个人脱离社会就无法生存，而社会没有个人也就不成其为社会。所以儒家思想为代表的中国文化，在人与社会关系的处理上反对偏激，力排法家只重社会而忽略个人利益的极权政治、道家只求独善其身而不问天下国家的消极态度，从而坚持"致中和"的原则，始终倡导保持一种"不偏不党、王道荡荡"[③]的"中庸"和谐的处世态度，既积极用世，又注重自我约束和个人修养，正确处理好个人与社会的关系。

在处理人与自然的关系问题上，中国文化强调"天人合德"、"万物一体"和"天人合一"的和谐境界，认为自然界和人类是一个相统一的自然整体。

---

① 张立文：《和合学概论》序，首都师范大学出版社 1996 年版。
② 《孟子·梁惠王(上)》。
③ 《尚书·洪范》。

人类既然是自然界的一个组成部分,就要以人道合天道、以人心合天心、以人德合天德。总体上是要求以人生合于宇宙,视天地万物为一体。因此,从孟子到王阳明都讲见鸟兽之哀鸣觳觫而必有不忍之心焉,是其仁之与鸟兽而为一体的思想。中国文化要求万物并育而不相害,达到人与自然的整体和谐,人与天地合为"三才",人可以"赞天地之化育",人可以"尽万物之性",开发自然资源,可以"利用厚生"、"开物成务",以求人类的生存。但"利用"、"开物"都要本着"尽物之性",顺万物之性的原则,尊重自然规律,理智地与天地万物保持协调共存,而不是一味地征服和破坏。这种人与自然相统一和谐的天人合一思想,与现代生态科学主张的生态平衡以及可持续发展的科学思想相接近,具有很强的启示意义和借鉴意义。

中国文化除了十分注意处理人与上述三者的关系以外,还十分注意自然界内部、社会内部以及人的身心即人自身内部的关系。中国文化正是通过上述方方面面关系的长期探索和正确处理,确立起民族文化高扬和谐旗帜的文化特色。这种突出的文化特色的确立,有其坚深的哲学基础。如果把上述种种关系进行哲学上的概括与简化,可以归纳为三:一是对立统一体内某要素或某事物与它对立面之间的关系。即"一与一"之间的相反相成关系;二是某要素或某事物与其所处环境中诸多其他要素或事物之间的关系,则"一与多"之间多样性统一关系;三是系统内部众要素、众事物、众子系统之间的关系,即"多与多"之间的结构与功能关系。这三种关系,全方位地体现着事物内外关系的全貌。而和谐不外是这三种关系的和谐,它们是中国文化和谐思想哲学基础的三块基石。

1. 中国文化和谐思想中的相反相成思想

中国文化中的和谐思想不是静止的,而是辩证的。早在《左传·昭公二十年》所记载的春秋末年,齐人晏婴就提出了"一气、二体、三类……以相成也;清浊、小大、短长……以相济也"的思想。《老子》一书中提出了一系列相反相成的范畴:"有无相生,难易相成,长短相较,高下相倾,音声相和,前后相随","祸兮福之所倚,福兮祸之所伏",等等,他这里所说的"相成"都是相反事物的和谐相成,清楚地表达了事物间对立统一关系。《后汉书·艺文志》明确提出了"相反相成"的概念:"仁之与义,敬之为和,相反而皆相成也。"这一理论深刻简明地表述了事物之间既相对立、相排斥、相斗争,又相互联系、相互依存、统一和谐的关系,因而对中国古典哲学产生了深远影响。

历代中国学者对这一原理的概括主要是围绕阴阳这对哲学范畴的关系来展开的。以阴阳来明确揭示对立统一规律,并以阴阳协调来说明事物的和谐的,是儒家经典《易传》。该书明确提出了“一阴一阳之谓道”的著名理论。所谓“道”,是指万物的普遍本质和普遍规律。在这里,阴阳不再仅仅是阴气和阳气,而被抽象和提高为表述宇宙及事物中普遍存在的既对立又统一的两个方面和两种性质。这样,作为“道”的阴阳概念,被提升为“范围天地”的最高哲学范畴。在这种既对立又统一的因素的“相推”、“相摩”、“相荡”中,促成了世界的无穷变化。人们只有认识、掌握和善于运用阴阳生化这个普遍而又根本的规律,才能顺天道,行人道,使万物和谐,成事遂顺。这种既相区别又相联系、既对立又统一的思想,恰恰表述了和谐的本质特征。在现今和谐社会新文化的建设中,相反相成的思想方法和辩证观点极为可贵。由于不能辩证地看问题,许多人不能正确对待传统与现代、本土文化与西方文化、继往与开来的关系,以为凡是现代的、西方的、新的就是好的;凡是传统的、本土的、继承的都是落后的。这种现象的存在,盖因缺乏相反相成之类的辩证方法,缺少哲学的眼光所造成。

2. 中国文化和谐思想中的多样性统一特征

中国古典哲学中反映事物多样性统一的观点,主要有“唯齐非齐”说、“五行”说、“和同”说等。提出多样性统一思想的最早的文献是《尚书》。该书《吕刑》篇在谈到执法的宽严轻重应根据社会具体情况而有所不同时指出:“唯齐非齐,有伦有要。”认为整个世界的和谐统一正是由于万事万物并非整齐划一,而是各有不同才是合理的。与此同时,该书的《洪范》篇则从物质世界的构成角度,用“五行”学说来证明事物的多样性。书中说,周武王曾向殷纣王的叔父箕子请教治国方略,箕子向他阐述了九条治国的方略,第一条就是遵“五行”。所谓“五行”,“一曰水,二曰火,三曰木,四曰金,五曰土,水曰润下,火曰炎上,木曰曲直,金曰从革,土爰稼穑。润下作咸,炎上作苦,曲直作酸,从革作辛,稼穑作甘”。这就是说,五行既指五种不同的具体常见物质,又是具有内在联系的构成世界最基本的要素。这些要素具有不同的属性,其运行具有广泛的规律性。归纳抽象、推而广之,便形成了中国文化思想的基本框架。这是中国古代唯物主义多元论的起点之一。箕子告诉周武王,从前鲧治水时,堵塞水道,打乱了五行的秩序,所以上天震怒,不传九畴大法给鲧,治国的常理因而被破坏。箕子以此告诫人们,世界上的事物各有其本性和运行规律,违背了就要受到惩罚。这里不仅证实了中国文化早期对世界事物多样性的认识,而且反映了中国文化尊重事物发展规律和自然规律的早期认识。

西周太史伯是继“五行”说之后,系统阐述事物多样统一的第一人。据

《国语·郑语》记载,周幽王时的太史伯最早揭示了“和实生物”的道理。他指出,任何事物都不应该是“以同裨同”,即不是一种要素的简单重复相加而形成,而是“以他平他谓之和”,即不同的要素组合协调才是所谓“和”。他比喻说,“声无一听”,“须和六律以聪明”;“味一无果”,须“和五味以调口”,只有这样,事物才能丰富和发展,“出千品,具万方,计亿事,材兆物”。反之,若“去和而取同……尽乃弃矣”。这就叫“和实生物”。继太史伯之后,春秋时期著名政治家,齐相晏婴系统地用“和同”说来阐释事物的多样性。他在回答齐王关于“和与同异乎”的问话时指出,如果只用水这一种东西,而没有鱼、肉和酱、醋调料,无法做出美味的羹汤;假如乐器只能发出一种声音,而没有不同的音调声律相配合,就演奏不出动听的乐曲;同样道理,如果大臣们都像梁丘据那样,事事顺从君主,不表示任何不同意见,国家政治是不可能搞好的。①

孔子也提出了类似的观点。他主张君子在交往中应遵循“和而不同”、“和而不流”的原则,强调保持独立的思想和个性,反对盲目苟且,求得一致。所有这些观点表明,整个世界及宇宙万物,都是由异态、异位、异性、异质的不同元素构成。它们既有个性,又有共性;既有特殊性,又有普遍性;既有差异性,又有统一性。正是不同的元素相济相成,才构成具体的事物,构成了多样、和谐、丰富多彩的世界。

3. 中国文化和谐思想中的朴素系统观

任何事物无不处于一定的系统中。中国文化作为早熟的文化,朴素系统观的特点表现得十分突出。正如耗散结构论的创始人普里高津指出:“中国的自然观则以‘关系’为基础”,“着重于研究整体性和自然性,研究协调和协和。现代新科学的发展……更符合中国的哲学思想”。② 中国文化“是一种整体性的或现在我们常说的系统论的观点”③。诚如这种观点所言,事物的相反相成也好,多样性统一也好,部分与整体的辩证关系也好,实际上都反映和体现着系统内部要素与要素、要素与系统以及子系统与子系统、子系统与母系统之间的辩证统一关系。所谓和谐,即是系统内部以及系统之间的和谐。如果万物皆无系统性,便不存在和谐与否的问题。从这个意义讲,

① 参阅《左传昭公二十年》“和如羹焉”一段对话。

② 田盛颐:《中国文化的创新之路》,《中国系统思维》,中国社科出版社 1990 年版。

③ 普里高津:《科学对我们是一种希望》,《自然辩证法研究》1987 年 3 月 10 日第 3 卷。

儒学与整个中国传统文化所普遍包含的朴素系统观，体现了中国文化的本质特征和奥妙。基于这种理论，反观当代部分学人要用所谓的“个体本位”完全取代中国文化倡导的“集体本位”的理论是不科学的。

从宏观的角度观照中国文化，朴素系统观的主要渊源是气论、阴阳说、五行说和八卦说。从功能特征上看，中国文化具有整体性、同构性、有机性、层次性、动态性、全息性等与现代系统理论相近似的特性，具备着与之和谐共生的可能性。

三、延续性与内聚性特征

谈到中国文化，不能回避她的延续性和内聚性特征。这是因为，中国文化在如此广袤的空间和如此悠久的历史时代中生生不息，延续不绝，虽然她曾在时盛时衰中历尽沧桑，饱经磨难，却始终不断统绪，这在世界文化史上是少见的。究其原因，是她的文化在起着重要纽带作用。正是因为她具有顽强、坚韧的文化内聚性，产生了极大的民族凝聚力，牢固地维系着中华民族的生存与发展，并在历史上不断统绪地使民族精神得以发扬光大，历久弥新。

在中华大地上已陆续发现了人类从直立人（猿人）、早期智人（古人）、晚期智人（新人）各进化阶段的人体化石，可以建立较完整的历史发展序列，说明中国这片大陆应是人类起源的中心地区之一，从而使众说纷纭的中华文化起源说有了较为一致的认识。

这些时代的古人类化石分布极广。向社会展示的年代最早的元谋人（距今 170 万年）是在云南发现的。其他猿人化石已在陕西蓝田、北京周口店、湖北郧县、安徽和县有所发现。生活在 10 万至 4 万年前的古人化石，已在陕西大荔、山西襄汾丁村、山西阳高县许家窑、辽宁营金牛山、湖北长阳县、安徽巢县等地发现。生活在距今 4 万至 1 万年前的新人化石在北京山顶洞、山西朔县峙峪、内蒙古乌审旗、辽宁建平县、吉林安图县、广西柳江县、云南丽江县有所发现。从公元前 6000 年到前 2000 年的新石器时期，我国各省区发现的文化遗址共有 7000 多处。关于中华民族的起源，过去长期存在着多元论和一元论、本土说和外来说的争论。20 世纪 50 年代以后考古学的长足发展，使人们逐渐形成共识。中华大地上北到黑龙江、西南到云南、东到台湾岛，都有早期人类在活动，很难想象在原始时代，分居在四面八方的人是出于同一来源。这些长期分隔在各地的人群各自发展他们的文化以适应不同的自然环境，决定了中国文化起源的多元性。经过夏、商、周三代的整合，这种多元文化形成一体化发展倾向，至秦实现真正意义上的统一。所以,中国文化的延续是建立在多元一体格局基础上的延续。

中国文化的延续性特征,在精神现象上反映得十分充分。众所周知,中国是史学和伦理哲学发达最早的国家之一,早熟的文明和悠久的国运,使中华文化富于深沉的历史感和理性的睿智感。无数知名与不知名的史学家、哲学家与思想家辛勤劳作,代代相传,从而使几千年的学术思想绵延不断。从《尚书》、《左传》、《国语》到《史记》及其以后的二十四史,前后历时约五千年,成为内部衔接不断,包罗万象的历史画卷。从先秦的诸子百家到两汉经学、魏晋玄学、隋唐佛学、宋明理学、清代朴学、现代新儒学,每一代都有各显风采的独特贡献,形成中华民族最有代表性的学术思想发展史。中国文学的发展历程也充分显示了中国文化的创造性和顽强生命力。诗经、楚辞、先秦散文、汉赋、乐府民歌、魏晋诗文、唐诗、宋词、元曲、明清小说,这些此起彼伏的文学创作都是异彩纷呈、蔚为奇观的传世精神产品。它们从不同角度证明了中国文化所具有的无与伦比的延续性。《诗经》有云"周虽旧邦,其命维新",中华文化在其不断的创造和变革维新中,显现出其伟大的生命活力。

中国文化的内聚性特征充分表现在对自己祖国的忠诚与热爱和民族文化价值体系的高扬,对思想意识形态的重视和民风教化的自觉建设之上。这其中,爱国主义是一个不容置疑的历史范畴,它的形成经历了一个复杂丰富的历史过程。人类在社会生活的早期,随着定居的乡土生活的发展,自然地产生着一种爱故乡和故乡人的感情。这种感情随着民族国家的形成,逐步发展成为一种比较明确的民族意识和对祖国的热爱。列宁所说"爱国主义就是千百年来巩固起来的对自己祖国的一种浓厚感情"① 就是这种现象的准确表达。随着国家的进一步统一,中国各民族之间友好往来与互相融合,经济生活的相互渗透与彼此交流,在各族人民的长期发展过程中,形成了一种强大的凝聚力和向心力,使得我们这个民族历经内忧外患而依然生生不息,并有能力在新的历史条件下蓬勃发展。中华民族几千年光辉灿烂的文明,中国文化对于世界的卓越贡献,由此而生的历史自豪感与民族自尊心,推动着一代又一代的爱国者,为了祖国的前途、民族的命运而奋发有为、顽强进取。爱国主义又是中华民族最神圣的感召力。从《礼记·礼运》对大同世界的热情讴歌,范仲淹"先天下之忧而忧,后天下之乐而乐"的献身精神,到岳飞的"精忠报国"、文天祥的《正气歌》,一直激励着中华儿女,为祖国生存延续而赴汤蹈火。到了近代,面对列强的坚船利炮和铁蹄践踏,爱国主

① 《列宁全集》,人民出版社1972年版,第28卷,第168—169页。

义又成为时代的最强音。救亡图存，自强保种，振兴中华的呐喊，成为鼓舞各族人民投身反帝反封建斗争，推动历史朝近代化方向前进的巨大精神力量。

中华民族的爱国主义既表现在反映民族压迫和阶级压迫的英勇斗争中，同时，也表现在忠于祖国、以公德为基础的伦理道德观念上。具体地讲，在传统道德中，特别重视“公”这种群体意识，《礼记》中所谓“大道之行也，天下为公”的思想，已作为一种崇高的品质渗透到民族文化的血液里。大禹治水三过家门而不入早已成为美谈。墨子“摩顶放踵利天下”、诸葛亮“鞠躬尽瘁，死而后已”、顾炎武“天下兴亡，匹夫有责”的宽广博大的气度与胸怀，也成为有口皆碑的民族风范。尽管封建社会君臣关系要讲“忠”，但作为伦理范畴“忠”的内容并不仅仅在于此。《左传》昭公六年记晋国赵文子所说：“临患不忘国，忠也”，将忠与国相连，这才是“忠”字的真正意义。张岱年教授说：“现代汉语中讲‘忠于祖国’、‘忠于人民’，可谓忠字的新义，亦与其本义契合。”[①] 即使像“孝”这一包含封建因素较多的道德规范，同时也具有敬养老人的积极内容。中华民族历来把孝敬父母、赡养老人作为一种传统伦理美德，并使之成为爱祖国、爱人民等的一个基本前提。其他尚有“慎独”、“廉洁”、“行己有耻”等道德观念，在克己奉公、热爱祖国方面，也都有一定的可资借鉴之处。当然，对待传统道德采取历史唯物主义的态度，弃去其封建性的糟粕，也是十分重要的。因为中国文化中的道德观念，的确存在着一些明确的缺陷。比如“刑不上大夫，礼不下庶人”包含着蔑视下层人民的贵族劣根性；“华夷之辨”助长了闭关锁国、盲目自大的保守风气；人情面子、裙带关系、自我中心的狭隘心理等，都表现出其特定的历史局限性。

所以，必须明确的是爱国主义绝不是排外主义、闭关自守，也不是头脑僵化而又夜郎自大的国粹主义，更不是崇洋媚外、卑躬屈节的奴隶主义。爱国主义是人类文明和人性的升华。明代徐光启“会通”西学是为了“超胜”西学的态度，近代陈天华“要拒外人，须先学外人的长处”[②]的大声疾呼，就代表了那些真诚的爱国主义者的心声。他们善于学习外来文化的长处，是为了达到拯救和富强祖国的目的，使世界和平、发展，人民自由、幸福。

总之，以爱国主义为核心的内聚性，使中国文化系统洋溢着生生不已的

---

① 《中国伦理思想研究》，上海人民出版社 1989 年版，第 149 页。

② 《警世钟》，转引自辛冠洁：《中国近代著名哲学家评传》(下)，齐鲁书社 1983 年版，第 303 页。

活力，从而保证其沿着特定的轨迹不断向前绵延伸展。

第四节　学习文化概论的目的、意义和方法

一、学习概论的目的

中国传统文化是我们的先辈创造、历代传承下来的丰厚遗产。作为先民的历史创造，中国文化曾长期处于世界的领先地位，对亚洲乃至世界文化的发展产生了深远的影响。近二百年来，中国人一直在思考，那令无数英雄竞折腰的灿烂文化为什么会时过境迁，落后于人？怎样才能实现中华民族的伟大复兴，重振历史的辉煌？为了回答这些问题，中华民族以令人难以置信的坚韧，前仆后继，持续不断地探索了一两百年，终于自觉把握了其中的道理：从根本上看，中国要自强于世界民族之林，除了具备先进的科学技术和先进的生产力之外，必须具备先进的文化。而先进文化的产生不是从天上掉下来的，必须立足于中国的现实，走“古为今用、洋为中用”建设中国特色新文化体系的道路。文化是一个生生不息的运动过程，任何一种民族文化，都有她发生、发展与不断更新的历史，都有她的昨天、今天和明天。为了明天，我们就必须研究她的昨天和今天。这就要求我们不能再一味简单地破字当头，不能再对传统作全盘否定的判断和文化实践。

我们要敢于正视自己的历史和传统，积极进行艰苦细致的建设，对中国文化的继承和创新问题，对世界先进文化的借鉴问题引起关注、引发思考。而这一切要建立在对中国文化的历史、特征有一个基本的了解和把握的平台上。人是一种社会化的动物。人自降生就别无选择地生活在一种文化中，任何人都不能回避人与文化的关系。所以，我们今天学习和研究中国文化，既不是因为对历史有特别的癖好和偏爱，更不是为了发思古之幽情，而是为了加强对中华民族在漫长的历史过程中所形成的民族精神、民族智慧的系统了解，接受一次古典爱国主义的洗礼，总结、考察、分析和批判地继承文化传统，以便更加清楚地认识我们今天所处的时代，鉴往而知来，温故而知新，做一个全面发展、素质优良、继往开来的中国公民。这就是我们学习和研究中国文化的目的。

二、学习概论的现实意义

在实施素质教育，加快高等教育改革的背景下，从通识教育的角度看问题，大学生学习、研究中国文化，概要掌握中国文化的发展脉络，引发学生参与建设 21 世纪新的民族文化体系的思考与实践，主要具有如下现实意义：

1. 有助于了解历史，加深我们对民族的自我认识

开放世界的八面来风驱散了曾一度笼罩在我们民族心头的封闭阴云。人类各民族文化相互交流的深度和广度都在不断拓展。在现代科技的条件下，世界已然变成了一个“地球村”。在这样的时代大背景下，中华民族及其文化以怎样的姿态参与“地球村”的合作与竞争，是每一个炎黄子孙都应该思考的问题。真切把握一个民族的文化特征，较之把握诸如皮肤、头发、眼睛的颜色之类体质特征要困难得多。然而，任何民族，其文化形态尽管纷繁多彩，其民族文化的主色调、主旋律，又都是可以寻觅和探求的。唯其如此，才有英国人绅士风度说、德国人精确高效率说、美国人自由开放说、日本人善采异邦说，等等。我们之所以能够从芸芸众生中大致辨识各民族的特征，是因为每一个民族内部，固然存在着繁复的阶级、阶层、集团、党派及个人教养和性格的差别，但同时也存在着表现于共同文化特征基础之上的共同心理素质和文化心理结构，外在表现于一种我们称之为民族精神的东西。从学习概论入手，学习、研究中国文化，正是我们认识自己、理解文化传统、把握中华民族精神的可靠途径。

2. 有助于更加准确而深刻地认识我们当前的国情

新世纪一代中国人面临的历史使命是建设有中国特色的社会主义，具体来说就是建设有中国特色的政治、经济与文化体系。要完成这一千秋伟业的认识前提是切实认清中国的国情。国情不是空洞物，其实质就是文化的历史及其现状。60 多年来，中国走过了艰难曲折的发展道路，取得了举世瞩目的成就。但是，我们的社会发展和文明进步的程度还远远不能满足人民的要求。数千年传统文化给我们留下了丰厚的遗产，同时也带来因袭的重负，提升和完善现行文化的任务十分繁重。外来文化的积极因素，我们吸取得还很不充分，但其负面影响已引起我们的警惕和忧虑。深入剖析传统文化与外来文化对今日中国的影响，总结半个多世纪以来我们走过的道路，是认清国情的必要工作，而认识国情又是国家新文化建设、增强国家软实力的必然前提。

3. 有助于以理性态度和求实精神去继承传统，做好文化创新的知识准备

马克思说过：“人们创造自己的历史，但是他们不是随心所欲地创造，并不是在他们自己选定的条件下创造，而是在自己直接碰到的既定的、从过去

继承下来的条件下创造。”① 中国文化,就是我们“直接碰到的既定的、从过去继承下来的条件”,是影响中国人过去、现在和将来的传统。传统是社会的一种生存机制和创造机制。借助于它,历史才得以延续与发展,社会的精神成就和物质成就才得以保存和实现。正因为如此,文化传统并非仅仅滞留于博物馆的陈列品和图书馆的线装书之间,它还活跃在今人和未来人的生活实践当中,并在这种实践中不断改变自己。每一个有志于为民族的未来贡献心智和汗水的中国人,都应当熟悉传统,分析传统,理解传统,变革传统。而学习、研究中国文化课程,正是培育这种理性态度和务实精神的最好课堂。同时,也有助于我们做好未来从事文化创新的有关知识准备。

三、学习概论的方法

中国文化源远流长,文化内涵博大精深。面对如此浩瀚的学习、研究对象,掌握正确的学习方法,提高学习效率,十分重要。学习过程中,我们要注意掌握以下几种方法:

1. 历史梳理与逻辑分析相结合的方法

中国文化历经数千年演化,内容异常丰富。我们既要对它的来龙去脉有一个明晰的了解,又要避免被无法穷尽的枝节材料所淹没,只有将历史的方法与逻辑的方法有机地结合起来,才能收到事半功倍的学习效果。正如一位导师所说:“历史常常是跳跃式地和曲折地前进的,如果必须处处跟随着它,那就势必不仅会注意许多无关紧要的材料,而且也会常常打断思想进程……因此,逻辑的研究方式是唯一适用的方式。但是,实际上这种方式无非是历史的研究方式,不过摆脱了历史的形式以及起扰乱作用的偶然性而已。”② 这段论述非常深刻。它启示我们在学习历史的时候,不要被现象所惑,而要透过现象看本质,注重一个个现象背后的规律性的东西,注重历史演进、社会演进的本质性的东西。要学会用逻辑的方法把握历史,概括历史,总结历史的规律。包括文化史,要理解它的发生、发展规律,思考继承与发展,即继往与开来、守正与出新的关系。只有认识自己民族的历史,在批判的基础上继承和理解自己的文化传统,才能创造出新的自立于世界民族之林的新文化。

2. 典籍研习与社会考察相结合的方法

中国历来提倡“读万卷书、行万里路”的学习方法,这种方法是中国文化

---

① 《马克思恩格斯全集》第 4 卷,第 109 页。

② 《马克思恩格斯选集》第 2 卷,第 122 页。

概论学习的基本方法。中国文化的要义，多被记录在汗牛充栋的古籍之中。研读这些古籍，尤其是其中具有经典意义的文献，如《诗经》、《周易》、《论语》、《史记》等，对于我们把握中国文化的精髓，无疑是非常重要的。但这只是问题的一方面。大家知道，文化可以按大文化和小文化来划分。小文化是记录历史、政治、经济和社会价值观一类内容的典籍文化，而大文化则表现为林林总总的现实社会生活的众生相。因此，从问题的另一方面看，中国文化的众多要素，是以非文本的形式，存留于社会生活之中，例如众多的远古遗址和古代遗迹、起居生活习俗、宗教礼仪、道德规范，等等。这就要求我们将研究视野扩大到文本之外的历史遗迹和社会生活的宽阔领域，将听课、阅读、讨论结合起来，将典籍研习与社会考察结合起来，相互比照，相互补充，从而对于生生不息的中国文化，有一个动态的、全面的了解。这种了解是理解民族文化，创造具有民族特色的新文化，实现中华民族伟大复兴的重要基础工程。

3. 批判继承与开拓创新相结合的方法

有史以来，我们的先辈结合自己的文化实践，对于养育自己的中国文化，进行过详尽的研究和卓越的创造，取得了“引无数英雄竞折腰”的伟大成就。它是人类智慧的结晶，我们没有理由拒绝这一珍贵遗产。对于其中已过时的部分，要有一种历史唯物主义态度。苛求前人，否定历史，怀疑一切的民族虚无主义态度是不可取的。同时，随着科学的进步和历史的发展，我们又不能被前辈的认识成就和思维定式所束缚，阻滞经济和文化的发展，窒息科学的生命力。处在日新月异的新时代，社会对中国文化以及整个哲学社会科学界提出了新的课题和新的要求，我们必须自觉树立责任感和使命感，采取科学的观点和方法，扬、弃结合，继承前贤取得的成就，发扬光大历史文化的合理内核，继承历史的优良传统。同时根据时代的要求，吸取古今中外优秀文化的营养，不断开拓创新，争取在中国文化研究领域内有所发现、有所创造，最终整合、创建一套符合新世纪发展需要的中国文化新体系！

第二章　中国文化形成发展的自然与社会条件

一个民族文化的特质，是该民族在长期的社会实践中创造、积淀而成的，而这种创造与积淀又不是凭空制作，它是植根于民族生活的土壤之中的。地理环境是传统文化生成和存在的基础，思想文化的孕育和发展又依赖于特定的社会经济结构和政治结构及其产生的物质文明成果。文化是人类劳动的产物，人作为自然—社会的双重存在物，正是在上述诸种因素交织而成的环境中创造、传承文化的。因此，考察中国文化的生成机制和发展嬗变，应该从地理环境、经济土壤、社会政治制度等方面入手加以整合。

第一节　中国文化形成与存在的基础

一、地理环境

1. 地理环境与中国文化的形成

地理环境，通常指环绕人类社会的自然界，包括地形、气候、土壤、河流、动植物、矿产资源等，它是人类存在的自然基础和社会发展经常必要的物质条件，通过物质生产及其技术系统等中介，深刻而久远地影响人类历史的进程。一个国家和民族所处的地理位置、居住地的地形地貌、山川河流、气候冷暖等自然地理环境，对文化的影响至关重要，特别是对早期文化的形成更为直接，是文化形成的重要因素之一。

人类之初的原始社会，由于社会生产力低下，原始人类的生活和生产活动，无论是穴居野处、采集狩猎，还是垦山种植、兽驮舟行，都受到特定地理环境的限制，都必须适应一定的自然条件。世界上四大“文明古国”(埃及、印度、巴比伦、中国)的出现和存在，与尼罗河、印度河、底格里斯河和幼发拉底河、黄河和长江紧紧联系在一起。人类生命与水的关系，决定了这些民族在大河流域的特定地理环境下繁衍发展。大河流域水草丰茂，决定了这些古国农业文化出现早、发展快；这些文明古国的君主专制集权制度的出现，又或多或少地与有效组织和管理水利灌溉等农业活动的需要有关。而古希腊文明则由于半岛多山地、土壤不甚肥沃，所以相对来说航海业和商业文化就显得发达，并由此形成了奴隶主民主政体。因地制宜，可以说是文化形成的一个共同规律。古埃及的历法是根据尼罗河的涨落周期而形成的；古巴比伦则因地处平原，加上这一地区空气清朗而特别有利于观察天象，所以其发达的历法文化是通过天文观测得来的。

中华民族栖息生养于北半球的东亚大陆，领域广大，腹里纵深，回旋天地广阔，地形、地貌、气候条件繁复多样，形成一种恢弘的地理环境，这是其他多数古老文明的发祥地所难以比拟的，为中华文化大厦的构建提供了较为宽广的基础。中华文化最重要的发祥地是黄河流域，在古代曾是林茂草肥、自然生态环境良好的区域，华夏先民在这里狩猎、放牧，进而发展农耕，奠定了文明的根基。但中华文化的策源地又不仅限于黄河流域。云南元谋、北京周口店猿人化石的发现，表明长江流域、辽河流域乃至西南崇山峻岭间也都有悠久的文明史。同样是中华文化的摇篮，我们的祖先早在近二百万年至几十万前已栖息于东亚大陆的广大区间，这些区域的总面积当在500万平方公里左右。①

自殷商时代起，中国正式进入有文字记载的信史时代，中华先民的活动地域也愈益扩展。商人最早居住在山东半岛，约在公元前14世纪迁徙并定都于殷(今河南安阳西北)，居住中心转移到黄河中游。周人则崛起于陕甘高原，又在泾渭平原得到发展，进而向东挺进，克殷并经营雒邑(今河南洛阳)，从偏处西土的部落发展为雄视中原的王族。与此同时，楚人在长江流域发展了楚文化，使中华文化的范围进一步扩展。自春秋至战国，大体形成三晋、齐、燕、秦、楚、越六大文化区，地理范围大约包括秦长城以南，黄河上下、长江南北。《尚书·禹贡》把当时的版图划分为冀、青、徐、扬、荆、梁、雍、豫等九州，大体反映了春秋末期以来的地理范围。秦汉以后，上述各区域文化融合为汉文化，先民继续开疆拓土，实行民族交汇，形成了广土众民的帝国，又经唐、宋、元、明、清历代的发展，终于奠定了今日中国960万平方公里的广大领地，为中华文化的滋生繁衍提供了阔大的天地。

我国幅员广阔、历史悠久、民族众多，不仅具有色彩各异的民族文化，而且同一民族也存在着风格不同的区域文化。这一特点的形成，也与地理环境的因素密切相关。以原始社会普遍存在的崇拜形式为例，地处山地的民族多山神、岩石类崇拜，靠近江河湖海地区的各民族则多水神类的崇拜；北

---

① 冯天瑜等：《中华文化史》(上)，上海人民出版社1990年版，第36页。

方民族的动物崇拜以熊、狼为多,南方民族的动物崇拜却以蛇、鸟为主。在作为中国文化主体的汉民族文化中,祖先崇拜的现象特别突出,古代口耳相传的“三皇五帝”,无不是半人半神的祖先。这种祖先崇拜由来,也可找到地理环境影响的因素。汉民族文化起源于黄河、长江两大流域,土壤、气候、水利等自然条件为发达的农业文化提供了优越的物质基础,并促成了农业与手工业的结合体——家庭劳作方式的形成,以家庭为单位直接与自然界打交道,靠天吃饭万事不求人,祖宗的一套生活、生产方式对子孙来说已足够应用,家族宗法观念由此得到强化,引出了对祖先的莫大崇拜,并直接影响到以人伦关系为主的儒家学说甚至国家制度的形成。再从中国文化中的居住形式看,正因为我国地处北半球,属于典型的大陆型季风气候,冬天刮西北风,夏天刮东南风,为了适应季风条件下的自然环境,有效地采暖采光,趋利避害,形成了我国建筑坐北朝南的总体格局和中国文化的方位系统。而我国北方地区干燥、寒冷,沙漠草原风沙较大,故“穹庐”式结构(蒙古包)、窑洞等居住形式为多;南方气候潮湿、蛇虫较多,“干栏”式结构(竹楼)的居住形式就十分普遍。再以吃为例,我国南北两地烹饪理论十分近似,但饮食习惯却迥然有别,主食南米北面;菜系北方以牛、羊、猪肉为主,南方却以蛇鱼为突出,这些都是由于地理条件造成的。即使思想观念的形成,也往往与地理环境有关。我国地处北半球,太阳光自南而北斜照山川河流,人们经过长期观察总结,遂产生了“阴阳”说,成为认识和解释自然现象的一种思想武器,深深扎根于中国人的传统观念中,影响到各个方面。总之,尽管我们不赞成地理环境决定论的观点,但必须充分认识地理环境对文化形成的重要影响。

2. 复杂的地理条件与中国文化的多样化发展

中国文化的繁衍地领域广大,幅员辽阔,东西跨经度 60 度以上,南北跨纬度 30 度以上,地形和气候条件复杂多样,南北温差近摄氏 50 度,东西年降水量相差几千毫米,大河东西横贯,山系纵横,种种自然特点,把中华大陆分割成大大小小的“国中之国”,从而造成了中国文化多样发展,各区域文化间差异极大,所谓“百里不同风,千里不同俗”①。

中国大陆地势西高东低,依次递降,呈现出三大阶梯式的地形地貌,山地、高原和丘陵约占 2/3,盆地和平原约占 1/3。山脉多东西走向,因而河流也多是“一江春水向东流”的状态。复杂的地形,决定了中国复杂多变的气

① 《汉书·王吉传》。

候环境。就冷暖而言，中国大陆自南而北，以山川河流为天然分界，呈现出热带、亚热带、暖温带、中温带、寒温带的渐次递变，而大部分区域属于温带和亚热带。就干湿度而言，以距海远近自东南向西北由湿润、半干旱到干旱逐渐递变的趋势明显。占有完备的气候带提供了农业经济多样发展的地理基础，如秦岭、淮河以北成为以小麦、粟米为主要作物的旱地农业区，秦岭淮河以南成为以稻米为主要作物的水田农业区；又由于降雨量的大势，造成东南部为农耕区，西北部为畜牧区。中华文化内部的南北之别、东西之异，正是植根于这种与地理环境有密切依存关系的经济生活的土壤之中。

中国各地的自然条件千差万别，政治经济水准也参差不齐，因此各地文化的发展也极不平衡。不同的地理环境和物质条件，使人们形成了不同的生活方式和思想观念。时间既久，不同的风俗习惯也就相对定形。农业地区的人们由于对土地的重视和依赖，形成了重农轻商和安土重迁的观念。而生活在沿海地区的人们则有鱼盐之利，把鱼盐的生产和贩卖作为自己的主要产业，因而商业贸易比较发达。在一定条件下，他们还致力于海上贸易和航海事业。北方的游牧民族过着逐水草而居的生活，尽管与汉族多有接触，受着汉族文化的影响，但因生活方式的不同，无法全盘接受汉文化。人们经常提到的齐燕多方士、三晋多法家、燕赵多慷慨悲歌之士等，各种区域文化如楚文化、巴蜀文化、吴越文化、齐鲁文化越来越受到文化研究者的关注，也都说明不同的地理环境造就了不同的文化。

需要指出的是，在中国文化史上，这种由地区多样性导致的文化多元倾向，与文化“大一统”倾向相辅相成，共同构成中国文化的特点，正所谓“天下同归而殊途，一致而百虑”①，这在思想学术领域表现最为突出。例如，在宋元时期理学被尊为官方哲学的情况下，同属理学的宋代诸子则因其地域和学术主张的不同区分为“濂、洛、关、闽”四大家，呈现理学大一统前提下的多元状态。清代学术名家辈出，但各地区一般都有自己传统的研究领域，反映了一定历史时期学术研究的延续性和地区间的相对独立性。而文学艺术上因人文地理之异形成的派别则更多，莫不因地域而得名，表现出地域性文化分野，如明代诗文就有茶陵派、竟陵派、公安派等。当然，这种文化的地域分布所体现出来的独立性，并不排斥地域和学派之间的互相联系和彼此渗透，而正是这种既具多样性又具统一性的状态，不断地给中国文化增添活力，推动其前进。同时，由于中原地区环境相对优越，因此也形成了各民族内聚、

① 《周易·系辞下》。

多文化类型融合的历史趋势，从而出现和巩固了中华文化形成发展过程中的多元一体格局。

3. 优越封闭的地理环境与中国文化的完整和独立

中国作为一个幅员辽阔的泱泱大国，早在两千多年前，其版图便“东渐于海，西被于流沙。朔南暨声教，讫于四海”①，大陆的轮廓已基本确立。中国东边面临大海，是古人难以逾越的太平洋，而并非地中海、波斯湾那样的内海；其陆地外缘，不仅有西北横亘的漫漫戈壁沙漠，还有西南耸立的世界屋脊帕米尔高原、青藏高原和纵贯边陲的横断山脉。大海、沙漠、高山四面围护，使中国大陆成为一个相对独立的地理单元，与外部世界相对隔离，封闭隔绝的地理格局，成就了中国文化的独立发生，并使中国文化在以后的漫长岁月中少受异质文化冲击，从而保持了一以贯之的完整统系。同时，辽阔的疆域使中国文化的滋生不是依托在一个江河流域，而是拥有黄河和长江流域两个地理格局颇相差异的大区段，其物质资源丰富多样，回旋天地广袤开阔。当中原农业文明受到北方游牧文明的压迫、地力资源趋于衰退时，中国的经济中心和文化域中心能够向东向南实现大规模的迁徙转移。我们看到，当黄河流域因战乱频仍、士人南迁等原因导致农业自唐以后渐趋衰落之际，长江流域后来居上，以巨大的经济潜力发挥了重要的文化补偿作用。至于岭南的珠江流域、闽南海滨地带、云贵高原、台湾、海南岛等，更增添了这一回旋区间的丰富性和广阔性。近千年来，中华文化的中心大体沿着自东向西，继之又由西北向东南的方向转移，这从历朝都城的迁徙中可明显地看出；中国近代的社会变革，发动于东南沿海，而收实功于华中腹地，进而又推向华北、西北乃至全国，呈现着此起彼伏的不平衡状态。但无论如何迁徙转移，文化的基本内涵和精神没有根本变化，中国文化几千年来延绵不辍，不仅没有出现埃及、巴比伦等古文化那样的中绝现象，相反却能够长期维护大一统的局面，并且在长期复杂的历史发展过程中不断壮大和巩固，这与地理形势大有关系。

从亚洲和世界范围具体来看，相对优越的地理环境加上中华先民的勤劳和智慧，使古代的中国尤其是中原地区在西方近代文明兴起之前，长期是东亚大陆乃至整个世界文明程度最高、经济文化最发达的地区。中国周围的朝鲜半岛、日本、印度支那半岛和东南亚各国都落后于中国，不可能对中国文化造成冲击和挑战。而北方游牧民族虽有强大的军事力量，并多次进

① 《尚书·禹贡》。

入中原地区，但由于文化落后，不适应于农业经济，最终被中原的先进文化所征服。中国与西方文明的中心相距遥远，且有山海阻隔，在科学技术落后的时代，交往几乎是不可能的。丝绸之路开通以后，尽管有中亚、阿拉伯、波斯甚至欧洲的商人、使臣等络绎不绝来到中国，但无论从其担负的使命还是从人数来讲，都无法动摇中国文化的根基，无法改变中国文化的方向。这样，由于地理环境的关系，中国最早产生了农业文明，而世界其他地区文明缺乏影响中国传统文化的条件，所以中国传统文化一直保持着独立发展的态势。这种态势也导致中国古人产生了一种自我陶醉、自我封闭的状态，而长期实行闭关锁国政策，助长自大自尊、自我中心的文化惰性。

自古以来，中国就是世界上人口最多的国度。受地理气候环境影响，中国庞大的人口分布很不均衡。秦汉之际，60%以上的人口都分布在中原一带；淮河以南的南方，长城以北的北方，均属地旷人稀地区。魏晋以后，随着北方民族的南下和江南地区的开发，人口的分布发生了很大变化，至唐宋以后，形成了东南部农耕区人口稠密、西北部畜牧区人口稀疏的分布局面。研究结果表明，唐宋以来1000年间，地理气候条件优越的中部及东南农耕区，占地面积约为40%，而人口比例一直保持在全国的90%以上；地理气候条件较差的西北畜牧区，占地面积近60%，产业结构以畜牧为主，穿插分布着小块河谷、绿洲农业区，人口比例一直在总人口的10%以下，这种状况一直持续到20世纪30年代。由于长期以来绝大部分人口都集中分布在东南农耕区域，造成人口的增长和可耕土地面积日益不足的矛盾。人们只能在所能得到的十分有限的狭小地块上，早出晚归，精耕细作，对土地实行最经济的利用，借以维持生存。时日既久，养成了中国人安土重迁、乐天知命、安分守己的民族性格。同时，经济上对土地的过分依赖，一方面限制了中国古人的视野，从而影响了对外的扩展与开放；另一方面，也培养了中华民族对乡土的无限眷恋和对故国的深切情怀，从而产生了蕴藏在中华民族内部的巨大的凝聚力。

二、人种因素

如果把文化史比喻为波澜壮阔的一部多幕戏剧，那么人类便是戏剧的主角。人的诞生，意味着文化史这部悲壮剧揭开了帷幕。中国文化是中国人的文化，首先登上中国文化史舞台的，是与猿类相揖别的古人类。了解中国文化，需要首先了解中国人起源的情况。

根据古地质学说，在距今7000万年前的中生代白垩纪，原始大陆断裂为几大板块，并发生横向位移产生碰撞，在距今1800万年时造成喜马拉雅山系隆起,大片森林消失,腊玛古猿被迫来到地面,尝试两足站立,从此迈开了生物进化链中关键的一步——向人转变,成为人类的先祖之一。20 世纪 70 年代以后,我国学者在云南的开远县和禄丰县都发现了腊玛古猿的头骨、牙齿及少量肢骨化石,有力地证明了中国是人类的发源地之一,也驳斥了一些西方学者关于中国人种外来说的论断。自 1929 年中外学者在北京发现晚期猿人(直立人)头盖骨化石以来,几十年间的大量考古发现,证明我们的祖先与其他民族一样,经过了猿人、古人、新人三个阶段(其中直立人、早期智人、晚期智人的生存年代,相当于考古学上的旧石器时代),使中华文明与文化的源头得以科学地定位,揭开了中国古文化逐渐萌生并发展的历史进程。

① 直立人,也即"正在形成中的人",主要有:

巫山人。1986 年发现于四川巫山,距今 200 万年左右。

元谋人。1965 年发现于云南元谋上那蚌村,距今 170 万年左右。元谋的直立猿人已能制造和使用石器,可能已会用火,表明中国西南地区是人类起源和早期人类演化的重要地区之一。

蓝田人。1963 年发现于陕西蓝田,距今 65 至 80 万年,脑容量约 780 毫升,同时出土的还有石器初期的打制石器。

北京人。1929 年发现于北京西南房山县周口店龙骨山,距今 50 万年左右,平均脑容量 1075 毫升,身长约 165 厘米,群居洞穴,狩猎为主,打制石器,用火痕迹明显。

南召人。1978 年发现于河南南召云阳镇杏花山,距今 50 万年,与北京人情况相近似。

② 智人,也即"完全的人",又可分为早期智人(古人)和晚期智人(新人)。考古发现的早期智人有:

马坝人。1958 年发现于韶关马坝乡狮子山洞穴,距今 20 万年,体质与尼安德特人相类。

大荔人。1978 年发现于陕西大荔,距今 10 万年。

长阳人。1956 年发现于湖北长阳赵家堰洞穴,晚于马坝人,早于丁村人。

丁村人。1954 年发现于山西襄汾丁村,距今约 5 万年。

晚期智人(新人)主要有:

柳江人。1958 年发现于广西柳江通天岩洞穴,晚于马坝人、丁村人,早于山顶洞人,具有原始蒙古人种的特征。

山顶洞人。1933 年发现于北京周口店龙骨山山顶洞穴内,距今 1.8

万年。

资阳人。1951 年发现于四川资阳黄鳝溪，距今 7000 余年，基本上已与现代人相似。

这些古人类的脑容量呈增长趋势，如蓝田人 780 毫升，北京人 859—1225 毫升，山顶洞人则为 1400 毫升，逐渐逼近现代人的脑容量。这表明古人类在长期劳动实践中，智力是稳步增进的。

根据人种学(体质人类学)分类，世界上的人类分为黄种人(蒙古人种)、白种人(欧罗巴人种)、黑种人(尼格罗人种)三大类别，中国人属于蒙古人种。从元谋人、蓝田人、北京人，直至柳江人、山顶洞人，存在着一些共同的体质特征，如颧骨高、颧面前突且垂出，上门齿呈铲形结构，鼻子较宽，下颌圆枕多见、发育有矢状脊等等。到后来的新石器时代，各地区居民的体质有明显的差异，而且从骨骼的异常变形还反映出各地存在着一些区域性特殊风俗(如人工拔牙、头骨枕部畸形、口颊含球等)，但是这只能意味着早期蒙古人种形态发展过程中的体质多样性。而人类学的研究表明，从旧石器时代到新石器时代的中国居民，在体质上存在明显的承续、发展的人种学序列，基本上是在一个大的人种(即蒙古人种)主干下发生和发展的，构成中国原始先民的人种特征中没有发现西方人种的成分。也就是说，中国人种不是外来的，而是独立起源的。中国石器时代文化是在相对单元的人种学基础上发展起来的，是根生土长的土著文化，有着近 200 万年的历史渊源，它对以后中国文化持久稳定的独立发起着重大作用。[①] 中国古代文化从她诞生直至今日，一直绵延不绝，文化遗产极为丰富多彩，令全世界为之瞩目。

人类的文化史是与人类的形成史同步的。人区别于动物，首先在于人能从事有意识、有目的的劳动，而劳动的特征和前提是制造并使用工具。刚刚与猿分手的古人类，只能对自然物(如木、石、骨等)稍加制造加工，充作某种用途的工具，使手臂得以延长。而在漫长的岁月中，“木亡石存”，所以我们现今所能见到的古人类工具遗留，主要是石器。与使用木石工具相同时，古人类开始用火，使人类征服自然的能力大为提高，生活质量也明显改善，标志着人类文明的巨大进步。当时的人类过着原始群居生活，生产活动主要是渔猎和采集，开始了创造性地征服自然的艰难步伐。

按保守的说法，从距今七、八千年开始，中华先民进入新石器时代。迄今为止，在遍及现今全国所有省、市、自治区的辽阔版图内，已发现新石器时

① 参见《新中国的考古发现与研究》，文物出版社 1984 年版，第 193 页。

代的文化遗址达七八千处,其中最著名的有仰韶文化(河南)、马家浜文化(浙江)、大汶口文化(山东),红山文化(辽宁)、良渚文化(浙江)、马家窑文化(甘肃)、龙山文化(山东)、屈家岭文化(湖北)等,这些不同类型的区域文化,都是中华文化的源头。经历了一百多万年的采集和渔猎活动,我国境内的原始人积累了丰富的动植物知识,大约在新石器时代开始了农业栽培和家畜驯养,农业、畜牧业成为首要的生产门类。中国无疑是世界农业起源的中心之一,包括稻作和旱作在内的丰富多彩的农业生产方式,奠定了有别于游牧方式的农耕文化的许多实质性特点。在与大自然进行的艰难困苦的斗争过程中,我们的祖先靠着辛勤的劳动和智慧,一步步迈入文明的大门。

中国远古时期的文化遗址数量极多、分布极广,恰似满天星斗,记载了我们的祖先与猿类分手,走向崭新世界的艰难进化历程,也显示着中国文化的多元发生。这些不同区域的文化在后来的历史发展过程中,经过多次的、复杂的撞击、裂变、整合,相互影响,不断更新,最后殊途同归,凝聚成多元一体的中华文明。几千年来,尽管国祚频移,危机迭现,但中华民族文化传统却一脉承袭,延绵不断,其根本原因就在于多源一体的建构格局,铸就了中国文化异乎寻常的凝聚力,并赋予了中华民族经久不衰的生命力。

三、经济与生产方式

文化与经济有着紧密联系,因为作为文化创造主体的人与自然之间呈双向交流关系。一方面,人类的活动始终受到周围自然环境的影响和制约;另一方面,人类在自身的发展中不断地征服自然、改造自然。人与自然的这种双向同构关系统一于人类的社会实践,首先以生产实践,即经济活动为基础。经济活动所创造的器用文化,既是广义文化的组成部分,同时又为制度文化、行为文化、观念文化的生长发育奠定基础、提供土壤。

1. 农耕与游牧两种经济类型

前面讲过,由于中国大陆南北跨纬度30个以上,自南而北形成了几个气候带;又由于一面向海的特征和内部的复杂地形,造成大陆降水量从东南沿海向西北内陆渐次递减的趋势,其中从大兴安岭西坡,沿西辽河上游、燕山山脉,斜穿黄河河套,经黄河、长江上游,直抵雅鲁藏布江河谷,可以画出一条400毫米等降水线。以这条等降水线为界,中国约略可以分为两大气候区,其东南为受太平洋及印度洋季风影响的温润地区,其西北则为少受甚至不受东南季风影响的干旱地区。自然条件的差异,使前者被人们开辟为农耕区,养育出一种以定居农业作基石的,礼制法规齐备、社会文物昌盛的农耕文化;而后者则成为游牧区,繁衍着无城廓、礼仪,以游牧为生,且全民善于骑战的游牧文化。而这条400毫米等降水线，又大体与东起海滨、西极大漠的万里长城重合，成为农耕文化与游牧的边际线，千百年见证着两种文化的冲突与融汇。绵延久远的中国文化就植根于农耕与游牧这样两种经济生活的土壤之中。

农业的产生是人类历史上具有划时代意义的大事，我国是世界上农业发生最早的国度之一。从总体上看，相对优越的自然地理环境，孕育了中国的农耕文明。早在七千多年以前，华人先民就生息在气温和雨量适中的黄河、长江中下游一带，并逐渐超越狩猎和采集经济阶段而进入以种植为基本方式的农耕时代。中国古代典籍中多有对先民孜孜以农业而不疲的赞美。《史记·周本纪》说周人的祖先弃为小儿时“其游戏，好种树麻菽，麻菽美。及为成人，遂好耕农，相地之宜，宜谷者稼穑焉，民皆法则之”，之后又成为尧的老师。《诗经·七月》描写先民从事农业生产的场面说：“同我妇子，馌彼南亩，田畯至喜。”《帝王世纪·击壤歌》说古人：“日出而作，日入而息，凿井而饮，耕田而食。”这都反映了古人融融的农耕生活。至殷商西周时期，农耕业已经成为生活资料的主要来源。

春秋战国时期，各诸侯国为了增强自己的国力，更重视农业经济，农业得到长足进展。孔子、管仲、孟子、荀子、韩非子等都对发展农耕有过许多论述。魏文侯时李悝(公元前455—前395)倡导“尽地力之教”，为列国所仿效；秦国商鞅变法强调耕战，实行重农抑商，收到了显著效果；秦始皇统一中国后，更把“重本抑末”作为“理国之道”。① 其后，重农固本成为历朝不易之道。魏晋以来，由于北方游牧民族不断进入黄河流域，中原地区的人口大量南迁，他们带去了先进的生产技术和农具，于是中国农业经济的中心逐渐转移到长江中下游和东南沿海地区。而南方更为温暖和湿润的气候条件及优良的生态环境，很快显示出发展农业特别是稻谷和桑蚕的巨大潜力。自隋唐始，长江中下游成为朝廷和军需粮食、布帛的主要供应地，所谓“苏杭熟，天下足”、“湖广熟，天下足”的谚语，即反映了经济重心南移的事实。

除了东南农耕经济形态以外，在中国西北部的广大地区，虽有少量的由内陆河与地下水灌溉的绿洲农业，但占压倒优势的是游牧经济。西北地区的游牧民族自战国以后逐渐发展起来，他们逐水草而居，在这片广阔的草原荒漠地带以放牧为主，过着迁徙不定的游牧生活。“天苍苍，野茫茫，风吹草

① 《后汉书》卷五八，《桓谭冯衍列传》。

低见牛羊"[①],正是他们生活的写照。需要指出的是,农耕经济区与游牧经济的界限并非绝对的,而是随着气候环境的变化而产生波动,两者之间从来就存在着一种密切的互补关系。

农耕与游牧是两种迥然不同的经济类型。两者一旦形成,就不可避免地导致长期的对立和冲突、互补和交融。一般而言,当牧区水草丰茂的时候,游牧人是满足于自己的草原生活的。游牧民族流动的生活方式和受农耕区富庶生活的吸引,使他们常常南下劫掠,给中原人民的安定生活带来威胁。尤其是在草枯水乏之时,饥饿使游牧人躁动起来,竞相南下劫掠,会发展成为大规模的战争,甚至推翻汉人政权,入主中原。5 世纪,鲜卑拓跋部统一黄河流域,即为一例;13 世纪蒙古人建立的元朝和 17 世纪满洲人建立的清朝更是煌煌巨者。面对游牧民族的侵扰,中原农耕民族无不采取防御措施,有时也用武力抗击手段解决矛盾。但二者之间大量的经常性的交往则是采取非对抗性的,如和亲、迁徙、互市等形式,以达到民族间的聚会与融合。不管采取何种方式,其结果是相似的。一方面,游牧民族那种充满活力的刚劲气质和欧亚大陆的异域文明,都成为中原稳健儒雅的农耕文化的补强剂而被融化吸收,使中国传统文化不断地实现变异更新,长期保持其强大的生命力。另一方面,游牧民族周期性的内聚和入主中原,在先进优裕的农耕文化氛围中,自己常常反而被同化、汉化,这又极大地扩展了中国传统文化的传播范围。

总之,农耕和游牧作为中国两种基本的经济类型,是中国文化两个彼此不断交流的源泉,中国文化正是在农耕人与游牧人长期既相冲突又相融汇的过程中整合而成的。在长达数千年的漫长历史发展过程中,两种文化相互撞击、相互补充、相互融合,不断实行互摄互补,从而融汇成今日气象恢弘的中华文化,最终铸就了中华民族经久不衰的内聚伟力。

2. 以农业自然经济为主体的生产方式

中国古代有农耕与游牧两大经济类型,而其中农耕又占据优势,它是中国传统文化赖以生存和发展的主要经济基础。中国文化之所以源远流长,历史悠久,也是与中国几千年来的自给自足的自然经济分不开的。

所谓自然经济,就是指以自给自足为生产目的的一种经济模式,是与以交换为目的、以盈利为宗旨的商品经济相对的经济结构。具体地说,自然经

① 《乐府诗集》卷八六,《敕勒歌》。

济下的生产者的生产是为了满足和维持自身生存的需要，为了氏族、庄园、家庭等经济单位的物质需求。农业与家庭手工业相结合是自然经济的特点和基础。在自然经济条件下，社会是由许多成独立体系的经济单位组成的，如原始氏族公社、奴隶主贵族庄园、封建领主或地主庄园、宗族式农民家族等。每一个这样的单位所从事的经济活动，都在这些经济单位内部进行，很少与外部发生联系。在封建社会，一个农民家庭就是一个自然经济的生产单位，家庭成员按年龄、性别自然分工，从事着家庭成员生存所必需的劳动。

自然经济是社会生产力水平低下和社会分工不发达的产物。从有人类社会起一直到资本主义生产方式形成以前的历史时期内，自然经济始终占着统治地位，商品经济只具有从属、补充的作用。在一个以自然经济为基础的社会中，一切生产部门都是为了满足生产者自身和家庭成员物质生活的需要，而不是为了交换、为了积累，借以聚敛财富。在近代商品经济得到充分发育以前，中国生产方式的主体是农业自然经济，这一点与世界各主要文明民族是相类似的。毛泽东曾经指出：在中国长达两千多年的封建社会中，“自给自足的自然经济占主要地位。农民不但生产自己需要的农产品，而且生产自己需要的大部分手工业产品。地主和贵族对于从农民剥削来的地租，也主要是自己享用，而不是用于交换。那时虽有交换的发展，但是在整个经济中不起决定的作用”①。如果以土地所有制为主要尺度，那么中国自然经济生产方式的形态，大体可以分为殷商、西周阶段和东周、秦汉至明清阶段两个大的段落。②

春秋以前即殷商、西周阶段，是中国农业自然经济发展的第一个大的段落。其特点，一是土地国有（王有），所谓“溥天之下，莫非王土；率土之滨，莫非王臣”③，国有土地又由天子分封给各级贵族，形成领主所有制。另外，在广大农村，“八家共井”④的农村公社土地所有制也普遍存在。土地国有（包括王有和领主所有）加上土地农村公社所有，共同构成这一历史阶段所有制的基础。二是土地不得自由买卖和私相授受。三是农村生产以集体劳作为主。殷墟甲骨文有“王大令众人曰协田”的卜辞。“协”字的古体像三耒并耕，正是当时盛行的集体耕作的反映。《诗经·周颂》中多次出现“千耦其

① 《毛泽东选集》第2卷，人民出版社1991年版，第661—662页。

② 参阅冯天瑜等：《中国文化史》，上海人民出版社1990年版。

③ 《诗·小雅·北山》。

④ 《周礼·地官》。

耘”、“十千维耦”的诗句，说明西周普遍实行在“公田”上的集体耕作。这也就是经济史上所说的“三代井田”时期。

“三代井田”阶段社会的最高组织是王、贵族、宗教职业者(巫祝之类)组成的国家，由此养育出神权至上的官学文化。殷人尊天事鬼，崇拜天神和祖先，并以此为族类的尊卑区分和宗法等级制张目。周人淡化了殷人的迷信，发展了“天命”观念和“德治”主义，形成了敬天、孝祖、敬德、保民的思想体系，后来被纳入儒学，成为三千年间中国农业文化的精神支柱。这一时期的学术只限于王室和贵族，就是人们常说的“学在官府”，文化是平民不能问津、难以企及的。

东周以后，中国农业自然经济进入发展的第二个大的段落。在长期的社会发展中，中国的经济形态虽多有起伏变化，但基本格局却大体一以贯之，呈现出鲜明的特点。首先是土地国有、私有并存，而私有渐居主导。两宋至明清时期，地主和自耕农所有的民田均占全国耕地的85%左右。[①] 其次，与田产私有互为因果，自战国至明清，土地自由买卖渐成风习，导致社会的等级结构松弛，政治向广大庶族地主和自耕农开放，从而大大拓宽了统治基础。长盛不衰的科举制度就是典型的例子。其三，集体生产过渡到个体生产，与倡导农业生产家庭化相配合。战国以后，手工业也日益家庭化，单家独户经营、男耕女织的小农业占主导地位，构成自然经济结构主体。在民间广泛流传的“牛郎织女”故事正是中国古代男耕女织小农经济的典型化摹写。这样，自秦汉以降的两千年间，中国社会广阔而坚实的基础，正是小农业与家庭手工业相结合的自然条件，与此相辅相成的地主自耕农土地占有制，以及地方小市场在城乡的普遍存在，地主、商人、高利贷者三位一体，形成中国前资本主义经济从生产、流通到分配的完整结构。这种经济结构形成完备的自给自足的封闭系统，拥有自发的调节能力，特别是因其大大缩短了原材料与生产过程的距离，也缩短了生产与消费过程的距离，从而具有廉价性，对商品经济有强劲的抗御力，因而显得十分坚韧、稳固。

在中国长期的封建社会中，在土地地主自耕农所有、个体生产的小农经济土壤中，养育了崛起于春秋战国的以民本思潮和专制主义为两翼的百家争鸣的私学文化，秦汉以后又定型为以儒学为正宗，兼纳百家、融汇佛道的

---

① 据《大明会典》载，明弘治十五年(1502年)，全国耕地4.288亿亩，其中官田0.598亿亩，为总耕地的14.1%；民田3.63亿亩，为总耕地的85.9%。这个比例大体反映了两宋至明清各朝官田与民田所占比例的一般情况。

大一统帝国文化。至于在商品经济有较充分发育的基础上得以繁衍的市民文化，在清中叶以前的整个中国社会都相当薄弱。应该强调指出的是，中国传统文化的主体，无论是作为精英文化的诸子百家学说、文人雅士的笔墨生涯，还是作为大众文化的民间信仰和风俗，大多可以归结到这种农耕居于支配地位、社会分工不发达、生产过程周而复始地处于相对停滞状态的农业文明的范畴之内。这种自给自足的小农经济土壤，还决定了中国文化深层次的诸多特点，如由“一分耕耘一分收获”的农耕生活导致的注重经验理性、务实黜虚的群体趋向；由农业生产从播种、生长到收获这一循环状况以及四时、四季周而复始现象的启示，而产生的思维方式上的循环论和寓变易于保守之中的恒久观、变易观；以农业为生存根基，形成了重农尚农的以农为本和重农抑商思想，安土乐天、和平主义的生活情趣，质朴简约的大众性格，等等。即使尊君重民、集权专制的国家体制、崇尚中庸之道的民族精神等，也都可以从这种自然经济中找到其生成的内在原因。

伴随着中国农业自然经济而发展起来的中国传统文化，一方面表现为强大的生命力，是任何外来势力都无法割断的；另一方面，这种文化也像小农经济本身一样，在不知不觉中积累着文化上的保守和守旧性格。清代中叶以后，随着西方资本主义文化的大规模东渐，中国的自然经济逐步解体，日益纳入世界统一市场，以商品经济为动力源的新的经济结构开始逐步形成，从而为中国文化的发展提供了一种更新的土壤。而如何实现中国文化的转换与更新，至今仍是摆在我们面前的重大课题。

第二节　中国传统的政治制度

就狭义而言，文化是与社会的经济、政治相对而存在，同时又是建立在经济、政治之上的观念性的东西；就广义而言，经济与政治制度内在地包含于文化之中，并成为文化的主要内容。因此无论是就文化的产生，还是就文化的组成而言，政治制度与政治架构都是文化的主要内容。在几千年的传统社会中，农业生产占据我国生产方式的主导地位。独特的地理环境和生产方式导致了中国传统的专制式政治制度。专制制度作为一种原则和传统表现在中国的宗法制度、郡县官僚制度和等级制度中，贯穿中国整个古代社会的始终。

一、宗法分封制与郡县制

在中国，宗法思想起源古远，是我国古代社会制度和社会伦理的思想基础。历经上古文明的累积演变，到周代，以宗族血缘关系为基础的宗法制成为国家根本政治制度。东周王权的衰落和诸侯纷争动摇了宗法制的政治基础和社会基础。秦统一六国，废除了以宗法为基础的分封制，推行郡县制，把全国分为若干个行政区，由朝廷统一委派官员管理，奠定了中国传统社会的基本政治制度。

1. 宗法分封制

宗法有广义和狭义之分。广义的宗法适用于社会各阶层，是一种维系宗族血缘亲情和共同利益的宗族观念和宗族规则。广义的宗法制度一直延续到民国时期。狭义的宗法制是一种在商周时期实行的统治权世袭的政治制度。本章所说的宗法制主要就狭义而言。而分封制是宗法制在政治上的体现，是一种根据血缘宗法亲疏分封土地的政治制度，因此称之为宗法分封制。

宗，本义指宗庙、祖庙，又指祭祀和尊崇祖先。宗族是我国古代社会的一种基层组织单位，由同一男性始祖发展而来。一个宗族包含若干个大小不等的直系和旁系家族，每个家族又包含若干家庭。宗法制是一种宗族法则，用来维持宗族秩序，它以血缘关系为纽带，标榜尊崇共同祖先，维系亲情，在宗族内部区分尊卑长幼，规定继承秩序，不同地位的宗族成员各有不同的权利和义务。宗法制以嫡长子继承制、宗法分封制和宗庙祭祀制为三大标志。另外，丧服制也是宗法制的外在表现形式。

(1) 嫡长子继承制　宗法制的核心内容是区别嫡庶和实行嫡长子继承制，目的在于防止族人争夺宗族权位和财产，以稳定宗族内部秩序。宗法制萌芽于原始氏族时期，兴起于商代，成熟于西周，主要在王室和贵族之间实行。嫡即正，正统。通常情况下，贵族有一个正妻和多个妾，正妻所生之子即嫡子，妾所生之子即庶子。宗法制下，“立嫡以长不以贤，立子以贵不以长”(《春秋公羊传·隐公元年》)嫡长子有权优先继承权位和财产，如果嫡妻无子，则立庶妻中地位最尊的贵妾之子。继位的嫡长子称为“宗子”，又称“宗主”，为族人共尊。

以嫡长子为核心，宗族内部又有大、小宗的区别。大宗是由始祖的嫡长子、嫡长孙、嫡曾孙等世代相继形成的宗族；小宗是嫡长子的兄弟及子孙所形成的宗族。商、周王朝之始祖的嫡长子继承始祖的王位为天子；始祖嫡长子以外的儿子称作“别子”，别子都分封有一定的土地和人民，各自建立诸侯国，他们的子孙奉他为“祖”，这种现象历史上称为“别子为祖”。站在别子的角度论，别子的嫡长子继承诸侯家业后为大宗，其他儿子受封后称为“大夫”，领有分封的封邑或采地，建立多个小宗。依照这种制度，封为大夫的人，其宗族内部同样可以按照嫡长子继承制把采邑分给儿子们，从而形成低一个等级的大宗和众小宗。这些小宗内部又有嫡长子和庶子各自建立的大小宗。因此，大宗和小宗是个相对的概念。这样，根据嫡庶长幼和血缘亲疏关系形成了无数相对的大宗和小宗。所有这些宗族都世代尊奉和祭祀他们共同的别子始祖，形成了一个以嫡长子为主干、以庶子为支系的树状宗族关系。

在宗法制下，宗子具有一系列特殊的地位和权力。

第一，宗子有权主持祭祀。祭祀祖先是最为神圣的宗族活动。主祭权是宗法身份的象征：只有身为长嫡的宗子才能主祭，不同级别的宗子主持相应级别的祖宗祭祀，同一宗族的所有子孙都要敬侍大宗子的祭祖活动。这就是《白虎通义·宗族》所说的“宗人将有事，族人皆侍”，古代宗法制就是这样通过宗子主祭、庶子参祭的方式团结族人，维系族内等级秩序。

第二，宗子有权掌管本宗族的财产。在宗族内部，宗族成员要向宗子进献财物，旁系小宗也要向直系大宗进献部分财物，这些进献来的财物作为本宗公用财产，由宗子负责管理，用于宗庙祭祀，开办宗族义学，置买族田，收恤孤弱贫困的宗族成员等公共事务。

第三，在宗子一方，他有责任带领本宗成员帮助族人料理婚丧嫁娶等大事。在宗族成员一方，每有大事，如宗内祭祀、嫁女、死亡、生子、远行、改易名字等，必须禀告宗子，如果得到王室、诸侯的赏赐，一般还要铸造铜器献给宗庙，用作祭祀祖先的礼器。

第四，宗子有权教导和惩罚宗族成员。宗子有权处理族内纠纷，在祭祀、宴享、宗族会议等场合训示族规，对族员提出要求，进行教导，申斥和处罚违背族规、损害宗族利益的成员。

(2) 分封制　分封制是宗法制在政治上的体现，是夏、商、周三代的基本政治制度。秦王朝废分封，立郡县，动摇了三代分封制的基础。汉以后，分封诸侯的情况虽一直沿续到清朝，但诸侯王的政治自治权力和政治影响力，与三代时期的宗法制的实质已有很大不同。如前所述，作为宗法制的伴随物，分封制经夏、商两代的实践，到西周已十分完备。分封制的政治实质是“授土治民”。天子让嫡长子继承王位，同时，天子依据血缘亲疏、嫡庶尊卑，兼顾功劳大小，把王畿（天子直辖的领地）以外的国土和人民分别授予宗室子弟、嫡系姻亲和功臣，分封他们为诸侯王，让他们各建侯国，自备军队，自择官吏，实行政治自治。诸侯王又按照宗法制封赐卿大夫以采邑，卿大夫又把部分采邑分封给宗室子弟——士，士没有可供再分配的土地，成为最低一级受封的贵族。这种逐级分封受封的政治体制就是“分封制”，历史上也称为“封建制”。

分封制的宗法实质是“别子为祖”：别子因为不是嫡长子，作为兄弟的别子被封为诸侯。始受封的诸侯来到自己的封地，成为诸侯国第一代宗主，该国子民世代尊奉他为始祖。这个成为始祖的别子，他的嫡长子代表他即位成为诸侯国的大宗，他的宗庙祭祀与侯国一起代代延续，以嫡长子继位为特征，历史上称这种现象为“(大宗)百世不迁”。而嫡长子的各兄弟所建立的宗族都是诸侯国的小宗。小宗不断繁衍，血缘关系越远越疏，不能祭祀供奉所有大宗宗子，于是规定小宗以五代为限，各自祭祀曾祖以下的四代祖先，这就是宗法制中的“(小宗)五世则迁”。不过，所有的小宗都要敬奉和祭祀作为始祖的“别子”。因为大宗的开宗人是宗族的共祖，而小宗祭祀的曾祖是小宗的开宗人，这就是中国人“祖宗”一词的本来含义。

分封实施时讲究远近亲疏。西周实行分封时，首先是嫡子，其次是庶子，再次是异姓功臣、宗室姻亲或少数归附的异姓宗族首领。分封级别按照公、侯、伯、子、男5个爵位等级依次排列位次，在国土大小、距离王畿远近和宗法尊卑诸方面都有较大差别。周王姓姬，姬姓侯国数量多，面积大，经济富庶，多封于军事要地，地位显赫。《左传·昭公二十八年》记载：“昔武王克商，光有天下，其兄弟之国者十有五人，姬姓之国四十人，皆举亲也。”这种分封体制正是“封建亲戚，以蕃屏周”①的政治宗旨的很好说明。

分封制源自中华文明发展过程中的部落联盟阶段，夏商时期逐渐成形，至西周而臻于完备。西周末年，王室内乱，诸侯争霸，礼崩乐坏，分封制的弊端——诸侯坐大，易起纷争的毛病日益彰显，分封制开始遭到破坏，最终因秦朝统一天下、推行新的政治制度——郡县制而被迫退隐，但是，分封制并未完全退出历史舞台，汉代、曹魏、唐、宋、元、明历代都有分封诸侯，封邦建国的余影。清初皇室为了暂时的政治需要，甚至出现了分封强悍的异姓“三藩”的情况。纵观秦代以后的宗法分封制，虽几度死而复兴，但是，或名存实亡，或昙花一现，其在兵权、政权、财权诸方面都受制于中央，和周代分封制不可同日而语。

(3) 宗庙祭祀制　宗庙祭祀是宗族内最为隆重的活动仪式，目的在于强化宗法观念，维护宗法等级秩序，凝聚宗族情感，加强宗族力量，历来备受重

---

① 亲戚：这里指叔、伯、兄、弟一类近亲。蕃，同“藩”，藩篱。蕃屏：像藩篱和屏障一样，为保卫之意。语出《左传·僖公二十四年》。

视。在宗法制度下，宗庙设置、主祭权力、祭祀类型、祭品供奉等均有严格的规定。

宗法制强调尊祖敬宗。《礼记·王制》记载，在宗庙设置方面，天子设七庙，诸侯立五庙，大夫置三庙，士建一庙，庶人无权建宗庙。天子是天下大宗，天子宗庙象征国家社稷，是政权与神权的象征。天子权位最高，所以要为七代祖先建庙。七庙为父庙、祖父庙、曾祖父庙、高祖父庙、文世祖庙、武世祖庙及太祖庙。诸侯五庙包括父、祖父、曾祖、高祖四庙，外加始封诸侯所建的始祖庙。大夫三庙包括别子祖庙(无别子祖者建曾祖父庙)、祖父庙和父庙。士的祖庙是合祭父亲和祖父。庶人无权建祖庙，在寝堂祭祀祖先。宗庙祭祀一律由大宗宗子主持，小宗宗子和宗族成员只能助祭。

宗庙里的神主(牌位)按照"昭穆"排序，即以始祖居中排位的情况下，第二、四、六代双数辈份居始祖的左侧位，称作"昭"；三、五、七代单数辈份居始祖之右，称作"穆"。这就是所谓的"左昭右穆"。昭穆制可以清晰地显现宗族谱系，维护长幼尊卑的伦理关系。

天子和诸侯的宗庙祭祀类型很多，主要有以下几种：

四时之祭　夏商宗庙祭祀为春礿(音 yuè，也作"禴")、夏禘、秋尝、冬烝。到周代改为春祠、夏禴、秋尝、冬烝。

祫(xiá)祭　古时重要祭祀之一。祫祭即合祭，是在太庙中进行的合祀众多先祖的祭祀活动。

周祭　按照世系依次对先祖进行的周期性祭祀活动。

告祭　因重大事情如战争、晋升官爵、获得重要赏赐而举行的上告于天的特别祭祀。

在宗庙祭祀制度中，祭品供奉有严格的等级差别。《礼记·王制》记载，天子祭祀用太牢，祭品为牛、羊、猪各一。诸侯祭祀用少牢，祭品为羊与猪，卿大夫也可以用少牢，而士人祭祀则只能用猪、狗、鱼或草扎的刍狗做祭品。

我国古代社会受宗法制度影响深刻，王宫前部必须建设宗庙与社稷坛(祭祀土神与农神的土台或石台)，社稷坛居右，宗庙居左，制度上称为"左祖右社"，两者都是国家的象征。贾谊《过秦论》："一夫作难而七庙隳"，就是以秦王祖庙被毁指代秦王朝的灭亡。

(4) 丧服制　为一定范围内的宗族亲人服丧也是宗法制的重要内容。丧服制是以祭奠死者时所穿丧服的等级来表示血缘亲疏的宗法礼仪制度，对中国社会影响极为深远。该项制度成熟于周，一直沿用到清末民初。丧服作为一种礼仪共分斩衰(此处读 cuī)、齐(此处读 zī)衰、大功、小功、缌麻五等,称为五服,意在用穿孝服的不同来区别亲戚关系的远近,用服丧的形式来加强宗族内部的凝聚力,至今民间还在用“五服”来表达亲属关系。在五服制度中,丧服不同,居丧期限也不同,血缘越近,丧服越重,居丧时间越长,而且嫡重庶轻,男尊女卑,各有等差。

2. 郡县制

秦朝建立后,废除了宗法分封制,改而把全国划分为若干个以郡为单位的行政区,郡下设县,郡县长官由朝廷统一任免,这种集中体现中央集权的行政制度就是郡县制。郡县制萌芽于春秋初,形成于战国,盛行于秦汉。作为中国传统社会的基本行政制度,郡县制对中国传统政治、经济、军事以及文化等方面都产生了深刻的影响。

(1) 郡县制的萌生与形成　县和郡都出现在春秋时期,最初都是边鄙军事区划概念。后来,县和郡逐渐演变为地方行政单位。战国时出现了以郡领县的行政体制。据现有文献记载,县比郡出现得早,最早设县的是春秋时的秦国。《史记·秦本纪》记载,秦武公十年(公元前688年),秦国的军队打打败了邽和冀戎,开始在两地设县,县直接归属中央管理。随后,楚、晋、郑、宋等国也在自己兼并的土地设县。春秋后期,不仅诸侯在兼并地和国内普遍设县,而且卿大夫们也纷纷在采邑内置县。至此,县的设置从边地发展到了内地。战国时期,县已经成为较普遍的地方行政区划单位。郡的设置则至迟不晚于公元前651年。秦穆公最先在秦国设郡,晋、赵、吴国后来陆续效法。最初,郡也设在边地,主要是满足防卫的需要,地位比县稍低,县与郡之间互不统属。春秋时期,设郡的情况很少。战国时期,群雄角逐,边郡日益扩大,郡的地位不断提高,一郡统领数县的体制应运而生。

作为基本的地方行政制度,郡县制成熟于秦代,它是集权制发展的必然结果和集中体现。商鞅变法不仅使秦国富强,而且加强了中央集权。此后,秦国兼并的土地都直属国君,大的置郡,小的设县,郡守和县令都由中央派遣。秦国不断东扩,郡县随之东进,到了秦始皇时,国内只有少数几个变法后新封的采邑了。公元前221年,秦始皇吞灭六国,普天之下,尽属秦王,所有国王,尽设郡县,中国历史上第一个高度统一的中央集权制帝国诞生了。

秦王朝建国之初,举行过一次关于分封制存亡以及与郡县制孰优孰劣的朝议。丞相王绾建议将荆、齐、燕等边远重地分封给皇子。李斯认为,分封制分散天子权力,不利于天下统一,应该废除,况且天下已经全部设置郡县,正是国家安定统一的最好方法。秦始皇也认为,是分封制导致了周朝的灭亡，就采纳了李斯建议，"不立尺土之封，分天下为郡县"①，将京师设为内史，分天下为36郡。秦始皇在位期间，南平百越，北伐匈奴，又增设数郡，达到40余郡。②

秦朝官制以"三公九卿"为主干，行政、军事、监察三权分立。丞相协助天子总管全国政务，太尉掌军事，御史大夫（副丞相）掌监察兼皇帝秘书，合称三公。九卿多是为皇帝和宫廷服务的职官。九卿之外，中央还有一些重要的卿级官员，而各郡郡守的行政级别与诸卿同等。有了如此这般行政框架的支撑，秦朝就建立起一个以皇帝为首脑，公卿为骨干，各级官吏为辅助高度集权的官僚体系。

（2）郡县制的嬗变　秦立郡县，设立了统一的中央集权制的国家后，中国的政治制度主体就沿袭了这一官僚体制。然而，郡县制的嬗变过程并非一蹴而就，一成不变的，它的发展演变过程有两点需要特别指出。

第一，两汉以后的中国政治体制实质是郡县、分封合二而一的郡、国制。奋六世之余烈，执捶柎而鞭笞天下的秦王朝，在世上仅仅存在了十五年，便被揭竿而起的陈胜为代表的农民起义所推翻——一夫作乱而七庙隳，引起了汉初统治者的警觉与思考，所以，当汉朝建立之后，在汉承秦制，实行郡县制的同时，对前朝文化进行了有机整合，其中包括重新大封诸侯，实施了郡县、分封合二而一的郡、国合一体制。这种体制下的诸侯国由于拥有政治、经济与军事的权力，不久便出现了异姓诸侯国的叛乱，汉高祖刘邦晚年一直在平定异姓诸侯的造反中鞍马劳顿、四处征战，以至于临死前愤愤地留下了"非刘姓而王，天下共诛之"的遗嘱。天下实现诸侯同姓后，虽然有的诸侯王国跨越几个郡，行政级别却与郡县相等。但是，汉初诸侯王国的官署与中央朝廷一样，朝廷只向王国派遣太傅和丞相，御史大夫以下由诸侯王任命。汉初同姓诸侯王政策背景下的分封制，最终导致"吴楚七国之乱"。七国之乱后，汉景帝撤销了诸侯王对官吏的任免权，命令诸侯王不得干预政事，并且改王国的丞相为相，掌管王国行政事务，直接对朝廷负责。这样一来，藩国实质变成了汉廷直辖的郡县，郡国制至此实际变成了郡县制。

第二，郡县制存在着一个二级制到三级制演变的过程。郡县制在中国历史上的嬗变有着复杂的演变过程。秦汉均以郡县制立政体，郡县两级支

---

① 《汉书·地理志》。

② 全祖望《汉书地理志稽疑》考证秦朝共设42郡。谭其骧主编《中国历史地图集》认为秦王朝共有47郡。

撑着大一统的中央王朝。为监察郡县及各同姓诸侯王的行踪,中央政府沿袭秦朝旧制,派监御史监察各郡国政治。到汉文帝时,为防止各郡诸侯收买监御史而从中作梗,在丞相府设置“东曹九人出督州为刺史”,每人以巡察方式监察九州中的一州①,由此形成后来刺史制度的雏形,也为后来演化成州牧一级行政机构埋下伏笔。总结文帝时经验,汉武帝把全国分为十三州部,每州为一个监察区,设置刺史一人,负责监察所在州郡的郡县和诸侯王,形成了比较完善的地方监察制度。西汉后期,汉成帝将刺史一职改称州牧,并将其秩禄由600石提高到2000石,与九卿俸禄相当,此举成为历史上刺史由监察官向地方行政长官转化的重要节点。王莽称帝大搞复古改制,将十三州改为九州,改哀帝恢复的刺史为州牧,赋予行政官职能,可以调动军队。待光武帝刘秀推翻新莽,光复汉朝政权,针对王莽改制而重新隶定职官,重新恢复州一级行政长官为刺史,设置固定治所,考核、监察郡县官员,兼理民政。到东汉末,刺史成为兼行政、军事、监察于一身的地方行政长官。至此,秦汉王朝执行的郡县两级制度正式转换成州、郡、县三级制。三级制沿用到清末,其间名称虽有改动,但本质无大变化。

三国时期,曹魏占据东汉13州中的9州,孙吴统领扬州、荆州和交州,蜀汉只得益州。魏、蜀、吴各国内部并无州牧实际执政,地方仍实行郡县制。

西晋全盛时有19州,除汉代13州外,新设平、秦、宁、梁4州,又将司吏校尉部改称司州,州刺史主管地方军事和监察,兼理民政。西晋是我国历史上州、郡、县三级制最为完备的时代,但西晋诸侯王势力往往覆盖州郡,刺史的实际权力受限。东晋和南北朝的州郡设置混乱,或有名无实。

汉末以来的州、郡、县三级制及其官制一直沿用到隋朝。

隋开皇三年,隋文帝认为三级制机构重叠,下令取消郡级建制。隋炀帝继位后,又改州为郡,恢复郡县制。唐朝与隋朝一样,州、郡两名曾迭相使用。贞观元年(公元627年)为了统辖便利,唐太宗将全国分为十“道”,唐玄宗再分为十五道,每道置采访使,监察州县官吏。唐肃宗乾元元年(公元758年)采访使改称观察使,兼理民政,唐代地方行政实际上已经形成道、州、县三级制。“安史之乱”后,唐朝实行节度使制度,掌兵权的节度使兼地方长官,辖区称镇或道,元和时,全国共有48镇,形成了镇、州、县三级制。北宋继承唐制,实行路、州、县三级制。宋代的“路”相当于唐代的“道”,主要掌管监察,兼理民政。

---

① 参阅《汉旧仪》。

元明清时期，地方行政不再使用“郡”这个名称。当然，我们仍然可以看到郡县制的影响。首先，县始终是最后一级行政单位，由朝廷委派长官，集财赋、司法、治安、教化为一体，因地制宜，便于管理。其次，元明清时，以州(府)领县，州(府)县规模与郡县规模基本相当，州府长官的地位和唐宋郡守也较接近。

作为一种影响中国两千年的地方行政制度，郡县制保证了中央朝廷统领全局，地方分层治理，使政令畅通有了制度保障。中国古代之所以能够保持长期的相对稳定和统一，郡县制在体制上发挥了重要的保障作用。

当然，郡县制的弊端也是显然的。郡县制是一种高度集权、等级分明的行政制度，甚至可以说是一种逐级执行皇帝命令的管理体制，它的根本问题在于上级专权，突出表现为以下三点：一是以郡守县令为代表的地方官吏唯皇权是瞻，唯上命是从，缺乏充分的施政权，容易导致行政效能低下；二是上级有监察下级的权力，下级对上级缺乏有效监管权；三是皇权无限膨胀，虽然理论上有天意天理、孔孟之道统的制约，实际上缺乏成熟的制约机制。这一切使得国家的管理体系呈现出头重体轻、上尊下卑的格局，也是官僚腐败的体制根源和“官本位”痼疾的症结所在。

二、中国古代官吏制度

官吏制度是中国政治制度的核心内容。自秦始皇灭六国，建立中国历史上第一个统一大帝国起，以郡县制为其外在形式的君主官僚政体在我国历史上确立起来。该政体在我国影响深远，其特点先期是以皇帝为中心，以三公九卿、郡县长官为框架的官僚体制的运行历史，隋唐代以后则是以皇帝为中心，以三省六部官僚制度为特征的运行历史。因此，“三公九卿制”和“三省六部制”构成了中国传统官制的基本框架。“三公九卿制”始于秦，完善于两汉。丞相、太尉、御史为三公，实施行政、军事、监察三权分立。九卿负责皇帝和宫廷事务，郡、县行政长官负责地方政务。由此建立起一套三权分立，上下一体的官僚体制。“三省六部制”始于西晋，完善于隋唐，沿用至清末，以唐代最为完备。三省指尚书省、中书省、门下省。中书省草拟诏令，门下省审议复奏，尚书省为执行机构，下设吏、兵、刑、户、礼、工六部，分曹办事。六部中，吏部掌官吏任免、考核，兵部掌军事，刑部掌司法，户部管理户籍、土地、赋税、钱粮，礼部管祭祀、教育、科举、医卜和外交，工部掌工程建设、山林管理。以“三公九卿制”和“三省六部制”为代表的官制是上古三代文明的延续和发展；集中体现了中央集权的核心思想，使整个国家的管理呈稳定的金字塔形结构；行政、军事、监察各成体系而又相互制约；官员的遴选和监察在体制中占据突出地位。中央官制的这种结构体系反映出中国传统文化注重统一和合的文化传统。下面简要介绍我国历代官制的来龙去脉。

1. 周秦两汉官吏制度

我国夏代即具备国家雏形,商代留下来的甲骨文和金文中也能见到很多官名,证明当时已实行一套相对稳定的吏制。但是,由于年代久远,材料不足,对其具体制度,我们无法详知,不能枉断。

中国古代官制有具体记载的是从周代开始。《周礼》一书作了系统的记述。有三公,即太师、太傅、太保;三孤,即少师、少傅、少保,他们都是天子的顾问。政务官员有六卿(又叫六官):一、天官冢宰,为六官之首,总理国家政务,有大宰、小宰、宰夫和其他许多属官,统称为"治官";二、地官司徒,有大司徒、小司徒、乡师等职,掌民政教育,称为"教官";三、春官宗伯,有大宗伯、小宗伯、肆师等职,掌祭祀礼乐,称为"礼官";四、夏官司马,有大司马、小司马、军司马等职,掌军事征伐,称为"政官";五、秋官司寇,有大司寇、小司寇、士师等职,掌刑法狱讼,称为"刑官";六、冬官司空,掌百工土木。现存《周礼》亡佚冬官,汉人以《考工记》代替,其实不是一回事。所有官员的爵位分为卿、大夫、士三级,再分上中下三等。《周礼》六官之六部门,排列整齐、组织严密、体制已较完备。

另据金文及比较可靠的文献记载,周王室的主要职官,有傅、师、保,即所谓三公;有"卿士寮",卿士是最高政务官,总理行政、军事、外事,其下有司徒、司马、司空、司寇、大行人等;有"太史寮",其中有太史、内史、御史、太卜、乐师等。总管王家事务的称宰或太宰,其下有膳夫、缀衣、太仆、趋马等。负责王宫警卫的称师氏,卫士称虎贲,近侍称小臣,宦者称寺人。他们的职掌大体明确,但分工尚较粗略。

春秋时期,中原各国官制大体与周相同而规模略小。总领国政者泛称执政,治民官称司徒,治军官称司马,掌刑狱之官称司寇,掌土地及建筑之官称司空(或司工)。此外,史官有太史、内史,乐官有太师,缉私之官有太祝,外交官有行人,等等。中原诸侯国君爵位沿袭西周旧制,分别称为公、侯、伯、子、男,国君以下爵位亦分为卿、大夫、士三等九级,只有个别诸侯国,如楚国,在不同时期略有不同。

秦统一中国后,建立了高度集权的封建帝国。其中央官制,实行"三公九卿制",行政、军事、监察三权分立。设丞相(又叫相国)以掌全国政务,太尉(国尉)掌军事,御史大夫掌监察兼秘书(相当于副丞相),合称"三公",地位都相当于后世的宰相,而又互相制约。"三公"之下有九卿,即奉常(掌祭祀礼仪)、郎中令(掌宫殿掖门)、卫尉(掌警卫)、太仆(掌车马)、廷尉(掌刑罚)、典客(掌少数民族及对外事务)、宗正(掌皇族事务)、治粟内史(掌财政)、少府(掌税收)。以上九种官职,多数属于宫廷服务性质,少数属于行政事务性质,互相有交叉和联系。秦代虽然短暂,但其官制对后世影响非常深远。

两汉官制基本承袭秦代,而又稍有损益。于"三公"之上设太师、太傅、太保,作为荣誉头衔,并非实职。"三公"制度不变,名称累有改易。汉武帝时改太尉为大司马,西汉末改丞相为大司徒、御史大夫为大司空。东汉去掉上述两个"大"字,并恢复太尉。建安时期,曹操掌权,又改司徒为丞相,由他自己担任。

汉代九卿名称较秦代有所不同,奉常改太常,郎中令改光禄勋,廷尉改大理,典客改大鸿胪,治粟内史改大司农,职掌基本不变。只有少府的属官尚书,到东汉时期由原来仅仅给皇帝传递文书的事务官变成处理具体问题的政务官,有尚书令、尚书仆射、尚书郎等大批官员,并分曹办事,地位虽然不高,但实权不小,当时就有"政归台阁"的说法。"台阁"就是尚书在宫廷中的办事处。

除九卿外,汉代又增设一些官职,如将作大匠(负责修建宫室宗庙)、水衡都尉(负责山林园囿)、詹事(负责太子事务)、执金吾(负责京师治安)等等。还有一批无专职、无定额的官,如议郎、中郎、侍郎、郎中等,统称为郎官。这些人的任务是陪从、护卫皇帝,备顾问,举建议,或供临时差遣。还有太中大夫、中大夫(光禄大夫)、谏议大夫等,都以议论政事为职,不专任行政事务。又有博士,为教学官及学术顾问官,也参加朝政讨论。以上这些统称内朝官,可以出入内廷。而行政官员(如九卿、将作大匠、水衡都尉等)则称外朝官,需加侍中等名号才有出入宫廷之权。

2. 魏晋南北朝官吏制度

曹丕代汉,因其父曹操曾任丞相,所以改丞相为司徒,后来或称相国;增设中书监及中书令,即皇帝的秘书长,权位也相当于宰相。吴、蜀仍设丞相。曹魏设御史台,以原御史大夫之副职御史中丞为主官,仍掌监察,但地位比秦汉之御史大夫低,不再相当于副宰相。

从曹魏开始,将百官分为九个品级,如相国为一品,尚书令为三品,御史中丞为四品,太守五品,县令六七品等等。这种九品制一直沿用至清。又在汉代基础上,沿袭基于郡县制的爵位分封制,明确了王、公、侯、伯、子、男等爵位。侯爵再分为县侯、乡侯、亭侯。

晋代是中国官制发展演变非常重要的朝代,中央大员有所谓八公、三省、九卿。八公包括太宰、太师、太傅、太保、司徒、司空、大将军,地位最高,但不一定有实权。宰相无定名、无定员、无定职,制度上无此官,而实际上则有其人。三省首长都可以成为宰相,而真正总揽事权的一定带"录尚书事"称号。

三省即尚书省、中书省、门下省。尚书省萌芽于东汉少府之尚书,经过曹魏的扩充,到两晋时机构日益庞大,势权越来越重,成为最高政务机关。尚书省设尚书令为长官,尚书仆射为副长官。下设分曹尚书六人:即吏部、殿中、田曹、五兵、度支、左民,合尚书令、仆射共称八座。其下再设尚书郎,最多达 35 人,分别为六曹尚书统摄,以执行具体事务。这大体相当于后世的六部。中书省即曹魏之中书监,掌典文书,设中书令一人,中书侍郎、中书舍人若干人。门下省亦起源于曹魏,集中侍从顾问之官,以"尽规献纳,纠正阙违",设侍中四人,给黄门侍郎、散骑常侍若干人。

由于尚书省总揽政务,秦汉以来的九卿,至魏晋而渐渐成为闲散职位,与实际政务关系不太密切了。这一现象决定了九卿在官制中的逐渐淡出,而三省的设立以及尚书省六曹的创立成为后世"三省六部"的萌芽。

魏晋时主管太子事务的詹事府比汉时扩大,有詹事、詹事丞、太子中庶子、太子庶子、太子舍人、太子洗马等官,虽无实权,但一旦太子即位,这些人便很快擢升。

南朝官制与两晋大致相同,唯陈朝操事权者为中书舍人,相当于实际上的宰相。北魏官制初期带有少数民族特点,设八部大人,仅相当于八座,后来逐渐接近于南朝。北齐以侍中为宰相,尚书令、仆又次之。北周一度曾实行《周礼》中的三公、六卿等制度,复古色彩严重,但时间很短。南朝品级、禄秩并用,北朝有品级而无禄秩。

魏晋南北朝时期朝廷大臣和地方官的重要官僚有主簿(相当于办公室主任)、参军(相当于秘书或参谋)等,权力很大,但往往不在正式任免的官职之内,而由长官自行征聘,和后世由上级委任的做法有所不同。

这一时期中国官吏制度的一个明显特征是门阀氏族势力的形成。自周代以来,中国全面实行家国同体的宗法制,此后历代皆有世家大族兴盛于当时,成为中国社会的重要特征之一。东汉光复后,刘秀大封天下,扶植了一批贵族 ,魏晋实行"九品中正制"的选拔制度,面对宗法世家的选拔制度,最终只能确保贵族的根本利益,形成"上品无寒门,下品无世族"的家族兴盛现象,历史上称为"门阀制度"。所谓门阀指古代官宦人家门外的两根门柱,左称"阀",右叫"阅",用来张贴功状,耀祖光宗。后世称这种人家为"门阀世家"。他们在地方不仅控制经济、垄断文化,更有甚者,影响一方,左右决策,形成一种强大的社会势力，并且代代相传。过去人们多认为这是一种压抑人才、阻碍社会前进的社会力量；可也有学者，如梁启超、陈寅恪、柳诒徵等认为这种社会力量对君主权力的膨胀、专制制度的强化有很大的抑制作用。柳诒徵指出："然其中犹有一义焉，则所谓绅士政治是也。魏晋以降，易君如举棋，帝王朝代之号如传舍然，使人民一仰朝廷君主之所为，其为变易紊乱，盖不可胜言矣。当时士大夫，于无意中保守此制，以地方绅士，操朝廷用人之权。于是朝代虽更，而社会之势力仍固定不为动摇，岂唯可以激扬清浊，抑亦所以抵抗君权也。"①

3. 隋唐官吏制度

隋文帝统一南北后，建立了一套比较完备的官制。最重要的是孕育了"三省六部制"。另外，为了矫治魏晋南北朝以来日趋严重的门阀世族制度，不拘一格选拔人才，创立了影响深远的科举选官制度。

从形式上看，隋朝实行的是三师、三公、五省、三台、九寺的制度，而实际上，三师即太师、太傅、太保，三公即太尉、司徒、司空，此时已均无实权，属顾问职。而五省中，秘书省掌艺文图籍，内侍省是纯粹的宦官机构，只有尚书省、门下省和内史省三省掌管实际政务。这是后世演变称三省的根本原因。三省中，尚书省，为全国政务总汇，设尚书令及左右仆射、左右丞，下辖吏部、兵部、礼部、工部、都官、度支六尚书。六部再分二十四曹，相当于后来的司，由三十六侍郎负责（有的一曹两侍郎），相当于后来的郎中。门下省，是一切侍从官的总汇，主官为纳言二人，即晋之侍中，属官与晋同。内史省，即魏晋之中书省，主官为中书令二人，属官与晋同。

隋时的三台是：御史台，设御史大夫一、御史中丞二、御史若干；都水台，掌水利、水运，主官为都水使者；谒者台，掌通政。九寺是：太常寺、光禄寺、卫尉寺、大理寺、鸿胪寺、司农寺、太府寺（以上主官为卿）、国子寺（掌学校，主官为祭酒）、将作寺（主官为大匠）。

唐代承袭隋制，而又有所补充。在宰相制度上，隋代的尚书令、中书令、侍中共同执行宰相职务，中书省取旨，门下省审议，尚书省执行。唐代大体如此，除三省首长外，皇帝常委派其他官员参与其事。这样就不是一人，而是由多人组成的小集体。有的时候，皇帝委派的官员竟成为事实上的核心人物，实同宰相，而三省长官往往只有空名。所以，唐代大部分时期以"同中书门下平章事"为宰相头衔，简称"同平章事"。不过，并没有机构，也没有僚

---

① 柳诒徵：《中国文化史》第1卷，东方出版中心1996年版，第168页。

属,遇事只能以皇帝名义发布命令。有的"同平章事"由三省长官以外擢升,品级比三长还低。

唐代尚书省,固定为吏、兵、户、礼、刑、工六部,以后这六部名称一直沿用至清。尚书令因李世民曾任,所以不设,而以尚书左右仆射为尚书省首长。六部每部设尚书(部长)一人、侍郎(副部长)二人。每部之下辖四司,每司设郎中(司长)一人、员外郎(副司长)一人、主事(处长)若干人。这些官职也沿用至清而未改变。

唐代改内史省为中书省,改门下省之纳言为侍中;秘书省、内侍省未变。新设殿中省,管理皇帝日常生活,主管为殿中监。九寺、三台大体如隋制。新翰林院,置翰林学士、待诏若干人,主要任务是代皇帝起草文件,虽无实权,但地位重要,许多宰相即由翰林学士中擢升,所以最为仕人羡慕。

唐代还扩大詹事府,有詹事、少詹事,为太子事务总管。有太子宾客,为太子之辅导。置左春坊以比门下省,主官为左庶子。置右春坊以比中书省,主官为右庶子。

在魏晋基础上,唐代进一步把品爵系统化。将九品分为正与从,如正一品、从一品、正二品、从二品等。爵亦分九等:①王,②嗣王、郡王,③国公,④郡公,⑤县公,⑥县侯,⑦县伯,⑧县子,⑨县男。实行食邑制,以代大臣俸禄。王,食邑万户;嗣王、郡王,食邑五千户;国公,三千户;县公,一千五百户;侯,一千户;伯,七百户;子,五百户;男,三百户。

五代官制大致与唐代相同。

4. 宋辽金元官吏制度

宋代官制最为繁杂,但基本上是唐代的扩展。

关于宰相,宋代常以同平章事为首相,参知政事为副首相。其具体名称先后曾有五次变化,至于什么人来担任这两个职务,并无常员。三省首长(尚书令、中书令、侍中)不常设,有时以尚书侍郎左仆射兼门下侍郎行门下侍中职,或称左相;以尚书右仆射兼中书侍郎行中书令职,或称右相。由于尚书仆射已等于宰相,所以原来相当于尚书省秘书长的尚书左右丞便成为尚书省的实际长官,从而升格为执政官。

宋代中央要柄操于二府——中书省和枢密院。前者掌政权,后者掌兵权。枢密院主官为枢密使,地位相当于同平章事;副长官为枢密副使,相当参知政事。北宋有时宰相兼枢密使,称使相。南宋成为常例。

宋代学士之官比唐代多,提高翰林院地位,使与三省、枢密院平等。新增若干殿阁学士,如观文殿学士、龙图阁学士、天张阁学士等,学士之下又有直学士，都是皇帝的顾问官或侍从官，有时用作封赠的虚衔。

宋代职官交叉重叠现象十分严重，常以临时设置代替正式机构。如设三使司，负责盐铁、度支、户部，以期变法，从而代替了户部职权。枢密院代兵部，礼仪院代礼部，审议院代刑部。结果造成互相推诿，工作效率很低。

宋代官员的职务分官、职、差遣三类。"官以寓禄秩，叙位著；职以代文学之选；而别为差遣以治内外之事"。前两项是虚衔，只有差遣才能真正行使权力。例如包拯的头衔是"吏部郎中龙图阁学士知开封府事"。"吏部郎中"是本官，据以取俸禄；"龙图阁学士"是职，表示有学问，而且最荣耀；"知开封府事"是差遣，是他当时所主管的具体工作，所以有权处理京城吏民一切不法行为。有的官员仅有官职，而不得差遣，那就是无事可干，所以宋代冗官特别多。

宋代仍沿用大臣食邑制，分为名义上食邑若干户、实食封若干户，两者全是虚伪的。实际俸禄有职钱（每月最高六十千，最低十六千）、禄粟（每月最高二百石，最低一石），还有其他实物，待遇比前代优厚。

辽代官制分为北面、南面两大系统。北面官又称辽官，是契丹自立的制度，是统治契丹等族的行政机构。主要官职有：于越，位在百僚之上，类似公师，但无具体职掌。有南北宰相府，设北府左右宰相、南府左右宰相，佐理军国大政。有北院枢密使，掌契丹军政；南院枢密使，掌契丹民政。又有南北大王院，南北宣徽院等。南面官又称汉官，是统治汉人的行政机构，制度多仿唐宋，亦有三省、六部、台、院、寺、监等官。

金代官制初期多用女真族名号。其长官皆称勃极烈，意为众人，最高治理官称都勃极烈。又有国论（意为贵）勃极烈，类似宰相；忽鲁（意为总帅）勃极烈，是军事统领官。此外还有乙室、阿买、吴迭等名号。太宗以后渐用宋制，熙宗以后女真名号大多废止。

元代官制，在入主中原之后始臻完备。其中央政枢，只有中书省，不设尚书省和门下省。有中书令，往往以太子兼任。有左、右丞相（以右为上），其下有平章政事、参知政事等。有枢密院，与中书省对掌军务、政务。以上都相当于宋代的宰执。六部与宋同，权力较集中，取消了一些交叉兼代机构。

元代进一步扩充翰林院，兼修国史。新设宣政院，管理少数民族事务。扩大将作台为将作院，以加强手工业。设大禧宗禋院，作为管理宗教事务的总机构。

元代丞相例由蒙古人担任。一般中外军民官署皆设"达鲁花赤"，蒙古语为镇压者、制裁者，转译为兼临官、总辖官，均由蒙古人担任，汉人一般只能任副职。

5. 明清官吏制度

明清两代官制大同小异,所以合并介绍。

明清皆有三公(太师、太傅、太保)和三孤(少师、少傅、少保),合称宫保,都是荣誉性虚衔,用以封赠大臣。

明清均不设尚书省、中书省、门下省。明初曾设置丞相,洪武十三年以后取消,其部分职权渐由内阁代替。内阁成员是大学士,最初仅仅充当皇帝的顾问或秘书,品级也不高(正五品)。因为是皇帝的近臣,权力日益扩大,地位逐渐提高,成为事实上的宰相。通常大学士有六人,明代冠以四殿(中极殿、建极殿、文华殿、武英殿)、二阁(文渊阁、东阁),清代冠以三殿(文华殿、武英殿、保和殿)、三阁(体仁阁、文渊阁、东阁),而以文华殿大学士为首辅。内阁成员俗称阁老,雅称中堂,也有拟古称为相国的,明代后期和清代都是一品大员。清代又设协办大学士二员,满、汉各一,从一品,从六部尚书中简派兼任。清代自雍正以后,设军机处,有军机大臣、军机章京若干人,协助皇帝处理军机要务,权力很大,内阁的地位几乎为其所取代。

明清六部直接对皇帝负责,六部之上不再设尚书省和尚书令、仆射。吏部为六部之首,俗称天官,拟古称大司徒。其次是户部(大司农)、兵部(大司马)、礼部(大宗伯)、刑部(大司寇)、工部(大司空)。六部尚书俗称部堂,明正二品,清从一品。六部侍郎左右各一,拟古称少司徒、少司农、少司马等,明正三品,清正二品。每部辖四司,户部十三司,每司设郎中一人(正五品)、员外郎二人(从五品)、主事若干人(正六品),都是实际政务官。

明清改御史台为都察院,又叫宪台,长官为左都御史,雅称总宪(右都御史为各省总督座衔),正二品或从一品,与尚书平级。副长官为左副都御史,拟古称中丞(右副都御史为各省巡抚座衔),与侍郎平级。下有左右佥都御史(正四品)、十五道监察御史(五、六品),俗称巡按。清代又将六科给事中(正五品)并入都察院。上述官员职务均为监察百官,检举不法,合称科道,俗称都老爷。

清代设藩院,负责少数民族事务,相当于元代的宣政院,设尚书、侍郎、员外郎等,长官例用满人。

明清均有通政使(正三品)、副使(正四品),负责内外奏疏封驳之事。明清翰林院多以大学士兼掌院学士,其下为侍读学士、侍讲学士(均为从五品),再下为侍读、侍讲(正六品)、修撰(从六品)、编修(正七品)、检讨(从七品)等,其他地位最高为清要。内阁大学士多由翰林出身。

明清均有詹事府。詹事（正三品）兼侍读学士衔，少詹事（正四品）兼侍讲学士衔，左右春坊庶子（正五品）兼侍读、侍讲衔，左右中允（正六品）兼编修衔，左右赞善（从六品）兼检讨衔。这些人往往是高官的预备队。

明清均有六寺：大理寺（掌审判）、光禄寺（掌典礼）、鸿胪寺（掌礼仪）、太长寺（掌祭祀）、太仆寺（掌车马）、司农寺（掌仓廪），各寺长官称卿（从三品或正四品），副长官称少卿（从四品或正五品）。又有二监：国子监，长官祭酒，正四品；副长官司业，正五品。钦天监，即中央天文台。还有宗人府，掌皇族事务；内务府，掌宫廷事务。清代二府长官例用满人。明代负责京城治安的是九门提督，清代是步兵统领。明清均不设枢密院。

由于中国的等级制是建立在专制制度的基础之上，并且依附官吏制度，在科举取仕的制度实行以后，等级内的成员经常处于变换和流动，不像西方古代那样固定，尤其是在隋唐实行科举制和严重削弱公卿势力以后，情况更为严重；到了宋代，作为独立的游离于朝廷和中央政权的社会势力几乎被全部夷平，作为固定等级阶层的团体根本没法形成。陈寅恪指出“唐朝对于中原甲姓，压抑摧毁，其事创于太宗，而高宗继述之，遂成李唐帝室传统之政略。魏晋以来门第之政治社会制度风气，以是而渐次颓坏毁灭，实古今世局转移升降枢机之所在，其事之影响于当时及后世者至深且久”①。在中国传统社会里，甚至连真正的贵族都难以形成，所谓的“君子之泽，五世而斩”、所谓的“富不过三代”，讲的就是贵族难以维持长久。早在宋代，张载就说：“公卿一日崛起于贫贱之中以至公相，只能为三四十年之计。既死，则众子分裂，未几荡尽，则家遂不存。”② 也正是因为皇权对包括皇亲国戚、王公贵族在内的社会力量的控制和压制，出现中国古代社会的超稳定和超专制结构，形成了中国民间力量薄弱，造成中国近代社会难产，导致现代民主意识淡漠。梁启超指出：“贵族政治者，虽平民政治之蟊贼也，然亦君主政治之悍敌也。贵族政治常为平民政治之媒介者焉……贵族之于平民，故少数也；其于君主则多数也。故贵族能裁抑君主，而要求相当之权利，于是国宪之根本即粗立。后此平民以能以之为型，以之为盾，以彼裁抑君主之术，还裁抑之，而求得相当之权利，是贵族政治之有助于民权者……泰西之有贵族而民权反申，中国无贵族而民权反缩，盖亦有由也。”③

---

① 陈寅恪：《元白诗笺证稿》，上海古籍出版社 1980 年版。

② 张载：《张载集》，中华书局 1987 年版。

③ 梁启超：《饮冰室文集》之七。

第三章 中国文化的基本精神

所谓文化精神，是指民族文化中占主导地位的基本思想、基本观念，是相对于文化的具体表现而言的一种广泛性、普遍性，为本民族大多数成员所认同，而且贯穿于民族历史全过程的精神。社会制度、器物、行为、观念，等等，无不和内在的文化精神紧密相连。文化精神与民族精神相通。所谓民族精神是特定民族文化传统的相互凝聚和整合，在民族文化心理结构中长期积淀而形成的整体国民性格。从实质上看，中国文化的基本精神，就是中华民族的民族精神，是中华民族特定价值系统、思维方式、社会心理以及审美情趣等方面内在特质的基本风貌。

第一节 中国传统文化基本精神的主要内容

中国传统文化的产生和发展受制于独特的自然条件和社会历史条件，包括大陆性地域的地理环境，以小农经济为主体的经济基础，以家族制度、专制制度以及“家国同构”为特征的社会结构，相对封闭的国际条件等诸多因素相互影响和制约，构成了一个稳定的生存系统。与这个系统相适应，中国传统文化的形成和发展自成一体，具有鲜明的特色。中国传统文化丰富多彩，其文化基本精神表现为包含诸多要素的思想体系，包括“天人合一”、“以人为本”、“刚健有为”、“自强不息”、“崇德利用”、“贵和尚中”等都是它的重要内容。

一、天人合一与以人为本

1. 推崇人与自然的和谐统一

中国传统文化特别推崇天人和谐即天人合一的思想。中西文化的基本差异之一就是在人与自然的关系问题上，中国文化比较重视人与自然的和谐统一，而西方文化则强调人要征服自然、改造自然，才能求得自己的生存和发展。中国古代如荀子等人也有过“明于天人之分”和“人能胜乎天”[1]的

---

[1] 《荀子・天论》。

思想，但这种思想并未占主导地位，中国古代思想家一般都反对把天和人割裂、对立起来的观念和做法，而是竭力主张天人协调、天人合一。在先哲们看来，天与人、天道与人道、天理与人性是相类相通的，因而可以达到天人和谐统一境界。这一思想认为，自然的发展与人类的发展是互相影响互相作用的，人们应根据自然的变化来调整并规范自己的言行。纵览中国的历史，天人合一思想不仅影响制约着政治，同时也影响了当时的社会生活，因而它是古代文化思想的一个重要组成部分，也是中国传统文化精神的主要内容之一。

中国古代各个学派都从不同方面探讨人和自然的关系，即所谓"天人"关系。这不是偶然的。因为中国文明的起源和发展与农耕结有不解之缘，古代物质文化、制度文化和观念文化的创造都离不开农耕的物质基础。在农耕实践中需要研究天与人的关系，在社会人事范围也要探讨"天时"、"地利"、"人和"的相辅相成关系；中国很早就有天文历算的发明，也是由于农耕渔牧的需要。由此引发了中国文化对人与自然关系的关注，以及关于"天人之学"的艰苦探索。按照中国哲学史家张岱年先生的划分，在天人关系问题上中国古代思想家主要有三种学说①：一是道家的"任自然"之说，即庄子认为的"不以人助天"②；二是荀子的改造自然之说，"大天而思之，孰与物畜而制之？从天而颂之，孰与制天命而用之？"③三是儒家的"辅相天地"之说，"天地交泰，后以裁成天地之理，辅相天地之宜，以左右民"④。由于儒道互补构成中国传统文化的主导方面，因而道家和儒家对天人关系的基本观点是一致的，就是强调天人和谐。道家称"法天"、"忘己入天"，儒家称"天人合一"。作为儒家经典的《周易大传》对天人和谐的基本内涵曾作了如下的概括："夫大人者，与天地合其德，与日月合其时，与四时合其序，与鬼神合其吉凶。先天而弗违，后天而奉天时。"这亦即是说，人应该遵循不违天的天人和谐原则。

如果更具体地考察可以发现，"天人合一"是一个十分复杂的问题。中国"天人合一"观念源远流长，早在新石器时代，由于人们的生存和发展与自然环境之间有着密切的关系，同时这一时期尚未建立真正的奴隶制统治，人

① 张岱年：《论中国文化的基本精神》，《中国文化研究集刊》(一)，复旦大学出版社1984年版。

② 《庄子·大宗师》。

③ 《荀子·天论》。

④ 《周易·象传》。

们屈从于绝对王权的现象尚不严重,原始氏族体制下的经济政治结构和血缘宗法制度,使氏族部落内部维持着某种自然的和谐关系。这两方面是产生"天人合一"(人与自然、个体与群体的顺从、适应的协调关系)观念的现实基础。河南半坡仰韶文化遗址中出土的太阳人面图像,具有浓厚的图腾意识,说明当时的人们已经把人和太阳等不同的观念联系起来思考,这可以看作是天人合一思想的萌芽。从远古直到现代,汉语的日常应用中,"天"的内涵和形象在演变,但作为命定、主宰义和作为自然义的双层含意始终存在。所以,"天"与"人"的关系实际上具有某种不确定的模糊性质,既不像人格神的绝对主宰,也不像对自然物的征服改造。"天"既不必是"人"匍匐顶礼的神圣上帝,也不会是"人"征伐改造的对象。因此,"天人合一"既包含着人对自然规律的能动地适应、遵循,也意味着人对主宰、命定的被动地顺从与崇拜。

"天人合一"观念成熟于先秦,在以所谓《五经》为骨架的大量古典文献中,更具体地记载了古代人们对自然与人的认识,如在《尚书》中我们已经可以看到人们对天文、地理等认识程度的发展,有了不少天文历象的内容。当时已经在部族中设置专人关注天文:"乃命羲和,钦若昊天,历象日月星辰,敬授人时。"①《诗经》中所见的天人观念也已相当丰富。这时人们对天体、地理、整个自然界有了更深刻、更广阔、更丰富的认识。其中的比、兴,都将自然现象和人类社会及人的现实生活相联系,人们已开始用情感拥抱自然,使自然人化了。《周易》中的卦象是对自然现象的抽象,其编纂者按照自己对自然的理解,半是战战兢兢的畏敬,半是天才卓越的思考,给人们以启示。此外,《左传》中有许多论述,孔子、孟子、老子、庄子等都从不同角度、不同方面提出了"天人合一"观念。无论是积极的或消极的,他们都强调了"人"必须与"天"相认同、一致、和睦协调。这一认同恰好发生在当时作为时代潮流的理性主义兴起、宗教信仰衰颓之际,从而这种"天人合一"观念既吸收了原始宗教中的天人认同感,去掉了它原有的神秘、迷狂或非理性内容,同时又并未完全退去它原有的主宰、命定含义,只是淡薄了许多,其自然含义方面相对突出了。

春秋到西汉初期,是中国传统思想发展的最重要时期之一。人们开始挣脱血缘氏族的原始礼教,走出以筮巫为代表的神灵观念的阴影,认真地探索思考自然和人间社会,认识人类在自然界中的独立存在。然而,现实的以

① 《尚书·尧典》。

农耕为基础的社会生活方式和氏族血缘礼仪的传统锁链制约着人们，使这一时代的自然观朝着天人相对应的方向发展。到了《淮南子》，人和自然的关系被明显地强化了。“天人合一”的倾向进一步发展了，表现在把人体的部位和宇宙天象一一对应的比照，如：

> 头之圆也象天，足之方也象地。天有四时、五行、九解、三百六十六日，人亦有四肢、五脏、九窍、三百六十六节。天有风雨寒暑，人亦有取与喜怒。故胆为云、肺为气、肝为风、肾为雨、脾为雷，以与天地参也，而心为之主。①

不仅如此，这种对应还发展到了地理方面，在《地形训》中，不仅概述了当时中国各地的山川、方位、物产等，而且把人的性质形态和地区联系了起来。

西汉初年以后，以董仲舒《春秋繁露》为代表，构筑了一个从自然到人类、从人类的社会组织到人体构造、从人的有形之躯到无形的思想观念的严密的“天人感应”的神学思想体系。天不再是一种单纯的客观存在，而是一种通过灾异来表现自己好恶和意志的东西，自然灾害是社会灾害的象征。不仅一般的社会现象和“天”相对应，而且人类社会的结构也是按照天的意志来安排的，是依则于天的；人的道德观念、思想感情也都是由天所定，是按照天象确定的。这一思想的特征是构建了一个具有反馈功能的天人相通、天人“感应”的有机的宇宙图式。其意义在于，它指出了人只有在顺应(既认识又遵循)这个图式中才能获得活动的自由，才能使个体和社会得以保持其存在、变化和发展。这种“天人合一”重视的是国家和个体在外在活动和行为中与自然及社会相适应、协调和同一。自董仲舒提出“独尊儒术”以后，“天人感应”学说盛极一时，从西汉后期开始，谶纬图录之类充满奇异色彩的著述盛行，更将天人合一、天人感应学说推向神秘和极端，从而使以天气季节运行为基轴、以“天人合一”为特色的古代自然观的重要地位得以牢固确立。其后的魏晋玄学虽以老庄道家思想为骨架，但它讨论的中心课题即“自然”与“名教”的关系问题，玄学把这一对涉及天人关系的核心问题，提高到道德本体上来，更追求一种“天人合一”的精神境界。这样，逐步形成传统的“天人合一”就成为古代思想文化的一个重要组成部分，在古代的社会生活各方面起着重要作用。

---

① 《淮南子·精神训》。

从传统的思想和中国古代国家机构的运行及其政治、道德实践来看,天人合一具有世界观和方法论的意义。天是万物的起源,天生出万物,也生成了人类社会;天地万物也像人类社会一样在运转着,自然的发展变化体现着、制约着人类社会的发展变化。日月正常运行时,说明人世间一切正常,君明、臣贤、百姓勤耕和睦;而当人事出了问题,君昏、臣奸、百姓反对,那么日月也会用反常予以警告。京房说:"古帝王以功举贤,则万化成瑞应著,末世以毁誉取人,故功业废而致灾异。"[①] 也就是说,人之善将得到天之更大的善,人之恶将得到天之更大的恶。正因为如此,天人合一思想成了人们的行为的准则,而且成为人们解释历代制度的理论依据,人们还常常以此对皇帝进行劝谏,朝廷也将天人合一思想用以考核官员。凡是出现异常的自然现象,统治者都会检讨皇帝的言行政策是否有失误,皇帝也往往颁布"罪己诏"对自己进行反思或对统治政策做出调整。地方官员由于推行仁化,使郡国大治、百业俱兴、风调雨顺,以致兽虫不犯境的事情,在中国历史上有过很多记载。历史上取得了政权的统治者总是把自己打扮成顺应天命、替天行事的代表,而反对者也总是攻击自己的政敌违反天命,例如唐太宗就曾称自己是"上畏皇天之临监,下惮群臣之瞻仰,兢兢业业,犹恐不合天意,未副人望"[②],宋代高举义旗的梁山英雄也以"替天行道"的口号召令天下。类似这些几乎成了几千年政治领域中的信条和惯用语。

不仅如此,由于天人合一的基本思想是把人作为整体宇宙中心来考虑的,强调人是自然系统中不可缺少的有机部分,主张道德原则与自然规律相一致,追求人生的理想即是天人的调谐和有机统一,包含着一定的唯物因素,促使着人们去研究自然,推动了中国古代科学技术的发展,在天文历算、农学和中医学等领域取得了巨大的成就。同时,也促使人们从自然界吸取美感,以自然界的某些现象作为原型进行艺术加工,给生活带来美的享受和高雅的情趣,对我国古代器物以及书法、绘画、文学作品、饮食文化、园林建筑等方面产生了十分重要的影响,这从中国山水花鸟画、山水田园诗的兴盛以及对画成"神品"、乐成"天籁"、巧夺天工、物我合一、情景交融等艺术境界的追求都可以看得十分清楚。

作为影响和延续中国数千年之久的主流文化精神的一部分,天人合一思想在历史发展过程中有着丰富的内涵和合理性价值,它着眼于和整个宇

① 《汉书·京房传》。

② 《资治通鉴》卷一九二"贞观二年"条。

宙的关系，依据自然的变化推及人世，强调人类应当服从自然界的普遍规律，把人生处世的理想目标确定为“天人和谐”，尽管其间掺杂一些过时的内容，但在历史上起到了相当积极的作用。近代西方尤其是16世纪开始发展起来的自然观，在“人定胜天”、“征服自然”等戡天思想的支配下，一方面取得巨大的特质文明成就；但另一方面，随着工业文明的发达，生态平衡、环境污染、能源危机等令人担忧的社会问题迭起，这无疑是破坏“天人和谐”的结果。因此当代西方许多学者对中国传统文化中“天人和谐”、“天人合一”的思想开始表现出极大的关注和向往。英国历史学家汤因比甚至断言：人类未来的文明如果不以此作为范式的话，人类的前途将是可悲的。

2. 以人为本的人文精神

中国传统文化强调人与自然的和谐统一，表现出追求和谐社会的理想主义倾向，但这种追求是以人本主义为前提的，它是把人作为核心来探讨人和宇宙自然的关系从而强调天人合一的，所以中国传统文化贯穿了以人为本的人文精神，既不同于西方古典的以神为本，也不同于西方近代的追求个人的自由与民主价值。“以人为本”，用中国传统文化的话语来说，就是肯定在天地人之间，以人为尊；在人与神之间，以人为本。中国文化价值系统的确立，以及基本精神和主体内容的嬗变，始终是以人生价值目标和意义的阐明及其实践为核心的。儒、道、佛等思想体系，本质上都是人生哲学。所以，中国传统文化自孔子起就有超越宗教，对鬼神敬而远之的基本传统。也因此，与西方曾出现漫长的神本主义历史传统相异，在中国历史上，不仅宗教神学的东西从未占主导地位，而且诸如佛教、伊斯兰教（古代称回教）、基督教（古代称景教）等外来宗教也无一例外地被儒家的人文精神所同化。中国传统文化的发展始终围绕着人，以人为中心、以人为根本，侧重于人与社会、人与人的关系以及人的心性修养问题，构成了一种伦理本位的人本主义。具体而言，它主要包括“民为贵”、“君为轻”的基本政治理想，关注百姓现世的人伦生活，追求一种道德伦理的人本关怀三个层次。

① 以民为本

中国传统人本主义坚持“民为贵”的民本主义精神。《尚书》中就有“重我民”、“唯民之承”、“施实德于民”①的记述，《左传》、《国语》等典籍中也多处显示了以民为本的观念。《左传·桓公六年》称：“夫民，神之主也。是以圣王先成民而后致力于神”。《庄公三十二年》载：“国将兴，听于民；将亡，听于

① 《尚书·盘庚上》。

神。"《国语·鲁语》中也有"民和而后神降之福"的说法。儒家学说更是集中突出了民为邦本的思想。孔子历来主张重民、富民、教民,在"民、食、丧、祭"这些世间大事中,将民列为首位。① 孟子则提出了影响中国几千年的"民为贵,社稷次之,君为轻"②的著名观点,成为历代开明统治者维护统治的座右铭。他认为得民心者得天下,失民心者失天下:"得乎丘民而为天下"④,"桀纣之失天下也,失其民也;失其民者,失其心也。得天下有道:得其民斯得天下矣"⑤。所以,"域民不以封疆之界,固国不以山溪之险,威天下不以兵革之利,得道者多助,失道者寡助"⑥。孟子从为政之道出发,强调政治统治一定要得民心、合民意,否则便可能"身危国削",在他看来,民确为立邦之本。荀子亦主张民为邦本,他的君舟民水的著名比喻,传之久远,是历代为政者必修的一课,"用国者,得百姓之力者富,得百姓之死者强,强百姓之誉者荣。三得者具而天下归之,三得者亡而天下去之"⑦。

不仅儒家主张民为邦本,道、墨、法、诸家也都具有以民为贵的"重民"思想。在漫长的封建社会中,这一重民贵民的精神不断得到了丰富和强化。汉代贾谊曾提出:"闻之于政也,民无不为本也。"⑧ 唐代著名君主李世民更是深谙民贵君轻之道,认定"君依于国,国依于民"⑨。宋代朱熹则认为"天下之务莫大于恤民"⑩。这一系列重民思想,集中反映了中国传统文化中民为邦本思想的发展与演进,也呈现了中国式的人本主义传统的根本所在。在这种思想熏陶下,历代开明的统治者都把重生重德谋求百姓的生活安定作为其基本的统治思想。这种思想作为在自然经济条件下,以人治为特征的对人民在社会生活中的作用的一种强调,对统治者适当放松压迫的呼唤,虽然还不是民主思想,没有否定君主专制,甚至是君主专制的一种补充,但其进步的意义和价值是显而易见的。

② 重人伦远鬼神

中国传统文化在人与神之间,坚持以人为本位,重视现世的人伦生活,

---

① 《论语·尧曰》。

②④ 《孟子·尽心下》。

⑤ 《孟子·离娄上》。

⑥ 《孟子·公孙丑下》。

⑦ 《荀子·王霸》。

⑧ 《新书·大政上》。

⑨ 《资治通鉴》卷一九二。

⑩ 《宋史·朱熹传》。

而将宗教和鬼神信仰服务于现实人伦生活，神本主义始终未居主导地位。西方古典文化是一种神本文化，它有着十分强烈突出的宗教精神，上帝是最高的信仰，抵达彼岸世界，是人们精神的最高寄托。人们行为的准则、生活的目标、最高的善，都来自于宗教的神喻，来自万能的主的启悟。而以儒家为主体的中国古代思想家，则总是将目光投注于现世的人的生活、人的生命，而反对以鬼神为本。《论语》中早就有“子不语怪、力、乱、神”①的记载。孔子说过，“务民之义，敬鬼神而远之，可谓知矣”②。弟子问怎样事鬼神，孔子回答说：“未能事人，焉能事鬼？”又问人死后的情况，孔子说：“未知生，焉知死？”③ 孔子虽在总体上承认天命，但天命是指个人所无法左右的天道之常，而对鬼神则一直心存疑虑，所以他病重时，弟子请求为他祷告，他表示不必。在这里“事人”、“知生”就是关怀现世的人，关注此世的人的生命和生活；“事鬼”、“知死”是将目光投注于人所不知的鬼神世界，孔子认为既不可能，又无必要，显示了对宗教敬而远之的态度。孔子以后，孟子、荀子以至宋儒都继承了孔子的观点，汉代仲长统则在其《昌言》中更明确地提出“人事为本，天道为末”的观点，发展了儒家的人本思想，呈现出重现世、重人伦、重人事而敬宗教、远鬼神的整体趋向。

当然中国传统文化也不是完全无视宗教 。《论语》中就有“祭如在，祭神如神在”④的说法，荀子在《天论》中也说：“日月食而救之，天旱而雩，卜筮然后决大事，非以为得求也，以文之也，故君子以为文，而百姓以为神。”这就是所谓的“神道设教”，这说明，此时的政治家已是在自觉地利用宗教作为政治的工具，实现其教化百姓的目的。在我国各民族的民间民俗文化中，祭祀鬼神的活动隆重而热烈，比如民间庙会、傩祭傩戏。但即使在这种以祭神为旗号的民俗庆典中，也可以看到人们重现世、重生活、重人伦的基本生命态度。观傩戏、逛庙会是集物质和精神交流为一体的现世的节庆，反映了中国民间的狂欢精神和乐观实际的生活态度。

③ 肯定个体的心性向善

与西方近代资产阶级人文主义追求个体民主自由、个人权利的人生价值不同，中国传统文化的人本主义是一种具有浓重道德色彩的人本关怀，具

---

① 《论语·述而》。
② 《论语·雍也》。
③ 《论语·先进》。
④ 《论语·八佾》。

有鲜明的道德伦理特征。这种人本主义把人放在一定的伦理人际关系中来定位。每一个人,从他诞生便进入了一个五伦的社会关系之网络中:政治上的君臣关系,社会上的朋友关系,家庭中的父子、夫妇、兄弟关系。这种人与人之间的关系各有其行为典范与道德模式,这就是君仁臣忠、父慈子孝、夫教妇从、兄友弟恭、朋亲友信。整个文化所关注和努力的,也就是"经夫妇,成孝敬,厚人伦,美教化,移风俗"①,而每个人则在这样一种人伦关系中寻找自己合适的位置,履行自己的责任。它更重视个人对于群体的义务责任,而不十分重视个体精神的自由与独立,也不大重视每一个体自身的权利,目的是维系整个社会生活正常有序的运转。

中国传统文化对个人价值的肯定,不在于个人物质欲望的满足,也不着眼于个人精神的愉悦,而是从个人与对象(家庭、宗族、国家)的关系上来肯定个体心性的完善。换句话说,传统文化所肯定的是作为"道德主体"的人。这里的"人本"其实是"道德主体的人本"。一方面,个人必须担负对社会所应尽的责任;另一方面,个体承担责任又要追求一种主体道德心性的完善。这种完善既是社会的要求,同时也是个体的自觉。由于心性完善所指向的"理"被提到了"本体"的高度,它在未有万物之前已先存在,这"理"所衍生出来的原则,如忠、孝、仁、义便也是自然的,天经地义的。个人的价值判断便只能定位于通向"理"的心性完善途中,一切作为"实践主体"所从事的"齐家、治国、平天下"事业,都必须是具备了"完善心性"的道德主体才能承担。只有"内圣"才能"外王",只有"意诚""心正"才能"身修",而后才能"家齐、国治、天下平"。

注重人的修养,肯定个体的心性完善,这是中国传统文化人本主义精神迥异于西方的表现。中国传统文化所重视的人,虽然是现世存在的人,但却是处于各种人际关系中的"伦理"的人,体现道德原则的人。这种对人的价值的追求和肯定具有积极意义。道德完善作为一种人格特质,作为主体的一种优良的素养,使深受传统文化熏陶的士子们具有一种和谐与执著相统一的品格。体现于内心的真诚与尊严增强了他们的自信和宁静,使他们不受时风的左右与动摇,为"道"、为"义"、为"德"的要求完善且固守着自己的心性天地,生活因有道德心性的良好自制而井然有序,社会也因这些具有良好心性的楷模而变得纯朴和谐,彬彬有礼。当然,善并不能涵盖一切,把善作为人的唯一本性推崇,自然会销蚀掉人的"求真"的科学精神,也会对人追

① 《毛诗序》。

求“美”有所扼制。

二、刚健有为与自强不息

中国传统文化里一直贯穿着刚柔、动静、有为与无为等一系列相互对立又相辅相成，有着深邃辩证精神的范畴。这些范畴的斗争与统一，一方面成就了中国文化的多姿多彩、博大精深；另一方面也使人们在对传统文化进行考察时因视角的不同而产生严重分歧。五四前后，在有关中国传统文化的大论战中，相当一部分知识分子从中西比较出发，以西方“人和自然”尖锐冲突的“积极进取”精神作为参照，得出中国传统文化“主静阴柔”，并进而推出“被动无为”的结论。就当时民族危亡的历史背景而言，为汲取西方文化的精华，熔铸新的民族性格，这种归纳有一定的积极意义，但毫无疑问这种归纳也失之公允。中国传统文化不全也不可能全是推崇柔静的文化，因为一种完全柔静无力的文化创造不出辉煌灿烂的中华文化成果来。因此张岱年在《中国文化与中国哲学》①中指出：主静阴柔一直在中国传统文化中处于从属地位，中国文化的主流精神是刚健有为、自强不息。

实事求是地说，中华民族精神，最重要的就是刚健有为、自强不息的精神。这种文化精神可以追溯到中国文化最早的代表《尚书》和《诗经》之中，这两部儒家典籍里充满着勤勉稳健、勇猛深沉的前进气息。如《尚书・尧典》里对先王“克明峻德，以亲九族”、“历象日月星辰，敬授人时”功业的颂扬，《无逸》中对成王尽忠尽职的谆谆告诫，《诗经》的《公刘》、《生民》篇中描写的周部族诞生之初的创业艰难和不断壮大等。《易经》进一步明确地提出了“刚健”的观念，赞扬刚健精神，“刚健而文明”②，“刚健笃实辉光”③，“刚健中正，纯粹精也”④，并提出了“自强不息”的原则：“天行健，君子以自强不息”⑤，“天地之大德曰生”⑥。这是对刚健有为、自强不息精神的集中概括和生动写照。日月星辰的天体永远在运动，永不停息，有作为的人应效法它的“刚健”，努力向上绝不停止。健(刚健)，含有主动性、能动性以及刚强不屈之义；“生”就是进取、创造，这里所倡导的“自强不息”精神在中国历史上产生了深远的影响，刚健有为、自强不息的思想，集中反映了中华民族朝气蓬勃、努力向上的顽强生命力，表现了中华民族百折不挠的开拓精神，反抗恶

---

① 见《中国文化与中国哲学》论集，东方出版社 1986 版。

② 《周易・大有》。

③ 《周易・大畜》。

④⑤ 《周易・乾卦》。

⑥ 《周易・系辞下》。

势力的斗争精神,完善自我的进取精神以及在日常生活中的勤劳刻苦美德。中华民族延续了几千年从来没有中断,靠的就是这种自强不息精神;中华民族延续几千年屡遭异族入侵而不可征服,靠的也是这种自强不息的精神,唯有不断的自强,才能永远自立。

孔子是这种精神的极力提倡者和积极实践者。他特别重视"刚",其生活态度是"为之不厌"①。他一生奔波,幻想以周礼匡扶乱世,"明知其不可为而为之",结果是"发愤忘食,乐以忘忧,不知老之将至"②。他对"饱食终日,无所用心"③的人生态度投以极度的蔑视,认为君子应当是"食无求饱,居无求安,敏于事而讷于言,就有道而正焉"④,并特别强调"志士仁人,不可以不弘毅,任重而道远。仁以为己任,不亦重乎;死而后已,不亦远乎?"⑤儒家学派的后继者们都对"有为"和"自强"的学说作了进一步发挥。孟子从人格修养、扩充人性中善的成分这一角度提出"吾善养吾浩然之气"⑥,并说过:"天将降大任于斯人也,必先苦其心志,劳其筋骨,饿其体肤,空乏其身"⑦;荀子则从天人关系的角度提出"制天命而用之"⑧的著名论断。这种坚持不懈、不畏困苦、努力进取的精神和毅力,就是自强不息的精神。

与刚健有为、自强不息的积极进取相对,中国传统文化中也早就存在着主静尚柔、涵虚无为的另一倾向,以先秦道家学派和宋明理学为主要代表,但是作为中华文化的主导精神,在中国两千多年的历史中,刚健有为、自强不息的精神一直是中华民族奋发向上、蓬勃发展的动力,不管是对国君、人臣、封建士大夫阶层,还是对一般民众,都产生了极为强烈的激励作用,已经溶化在中国人的思想意识和行为规范中,浸透在人们的肌体和血液中,成为地地道道的民族文化基因,体现在社会生活的各个方面。

这样的民族文化基因,在全民族的历史创造活动中发挥着潜在的支配作用,在不同的社会群体中展示出不同的风采。中国上古盘古开天辟地、女娲补天造人、后羿射日、精卫填海、愚公移山、鲧禹治水等神话传说,都塑造了不怕牺牲、勇于创造的开拓者形象,体现的正是这种民族精神。在先秦时

---

①② 《论语·述而》。
③ 《论语·阳货》。
④ 《论语·学而》。
⑤ 《论语·泰伯》。
⑥ 《孟子·公孙丑上》。
⑦ 《孟子·告子下》。
⑧ 《荀子·天论》。

代的知识分子身上，我们同样看到了这种品格："西伯拘而演《周易》，仲尼厄而作《春秋》；屈原放逐，乃赋《离骚》；左丘失明，厥有《国语》；孙子膑脚，《兵法》修列；不韦迁蜀，世传《吕览》；韩非囚秦，《说难》、《孤愤》；《诗》三百篇，大抵圣贤发愤之所为作也。"① 司马迁的这段名言，反映了历代知识分子乃至整个中华民族愈是遭受挫折，愈是奋起抗争的精神状态和坚韧不拔、自强不息的意志品质。而"人穷志不短"、"刀子不磨要生锈，人不学习要落后"等民间谚语，以及不少人径用"志强"、"自强"、"志刚"、"健"等作为自己的名字，古今骚人墨客所描绘吟咏的青松、翠竹、红梅、苍鹰、猛虎、雄狮、高山、奔马、大河等形象，都反映了自强不息、刚健有为精神深入人心的社会化、普遍化程度。

在中国历代有作为的封建帝王身上，也体现着自强进取的民族性格。秦始皇"奋六世之余烈，振长策而御宇内，吞二周而亡诸侯，履至尊而制六合，执棰拊以鞭笞天下，威振四海"②，体现的是这种精神；汉高祖刘邦"大风起兮云飞扬，威加海内兮归故乡，安得猛士兮守四方"③的歌唱，也充溢着刚毅威武的气度，奋发向上的精神；至于明太祖朱元璋，从布衣小民而登至尊之位，更是靠着乐观进取、自强不息的奋斗。正是历代有作为的封建帝王，有着刚毅的性格、博大的胸怀、自强不息的精神、开拓进取的气概，才有我们今天地大物博的中国，才使得我们中华民族从中原的华夏族起步，像滚雪球似地越滚越大，成为今天世界上的伟大民族。进取、自强的民族性格，使我们中华民族几千年的历史生生不已。

正是这种刚健有为、自强不息的民族精神，推动了中国社会和中国文化的发展。在民族兴旺发达、昂扬向上的昌盛时期，士子的情怀中总是洋溢着一股建功立业的壮志豪情。汉唐将士的积极戍边，在诗文中俯拾皆是，"匈奴未灭，何以家为"④的英雄气概，"请君暂上凌烟阁，若个书生万户侯"⑤的豪迈气势，都表现了这种精神。特别是在民族危亡、外族入侵或政权易手的关口，中华民族总是以不屈不挠的精神，顽强地进行着反侵略、反压迫的英勇斗争。无数仁人志士为此不息奋争，死而后已，使中国历史上曾有过许多可歌可泣的民族英雄壮举。岳飞、文天祥、郑成功、戚继光、史可法，等等，都已

① 《史记·太史公自序》。
② 贾谊：《新书·过秦上》。
③ 《史记·高祖本纪》。
④ 《史记·卫将军骠骑列传》。
⑤ 李贺：《南园十三首》（其五）。

成为民族历史上不朽的名字,而无数爱国诗词都以高度的自信自尊表现出坚定的自强精神,还有流传千载的"十年生聚、十年报仇"、"卧薪尝胆"等格言成语,在广大民众中得到广泛而深刻的共鸣,岳飞的《满江红》词直到几十年前的抗日战争中,还发挥强烈的激励作用。这就一再证明了我们国民性格中,埋藏着强烈的进取向上、自强不息的精神因素。中华民族也赖有这样的精神品质,而以广泛的凝聚力和顽强的生命力自立于世界民族之林。

再就个人人格的独立和人生价值的实现而言,刚健有为、自强不息,或表现为志士仁人在强暴面前英勇不屈,坚持正义,誓死不与邪恶势力同流合污,或表现为在人生遭遇的挫折面前奋发图强,绝不灰心,坚定不移地追求自己的理想。如孟子的千古名句"富贵不能淫,贫贱不能移,威武不能屈"①,就是对刚健有为、自强不息精神的极为精彩的阐述和发挥,成为两千年来历代志士立德立言、安身立命的座右铭。再如,面对巨大打击仍然宣称"路漫漫其修远兮,吾将上下而求索"②的屈原;号称史笔,不向皇帝低头的董狐;遭受不白之冤,仍忍辱负重,成就千古大业的司马迁,等等,他们都是这种精神的典范的实践者。

刚健有为、自强不息还有一个最重要的体现,那就是积极否定、革故鼎新的改革精神。《礼记・大学》中称赞"苟日新、日日新、又日新",《易传》也肯定"天地革而四时成,汤武革命,顺乎天而应乎人。革之时,大矣哉"。中国历史上每当积弊日久时总是会有或改革、或革命的运动,为清除积弊而变规变法,先秦时的商鞅变法、北宋时的王安石变法、清末的康梁维新等,都是这种革新精神的体现。近代中国的革命先驱者更是以这种精神不断改革创新、探求救国救民的真理。对于当今社会而言,大至国家、民族,小至单位、个人,都应该继承和发扬这种精神,不断地学习进取,与时俱进,我们的事业才会兴旺发达。

三、崇德利用与尚中贵和

1. "利用安身,以崇德也"③

中华民族是坚持正义、勇于追求真理、崇尚气节的民族。与世界其他民族相比,中华民族特别重视道德,道德理想、道德观念一直占据着重要地位,并产生了深刻的影响。以德性修养为安身立命之本,重视道德自觉和人格

① 《孟子・滕文公下》。
② 《楚辞・离骚》。
③ 《周易・系辞下》。

完美，强调道德在社会、人生中的地位和作用，是中国文化精神的一个重要特征。道德在中国文化中，不仅体现于个人的思想品质、修养、行为规范和标准上，而且渗透到国家社会的政治、经济生活等方面，并由此形成了一套完整的道德伦理体系，这就是所谓的“崇德”或“重德”精神。

在中国传统的安身立命观念中，最注重的是个人的自我道德修养，而儒家的自我修养理论影响最为深远。在孔子看来，要变“天下无道”为“天下有道”，就是要求志士仁人在德性修养方面达到任、智、勇的“三达德”境界，达到了这一境界，就能做到“知(智)者不惑，仁者不忧，勇者不惧”①。所以，孔子本人的实践就是孜孜追求这一德性，而《论语》的全部精神也都在于强调道德的作用。正是鉴于德性修养对于一个人安身立命的重要性，宋代大儒朱熹把《礼记》中的一篇《大学》单独拿出来，列为“四书”之首。而《大学》之所以被如此看重，原因就在于它强调了自我修养的八个步骤，并以天下太平和谐为其终极目的。这八个步骤是格物、致知、诚意、正心、修身、齐家、治国、平天下，其中心环节是修身。因为格物、致知、诚意、正心是工夫，目的是为了修身；齐家、治国、平天下是修身的必然结果，所以说修身是立身之道，也是立国之道。这种理论强调了个人道德修养对社会生活的重要作用，显然是非常合理的。这一德性修养传统和积极结果是中国历史上造就了无数个体现民族道德理想追求的仁人志士，对中华民族的历史与现实显然产生了极为深远的影响。

受儒家文化的熏陶，在中华民族的道德观念中，最主要的莫过于尚仁、崇义、重节几个方面。“仁”包含了爱人、忠恕、孝悌等内涵，是儒家思想的核心。孔子主张人们在追求物质生活的同时，更应追求崇高的精神境界，把道德理想的实现看作人生需要中的最高层次，因而十分重视“仁”的道德价值，指出：“好仁者，无以尚之”②，把“仁”作为做人的最高道德准则；“仁者爱人”，“己所不欲，勿施于人”，③“己欲立而立人，己欲达而达人”④，把“仁者”的形象设计得高大完美，作为人崇尚、追求的目标和归宿。“义”在道德中占有突出地位，是民族道德精神的重要内涵，是人们行为规范的最高标准。“君子

---

① 《论语·子罕》。
② 《论语·里仁》。
③ 《论语·颜渊》。
④ 《论语·雍也》。

以义为上"[1],"君子以义为质"[2],行义与否是君子和小人的分水岭。"君子喻于义,小人喻于利"[3]。对"义"的追求往往成为人无私奉献、勇于牺牲的精神支柱。所以至今"见义勇为"仍然被看作一种崇高的精神品质。古代思想家特别强调人格,崇尚气节,重视情操,强调行为符合道德规范要求。孔子讲:"三军可夺帅也,匹夫不可夺志也"[4],孟子提倡"富贵不能淫、贫贱不能移,威武不能屈"[5]的大丈夫人格,等等,都在铸造中华民族的精神品格方面产生了广泛而深远的影响,有助于形成中华民族刚直不阿的正义感和明辨是非、坚持正义的凛然正气。特别是在国家命运多舛、民族生死存亡的紧要关头,许多民族英雄绝不丧志辱身,而是以不屈的斗争来挽救国家民族的命运,甚至不惜牺牲自己,杀身成仁,便是崇尚气节的精神的典型体现。

中华民族又是一个务实的民族,中国传统文化的一个突出特点就是注重现实生活,其思想方法和价值取向主要体现为重现世、重实践、重事实、重功效,强调务实精神,致力于解决现实问题。因此,中国文化对道德理想的崇尚和追求,更多的是表现为对由己推人、由家及国的道德实践的关注;同样,中国古代的先哲们在强调人的精神境界的时候,并没有忘记作为人类生存基础的物质追求。早在春秋时代,就有所谓"三事"之说。《左传·文公七年》记载晋国贵族郤缺的言论说:"正德、利用、厚生,谓之三事。"正德,即端正品德;利用,即便利器用(用指工具器物之类);厚生,即丰富生活。这里正德是指提高精神生活,利用、厚生是指提高物质生活。《左传·成公十六年》记载楚国申叔时之言云:"民生厚而德正,用利而事节。"《左传·襄公二十八年》记齐国晏婴之言云:"夫民,生厚而用利,于是乎正德以幅之。"生活丰富,器用便利,然后端正德行加以节制。这里的"幅"是节制之义。晋、楚、齐三国的贵族都谈到正德、利用、厚生,可见这是当时比较流行的一种思想观点。"三事"之说兼重物质生活和精神生活,把道德建设与实际生活联系起来加以考虑,应该说是一种比较全面而符合社会实际的观点。其后的《周易大传》中讲到了"崇德"和"利用"的关系问题:"精义入神,以致用也;利用安身,以崇德也。过此以往,未之或知也,穷神知化,德之盛也。"[6] 义指事物的规

---

① 《论语·阳货》。

② 《论语·季氏》。

③④ 《论语·子罕》。

⑤ 《孟子·滕文公下》。

⑥ 《周易·系辞下》。

律，神指微妙的变化。精研事物的规律，以至于理解深微的变化，是为了实用；便利实际的运用，是为了提高道德；而道德提高了，就更能对微妙的变化有深入的理解了。这里既讲“崇德”，又重“利用”，与“三事”之说实质相通，比较全面，切实体现了中国文化的基本精神。

平心而论，作为中国文化主流的儒家学派特别重视“正德”、“崇德”，而对“利用”、“厚生”的问题的确研究得不多。而上述“三事”之说兼重精神生活和物质生活，是比较全面的正确观点。但是，儒家在强调道德修养的同时，也并没有完全忽视人的物质生活，只不过重义轻利有所侧重罢了。在儒家民为邦本思想基础之上建立的仁政德治思想体系中，对人民的物质生活还是给予了充分的注意和肯定，并正确地论述过物质生活和精神生活的关系。孔子曾告诉他的学生冉有对老百姓要“先富后教”①，政治道德教化应该建立在老百姓生活安定富裕的基础之上；他还提出了“因民所利而利之”②的正确观点。孟子则更具体地提出要“制民之产”，使“七十者衣帛食肉，黎民不饥不寒”，然后“谨庠序之教，申之以孝悌之义”，③培养其高尚的道德情操。汉初的政治家贾谊、晁错在自己的政论中也都表述过与此相类似的思想。应该说，在孔孟的思想中都包含有既重“崇德”又重“利用”、“厚生”的因素，只是到了汉代的董仲舒将重义轻利进一步发展为道义高于一切的功利观，宣扬“正其谊不谋其利，明其道不谋其功”④，用以规范人心，对中国文化的发展产生了重义轻利的深远影响。但历代都仍有一些自然科学家，冲破正谊(义)明道功利观的束缚，对“利用厚生”的实际问题进行过切实的研究，从而促进了文化的发展，使“崇德、利用”的思想继续发挥着积极的作用。

2. 看重和谐，坚持中道

与西方文化重分别、对抗明显不同，“和谐”一直是中国传统文化追求的最高境界，重视自然的和谐、人与自然的和谐、人与社会的和谐、人与人之间的和谐以及人自身的身心和谐等，强调“和为贵”。《周易·乾卦》讲的“君子以厚德载物”，指的也是宽容、和谐待人、待物，即以宽厚的道德心怀包容万物，能宽容意见不同的人；孔子讲“君子和而不同”⑤，也是说要在不盲目附和的情况下协调不同的意见。可见，看重和谐，是中国文化基本精神的重要

---

① 《论语·子路》。
② 《论语·尧曰》。
③ 《孟子·梁惠王上》。
④ 《汉书·董仲舒传》。
⑤ 《论语·子路》。

方面。

在中国历史上,较早对和谐进行理论探讨的,是西周末年的史伯和春秋末年的晏婴。史伯强调以不同元素配合,才能使矛盾均衡统一,收到和谐的效果。他指出,五味相和,才能产生香甜可口的食物;六律相和,才能形成悦耳动听的音乐;善于倾听正反之言的君王,才能造成"和乐如一"的局面。[①]晏婴进而用"相济"、"相成"的思想丰富了"和"的内涵,并主要运用于君臣关系上,强调君臣在处理政务上综合平衡,保持和谐统一的关系,主张以广阔的胸怀,容纳不同意见。中国以和为贵的和合精神,体现在很多方面。在人与自然的关系上,认为人是自然的一部分,大自然是人赖以生存的基础,所以反对天人对立,主张天人合一;在人与人的关系上,注重和睦相处,相互尊重,相互理解和关心,形成友爱互助的人际关系;在民族或国家之间的关系上,主张天下一家,热爱和平,反对侵略。孔子讲:"礼之用,和为贵"[②],孟子说:"天时不如地利,地利不如人和"[③];中国文化中,儒道互补,儒法结合,儒佛相融,佛道相通,援阴阳五行入儒,儒道佛三教合一,以至对基督教、伊斯兰教等外来宗教的容忍和吸收,不同区域文化的融合统一,都是世人皆知的事实。这些都是中国文化和合精神的体现。实践证明,"和而不同"的文化观,对中国古代文化的发展起到了十分重要的积极作用。

既然和谐是最好的秩序和状态,是最高的理想追求,那么怎样才能实现"和"的理想呢?儒家认为,根本的途径在于保持"中"道,并以此规定和谐的界限。尚中的观念在《周易》中即有明显表现,六十四卦中每一卦的中爻(即第二、五爻)爻辞,大多都是吉利的。孔子进一步提出"中庸"的概念,使中和观念哲理化。他说:"中庸之为德也,其至矣乎!"[④]强调中庸是一种最高的道德。中庸,是说要不偏不倚地把握"中"这个事物运动的总准则。任何事物的最佳状态,都是多种事物的对立统一而构成的和谐。所以"中庸"包含了"和而不同"和"过犹不及"两个方面的内涵。孔子认为,办任何事情都有个标准,不能超过这个标准,也不能达不到这个标准,而应该是完全合乎标准的中正不偏,准确适度,无过无不及。事物对立的两端是客观存在的,对于对立的两个方面,正确的态度是"允执其中"[⑤],叩其两端而用之,在对立的

① 《国语·郑语》。
② 《论语·学而》。
③ 《孟子·公孙丑下》。
④ 《论语·雍也》。
⑤ 《论语·尧曰》。

两极之中把握一个最适当的度。同时，从“和而不同”的原则出发，孔子主张人与人之间统一和谐，提倡用宽容谅解的精神去缓和紧张关系，但人与人之间的和谐也是有原则的，即以符合礼为标准。后来的儒家学者又不断地对中庸和谐、贵和持中思想进行诠释和发挥。如《中庸》将孔子所主张的持中原则，从“至德”提高到“天下之大本”、“天下之达道”的哲理高度，强调通过体认和践履，实现人与人之间、人道与天道之间的和谐。《易传》将和谐思想具体化为阴阳相分、柔刚定位的原理，以此推演出社会政治关系方面的君臣、君民和家庭关系方面的父子、夫妇之间的尊卑、贵贱；严格规定了阳尊阴卑、刚上柔下的等级秩序。宋儒认为“不偏谓之中，不倚谓之庸”①，遂成为儒者认识世界的基本方法和处事接物的基本原则，而且渗透到一般人的社会心理之中。这样从总体上看，儒家的中和理论，是以中庸观为理论基础，以礼为标准，以中、和为范畴，以对统一体的保持和对竞争、冲突的抑制消除为特征的封闭和谐体系。

做事恰到好处，为人坚持原则而又能团结和谐，这的确是一种很高的修养境界，达到这种境界不是容易的。《论语》中孔子提出了达到中庸之至德的修养方法。如他强调自我修养、克制自我、严以律己、宽以待人；推己及人，行忠恕之道，将心比心，理解别人；以礼节之，用“礼”节制自己的社会行为，等等。《礼记・中庸》把中庸之道作为做人必须达到的一种境界，称之为“极高明而道中庸”，至于如何达到这一境界，《中庸》认为有五个步骤：“博学之、审问之、慎思之、明辨之、笃行之。”这一思想对我国古代知识分子安身立命与为人处世的实践产生了极其重要的影响。

贵和持中的理论，代表了中国伦理政治型文化的基本精神，适应了封建社会大一统的政治要求，又迎合了宗法社会温情脉脉的伦理情感的需要，从而成为民族的情感心理原则，也培育了中华民族的群体心态，在中国文化的各个领域都有明显的体现。经过长期的历史积淀，和谐精神逐渐泛化为中华民族普遍的社会心理习惯，如政治上的“大一统”观念，经济上“不患贫而患不均”②的平均思想，文化上的天下一家情怀，为人方面的“中行”人格，艺术上的“物我通情相忘”的意境，文学上的“大团圆”结局，美学上“以和为美”的审美情趣，等等。实事求是地说，贵和持中思想是东方文明的精髓，由于全民族对中和观念的认同，使人们普遍认识到自己的行为态度要适度，因而

① 朱熹：《中庸集注》。
② 《论语・季氏》。

十分重视和谐局面的实现和保持,使得中国社会有某种特殊的凝聚和扩展,产生了积极的作用和影响。但另一方面,它又抑制了竞争性观念的生长,也为折中主义、明哲保身的处世哲学提供了理论土壤,并往往成为统治者维护专制主义等级秩序的工具。

第二节 神话与民族精神

我国古代有着丰富多彩的神话,但没有"神话"这个字眼。"神话"是一个外来词,近代才从国外输入,英文称 Myth,源于拉丁语"Mythos",原意指那些产生于原始社会的各种口头故事。在我国,"神话"一词一般包括两个方面内容:一是原始神话,指富于想象力的古代人们以不自觉的艺术方式口头创作的神异故事,即原始先民在与自然斗争的过程中创造出的各种解释自然现象、人类起源及追述祖先活动等的幻想故事,表现了古代人民对自然现象和社会生活的原始理解。二是新神话,即原始社会解体以后各历史时期陆续产生的以人神结合为中心的各种幻想故事,由于这类故事在形式和内容上都与原始神话有着许多相似之处,因而通常也被称为神话。不过学术界习惯上所说的神话,特指产生于上古时期的原始神话。

一、上古神话的产生与分类

1. 神话产生的现实基础

一切民族在自己的童年时期都产生过神话,其差异只在于其丰富程度有所不同。这一客观事实有力地说明了神话的产生有它深厚的现实基础。种种研究表明,人们认识、改造自然的愿望和低下的生产力水平之间的矛盾,是神话产生的现实基础。也就是说,神话的产生是和原始先民为自身生存而进行的同大自然的斗争紧紧结合在一起的。

社会发展史告诉我们,人类的原始时期,生产力水平非常低下,生产工具十分简陋,变幻莫测的自然力对人类构成了严重的威胁,严寒酷暑、风雨雷电、毒蛇猛兽都给人的生活带来极大的困难,人类处于受大自然危害的地位。生产力水平的低下限制了人们的认识水平,使人不可能了解并掌握自然规律,在自然的力量面前,显得十分无能。面对林林总总的天地万物和变化多端的自然现象,诸如天地开辟、人类起源、日月运行、水旱灾害乃至人的生老病死,等等,人们感到迷惑、惊奇甚至恐惧不已。然而诸如此类的自然现象,又都和先民们的生产、生活密切相关,他们迫切地希望了解和认识自然,于是就以自身为依据,凭借某些狭隘的生活体验加以想象和幻想,把自然界各种变化的动力都归之于神的意志和权力，创造出人格化的神的形象，认为一切自然物和自然力也都和人一样，有生命，有意志，产生了对自然力量的崇拜心理（即所谓“万物有灵”的观念），自然界的一切都形象化、人格化、神化了。先民们按照自己幼稚、蒙童的思考、想象，创造出神的故事，以解释自然现象，征服和支配自然力。这些故事在口头代代流传，就是后世所称的神话。

在与大自然的关系中，原始先民们虽然处于被动的地位，但是他们要想生存，就不能屈服。随着生产力的缓慢发展，人们初步积累了一定的生产技能和斗争经验，感情丰富了，思维进步了，有了强烈的战胜自然、减轻劳动、保障生活的愿望；对于部族之间的相互斗争，也渴望能够驾驭。同时，由于原始氏族社会中人们的利益一致，主要矛盾是人与自然的斗争，在集体生产和生活中涌现出来的技艺超群、勇敢刚强的人物，受到全体成员的崇敬，往往也被赋予神奇的能力而成为英雄神。这样，寄托原始人征服自然愿望和对自己斗争经验与智慧的歌颂的英雄神话也就产生出来，使神话的内容日益丰富。

由此可以看出，神话虽是由幻想所构成，但这种幻想不是毫无根据的，而是有现实生活做基础的；它的种种解释和描述，今天看来虽不免荒唐可笑，但绝不是纯意识和心理的活动，而是客观现实和斗争生活的反映。比如《山海经》所载的“夸父逐日”、“精卫填海”等神话，就明显地反映原始人在实际生活中同自然作斗争的坚强意志。他们在劳动的经验中坚信人的力量可以征服自然，因此在任何情况下都抱有克服困难的决心。再如“女娲抟黄土造人”的神话，就与当时制陶术的应用有关，当然也有原始人身上常带有汗泥及中国人肤色偏黄的现实凭借；而后羿射日用的正是先民们发明的弓箭。所以，神话故事中的幻想是不自觉的加工过程，是由先民们的生活和意识条件决定的，其产生是极其自然的。

2. 神话的内容及其分类

中华民族是人类发展进程中走在前列的古老民族之一，我们祖先曾创造过很多优美动人的神话故事。在已出土的远古资料中有大量的神形刻绘，而且大部分动物形的刻绘也与神话有关，表明中国上古时代神话思维相当发达，已经产生众多的神灵和相应的传说故事。由于时代的久远，民族的融合，再加上儒家对神话采取排斥态度，致使我国古代缺乏系统记载神话的专门典籍，只在《山海经》、《庄子》、《楚辞》、《淮南子》、《列子》、《穆天子传》等文献古籍中零散载录，不像古希腊神话那样被完整地保留下来。但是由于人类社会的进程和智力发展有其共同性,世界各民族神话的类型也大致相同。为使复杂丰富的神话条理化、序列化,学者们曾对神话的体系和类型作过种种划分,但从始至终并没有一个统一的标准。我们认为,根据神话内容和性质的特点,中国古代神话大体上可以分为以下七类。

① 自然神话。多以山川风雷、鸟兽草木之类为描述对象,以有形的事物表现无形的自然神,大多反映了初民敬畏和征服自然的心态,是源于"万物有灵"观念的自然神的故事,如海神、河神、火神、云雨之神、司命之神、山神等,其形象往往神奇怪异,令人惊叹。例如:风神飞廉"鹿身,头如雀,有角,而蛇尾豹文"[①];水伯"其为兽也,八首八面,八足八尾,背青黄"[②];"钟山之神,名曰烛阴,视为昼,瞑为夜,吹为冬,呼为夏,不饮,不食,不息,息为风,身长千里。在无启之东。其为物,人面蛇身,赤色,居钟山下"[③]。其他大量的自然神形象也大体与上述几种相仿佛。

② 创世神话。其基本主题是对宇宙世界的产生形成以及人类起源的探索与解释。与其他民族相比,我国的创世神话记录比较简略,而且出现较晚,最著名的是三国时人徐整《三五历记》中盘古开天辟地的故事,富有原始色彩。作为一则典型的卵生神话,认为宇宙是从一个卵中诞生出来的,具有原始思维混沌性、象征性、神秘性的本质特征。同时,宇宙生成的人格化、意志化过程也反映了先民对人类自身力量的坚定信念。盘古不仅分开了天和地,同时也是万事万物的缔造者。《绎史》卷一引《五运历年记》说盘古死后,呼吸变为风云,声音变为雷霆,双眼变为日月,肢体化为山岳,血液化为江河,发髭变为星辰,皮毛变为草木,等等。这种"垂死化身"的宇宙观,暗喻了人和自然的对应关系,也是原始思维的特征之一。

有关人类起源的神话,特具魅力的当首推"女娲补天造人"的故事。在天崩地裂的严重情况下,女娲"炼五色石以补苍天,断鳌足以立四极"[④],经过辛勤劳动和奋力拼搏,重整宇宙,为人类的生存创造了必要的自然条件。她还"抟黄土作人"[⑤],成为人类的创造者。女娲的形象透露了此神话出自母系氏族社会的信息,她补天造人的不朽功绩,既反映了人们对女性延续种族作用的肯定,也是对女性社会地位的认可。这类神话都反映了先民们勇于探

---

① 洪兴祖:《楚辞补注》卷一注引。
② 《山海经·海外东经》。
③ 《山海经·海外北经》。
④ 《淮南子·览冥训》。
⑤ 《太平御览》卷七八引《风俗通》。

索、积极创造的精神。

③ 文化起源神话。有关祖先和神的发明的神话，如农业发明神话、蚕桑发明神话以及车舆弓箭、舟船、屋宇、陶器、音乐、文字等的发明神话。这类神话的出现标志着人类自身的主体性突出了，这是社会进步的结果。人们把自身发展过程中所累积的各类重大发明，以及对各种自然、社会障碍的克服，都加在一个个神话英雄身上，并把他们看作是本部族的理想的象征。自然神从而被人类自己的神所代替，这些文化英雄通常都是人的形象，都有着神异的经历或本领，他们的业绩在于创造和征服。例如关于文字的起源，很早就有"仓颉造字"的神话。"黄帝之史仓颉，见鸟兽蹄迒之迹，知分理之可相别异也，初造书契，百工以乂，万品以察，盖取诸夬"[①]。据说仓颉"龙颜侈侈，四目灵光，实有睿德，生而能书。于是穷天地之变，仰观奎星圆曲之势，俯察龟文鸟羽山川，指掌而创文字，天为雨粟，鬼为夜哭，龙乃潜藏"[②]。仓颉超凡入圣的容貌，"生而能书"的"特异功能"，以及造字时引起的异常天象，都给文字的诞生笼罩上神奇可怖的光环。其他如钻木取火的燧人氏、发明农业的神农氏、发明巢居以避禽兽的有巢氏等神奇怪异的文化英雄群像，都在古代神话的宝库中熠熠闪光。

④ 洪水神话。以洪水为主题或背景的神话，在世界各地普遍存在，它是远古真实的自然灾害留给人心灵的回声。《山海经》等古籍所记载的"鲧禹治水"是我国古代流传最广、内容最丰富的洪水神话，和一般的治水神话相比，鲧禹治水故事的历史背景大为后移，而不是人类诞生不久的历史时期。鲧和禹都是半人半神的英雄。鲧为了止住人间水灾，不惜盗窃天帝的息壤，引起天帝震怒而被杀害。禹继父业，历尽艰辛，长期同洪水搏斗，"卒布土以定九州"[③]。它不像《圣经》所记，人类面对洪水浩劫，靠上帝的恩赐和"诺亚方舟"才侥幸存活，而是强调与洪水抗争、拯救生民的坚定信念和积极意义，大禹成为一个身体力行、大公无私、为民除害而又充满智慧的英雄，集中体现了先民在同大自然斗争中所积累的经验、智慧和美德。

⑤ 英雄神话。与西方神话中的英雄稍有不同，中国古代神话中的英雄主要是指那些为了崇高的目的而以超凡的魄力和勇敢克服一切艰难险阻创造辉煌业绩的神或半人半神，如夸父、精卫、后羿、共工等。和文化起源神话

---

① 许慎：《说文解字・序》。
② 《汉学堂丛书》辑《春秋元命苞》。
③ 《山海经・海内经》。

相类似，这类神话反映了先民对自我的认识和反思，意味着人类自我意识的新觉醒，人类自身往往成为意识的对象、世界的中心、宇宙的主人，其故事极为壮观，富有魅力。例如娇小美丽的精卫为了征服海洋对人们生存所构成的威胁，竟要用木石填平浩瀚的大海，充分表现了远古人民英勇顽强与大自然作斗争的决心。“夸父逐日”的故事同样充满了悲壮精神，夸父为何要与日逐走已不得而知，但它却形象地反映了初民崇拜自然力又欲与天公试比高的强烈愿望和壮丽理想。后羿凭着自己发明的弓箭为民除害，造福人类，勇敢地射杀害人妖孽，射落了九个太阳，其壮举既表现了无上的勇力、非凡的神技，又表现出超人的胆略和气吞山河的气魄。

⑥ 部族战争的神话。指以原始社会末期部族之间的残酷而激烈的战争为背景的神话，如黄帝与炎帝、蚩尤、三苗、共工之间的战争，舜、禹与三苗、共工之间的战争等，都具有丰富的内涵。正是这些战争，导致了各部族之间的融合，促进了华夏民族的正式形成，成为中华民族形成和发展的史诗。尤其是黄帝，竟然能驱使应龙、熊罴等天神猛兽参加战斗，为战争增添了无比神奇的色彩。黄帝也正是通过这样对内兼并和对外抗御的激烈战争，大显神威，确立了他作为中华始祖的伟大形象。同时，战争神话中也常常涉及一些具有重要意义的发明创造，使其内涵更为丰富。

⑦ 部族始祖神话。除了人类共同的始祖外，各部族又有自己的始祖神话，描述部族始祖的诞生、奠定部族基业和部族的发展壮大等，著名的如商部族、周部族始祖诞生的神话，其中周部族始祖后稷的诞生和经历尤其具有传奇色彩。后稷神话记录在《诗经·大雅·生民》中：姜嫄因踩到天帝的足拇指印而受孕，顺利地产下稷，姜嫄觉得不祥，把他丢弃在窄巷、树林、寒冰等处，但稷分别得到了牛羊、樵夫、鸟的奇迹般救助，成活下来，并迅速表现出种植农作物的天赋，最终成为周人的始祖。这类神话几乎各部族皆有，而且不少在情节或结构上有相似之处。它们反映了部族成员对祖先的追念，表现出浓重的民族自豪感和文化认同的力量。

在上述七类神话中，叙述比较充分具体，内容比较丰富充实的是后四类，而叙述比较简略抽象，记录更加零散的是前三类。这种情况并非偶然，有其规律可循。后四类神活的内容主要表现为了生存和发展而进行的严峻斗争，斗争的对象虽然不同，但都是关系到生死存亡的斗争，都表现出战胜对手、克服困难的斗争精神和不屈不挠的坚定意志。而前三类神话的内容则主要追溯和解释事物的起源、人类的诞生。二者之间，一详一略，一多一少，这种强烈的反差恰恰说明中国古代神话的内容特点：对于具有实践特征的生存斗争及有关的精神关注较多，而对于富于思辨意义的事物起源关注较少，反映着中国文化精神不尚玄想、执著务实的价值取向。

二、神话中的民族精神

由于神话产生时人类文化发展尚处于蒙昧时期，文化的积累十分薄弱，作为决定一个民族文化发展不自觉和无条件的制约前提的“文化精神定格”尚未完全形成，因此，神话创作不但没有这种前提的限制和制约；相反，对于一个民族文化精神的形成来说，在很大程度上具有开创和奠基的性质。中国古代丰富多彩的神话，是远古历史的回音，它真实地记录了中华民族在它童年时代的瑰丽的幻想、顽强的抗争以及步履蹒跚的足印。同样，它作为中华民族的文化源头，在很大程度上影响了民族精神的形成及其特征。

首先，中国古代神话体现了深重的忧患意识。中华民族发源于黄河流域为中心的广阔地域，而3000年前黄河流域除了不断出现洪水和旱灾以外，还分布着很多密林、灌木丛和沼泽地，其中繁衍着各种毒蛇猛兽，从《山海经》中那些带来灾异甚至能食人的半人半兽或半禽半兽的描述中，我们能看到先民对生存环境的警惧之情。为了顺利地生存和发展，我们的先民们在满怀希望中必须切实地体验现实的艰难，并作不懈的努力。比如在女娲、后羿和禹的神话中，无不以相当的分量描绘了人类的恶劣处境，神性主人公们都能正视现实的灾难，并通过锲而不舍的辛勤劳作和斗争，战胜自然灾难。有不少表现人与强大的自然力相冲突、相搏斗的神话故事，常常带有悲剧色彩。其中的主人公即那些体现着人类善良品德，表现人类意志和愿望的英雄们，或为创造美好的世界而牺牲，或为不可抗拒的自然力所吞没，如“夸父逐日”、“精卫填海”等。它们一方面反映了自然力的强大与可怖；另一方面又借助于这种悲剧结局，写出了人类在改造自然中悲壮的自我牺牲精神，而神话特别强调诸神不辞辛劳的现实精神，反映了先民对现实的苦难有着深刻的体验。这与古希腊神话中奥林匹斯诸神的享乐精神形成鲜明的对比。

其次，中国古代神话体现了先民们不屈不挠、坚韧不拔的反抗斗争精神。生存环境的艰苦，激发了先民不屈不挠的斗争精神，这种奋斗精神本身就意味着对于命运的抗争，由此孕育出一大批反抗自然、反抗天帝的神话英雄。可以说，我们的原始先民在与自然社会的艰苦卓绝的斗争中所形成的精神品质构成了中华民族神话的灵魂，形象地显示着中华民族的博大胸怀、宏伟气魄和坚韧不拔的抗争精神。在我国古代神话中，真正决定人类命运的，不是至高无上的天帝，不是神秘恐怖的大自然，而是那些为了达到某种理想敢于战斗，勇于牺牲，自强不息，舍己为人的英雄神，他们坚持不懈的奋斗和抗争,为人类开创了征服自然,战胜艰险的历史,也成为中国神话的一个最主要的特色,富于传统的民族风格。无论是“女娲补天”,还是“夸父追日”,都敢于与天抗争,向命运挑战,充分表现出气吞山河的宏伟气魄和奋发有为的伟大精神。正是这种精神支撑一个民族能够历经磨难而不倒,永远屹立于世界之上。再如,大神鲧窃来天帝息壤用以平治洪水,被天帝压杀在羽山之下,死了三年尸体都没有腐烂,又从肚子里生出他的儿子禹来继续完成他治水的功业;精卫以顽强的生命力,面对着难以征服的自然,作顽强的拼搏;刑天即使断首已死,也要对着天帝大舞干戚;后羿以超人的胆略射落九日,而它们都是天帝的儿子。所有这些更是不畏艰难、不怕牺牲、自强不息、坚韧不拔精神的写照,体现出崇高而勇迈壮烈的精神。这些质朴而简单的神话也由于凝聚着中华民族的优秀的精神品质,而使自己获得了不朽的价值,并在世界各民族神话之林中赢得了崇高的地位。

再次,中国古代神话具有明确的厚生爱民意识。对百姓民众生命的爱护和尊重,是中国文化的一贯精神,所谓“天地之大德曰生”①,就反映了这种思想。《尚书·大禹谟》亦云“正德,利用,厚生,惟和”,“厚生”就是保障人民的生命安全,并使其生活充裕,这也是中国神话与以希腊神话为代表的西方神话显著不同的一个特色。中国古代神话在展示人类恶劣的生存境遇的同时,还为人类塑造了一些保护神,如补天立极、重整宇宙的女娲,为民除害、恢复人间秩序的后羿,战胜洪水、平定九州的大禹等。此外,还有一些神话形象如龙、凤等“见则天下安宁”②,它们的出现给人带来了祥瑞和安慰。重生意识还包括对个体生命的珍惜和对生命延续的渴望。《太平御览》卷七九引《管子》曰:“黄帝钻燧取火,以熟荤臊,民食之无肠胃之病。”再如南方之神炎帝,《淮南子·修务训》记载他采药为民治病,“一日而遇七十毒”。黄帝、炎帝对人类的生命可谓关怀备至,甚至不惜以身试毒。另外,《山海经》中“不死之国”、“奇肱民”、“不死民”、“不死之药”等异人异物的传奇神话,也反映了中国神话对人类生命的珍视。

古代有一些神话还表现了自然与人之间的亲和关系,这实际上也是一种厚生意识。如主日月之神羲和,不但要职掌日月的出入,“以为晦明”③,调

① 《易·系辞下》。
② 《山海经·南山经》。
③ 《山海经·大荒南经》郭璞注引《归藏·启筮》。

和阴阳风雨，还要“敬授人时”[①]，以利人类的生产和生活。再如春神句芒的到来，“生气方盛，阳气发泄，句者毕出，萌者尽达”[②]，给人类带来了美好的希望。这些都体现了人们对与大自然和谐相处的愿望，在本质上是对保护和发展生命的希冀，也是古代“天人合一”思想的早期萌芽。

此外，从大量神话中可以看出，原始先民在思维中尚未将自身同自然界截然分开，所以在感知自然事物时，往往将自身属性不自觉地移到自然之上，以己观物，以己感物，使神话思维常常是一种伴随着浓烈情感体验的具体、形象的思维，实际上是一种象征性或隐喻性的思维。原始先民还不能利用抽象观念进行独立的思考，但随着文化的发展，追溯历史、交流思想、总结经验、表达信仰等，往往会涉及一些较为抽象的观念。因此，他们必须借用一些具体的物象来暗示某些特征上相似或相联系的观念。比如把葫芦与禽卵视为母体崇拜、生殖崇拜，就是一个典型的象征例证。可以说，原始神话就是由这些不同类型的象征性、隐喻性的意象符号系统构成的。有一些意象的寓意相当丰厚、复杂，如“龙”这个意象。龙的前身其实只不过是一个以蛇为图腾的部落标志，但由于它又综合或借用了兽类的四脚、马的毛、狗的爪、鱼的鳞和须等，才最终成为一个威武雄壮、超乎寻常的神话形象。这样它不但是部落的符号，同时还包含着特定的民族精神和深厚的民族感情，甚至成为全民族凝聚力的象征，以至于今天的华夏子孙仍自称“龙的传人”。

一个人在童年时期养成的习惯和气质，往往终生难以改变；一个民族在童年时期形成的精神文化特质，也往往长久地伴随着她，甚至永不泯灭。神话作为原始先民们的伟大创造，提出了不同时代人们都要面对的共同的基本问题和价值取向，这就是生存、发展以及对于有利于生存、发展的精神品质的肯定，而且他们把问题提得那么直切、那么执著、那么真诚，又那么有力度，因而由神话开创和奠基的民族文化精神也就一代代传承下来，得到不同时代人们的普遍认同，至今仍然起着某种作用，值得我们珍视和挖掘。

三、神话与各文化门类的关系

作为原始时期一种有代表性的社会意识形态，神话是人类文明的温床、智慧的蓓蕾，是原始人类社会意识的最初记录，本身具有多学科性质，包含着哲学、宗教、历史、科学、文艺等多种因素，与人类精神文化的许多重要方面都有千丝万缕的联系，对中华文化的形成和发展起了相当重要的推动作

① 《尚书·尧典》。
② 《礼记·月令》。

用,因此,在某种意义上说,研究神话是研究其他许多文化门类的基础。

1. 神话与宗教

神话和宗教有着密切的关系,这是谁也不会否认的事实。然而,随着人类社会的发展,宗教发生了重大的变化,神话和宗教之间相互推移演变的关系也显得较为复杂。

神话和原始宗教有如孪生兄弟,都是原始思维的产物,是同源于同一个意识形态的统一体。原始宗教是人类文明史以前的宗教形态,其崇拜对象没有超出自然物的范围,具有明显的直观性和神秘性。神话和原始宗教都是原始人类受到自然界的沉重压迫,把自然力和自然物加以神化的结果。原始人在强大的自然力支配下,有时不免会惊恐、赞叹;当斗争失败时,又不免懊恼、怀疑,甚至感到自己渺小和软弱无力。但当人类逐步认识了许多自然现象与人们生活的联系,从而在思想观念中有了控制自然的愿望时,便会把主观愿望通过各种幻想表现出来,把自然现象神化,于是在创造神话的同时,也创造了原始宗教。神话中的"神",本来就是先民信仰和崇拜的对象,而神话借想象以征服和支配自然力,也与原始宗教借助巫术控制自然同出一源。从这个意义上说,原始宗教和神话所表现的某些精神实质是相近的,神话的兴起,对于宗教信仰起着巩固和推动的作用。当然,神话和宗教虽然源于一个同一体,它们仍是有很大区别的。神话把神人格化,赋予人的性格和意志,表达人的希望与欲求,其中占主导地位的人的因素使它有别于单纯由于感到自己软弱无力而恐惧产生的原始宗教。当神话开始出现的时候,就和宗教有了一定程度的分歧。虽然宗教也保存和宣传过神话,神话本身也推动、更被后来统治者改造利用来推动过宗教的发展,但二者毕竟不是属于同一个范畴的。

神话中含有宗教的因素,故易为宗教所利用。进入阶级社会以后尤其是到了封建社会初期,宗教发生了很大变化,出现了与原始宗教截然不同的人为的宗教。一部分神话被宗教改造利用,走向宗教化,最典型的实例是道教从特定的意识形态出发,有意识地改造原始神话,使之流为方术之士的仙话,黄帝、西王母等神话人物都被歪曲和改造,例如西王母由女神化为仙女,形象由粗野变为美丽,其故事情节也由荒谬走向"合理",一变成为"得道"的"真人"、"大宗师"。仙话一般讲述的是通过修炼或仙人导引,以达到长生不老或幻化成仙的故事,以长生不死为中心思想,其精神实质是个人主义和利己主义的,它和上古神话所表现的神人们的奋斗牺牲、拯民济世的精神迥然相异。仙话的文化意蕴要比神话淡薄得多。在仙话中,那些神话人物所蕴含的民族精神、审美品质，都被严重地削弱了，神话于此发生了质的变化。

应该强调指出的是，在中国长期的封建社会里，统治阶级利用宗教统治和麻醉人民，愈来愈带有迷信的性质。所以，神话和后世的宗教迷信有着根本不同。因为神话是要同自然作斗争的，要想战胜自然的，而宗教迷信的神则是至高无上不可抗拒的人类万物的主宰。因此，后世宗教不但要求人们崇拜神，向神伸手乞求，而且对神屈服，把自己的命运完全交给神。可以说，神话对世界采取积极态度，敢于反抗神的权威，是人类力量的延伸，而宗教迷信则是消极的，宣传人对神灵的无力和无能，是苦难生灵的叹息，是人类力量的异化。

2. 神话与哲学

上古神话是中国哲学的发轫。哲学观念的形成，首先在于对周围世界的认识，特别是对宇宙天体及人类起源的思考等，而这些都有相应的神话做出说明与解释。它表现了原始人认识自我和周围世界的幼稚而有趣的努力对世界本质推本究原的努力。“盘古开天辟地”的神话说，“天地混沌如鸡子(鸡蛋)，盘古生其中，一日九变”①，这是对宇宙初开前原始状态的思考，是古人对宇宙生成的哲学探索；烛龙神话说，这位钟山之神“视为昼，瞑为夜，吹为冬，呼为夏”②，则是对昼夜交替、四季代换的原始哲学理解；而“日乘车驾以六龙，羲和驭之”③，言太阳被羲和驾车拉着运行天空，则又是对天体运行的原始宇宙结构的思考和认识；再如“女娲抟黄土作人”，这是对黄种中国人起源的幼稚说明；“后羿射日”、“夸父逐日”等神话，也都不仅体现了中华民族从一开始便具有的改天换地的雄伟气魄，而且反映了古人对天人关系的最初思考。在理性思维不发达的原始时期，我们的祖先就用神话来认识世界，从而形成最早的世界观。这种幼稚的世界观，奠定了中国哲学发展的基础。此外，中国传统思维方式如重视整体把握、直觉思维、类比外推、隐喻象征等特点，也都可以在原始神话思维中找到其渊源。如果从神话体现的思想内容来考察，大量神话本身都包含有一定的哲理，因而后世的哲学家们常常引用神话来阐述和宣扬自己的哲学观点，《庄子》、《韩非子》、《吕氏春秋》、《淮南子》、《列子》等著作都鲜明地体现了这一特点。虽然他们都不同程度地对神话有所润饰和修改，使神话流向寓言化、文学化，但它们仍然可以被

① 《艺文类聚》卷一引《三五历记》。

② 《山海经·海外北经》。

③ 《楚辞·离骚》洪兴祖补注。

看作应该被相信的有价值的神话资料。

3. 神话与历史

神话是历史的先河,任何民族的远古史,实际上就是一部神话史。在文字出现以前,口耳相传的祖先和世系,就是人们了解自己历史的主要资料。我们远古史中的炎帝、黄帝、尧、舜、禹等人,现在已没有实物资料来证明确有其人,但有关他们的大量神话,却使我们能够间接地了解到中华民族的祖先曾在中华大地上繁衍生息,并且通过大量的神话细节,了解到当时的生活状况、社会组织、生产力水平、婚姻关系,等等。例如"女娲补天造人"的地位和作为,可以清楚地看出我们的祖先经历了母系氏族制社会;鲧禹治水反映了远古人民同洪水作斗争的艰苦历程;"后羿射日"告诉我们弓箭的发明历史极为悠久。由此可见,原始神话是我国远古史的重要组成部分,是我们了解、研究民族童年必须掌握的入门钥匙,在中华文化史上占有重要的一页。

中国古代神话的一个突出特征,就是神话和古代历史两条线互相平行,又往往纠缠在一起。神话可以转化为历史,诸神可以转化为人间的圣主贤臣,如火神祝融转化做高辛氏的"火正",生十个太阳的帝俊的妻子羲和转化做尧的掌天地四时之官羲氏、和氏,长鼻子大耳的象转化做舜的弟弟象,刑神伯夷转化做尧的法官皋陶,等等。同时,也有一些历史人物转化做神话人物,如伊尹、成汤、傅说、姜太公、李冰等,都是历史上实有的人物,而后世人们的传说又在他们身上附会了不少神话的因素。推而广之,尧、舜、禹等完全有可能是原始氏族社会的著名领袖人物,因做了不少好事,受到人民的尊崇敬爱,因而在传说中被神话化了,终于成了上天的神。

值得注意的是,正因为很多神话本来就是以历史为依据的,这些有关历史的神话或半历史、准历史的神化,随着人类文化从原始文化向理性文化的发展,很容易被解释成历史,导致了神话的历史化。也就是说,随着社会的发展,古代神话中一些违背理性化原则的半人半兽或动物形的神话形象,很难被纳入到历史谱系之中,又加上以孔子为代表的儒家学派"不语怪力乱神"①,因而后世的史家、思想家自觉或不自觉地对古代神话进行删削、改造或做出歪曲的解释,使其成为某种现实事件,从而成为构筑远古历史的一块基石,其结果是使历史向前延伸,神话大量消亡,各氏族的谱系更加严密。比如,《尸子》卷下记载,当子贡向孔子请教"古者黄帝四面"的神

① 《论语·述而》。

话时，孔子说："黄帝取合己者四人，使治四方，此谓之四面也。"四张面孔被解释为善治四方的四个人。《韩非子·外储说下》所记孔子答复鲁哀公问，把"夔一足"讲成"夔非一足也"，而是说像夔这样的人，一个就足够了。这种例子，在儒家传统典籍中比比皆是，从《尚书》、《左传》、《国语》，一直到《史记》、《吴越春秋》、《越绝书》都是如此，宋代罗泌所作《路史》更是其集大成者。

4. 神话与科学

神话和科学看似两个极端，一个是主观幻想，一个是具有严格条件和要求的客观现实，但二者却有相通之处。原始神话虽说是以非科学的幻想为特征的世界观，但它毕竟是建立在客观现实之上的，因此在这些超现实的反映中，也不乏科学的见解和认识，它是我国科学的萌芽。《淮南子·天文训》记载说："昔者共工与颛顼争为帝，怒而触不周之山，天柱折，地维绝。天倾西北，故日月星辰移焉；地不满东南，故水潦尘埃归焉。"把一些自然现象解释为两个神话英雄的争斗造成的，当然是荒唐可笑的，但它指出了我国地理形势西高东低、江水东流的客观现实，却是人们科学观察的结果。同时，神话中描述了柱子和绳索可以起到支撑、悬挂的作用，指出了物体沿着倾斜面向下滑动（流动）的性质，都包含一定的科学道理。羿射十日的神话说，羿因射死了太阳里的乌鸦，才使大地安宁。日中有乌，固然是神话，然而它的现实基础，则是人们当时对太阳黑子的观察。我国人民最早注意到了太阳黑子这一天文观象，神话中的描述比《汉书·艺文志》的文字记载要早许多年。类似的例子还可以举出不少，可见原始神话不仅是一种幻想故事，它同时也是原始时期科学思想的载体。

原始人用神话表现自己对自然界的认识，正是科学发展的先声。神话翅膀所翱翔的地方，每每成了科学创造发明的预言，神话中幻想的东西后来往往被科学实现，不知不觉中走向了科学。有了科学的发明创造，神话中部分的幻想已被科学家来实现，神话自然不得不消失；但神话对科学的启迪之功，终于是不可没的。例如《列子·汤问篇》记述了一个偃师向周穆王献机械人的神话。偃师制作的那个机械人，不但能歌善舞，而且还能用眼睛传情达意，挑逗穆王左右的嫔妃，致使穆王疑心偃师是真人假扮，差一点把它弄去杀头。其中所作的描绘，和现代科学发明的机器人相比，竟不能不佩服那种设想的高妙，连现实事物可能也会自愧不如。《述异记》卷上记载："日林国有石镜，方数百里光明莹彻，可鉴五藏六府。"这竟成了科学的预言，今天的 X 光透视之类，不正是"可鉴五藏（脏）六府（腑）"吗？另外，嫦娥奔月的神话，想象多么美好而大胆，而今载人宇宙飞船已经登上了月球，奔月神话已经变成了现实。由此可见，古代人们造作神话解释自然现象，实在含有强烈的求索意味，这就是科学的萌芽。神话和科学有共通的精神，从某种意义上说，某些神话就是一种“幻想的科学”，它可以帮助人们去认识客观世界，使人们从蒙昧无知或所知不多逐步走向科学文明，从神话幻想逐步走向科学创造。

5. 神话与文学

神话是文学的滥觞，文学的源头在于神话。原始时期，无论是探索自然现象还是描述社会活动，人们都习惯用讲故事的方式来表现，这样就形成了最早的口头文学。讲述的方式各种各样，内容也丰富多彩，既有娱乐的作用，也有一定的教化意义。这种民间文学形式，千百年来始终保留着，成为文学艺术的重要组成部分。神话以文学的形式参与了我们民族文化的创造，不但是中国文学的宝库，而且成为中国文学的肥沃土壤，对我国后世文学产生了十分巨大的影响，在历代文学中我们都可以看到神话精神的延续、光大。从形式上看，以记神记事为主的神话艺术，随着人类社会的发展，逐渐向以记人或人神结合的方向转化，促使传说、史诗等形式的出现；神话的浪漫手法和丰富的想象力，又奠定了我国浪漫主义的文学传统形成的基础，从楚辞、汉赋、唐诗、宋词到元明清小说戏曲作品，随处可见神话传统的深远影响。从内容上看，历代文学艺术作品都有借鉴和引用原始神话中的人物、事件的现象。这一切都充分地说明中国古代神话以其广博精深的意蕴，生动活泼的表现力，为后世文学奠定了基础，甚至可以这样说，没有原始神话，就没有后世的文学艺术。

审视中国历代文学发展史，不难发现神话除了被后人直接载录之外，还为各类文学作品提供素材。在先秦散文中，《庄子》一书以“意出尘外，怪生笔端”、“缥缈奇变”①而著称，《庄子》说理的精妙和文风的恣肆，在很大程度上得益于神话。如《逍遥游》之鲲鹏变化、《应帝王》之“凿破混沌”这两则神话为全文抹上了变幻奇诡的浪漫色彩。至于曹植采用洛水女神宓妃的形象创作了脍炙人口的《洛神赋》，更是利用神话素材进行的一次成功的创作。用神话入诗的现象，在文学上也比比皆是。如《诗经·大雅·生民》描述了后稷的种种神迹，楚辞《离骚》中各种神灵纷至沓来。此后的诗人，尤其是浪漫主义诗人常常以神话入诗，如李商隐《瑶池》诗云：“瑶池阿母绮窗开，《黄

① 刘熙载：《艺概·文概》。

竹》歌声动地哀，八骏日行三万里，穆王何事不重来。”就是对神话意象的妙用。小说、戏曲采用神话作素材的也很多，主要是借助于神话的奇特的想象，利用神话形象或神话情节进行再创作。如唐代李朝威的小说《柳毅传》，创造了一个优美的人神爱情故事。明清神魔小说对神话的采用和重塑，达到此类文学的最高点，其代表作为《西游记》，孙悟空、猪八戒及其腾云驾雾、七十二般变化成了中国文学中最有影响的故事之一。从孙悟空身上，我们不难看到“石中生人”的夏启、“铜头铁额”的蚩尤、“与帝争位”的刑天以及淮涡水怪无支祁等的影响。此外，《封神演义》、《聊斋志异》、《镜花缘》、《红楼梦》中也有不少发人深省的神话情节。可以说，古代神话作为素材，遍布在中国古典文学的每一个角落，它经文学家的发掘、改造，在新的作品中重新散发出光芒，使文学作品具有独特的艺术魅力。

神话作为原始先民意识形态的集中体现，凝结着先民对自身和外界理解与感受，包孕着浓郁的情感因素。这些神话意象在历史中固定下来，通过文化积淀，在一代代人的心底流淌，并总是不失时机地通过各种形式，在后代文学作品表现出来。文学史上那自觉或不自觉地运用了神话原型的作品，都可以把作者和读者引领进入到先民曾经有过的那种深厚浓重的情感体验之中，从而缓释现实的压力，超越平凡的世俗。这样，神话作为原型的意义要比它作为素材的意义更为重要，这也是神话与文学的更深层次的关联。当屈原在现实世界中屡遭打击而悲苦无助的时候，他就毅然地转向古老的神话世界：龙凤结驷，巡游天界，四方求女。正是神话世界的巨大力量，使他从现实世界中超越出来，支持他的人格，抚慰他心灵的创伤。同时，由《离骚》所抽象概括的某些意象，由于它深沉的神话背景和屈原创造性的提炼，而成为一种稳固的神话原型，在中国文学史上、在一代代作家的笔下传递。而蒲松龄的《聊斋志异》则不仅是将神话看作素材，而是当成全部的精神寄托，是对这个不公平的世界的厌弃和对神话感情、神话世界的皈依，反映了对神话精神的自觉继承和对神话超脱现实的情感力量的认同。这正如心理学家荣格所说：“一个用原始意象说话的人，是在同时用千万个人的声音说话。……他把我们个人的命运转变为人类的命运，他在我们身上唤醒所有那些仁慈的力量，正是这些力量，保证了人类能够随时摆脱危难，度过漫漫的长夜。”① 可以说，屈原、蒲松龄等的作品都体现了神话原型的精髓和力量。

---

① 荣格：《心理与文学》，三联书店 1987 年版，第 122 页。

在中国文化史上,上古神话还产生过其他方面的作用和影响,在此就不一一备述了。正因为原始神话具有如此丰富的内涵,所以不少学者都把它称之为原始文化的"百科全书"。

第四章　传统文化的哲学基础

传统文化有它自身的哲学基础。中国哲学凝聚了中华文化的基本精神，是中华民族数千年文明发展的结晶，在西方文化的传统中，宗教处于核心的地位；在中国的文化传统中，宗教的功能基本上是由哲学承担的。自古以来，中国人的宇宙观、人生观和价值观，以及他们赖以安身立命的终极根据，无不透过中国哲学加以反映、凝练和提升。中国哲学思想源远流长，博大精深，在中国文化体系中起着主导性作用。中国传统社会中的政治、经济、宗教、民俗、文学、艺术、教育，等等，无不受到传统哲学思想的引导和影响。因此，要了解和把握中国文化的精髓，理解中国文化传统，不能不对中国传统哲学的脉络进行一番简捷的巡礼。

第一节　哲学在中国文化中的地位

何谓哲学？按照马克思主义的理解，哲学是关于世界观的学问，即人们对于整个世界的根本观点的体系，是对自然、社会与人类思维知识的概括和总结。作为文明的核心，哲学具有民族性。就共性而言，哲学有世界性的一面。但是，具体的哲学总是某一个民族的哲学，如希腊哲学、印度哲学、中国哲学等。就是说，哲学往往以民族哲学的形式出现，通常是以民族特有的思维方式表现出该民族的文化精神。因此，不同民族的哲学有不同的特点。

在中国古代汉语中，只有“哲”字，意即智慧、知识、贤明，如《诗经》上有“既明且哲”，《尚书》上说，“知人则哲”。我们今天所使用的“哲学”一词是从日本转译而来的。现代哲学家冯友兰先生认为，哲学是对人生的有系统的反思的思想。这典型地概括出了中国思想文化尤其是儒家思想文化的特点：哲学是用来反省自己，认识他人和社会的一门学问。这种学问积极地干预世俗、人生，而缺乏对宇宙之谜、人的死亡以及其他超世俗的探讨。它是入世的、功利的，与现实政治有着千丝万缕的关系。这一点可以从以下两个方面来理解：其一，宽泛性。中国传统哲学缺少深度的逻辑分析，只是用一种不太明确的语言来表示某种指向，理解上的“可塑性”非常大，往往给人留下充分的思考空间,可随机应变,因势利导。因为"见机行事",它不可能具备"笨拙"的逻辑严密性,"求真"度不高,但却有宽广的"生活"空间,能在物欲横流中游刃有余。其二,世俗性。中国哲学的触角虽然也涉及神秘的天国,然而倍加关注的还是非常现世的东西。作为学人,儒家主张积极地干预世俗生活,家庭、族群乃至政治王权是连为一体的,诸如修身、齐家、治国、平天下、"为帝王师",等等,无不关涉着尘世俗务。这是中国学人自古以来的入世情结——"以天下为己任",因为这是世俗的天下、"政治"的天下、"万民"的天下、"王权"的天下。无论是"独善其身"、"学而优则仕",还是"为民请命"、"兼济天下",无不鲜明昭示出儒家学人和思想者们浓厚的社会情结和政治梦想。

要想了解哲学在中国传统文化中的地位,我们有必要率先诠释什么是传统。按照现代汉语的理解,传统是指世代相传、具有特点的社会因素,如文化、道德、思想、制度等。粗略地说,传统也可指世代相传的习俗或观念,如中国人注重人情关系,自足其乐,安贫乐道,经世致用等。我们认为,传统是一个动态的概念,它会随着时间的推移和境况的变迁而不断地吸纳原来不属于自己的因素。历史上,中国哲学曾经成功地吸纳了印度传来的佛教哲学和各少数民族的哲学思想。近代以来,马克思主义哲学传入中国,随着社会主义制度的建立,马克思主义哲学在中国也渐次成了一个传统。如在日常生活中,一提到哲学,人们多半会不假思索地想到它是指马克思主义哲学。就这点而言,既然传统是动态的,那么我们的文化胸怀应当始终是开放的,因为时代和社会在不断变化和发展,文化也会在不断地吸纳、沉淀中开新。那种认为世代相传的传统是不变的观点是不准确的。因为不变只是一种外在的形式,而变化的是它的具体内容和结构调整。正因为这样,传统才会在不断的创造和充实中发扬光大。

那么,作为文化核心的哲学在传统文化中的地位怎样呢?

我们认为,就思维角度而言,无论是"既明且哲"、"知人则哲",还是传统文化中的静思、玄想,都表明中国哲学注重反思、自省、彻悟人生的思维倾向。它所宗守的学思、"虚一而静"、"静观"、"虚静"、静思、心斋等有利于净化思维,提升抽象,使人"豁然贯通",深化问题;有利于提高个体自身的综合素养,丰富人的内心世界以及洞明世事的能力。

就道德角度而言,中国哲学的思维功能有利于个人品德的塑造和提升,有利于净化社会风气。如前所述,中国哲学最为关注的是人生主题和社会功用,它强调的是先有个人的修身,然后才有积极的入世;它强调的是个人的道德感召力和学识素养，甚至学养也是道德品质高尚的体现。德高才能望重，身正才能为范；学高只是“师”而已，唯有身正才能做模范和榜样。在传统文化中，谦谦君子，必以道德为先；礼仪之邦，必以德治天下。

就政治角度而言，中国哲学因为关注现世功利而与政治结下了不解之缘。入世参与政治也好，为帝王师也罢，都说明中国文人浓厚的积极用世的政治情结。即使是隐居山野的隐士也在集体无意识中积淀着微妙的政治情感——哪怕是批评时政，褒贬人物，哪怕是叩天击地，追问苍穹，也还是在关注天下苍生、现实政治，而非纯粹地探讨人生意义和宇宙之谜。即便如庄子的逍遥游境界中的人“缘督以为经”，即处于好坏、善恶之间，仍然逃脱不了社会政治的干系。甚至连“坐忘”，即忘掉自己、忘掉一切，也还是投射出庄子内心无法摆脱现实政治影响的背反心理——恰恰因为过于关注现实政治，才会生出激烈的脱俗、免俗心理。他们并不能真正地心如止水、安于自然。就这点而言，古希腊哲人却明显不同，诸如苏格拉底、亚里士多德、伊壁鸠鲁等都能安于现实生活，尽管他们也对现实进行批判，但绝不“极端”地抵制现实政治，更不会走向“虚无”、“静寂”。可以说，中国哲学从孔孟说到老庄，从魏晋玄学、隋唐佛学，说到宋明理学，都和它们的时代政治难舍难分，都对它们时代的政治生活进行了哲学探讨，是一股渊远流长了两千多年的中国传统社会的巨大传统力量。

就文化角度而言，中国哲学是我们民族文化的精神遗产，集中体现了一种持续两千多年的古老文明的智慧结晶。尤其是在当前经济全球化的背景下，她仍是我们民族赖以生存和发展的力量源泉，她是每一个中国人确认自我身份的一种标尺和华夏儿女的一条心理的和精神的“血脉”，她是生于斯、长于斯的炎黄子孙的精神家园。无论我们走到哪里，无论我们身处什么境况，我们的灵魂中都会牵挂着这一份与生俱来的“故国”情长。毋庸讳言，与任何事物一样，她具有她的缺陷和不足，但她是我们永远的“根”；否则，我们将会成为游荡的浮萍，我们将无“家”可归，无“类”可属。

约言之，中国哲学的起源和思想传统源远流长，其萌芽于上古先民游牧、渔猎和原始农耕时对于天体运行以及自然规律所做的观察与总结，萌芽于在此基础上所形成的原始“阴阳”观念、原始“五行”观念，以及原始宇宙观念、宇宙模式的建构。到西周初年的《尚书·洪范》，“五行”已形成具有重要使用价值的完整理论，水、火、木、金、土五种关系已被视为为政必须遵从的最基本的运行规律。通过邹衍五德终始理论和后世学者们的发挥，最终使“阴阳五行”理论确立为中国哲学独具风格的传统哲学特色，渗透到几千年中国文化理论和文化实践的方方面面。就思想资源和思想传统而言，春秋战国时诸子蜂起，百家争鸣，哲学思想异常活跃，涌现了许多重要的思想家，如孔子、墨子、老子等，形成儒家、墨家、道家、名家、法家、阴阳家、兵家、农家等学派。诸子百家各崇其善，相反相成，形成我们民族精神文化的不同基因，至今仍起着潜移默化的精神作用。从文化与哲学发展史的角度讲，影响中国文化最大的思想资源和思想传统是先秦诸子百家中的儒、墨、道、法几家，以及中国佛学和宋明理学，等等。这几大思想传统的共同点是，它们的智慧都是人生的智慧。中国哲学的智慧是从伟大精神人格中、从哲学家的实践行为中显现出来的。中国哲学家以高度的历史责任感和使命感，用他们的睿智透视当世，玄想未来，“究天人之际，通古今之变”，把崇高的品格和高尚的理想拿到现实世界来实现，为我们今天的学问家提供了道德的楷模和理论的借鉴。

第二节 儒家思想的演化

一、先秦儒家的伦理观念

1. 什么是儒家

根据史料记载，古代从巫、史、祝、卜中分化出来的，在礼仪、教育等方面为贵族人家服务的人，被称为儒。巫是指古代以求神、占卜为职业的人或以祈祷为人治病的人；史是指官员的助手或属员；祝是指在宗庙中主持祭祀的人；卜是指古代一种用火灼龟甲，观其裂纹以预测吉凶的迷信行为。在周、秦时代，儒是指熟悉礼、乐、射、御、书、数等六艺的人，即术士，后泛指读书人、学者。无论是为富贵人家相礼、致教，还是掌握六艺的术士，都说明儒一开始就是依靠自己所掌握的技艺进行谋生的人。而儒家是指孔子创立的学派。“孔子创立的儒家学说本来就是直接继承了殷周奴隶制时期的天命神学和祖宗崇拜的宗教思想发展而来的，这种学说的核心就是强调尊尊、亲亲，维护君父的绝对统治地位，巩固专制宗法的等级制度。”① 由此可知，儒家以尊尊、亲亲为原则，以维护社会等级秩序为特征。

2. 先秦儒家的伦理观念

先秦儒家以伦理为宗守。以孔、孟、荀为代表的儒家的伦理观念主要有以下三个主要特点：

① 任继愈主编：《中国哲学发展史》(先秦)，人民出版社 1983 年版，第 161 页。

① 孔子的“仁”

《论语》是记录孔子及其弟子或再传弟子的言论和事迹的语录体。它是研究孔子伦理思想的主要史料。“仁”是《论语》一书的核心内容。《论语》二十篇，讲“仁”的有五十八章。《论语》中的“仁”使用了一百零七次（不含标题“里仁”中的“仁”字），涉及十七篇，只有“为政第二”、“先进第十一”、“季氏第十六”三篇未出现“仁”字。《论语》中明确谈“仁”的有十一处，其中八处是孔子对其弟子樊迟、子贡、司马牛和子张问“仁”的回答，另三处分别是孔子、曾子和子夏单独述说。

《论语》中的“仁”有一个基本含义：由“爱亲”而推至“爱人”，即推己及人。一方面，为“仁”首先要“爱亲”。“孝弟也者，其为人之本与！”[①] 朱熹认为，“德有本，本立则其道充大，孝悌行于家，而后仁爱及于物，所谓亲亲而仁民也。”[②] 这是行“仁”的基本要求。只有在家行仁爱亲，才能施及外物和他人。另一方面，更重要的是，为“仁”应推己及人，能够示范、感召他人。“仁者先难而后获”[③]。朱熹说：“以所难为先，而不计所获，仁也。”[④] 用我们今天的话来说，就是：遇到困难争先恐后；面对好处，甘愿先人后己。无论是“己欲立而立人，己欲达而达人”[⑤]，还是“己所不欲，勿施与人”[⑥]，都是推己及人、将心比心的流露。而且，若要爱人、正人，就先要正己。因为“不能正其身，如正人何？”[⑦] 所以“其身不正，虽令不从”[⑧]。只有“其身正”，才能达到“不令而行”的效果。不仅一般的君子这样，在上的统治者更是如此。“政者正也，子帅以正，孰敢不正？”[⑨] 再如“上好礼，则民莫敢不敬；上好文，则民莫敢不服；上如信，则民莫敢不用情”[⑩]。

曾子曾说：“夫子之道，忠恕而已矣。”[⑪]“忠”是尽一己之力以助人，“恕”是不以一己之所恶施予人。无论是“忠”，还是“恕”，都是把自己和他人紧密地连在一起，施惠于人，而不囿于一己之私。

在此基础上，孔子要求行“仁”于天下。《阳货》载，子张向孔子问“仁”，孔子说，“能行五者于天下，为仁矣”。这里的“五者”是指恭、宽、信、敏、惠，

---

① 《论语·学而》。
② 《四书集注》。
③⑤ 《论语·雍也》。
④ 《四书集注》。
⑥⑨ 《论语·颜渊》。
⑦⑧⑩ 《论语·子路》。
⑪ 《论语·里仁》。

即庄重,宽厚,诚实,勤敏,慈惠:庄重就不会遭到侮辱,宽厚就会得到众人的拥护,诚实就会得到他人的任用,勤敏就容易获得成功,慈惠就能很好地使唤人。如此,"仁"的适用范围就远远超出了民族、君臣、父子、兄弟、男女之间的血缘宗法关系。如《子路》载,樊迟问"仁",孔子说:"居处恭,执事敬,与人忠,虽之夷狄,不可弃也。"

"仁"者爱人同样适用于治理百姓,就是惠民、教民,包括"富之"、"教之",[1]"使民以时"、"因民之所利而利之",[2]甚至要求统治者"博施于民而能济之"[3]。因而,孔子坚决反对统治者的残暴。诸如"子为政,焉用杀?"[4]"不教而杀谓之虐,不戒视成谓之暴"(意即事先不进行教育就加以杀戮,叫做虐,事先不告诫,任其发展而苛求立即成功,叫做暴)[5]。当然,孔子主张施"仁"予民,即"惠民"的目的在于调和君、民之间的矛盾,以求统治者足以"使人"。但是,值得注意的是,这与奴隶主贵族对待奴隶的态度相比,毕竟存在着很大的不同,它表明孔子已经认识到:以前命如牲口一样的奴隶应该获得起码的"做人"的资格。

"仁者爱人"初步表现出了孔子的一种古代的人道主义精神:关心人,爱护人,尊重人的生命和尊严。无论是"己所不欲,勿施与人",还是"己欲达而达人,己欲立而立人",都能展现出孔子的人文关怀。当然,这种古代的人道主义有它天然的局限,那就是,它是以"亲亲"为前提,无法摆脱宗法等级血缘关系的束缚,因而"泛爱众"的程度和范围是有限的。而且,《论语》中的"仁"所体现的人道主义精神并非真正把人当作目的,而是把人当作手段,如"上好礼,则民易使也"[6]。就是说,居上位的各级统治者由"爱亲"而推己及人的最终目的是为了维护宗法体制和自身的统治利益。为此,我们说"仁"只是一种古代的人道主义精神,就是说它还缺少现代意义上的民主与平等的内涵。当然,我们无需用今天的标准来苛求古人。毕竟,在那个风雨如晦、连绵征战的时代,"仁"的思想的提出,对于缓和社会矛盾,促进新的社会秩序的形成,推动当时社会的发展起了重要作用。

孔子的理想人格就是"成人","仁"是其核心。就是那种"见利思义,见

---

① 《论语·子路》。
②⑤ 《论语·尧曰》。
③ 《论语·雍也》。
④ 《论语·颜渊》。
⑥ 《论语·宪问》。

危授命，久要不忘平生之言”[①]。即只要看见利益的便能想到该不该得，遇到危险时肯付出生命，经过长久的穷困日子也不忘记平日的诺言。对于如何培养这种理想人格，孔子认为主要靠个人的主观努力。因此，他强调立志。他说，“苟志于仁矣，无恶也”[②]。认为只要一个人诚心立志实行仁德，就不会有使人厌恶的事发生。还说，“三军可夺帅也，匹夫不可夺志也”[③]。可见，在孔子眼中，发挥主观能动性的重要意义是首要的，他自己就说，“吾十有五而志于学”[④]。

总之，孔子的仁学思想植根于血缘基础，通过加强个体的修养，培养个人的内在自觉，着眼于整个社会的和谐稳定，以追求合“礼”的政治结构，达到天下太平。

② 孟子的“仁政”

孟子是战国中期儒家学派的主要代表人物。孟子的思想是通过子思而上继孔子。子思为孔子之孙。孟子自称自己生平的志愿就是学习孔子。“道性善”是孟子思想的核心内容，“称尧舜”则为孟子的政治主张。

其“仁政”学说在经济方面的主要内容就是“制民之产”，这样才能“仰足以事父母，俯足以畜妻子，乐岁终身饱，凶年免于死亡。然后驱而之善，故民之从之也轻”[⑤]。就是说统治者应该给劳动者以必要的生活资料，把他们限制在土地上，使其“死徙无出乡”，以便于统治者驱使。在此基础上，孟子主张“谨庠序之教，申之以孝悌之意，颁(斑)白者不负戴于道路矣”[⑥]。就是要进行学校教育，强调孝敬长辈，敬爱兄长，以家庭的长幼有序来促进社会秩序的稳定。

“王霸”、“义利”之辩也是其“仁政”学说的重要内容。孟子反对“霸道”，主张“王道”，坚决反对暴力和战争。他认为“争地以战，杀人盈野；争城以战，杀人盈城”[⑦]，主张以仁义道德统一天下，治理天下。进而，孟子提出“以力服人”是“霸道”，而“以德服人”是“王道”。与王霸之辨相连，孟子极为重视义利之辨。孟子重义轻利，曾游说统治者“王何必曰利？亦有仁义而已

---

① 《论语·宪问》。

② 《论语·里仁》。

③ 《论语·子罕》。

④ 《论语·为政》。

⑤⑥⑧ 《孟子·梁惠王上》。

⑦ 《孟子·离娄上》。

矣"[8]。基于此,孟子提出"富贵不能淫,贫贱不能移,威武不能屈"的处世法则,影响了一代又一代知识分子。孟子甚至认为为了"取义",可以不惜"舍生",为知识分子的精神追求确立了原则。这是对孔子重义轻利和"杀身成仁"的思想的发展。到了汉代,董仲舒将其发展为"正其谊不谋其利,明其道不计其功"[1]。

孟子"仁政"学说的理论基础是性善论。他认为,人人都有四个"善端",即"恻隐之心"(仁)、"羞恶之心"(义)、"辞让之心"(礼)和"是非之心"(智)。[2]在他看来,只要进行体验和扩充,人人都能成为善人。因为人皆有"不忍人之心",所以就有"不忍人之政",[3] 即仁政。

对于修身,"成人",孟子主张"养浩然之气"。何谓"浩然之气"?他说,"其为气也,至大至刚,以直养而无害,则塞于天地之间。其为气也,配义与道;无是,馁也"[4]。这里的"气"指的是一种精神力量或心理状态,强化了儒学理论中阳刚的一面。在孟子看来,"浩然之气"这种精神力量,既要靠理性把握道(理)与义才能达到,又要靠坚持不懈的修养和锻炼。通过学习和锻炼来养浩然之气,就可以做到"不动心"。只有达到了真正不动心的精神境界,也就自然地做到"富贵不能淫,贫贱不能移,威武不能屈"。有了这种精神境界的人,才能至大至刚,无所畏惧,而独立于天地之间。这种"养气"的理论,高度推崇理性的自觉和意志的坚定作用,对于培养我们民族的浩然正气起了积极的作用。

需要特别强调的是,在孟子那里,政治主张和伦理道德水乳交融。这是孔子"仁"的思想的继续和发展。孟子明确地把国家政权糅进伦理道德中来,把伦理道德掺进政治主张中,从而使得儒家借助强力或外力来强化其学说和伦理道德的力量。他认为,在一国之中,君主既是一国之主,又是一国的道德圣人,从而使得孔子的"为人由己"扩展到"外王"的地步——试图通过政权的护身符,给劳动者以必要的生活资料,来达到"保民而王"的治,无疑体现了一种教化和感召力量,其道德意义远远超出了政治意义,它铸就了中华民族几千年德治思想的根基。无论是汉初的休养生息、唐代的贞观之治,还是后来的"永乐盛世"和"康乾盛世",都是专制统治者利用"仁政"思想的结果。这对中华民族的传承起了一定的作用。显然,"仁政"思想的缺陷

---

① 《汉书·董仲舒传》。

② 《孟子·告子上》。

③④ 《孟子·公孙丑上》。

也在所难免:它把政治和道德混为一谈。

③ 荀子的“隆礼”、“重法”

荀子是战国末期另一位儒学大师,对先秦诸子百家思想进行了批判和总结。他曾到过赵、齐、楚、秦等国进行过政治游说;在政治主张不得实现的晚年,专心从事著述。荀子曾在齐国的文化中心稷下讲学,曾三次做“祭酒”(学宫领袖)。著名法家韩非、李斯都是他的学生。

在天人关系上,荀子明确提出了“天人之分”。他认为,“天”代表着运动变化的自然界,没有什么神秘色彩。鬼神迷信是由于人们不能用理性思维来区分真假而产生的。他说:“列星随旋,日月递照,四时代御,阴阳大化,风雨博施,万物各得其和以生,各得其养以成,不见其事而见其功,夫是之谓神;皆知其所以成,莫知其无形,夫是之谓天。”① 他把阴阳风雨潜移默化的作用称作“神”,把由这种“无形”的机能所形成的自然界叫做“天”。就是说,天地万物的生成发展,不是由上帝或其他精神力量创造的,而是自然界自己作用的结果。而自然界又有它自身的规律,是不以人的主观意志为转移的,如“天行有常,不为尧存,不为桀亡”②。有力地批判了国家兴亡、社会治乱的“天命”观,相应的,肯定了人在大自然面前的地位。他说,“天有其时,地有其财,人有其治,夫是之谓能参。”③ 天时的变化和土地资源都是客观存在的,但人能够创建社会秩序,利用自然界变化的规律和自然资源,进行物质生产和物质创造。因此,他提出了“制天命而用之”的论题。他坚决反对人在自然面前无所作为的思想,如“大天而思之,孰与物畜而制之;从天而颂之,孰与制天命而用之”④。即认为天非常伟大,从而思慕它,不如把它看作物来制服它;顺从天而歌颂它,不如掌握它的规律来利用它。

对于人类有力量控制自然、有能力建立社会秩序的原因,荀子的解释是“人能群”,并以此来区分人和其他动物。那么,为什么人能结成社会组织而动物却不能呢?荀子认为,这是因为人有一定的分配制度和社会分工,而之所以能这样,是因为人有一定的政治、法律和道德规范的保证和约束。他认为,礼义的产生就是为了“明分使群”,就是为了解决群体中由于追求物质利益而引起的矛盾。因为人的欲望如果得不到满足,就会产生争夺,引起混乱,群的组织就必然一盘散沙,人也就很难“假物以为用”了。所以,“先王恶其乱也,故制礼义以分之,以养人之欲,给人以求。使欲必不穷乎物,物必不屈于欲,两者相持而长,是礼之所起也”⑤。就是说,礼义(主要是指国家制度

①②③④⑤ 《荀子·天论》。

和伦理道德)的产生,是为了规范人和人之间的分野,以使人的欲望和要求得到适当的满足,使欲望不超过物质的供应,物质生产也不至于无法应付人的欲望,物与欲互为条件,互相促进。礼义由此应运而生。

礼义的产生还有一个人性方面的问题,即荀子所主张的人性恶。他认为,人生来就贪利、嫉妒、好声色,如果任其发展,就会产生争夺、犯上、淫乱,而辞让、忠信、礼义等道德就一扫而光。因此,才需要君主、圣人和君子对臣民的教化,用礼义法度和道德规范去引导人们。他说,“人之性恶,其善者伪也”。“善”是人为的结果。所以,荀子批评孟子没有把本性和人为区分开,不懂得“性伪之分”。他指出,“性者,本始材朴也;伪者,文理隆盛也。无性,则伪之无所加,无伪则性不能自美。性、伪合,然后成圣人之名,一天下之功于是就也”[①]。就是说,人的本性只是一种原始的质朴材料,而礼义道德是人为的。如果没有原始的材料,礼义道德也就没有加工的对象;没有礼义道德的加工,人的本性也就不能自己变得美好起来。“圣人”的关键作用就在于能够把“性”和“伪”结合起来,以成就天下的大功。所以,荀子说,“故圣人化性而起伪,伪起而生礼义,礼义生而制法度”[②]。

荀子的“化性起伪”说实际上强调了环境和教育对人性的改造作用。他认为,君子和小人与生俱来的本性差不多,而有的成为君子,有的成为小人,主要在于后天人为的结果。他以此来反对贵族的世袭特权,认为即便是王公士大夫的子孙,如果他的行为不符合礼义,也应归到平民百姓的行列中;而即使是平民百姓的子孙,如果努力学习,使自己的行为符合礼义,也应提拔为卿相士大夫。[③] 这无疑对儒家所强调的等级有差的世袭特权提出了挑战,为儒家思想注入了新鲜的血液。

在“隆礼”的同时,荀子又“重法”。他认为礼和法密不可分。他说,“礼义者,治之始也”[④],“法者,治之端也”[⑤],把礼、法都看作治理国家的根本。并且认为,“礼者,法之大分,类之纲纪”[⑥],“礼义制而制法度”[⑦]。就是说,礼是法的根据,是法的总纲,而法则是礼的体现,二者具有既对立又统一、合二为一的关系。所以他说,“治之经:礼与刑,君子以修,百姓宁。明德慎罚,国

---

① 《荀子·礼论》。
②⑦ 《荀子·性恶》。
③④ 《荀子·王制》。
⑤ 《荀子·君道》。
⑥ 《荀子·劝学》。

家既治，四海平。"[1] 就是说，治理国家的根本原则是礼和法(刑政)，统治者按照礼来培养封建伦理纲常，小民百姓服从统治者所制定的刑法统治，国家内政修好了，就可以平定四海，统一天下。由此看来，荀子已经不再是一个纯粹意义上的儒家信徒了。他清醒地认识到：应以"法后王"来替代孟子的"法先王"，以"隆礼尊贤而王，重法爱民而霸"[2]来替代孟子的以德王天下。准确地说，他是一个转折型的思想者。他的礼法兼施的思想，为后来法家理论的定型做了一定的铺垫，更为后世的儒法合流、王霸杂用开了先河。

综上所述，以孔、孟、荀为代表的先秦儒家依托于个人伦理道德的修养，突出人的主观能动性的发挥和个人内在自觉性的培养，致力于探讨社会政治问题，奠定了整个儒家学说的基调，带有明显的伦理哲学的特点，对中国传统文化的形成和发展产生了深远的影响。

二、汉代儒家的天人观念

汉代儒家思想是先秦儒家学派的继续和发展，其代表人物为董仲舒。此时，董氏将儒家的仁义、德政和神秘色彩浓厚的阴阳五行结合起来，为仁义道德找到了神学佐证。董仲舒的全部理论都是围绕着天人关系来着墨的，其中，最突出的莫过于对"天"的内容的阐发。那么，在他看来，到底什么是"天"呢？就宇宙起源而言，董仲舒认为，"天者，万物之祖，万物非天不生"[3]，"天执其道为万物主"[4]。就是说，宇宙万物都源于"天"。并且，他还认为，"人之为人本于天，天亦人之曾祖父也"[5]。在这里，他明确地把天人关系血缘化了。就宗教意义而言，董仲舒认为"天"是一位有喜怒、司赏罚、权威至上的神，既主宰天国的众神，又支配尘世的帝王。他试图以此建立天——天子(君主)——民的神权隶属关系，即天子秉承天命以主宰万民百姓。既然天子是"天"在人世间的代表，那么君的权威也就得到了强化和神化——通过祭祀"天"的仪式而得以伸张敬畏鬼神的重要意义。这一点已不同于先秦儒家的主流了，因为在董仲舒祭祀鬼神的思想里面已经糅合了大量的阴阳五行学说，诸如认为由五行间按一定次序的相比而生，衍为四时而产生万

---

① 《荀子·成相》。
② 《荀子·强国》。
③ 《春秋繁露·顺命》。
④ 《春秋繁露·天地之行》。
⑤ 《春秋繁露·为人者天》。

物,还用五行的“间相胜”来比附社会制度中君、臣、民之间相克相制的关系,论证封建等级秩序的合理性。就道德角度而言,董仲舒的“天”是至善的道德化身。他说,“仁之美者在于天。天,仁也。”① 以为“天”生万物,哺育人类的过程是一个合乎仁爱目的的活动。而“人之受命于天也,取仁于天而仁也”②。即人的仁爱取法于天。这样,在董仲舒那里,人类的伦理道德也取法于天。他说,“王道之三纲,可求于天”③。由此,董仲舒的“天”也就体现了封建的伦理道德。但是在“天”面前,董氏认为,人要“顺命”、“防欲”,反对小民百姓为追求利欲而犯上作乱。而人要“应天”,因为“以类合之,天人一也”④。他的一整套天人感应学说是基于当时的政治实践和社会基础炮制出来的。

事实上,董仲舒的天人感应说的目的是为了论证“君权神授”的。一方面,“天人感应”是君主受命于天的基本途径。“天子受命于天,诸侯受命于天子;子受命于父,臣妾受命于君,妻受命于夫。诸所受命者,其皆尊天也。”⑤ 以“天”的权威强化以君权为中心的“三纲”制的权威。另一方面,他说,“帝王之将兴也,其美祥亦先见;其将亡也,妖孽亦先见”⑥,认为如果君主施行仁政,则“天”就降祥瑞,以示授命或奖励;反之,君主倘若“失道”而不自省、求变,那么“天”就会“出灾害以谴告”,“又出怪异以警惧之”。⑦ 由此,他提出“符瑞”说和“谴告”说,以对君主的权威作一定的限制。董仲舒强调指出,“王者承天意以从事,故任德教而不任刑”⑧,就是要在仁政、德治的基础上强化君主专制的权威,按照宗法等级制来维护大一统。

在天人感应论的框架中,董仲舒并未忘却先秦儒家所推重的人情化的伦理亲情,这就是三纲五常的提出。

何为三纲?即君为臣纲、父为子纲、夫为妻纲。三纲意在为封建宗法制的等级秩序提供理论根据:它以父子和夫妇的家庭关系为出发点,以封建宗法制下的血缘关系为基础,以忠君、孝亲为目的,使家族制和国家政权融在一起,奇妙地发挥着作用:对臣民来说,三纲既是一种外在的强制性的社会规范,又是一种必须认真践履的道德修养。就君主而言,它既是要求臣民效

①② 《春秋繁露·王道通三》。
③ 《春秋繁露·基义》。
④ 《春秋繁露·阴阳义》。
⑤ 《春秋繁露·顺命》。
⑥ 《春秋繁露·同类相动》。
⑦ 《汉书·董仲舒传》。
⑧ 《春秋繁露·对策》。

忠的权力，又是以此施行教化的义务。臣民与君主，规范与权力，修养与义务，就这样通过内在的修行和外在的强制，里应外合，大大地促进了社会的稳定。这是封建专制主义加强的内在要求。三纲是"天意"而为，具有至高无上的权威，以强化封建的政权、族权和夫权，神圣不可侵犯。作为内在控制的重要内容和手段，除了三纲之外，还有"五常之道"。五常，即仁、义、礼、智、信。它是由董仲舒在对汉武帝的第一次策问中提出来的："夫仁、义、礼、智、信，五常之道，王者所当修饰也。五者修饰，故受天之佑，而享鬼神之灵，德施于方外，延及群生也。"① 无疑，"五常之道"意在维护君主的大一统。但与"三纲"主要用于约束臣民不同的是，"五常"所牵涉的范围，包括君主在内，除了"礼"是区分尊卑等级的规范外，仁、义、智、信都主要是一种以伦理为本的价值观和行为模式。其中，董仲舒特别强调君主的表率和示范作用。这是用内在控制的办法，将君主也置于社会的控制范围内。实际上，通过"五常之道"，董仲舒把君主和臣民都纳入了共同的社会规范中。"五常"也是取之于"天"。这里的"天"具有强烈的道德意义：赏善惩恶，即使是君主——"天子"也不例外。更为重要的是，得罪"天子"——国君，也一样要遭受惩罚，招致祸殃。一句话，违反"三纲五常"所规定的等级秩序就要受到君主这个不可违抗的权威的惩办。在这里，三纲五常不过是专制统治者以道德的"天"或"天子"来维护其统治的工具而已。事实上，"外儒内法"一直是专制统治者惯用的伎俩，即外表上倡导以道德来感召、教化、激励万民，暗地里又在使用国家的严刑峻法来维护其统治。由此可知，三纲五常实质上是孟子"仁政"思想的进一步具体化和规范化，目的还是一样的：以道德来束缚天下百姓"欲望"的手脚，以便名正言顺地服从上天、圣人和君主们所规定的社会秩序。因为圣人和君主是道德的楷模和见义忘利的示范。

至此，儒家学派的伦理哲学观念，通过宽泛的"仁"和政治联袂形成了仁政理论，而毕竟仁政还只是一种仁者见仁、智者见智的道德说教，还不是现代意义上的哲学理论。最终，"仁政"被儒家学人定型为三纲五常的具体规定——一种以家族、血缘关系为纽带的道德和政治联姻，把黎民百姓紧紧地捆缚其上，把他们编织成为一个庞大而有秩序的道德共同体。

汉代以后，在魏晋玄学和隋唐佛学彰显的背景下，儒学通过本末有无、自然说及佛教哲学、因明学等命题的深入探讨，实现了由宇宙论到本体论的哲学升华（详后）。到了宋代，儒学开始以兼综释道，讲求义理的理学的形式

---

① 《汉书·董仲舒传》。

得到复兴,并重新取得了独尊的地位。

三、儒家文化的理想人格

至此,我们大致了解了先秦、汉代和宋明时期的儒家学说。众所周知,积极入世是儒家思想的基本倾向:它不着意建构灵魂不朽和彼岸世界的幻象,而是致力于在此岸世界建功、立德、留言,所谓"立德、立功、立言",以达到"三不朽"的境界。就整体倾向而言,儒家首先注重的是个人的自我修养,因为在他们看来,修身是齐家、治国、平天下的基础。从先秦到宋明,儒家思想有一个渐进的演变过程,但仁义理智和修身养性始终是其学说的主旨。与此相关联,儒家有一个自始至终、内容愈来愈充实的理想人格追求,那就是"成圣贤"。

"慎独"是修身成圣的最基本方法。何谓"慎独"?它是指一个人无论人前还是人后,都能够心地坦白,表里如一,一丝不苟,并且能够从中得到自我精神上的满足。其他诸如"主静慎动"、"主敬立诚"、"操存涵养"、"切己自发",归总就是"存天理,灭人欲"。唯此,才能达到至善的境地,才能达到"孔颜乐处"的境界——"天地境界"——圣人的境界。儒家修身的最终目的是要造就平治天下的圣人。

内圣与外王。内圣是指主体的内在修养,归心绝对的善,以对封建仁义道德的把握,一句话,就是始终心存天理,驱除私欲。圣人作为一种理想的标准,始终把"内圣外王"作为追求的理想人格。在儒家看来,学习不但是获得知识,而且更是养成这种人格的条件。其处世哲学需要他生活于知识和德性之中;他自身就能以身载道。他必须始终遵守这种生活的信念,他首先要做的就是修养自己,连续地、始终如一地加以保持。在这里,圣人有两层含义:其一,圣人是指品格最高尚、智慧最高超的人物,如孔子。其二,圣人也指封建时代臣下对君主的尊称。事实上,我们可以把上述两种含义结合起来,那就是,在儒家那里,能为帝王师的、品格高尚的人都可称为圣人。而"天子"——君主,如前所述,本来就德高望重;身为万民之主,理所当然地也是大智大慧大德的人。这就是所谓"内圣",以德平治天下,以德感召天下,进而达到"外王"。外王是指主体把内在的修养,推及于外在的社会,即治国平天下的事功。虽然儒家的某些代表人物,如荀子认为理想的人格应当具有"经纬天地而裁官万物"的本领,但是显而易见的事实是荀子不属于正统儒家,而且,就儒家总的价值取向而言,"内圣"始终处于主导地位,尤其是在宋明理学那里,内圣明显地压倒了外王。这是儒家学人梦绕神牵的向往,亘古如斯。

三纲八目。儒家的代表作之一《大学》在开篇就提出"大学之道:在明明德,在亲民,在止于至善"。明,即明白、把握。明德,是指天理,即封建伦理纲常。明明德,即领会、把握仁义礼智等封建纲常之类的天理。亲民,按照程朱的理解,就是使人人都能除旧布新。① 止于至善,就是要明了"天理",并坚持不变。总起来说,就是彰明自己天赋的灵明和德性,再推己及人,使人人都能除去旧染之污而自新,而且要做到极完善的地步,并坚持不变。在这里,明德是根本,新民是手段,知止是界限。朱熹曾说,这三者是《大学》的纲领。

要实现这一纲领,就必须从自我做起,即先正己,后正人;先治身,后治国。这样,《大学》就引出了"八目",即格物、致知、诚意、正心、修身、齐家、治国、平天下。《大学》说,"古之欲明明德于天下者,先治其国;欲治其国者,先治其家;欲齐其家者,先修其身;欲修其身者,先正其心;欲正其心者,先诚其意;欲诚其意者,先致其知。致知在格物。物格而后知至,知至而后意诚,意诚而后心正,心正而后身修,身修而后家齐,家齐而后国治,国治而后天下平"。格物致知,即研析穷究事物的道理,获得知识。这样,来使自己心正意诚,进而顺着修齐治平的路向,以实现个人的价值。这是一种由近及远、由己及人、由小到大、由个体到群体、由道德到政治的修养方法,构成了一整套封建伦理道德思想体系。显然,儒家认为,通过道德修养来实现政治抱负,道德与政治浑然一体,正是儒家思想乃至传统文化的一个重要特征。

第三节　道家思想的嬗变与墨家、法家思想的兴衰

一、道家思想的嬗变

按照传统的说法,儒家重在入世,道家意在出世。儒、道两家共同构成了传统文化中两个重要的哲学派别。谈及道家思想,无论如何也绕不开老、庄思想。让我们先来看看《老子》的思想。

1.《老子》的思想

在诸子百家中,道家较儒、墨晚起。道家学派尊老子为创始人。据传老子其人姓李名耳,生于河南鹿邑,跟孔子同时,而年稍长。据今人推测,现存《老子》一书,包含老子的主要思想,成书却在战国中期以后。《老子》的思想内容多数与儒、墨显学相对立。后者着眼于人类社会,而《老子》则追究到宇

① 参见李宗桂:《中国文化概论》,中山大学出版社1988年版,第104页。

宙本源,如对“道”的探讨。《老子》第一个提出“道”作为哲学的最高范畴。在《老子》那里,“道”没有形状,看不见,摸不着,没有声音,混混沌沌,恍恍惚惚,是一种超时空的永恒存在。“道”是万物的本原,是“万物之宗”;万物是从“道”中派生出来的。“道”之理分为无、有两个方面,道贵无,无名无形,却是天地万物之起始;道常有,生天地万物,具有无穷之用——道贵无则贯穿于万有之中,表现为万有之物都是相对无而存在;万物有度,极则必反,最终必定回归根本。所以,有之为用,常以无为本,有生于无。这就是《老子》“天下万物生于有,有生于无”[①]的道理。“无”比“有”更根本,是天下万物的最后根源。这里的“无”就是“道”,没有物质的内容和属性,玄之又玄。《老子》还认为具体事物有变化,但“道”绝对不变,因为“道”是静止的,如“夫物芸芸,各复归其根,归根曰静”[②]。这里的“根”即“道”,即“无”,即“静”。

《老子》一书的辩证法思想极为发达。《老子》较为系统地揭示了事物的存在是相互依存的,而不是孤立的,如“贵以贱为本,高以下为基”[③]。《老子》还认识到事物往往会走向自己的反面,如“反者,道之动”[④],认为事物向相反的方向转化是合乎规律的运动。所以,《老子》主张贵柔、守雌,反对刚强和进取,如“曲则全,枉则直,洼则盈,敝则新,少则得,多则惑”[⑤]。认为委曲反能保全,屈枉反能伸直,卑下反能充盈,敝旧反能新奇,少取反能多得,多取反而迷惑。《老子》最后得出:“夫唯不争,故天下莫能与之争”[⑥],以不争来保全自身。

作为儒、墨的对立面,《老子》重天道自然无为,不讲人道,反对新生事物,反对严刑峻法,反对仁义道德,主张消解社会矛盾,使民无知无欲。《老子》认为认识的最终目的就是把握“道”。那么,如何才能把握“道”呢?“为学日益,为道日损。损之又损,以致于无为。”[⑦] 认为认识“道”就必须不断地破除知识,无知无欲。再如,它说,“致虚极,守静笃。”[⑧] 即竭力使心灵虚寂到极点,彻底坚守清净,这样就能得“道”。此外,《老子》还提出“静观”、“玄览”的认识方法。何谓“玄览”?就是把人的内心打扫干净,不受一点外来因素的干扰,就像一面清澈的镜子,一尘不染,这样就能把握“道”。事实上,历

---

① 《老子·四十章》。
② 《老子·十六章》。
③ 《老子·三十九章》。
④⑤⑥ 《老子·二十二章》。
⑦ 《老子·四十八章》。
⑧ 《老子·十六章》。

史上的“老道”们无一不是博学鸿儒！这恰恰投射出《老子》思想的玄妙之处。

2. 庄子的思想

老、庄是一家。谈及《老子》，必然就使人联想到庄子。庄子生活于战国中期，宋国人，其思想与老子的思想一脉相承。相形之下，庄子对现实更为不满，批判更为激烈，也更为深刻；其理想更为高远，也更为消极倒退。

与《老子》一样，庄子反对社会进步，否定文化知识，痛恨仁、义、礼、乐，反对人为，主张自然。但是，庄子认为，那个“自本自根”而又“生天生地”的“道”，并不完全在万物之外、之上，而就存在于万物之中。这样的“道”就具有泛神论的色彩了。

相对主义是庄子哲学思想的核心。我们知道，春秋战国时期阶级矛盾尖锐、复杂，是非、生死、祸福等矛盾的对立和转化，一定会萦绕于思想者们的头脑中。庄子的相对主义正是从消极方面反映了这个时代的矛盾和苦闷。在庄子的思想世界中，齐生死，等祸福，无是无非。反映的是建立在愤世嫉俗基础上的深深绝望，所以只能在一种不分是非的精神世界中去求得安慰。同时，相对主义通常是作为独断论的对立面而出现的。在人类的幼年时代，独断主义应当是非常盛行的：自己必然对，他人肯定错，水火不相容。坚持相对主义的庄子当然是叛逆者：一切都是相对的，不要区分什么对错、是非和彼此。庄子相对主义思想主要有三个表现：否认客观事物质的差别；怀疑人的认识能力和知识的可靠性；否认认识真理的客观标准。庄子相对主义的最终目的是要达到精神上的绝对自由，即所谓“逍遥游”。有必要指出的是，相对主义往往与怀疑和批判连在一起，这是思想叛逆者们惯常的姿态：对正统和权威的挑战正是思想自由和人格独立的表征。

儒家的理想人格是圣人，而庄子所追求的理想人格是“真人”、“神人”。庄子认为，真正的自由就是“无待”，即不依赖任何条件。而“有待”往往成为束缚，一如现今的电视、电脑和手机在给人们带来方便的同时，也带来了链条和枷锁。那么，怎样才能做到“无待”呢？庄子认为有两条路径可行：第一，“缘督以为经”。“督”即中间；“经”即常道。意思是说，为了保真全性，最好的办法就是行善不求名，行恶不犯法，处于善恶之间。善恶都不追求就能自由自在了。可是在现实生活中，矛盾时时存在，处处存在。由此看来，庄子的思想不过是梦幻而已。第二，“坐忘”。就是要彻底地“忘”，不仅忘掉客观世界，而且要忘掉一切认识活动。

这就是庄子的思想。其“在野者”的自由洒脱在中国文人的心中树起了一座不倒的丰碑。每当谈起庄子,大多数文人、学者往往情不自禁地流露出向往和崇敬,无论是只知注释政治或与世推移的平庸者,还是处于夹缝中怀抱良知或独善其身的思想者。这是庄子思想的魅力所在。

3. 合流中的道家思想

道家思想在汉代衍变为黄老学说。它是一种特定的学术思潮,兴盛于汉初,只是假借黄帝之名,取老子之学,兼取各家,并注入了新的时代精神而建立起来的政治理论。西汉初,曹参为齐相,信守道家盖公的"贵清静而民自定"。他相齐九年,齐地大治,号为"贤相"。[①] 汉初的文帝、景帝和主政的窦太后都尊崇黄老之术。黄老学说的特点有二:一、熔铸道、法,而兼采儒、墨、阴阳各家之长,尤为突出道、法,故称其为"黄老刑名"(指《老子》提出的"以无事取天下"的方法,后为法家所吸取)。二、主张"清静自定"。就是统治者不做过多的干预,让老百姓休养生息,使社会经济得到繁荣和发展。这些理论较好满足了汉初统治者和历史发展的需要,所以黄老学说在此时如日中天。显然,汉初黄老之术的盛行是针对暴秦的苛政反拨,目的在于使百姓在战乱与灾荒之后有一个和平安宁、发展生产的机会。无疑,对于统治者来说,这是讲清静无为,与民休息,也是先秦道家思想的继续和发展。但是,另一方面,黄老之术并非纯粹的老庄思想,它是刑德兼治,如以儒家礼制定君臣等级秩序,行仁义,属于汉代初年政治理论范畴。至汉武帝采纳董仲舒"罢黜百家,独尊儒术"的主张时,道家一度曾遭围剿,黄老之学开始退出正统的政治舞台。至东汉,黄老之学演变为三类:其一,老子之学。黄老已不是汉初那种治国经世的政术,而变为学者研究《老子》的一种学术。其二,养生之术。养身术本为汉代道家学说的重要组成部分;到了东汉,黄老之学的政治味道败落,而它的养生论凸显。它越来越成为个人强身健体、修心养性之术。其三,道教神学。东汉中后期,黄老之学与神仙方术相结合而演变为早期道教;在社会底层,还有以黄老的名义发展起来的民间道教,如张角的"太平道"。

魏晋时代,何晏、王弼等运用道家老庄思想糅合儒家经义而形成的一种哲学思潮,就是玄学。玄,可以理解为深奥或含义深远。"玄"本出于《老子》第一章:"玄之又玄,众妙之门。"玄学推崇《老子》、《周易》和《庄子》三书,称为"三玄"。实质上,它是以道家思想来解释儒家经典。那么,老庄之学在相对沉寂了一二百年之后,何以在魏晋产生了玄学呢?

---

① 参见任继愈主编:《中国哲学发展史》(秦汉),人民出版社1985年版,第124页。

其一，东汉末年的政治危机导致了思想独尊的儒学大厦的坍塌。东汉后期，宦官外戚轮流干政，政治混乱、危机四起，豪强地主兼并势力大增，封建割据倾向抬头，东汉王朝对于全国的控制力量日益削弱；宦官专权则进一步加剧了东汉中央政府的政治危机。

其二，东汉后期，儒家思想的神学化、繁缛化的发展，使其学术渐失活力，儒家的仁政和仁义道德逐渐蜕变成为用来沽名钓誉的一件漂亮的外衣，它是豪强地主和士大夫们糜烂生活的幌子，最终失去了维系人心的力量。

其三，道家思想和道教兴起。张角打出信奉黄老的旗号，组织太平道，引发起义。起义军所到之处，孔庙被砸，神坛被毁等。张修和张陵利用"五斗米道"起义，建立地方割据政权。道教和道家思想的发展和传播，打破了儒学神学化的独尊局面。

其四，刀光剑影的时代，享乐主义和逃避现实的社会风气日盛。早在先秦，道家杨朱一派就有保身全性，"拔一毛利天下而不为"的"贵生"思想。魏晋时期，政治动荡不安，说话稍不小心，就有头颅落地的危险。于是，清谈、玄谈之风大盛。这既能在政局恐怖的夹缝中免除杀身之祸，也能释放肌体和思想的压抑。

在新兴的魏晋玄学当中，"本末有无"之辩是玄学的一个中心议题。"有"是指现实世界的实有，包括社会人事上的"名教"（指儒家"因名设教"的那套宗法等级制度和伦理道德观念）制度。而"无"，即自然之"道"，静寂，虚无，万物之本。圣人当取法自然，以"无"为本。何晏、王弼提出贵无论，侧重于"贱有"、"贵无"，为玄学发展的第一阶段；以嵇康、阮籍为代表的反名教、"贵自然"的玄学家为玄学发展的第二阶段；① 西晋时期玄学的代表人物向秀、郭象及其《庄子注》，主张"名教即自然"，"儒道为一"，为玄学发展的第三阶段。

魏晋玄学对有无之辩的探讨，并不在于对宇宙秩序、自然法则的追究，而在于教人如何从变动不居的尘世和自然中去抓住统一的根本——试图要树立一个最高统治者的"本体"形象，其核心就是如何才能成为统治万方的"圣人"。② 如果说这主要是王弼的思想，是对《老子》思想的阐发，那么嵇康、阮籍所追求的"越名教而任自然"则体现了庄子思想中的自由精神，显示了某种叛逆。可是，在《庄子注》中，老庄思想已彻底失去了原汁原味，因为它

① 参见翦伯赞主编：《中国史纲要》（上），人民出版社 1995 年版，第 323 页。

② 参见李泽厚：《中国古代思想史论》，人民出版社 1986 年版，第 195 页。

把儒家的"有为"和道家的"无为"合二为一了,即"名教即自然"——把道家较精致的理论和浪漫诱人的超脱糅进了儒学之中,儒道合一,庄味大失,儒味更浓。这是一次真正的儒道互补和合流,它预示着中国文化的后世走向。

此后,道家思想就逐渐渗透到道教、佛学和儒学之中。如前所述,道教是东汉时期产生、发展起来的一种宗教。道教虽不同于道家学说,但二者具有内在的联系。创立道教的神仙家之所以把他们的宗教称作"道教",是因为他们信奉老子的"道"。而老子之所以被奉为道教教祖,主要在于:当时可与佛、释和儒、孔相抗衡的只有老子;老子哲学思想中的神秘内容与神仙方术十分合拍,如"玄之又玄,众妙之门"[①]等。东晋葛洪的道教哲学就是把道家术语附会于神仙、金丹的教理。后来的僧肇则把佛学玄学化,就是用老庄语言来解释佛学。至隋、唐,出现了儒、道、释三家相互作用和逐渐合流的局面。在宋明理学中,理学家们也吸取了道家和道教的思想资料,如"无欲"、"主静"、宇宙论等,对儒家伦理纲常进行了逻辑重建和哲学论证。历史的浸润和思想的融铸使中国国民性中最终浸透了道家思想。

二、墨家、法家思想的兴衰

除了儒、道两家外,作为中国文化的源流,还有重要的两家:墨家和法家。让我们先来看看墨家。

1. 墨家的兴衰

① 墨翟的思想

墨家的创始人为墨子。墨子,名翟,鲁国人。其生平事迹,由于史料的残缺,已难于详考。相传墨子曾受过儒者的教育,后来他发现儒家所讲的礼,如厚葬久丧,不适合一般民众时,便离开了儒家而创立了墨家学派。墨家学派是一个有组织纪律,具有政治性质而带有宗教色彩的团体。其成员生活清苦,与贫贱者差不多。"其生也勤,其死也薄"[②]。其首领为巨子,由上代指定,代代相传。墨者"以巨子为圣人",墨翟为第一代巨子。相传"墨子服役者百八十人,皆可使赴火蹈刃,死不还踵"[③]。墨者巨子推荐弟子到各国去做官,做官的墨者必须忠实于墨家的学说。如果不能推行墨家的主张,就要依据"背禄而向义"的精神,自动辞职。墨家有经济上的互助义务,做官的墨者需将俸禄的一部分交到团体中来。

---

① 《老子·一章》。
② 《庄子·天下》。
③ 《淮南子·泰族训》。

在政治上，墨翟提出“尚贤”、“尚同”的主张。“尚同”就是“上同”：只要最高统治者是贤者，就应该根据他所制定的标准来统一天下的是非。而且，“尚同”不能以天子为最后的尺度，而要上同于天，因为只有“天”最公正无私。墨子的“天”与天子之间不具有血缘关系，这一点不同于儒家。

“兼爱”是墨子思想的核心内容。墨子认为天下的一切罪恶都是起于人们之间的“交相别”，即远近亲疏之分，彼此利益得失之别，由此导致“交相恶”的结果：大国攻小国，大家攻小家，强劫弱，众暴寡，诈谋愚，贵傲贱，君不惠，臣不忠，父不慈，子不孝——不一而足。墨子认为要除去天下大害，就必须“以兼相爱、交相利之法以易之”①。所谓“兼相爱”，就是“视人之国，若视其国；视人之家，若视其家；视人之身，若视其身”③。就是使彼此的利益兼而为一。这样，“为彼，犹为己也”，就会彼此相爱，达到“交相利”。这是对西周以来宗法礼制贵贱等差的否定，也是对儒家爱有差等的反动。而且，与孔孟等正统儒家把义、利截然对立的做法不一样，墨子认为，“仁人之所以为事者，必兴天下之利，除去天下之害”④。还说，“而义可以利仁，故曰义，天下之良宝也”⑤。由此可见，在墨子那里，义、利统一；“兼爱”是一种“仁”、“义”，而“利”可以作为仁、义的内容和目的。墨子因宗守“兼爱”而主张“非攻”。因为发动战争，荒废生产，损耗财物，夺民所用；即使战胜了，也得不偿失。显然，这是代表广大下层人民的利益。

在认识论上，墨子提出“三表”作为判别是非的标准：一、“上本之于古者圣王之事”，即判断一种学说的是非真伪，必须到历史的记载中寻找前人的经验作为根据。二、“下原察百姓耳目之实”，即以直接经验作为检验真理的标准。三、“废(发)以为刑政，观其中国家百姓人民之利”⑥，即从社会政治的效果来检验知识的真假和言论的好坏。“三表”表明墨子是一个朴素唯物主义的经验论者。此外，墨子还主张把行为和动机结合起来，即“合其志功而观焉”⑦。

墨子的道德理想就是实现仁义，即为了谋取公众的利益，也即“为天下兴利除害”。墨子说，“必吾先从事乎爱利人之亲，然后人报我以爱利吾亲也”⑧，说明爱人、利人首先应从自己做起。他主张“有力者疾以助人，有财者

---

①③④ 《墨子·兼爱中》。

⑤ 《墨子·耕柱》。

⑥ 《墨子·非命上》。

⑦ 《墨子·鲁问》。

⑧ 《墨子·兼爱下》。

勉以分人,有道者劝以教人"[1]。如前所述,墨子以利为仁、为义的功利主义思想就带有明显的利他主义色彩。"兼相爱"就是要利人。就连激烈抨击墨学的孟子也说:"墨子兼爱,摩顶放踵利天下为之。"[2] 即只要对天下有利,就是把自己从头到脚磨成粉末都愿意。墨子本人就是这样一个身体力行的思想者。

② 后期墨家的思想及其在后世的政治命运

墨子死后,墨家一分为三。后期墨家活动于战国中、后期。后期墨家最突出的贡献在于逻辑学。它在墨子逻辑思想的基础上直接批判地吸收了惠施、公孙龙等人的辩学,建立起了初具雏形的逻辑体系。在世界范围内,后期墨家的逻辑体系是古代三大逻辑学之一,堪与古希腊亚里士多德的逻辑学和古印度因明学相媲美。另外,后期墨家对先秦时期若干自然科学,如力学、几何学、光学等进行了总结。

墨家学说与儒家学说有一个根本的不同,那就是,它不像儒家那样常把哲学、政治、道德混为一谈,只致力于个人内心的修养和人情世故的专注,而是把哲学、科学同社会政治伦理问题的界限分得比较清楚,能够面向自然、社会和人的思维,认真地去研究它们之间的规律性,没有多少神秘色彩。这是真正的学者眼光,而不是政客或幕僚的习气。这是真正的科学精神。不幸的是,自从封建社会实行文化专制以来,我们民族最为宝贵的科学精神被人为地阉割了。

墨家学说对后世的农民起义和游侠有一定的影响,特别是到了近代,墨家学说开始得到了重视,如梁启超认为"墨学救国";谭嗣同也非常重视墨家学说;胡适的《先秦名学史》和《中国哲学史大纲》(上卷),均用了将近三分之一的篇幅讲墨学,尤其强调其逻辑思想。值得一提的是,墨家思想能够使我们理性地认识到:作为传统文化的主要资源,儒、道、释三家只是众多文化派别中的一部分,而非传统文化的全部。传统文化是多元一体的文化体系,包括墨家思想在内的各家思想对于该体系的形成都做出了自己的贡献。这对于正确地理解传统和认识历史,对于吸收文化遗产中的精华,全面认识中华文化发展史并进行积极的新文化体系的建设都是有益的。

2. 法家的兴衰

法家的代表人物为商鞅和韩非。

---

① 《墨子·尚贤下》。
② 《孟子·尽心上》。

① 商鞅的思想

商鞅，卫国国君姬姓公孙氏后裔，史称公孙鞅、卫鞅，李悝的学生。因受封商邑，而称商鞅。他在秦国前后执政二十一年，力主变法革新。政治上，主张废除贵族的世袭特权，坚持法的统一性，指出“所谓壹刑者，刑无等级，自卿相、将军以至大夫、庶人，有不从王令者、犯国禁、乱上制者，罪死不赦”①。经济上，主张废井田，确立土地私有制，实行重农重战政策。思想上，认为法令同其他思想文化水火不容，主张法令独尊而废弃其他思想文化成分，如礼、孝悌、诗、乐、诚信、仁义等；反对复古守旧，坚持发展进化，指出“三代不同礼而王，五霸不同法而霸”，“各当时而立法，因事而制礼”。② 商鞅的变法主张和作为顺应了社会历史潮流，促进了社会生产力的发展，使秦国很快富强起来，奠定了以后秦始皇统一中国的基础。他以变法入秦，以殉法死秦，正是他同旧贵族和保守势力抗争的铁证。其思想、业绩和精神将永垂不朽。

② 韩非的思想

韩非，出生于韩国贵族，和李斯同为荀子的学生。他是先秦法家思想的集大成者。其法治思想有两个来源：一是源于荀子。如前所述，荀子隆礼重法。韩非丢掉了隆礼，而大大地发展了重法。二是源于商鞅的法、申不害的术和慎到的势。他提出以法治为中心，主张把法、术、势三者结合起来，形成一个政治运作体系。这里的“法”就是法令，是官府制定、公布的成文法，是官吏据以统治人民的条规。“术”，即权术，是君主驾驭、使用、考察臣下的手段。法和术二者的显著区别在于：一个是向国人公布，一个是藏在君主的胸中。韩非认为，仅有二者还不够，还需要“势”，即君主驾驭臣下要审时度势，具有灵活性。君主占据地位、手握权力，离开了“势”，“法”和“术”都大打折扣，“民者故服于势，势诚易以服人”③。与商鞅一样，韩非主张耕战政策，以实现富国强兵；主张明法制，去私恩，赏罚分明。思想上，韩非申明“无书简之文，以法为教；无先王之语，以吏为师”，“言谈者必轨于法”，④ 试图定法于一尊而排斥其他思想和学说。

为什么要这样呢？因为在韩非看来，人人都有“自为”之心，即为个人利

① 《商君书·赏刑》。
② 《商君书·更法》。
③ 《韩非子·五蠹》。
④ 《韩非子·六反》。

益打算。即使是父母与子女之间也有利害冲突,父母为了“虑其后便,计其长利”[1],所以“产男则相贺,产女则杀之”[2]。所以,他得出结论,君臣、君民、父子、夫妻、兄弟,各政治集团,新旧政治势力之间,各学派之间,各学派内部的思想由于利害的不同,都存在着矛盾。君主只能“因人情”,利用人之“自为”,因势利导,进行统治,以达到集权、专制;否则,不但权力削弱,甚至身死人手。

其哲学思想具有明显的唯物主义倾向:反对循古守旧,坚持历史进化观。他说,“圣人不期循古,不法常可,论世之事,因为之备。”[3]不遵循古法,不墨守成规,要按当时的实际情况,采取相应的政治措施。韩非反对“前识”——离开客观对象及其规律的主观臆测,主张认识首先必须依赖感觉器官与外物的接触,以获得事实材料。他说:“空窍者,神明之户牖也。”[4]空窍即人的耳、目、口、鼻等感官,这些是认识的门窗。在此基础上,韩非着重强调理性思维在认识中的作用,他说,“思虑熟则得事理,得事理则必成功。”[5]即只有在感知后,运用理性思维,才能把握事物内在的本质与规律。

对于如何验证已经获得的知识,韩非提出了“参验”的主张——比较和验证。他说:“循名实而定是非,因参验而审言辞。”[6]就是说,应当根据概念与实在是否一致,来判断一种言论的是非,凡是经过比较分析,有事实为证的,即是正确的;反之,就是错误的。

法家在秦王朝的建立过程中大行其道,自汉代伊始,法家思想沦为传统文化中的一股暗流,就是说,法家理论中一切有利于封建专制制度的东西都被保存下来了,只是多数时候被涂上了一层保护色,“阳儒阴法”而已。

③ 法家思想对后世的影响

商鞅和韩非的思想核心是倡导尊君,突出君主集权、专权,也易导致严刑峻法。秦王朝具体地运用了法家思想,由于苛政而短命。后世认为秦亡的教训就是运用了法家思想,未免过于简单了。虽然亡秦以后,历代统治者独尊儒术也好,采取黄老之术也罢,暗地里还是一直在使用法家的权谋之术。无论如何,在君主的法律面前,法家认为,不论是卿相、士大夫,还是黎民百姓,都一律平等,好歹也强过那种“刑不上大夫”的传统旧习。可以说,法家思想者都是一

---

①③ 《韩非子·五蠹》。
② 《韩非子·六反》。
④ 《韩非子·喻老》。
⑤ 《韩非子·解老》。
⑥ 《韩非子·奸劫杀臣》。

些清醒的现实主义者。他们看到了混乱的时代已经不能崇古守旧，非变革无以开新，以挽救风雨飘摇中的政权，其心至真，其胆至勇。秦王朝覆灭于二世，并不能完全否定法家理论。处于那个变革时代的法家理论，反对虚妄的德治，反对崇古信圣的现实主义勇气仍然值得今天的我们深思。

第四节　中国化的佛教与宋明理学

一、佛学是中国哲学的重要组成部分

除了儒家、道家、墨家和法家思想之外，作为中国传统哲学的思想资源还有一个外来文化与中国传统思想的化合物——中国化的佛教。笼统地说中国佛教是中国文化重要组成部分也许较难为人们所理解，但是，如果我们把中国文化具体化为哲学、艺术、雕塑、建筑等文化形式，那么，佛教对于中国古代文化的巨大影响，中国佛教作为古代文化的重要组成部分问题就变得简单且显而易见。

仅以哲学为例。中国古代哲学通常被概括为先秦诸子学、西汉经学、魏晋玄学、隋唐佛学、宋明理学几个阶段。由汉代至魏晋，中国古代哲学开始与佛教结缘。正始之后，魏晋玄学勃兴。魏晋玄学先是作为佛教般若学传播的媒介，进而与般若学交汇融合，最后为般若学所取代。到了隋唐两代，佛学成为当时社会的思想潮流，佛学中国化的速度进一步加快，最终形成佛教中国化的代表——禅宗。谈论中国哲学如果忽略佛学，不仅隋唐的哲学和思想变得十分单薄，也无法理解此后形成的儒、释、道合流的中国文化特色，无法理解宋明理学的产生与发展。因此，学术界历来主张应该把隋唐佛学与儒学同等看待，视之为中国文化重要的思想资源，视之为中国传统文化的重要组成部分。

历史地看问题，印度佛教传入中国后，通过汉魏六朝到唐代的六百余年的吸收与消化，中国人创造了属于自己的中国化的佛教哲学。中国佛学的最大特点是渗透了中国哲人的智慧和中国文化的特色，尤其是道家、儒家和魏晋玄学的睿智与哲理。中国化的佛教宗派有很多，在历史上影响较大的主要有天台宗、华严宗、净土宗、禅宗等八大宗派。其中禅宗最具有代表性。

禅，佛教用语，指排除杂念，以静坐为功法。这是梵文 Dhyana 的音译，原意是沉思、静虑，佛教中的一种修行方法。相传禅宗由在少林寺面壁十年的高僧达摩开创，其实中国化的禅宗思想的底定于成可推原到五祖弘忍，他在湖北黄梅开创“东山法门”，改讲《金刚经》，培养了神秀、慧能等一大批高

僧,形成独特的思想体系,使禅宗在中国佛教中流传时间最长、影响范围最大,成为典型的中国化的佛教宗派。按照禅宗的说法,高僧慧能(638—713)是中国禅宗的第六代祖师,他以"菩提本无树,明镜亦非台,本来无一物,何处染尘埃"的绝妙偈文深得五祖赏识,继承了衣钵,开拓了事业,使禅宗在社会上的影响极度扩大,成为佛教中最有实力的宗派。该派主张"顿悟"说,主要包括"本性是佛"、"自心是佛"、"凡夫即佛"、"心即真如"和"无念为宗"等几个要点,其理论与儒家"成圣贤"的思想相吻合,具备了融通的思想文化基础。禅宗引导人要心如古井、随缘而安、与世无争。显然,这既与儒家乐天知命、安贫乐道的思想相联系,又与道家清心寡欲、与世推移的处世观相一致。此外,与道家相近,佛教智慧也用否定、遮拨的方法,破除人们对宇宙一切表层世界或似是而非的知识系统的执著,获得精神上的某种自由、解脱。佛教讲色空,启迪人们空掉一切外在的追逐、偏执,破开自己的囚笼,直悟生命的本性、本真。佛教的反本归极、明心见性,自识本人、见性成佛的理论和一套修行的方法,是要人们耐心寻求心灵家园,启发一种内在的自觉,培养一种伟大的人格。于是,禅宗思想便与儒家、道家理想人格的追求各有其相通的取向,彼此很容易交融内化,最终整合成为民族认同的文化。

佛教为中国文化所接受并最终中国化不是偶然的。佛教哲学面对大伪斯兴、物欲横流、充满苦痛的现实世界,以其独特的解构方法来消解心灵上的执著,使人自知其限制,自虚其心,自空其说,以求容纳别人,就像儒家的"恕道"、道家的"齐物"论一样,不单单是个人修养身心的方法,也是人身处社会必须具备的素养。作为一种文化理论,它让人们反观人性中受遮蔽的部分,了解人自己心灵中存在着的"无明",对于疗治贪、痴、慢、疑、恶见等人性劣根,扩阔自己的心灵,使之从狭隘与偏见中超脱出来,使自己日进于高明之境,而不为无明所缚。禅宗思想方法主张外在的执著都可以放下,人们不再为自己的有限性而惶惶不可终日,消解了人的紧张与不安,人的创造性反而可以爆发出来,有限的生命反而可以进入到无限的境界中去。

从思辨角度讲,中国佛学确有一套自己独特的运思模型。如天台宗的智慧强调圆融的智慧,它不取层层推进、线性分解的表达方式,而取圆而无偏、遍无遗漏的辩证综合方式。其"三谛圆融"说,把一心同时观照的表相世界的空无、假有、非空有等各方面彼此圆融地统一起来。华严宗也提倡开放的心灵,其所主张的"理无碍、事无碍、理事无碍、事事无碍"和"一即一切,一切即一"为主张,把本体与现象、现象与现象之间的关系都看作是互为依恃、互为因果、相即相入、圆融无碍。它把世界看作是无限丰富的世界,在无限和谐的实在中，主体和客体互为依凭、互相关联、形成整体。禅宗主张不立文字，自识本心，强调自性是佛，平常即道。一旦见到自己的真性和本有心灵，我们就了解了终极的实在和得到了智慧（菩提）。禅宗主张，在实际的人生中才能涅槃（自由），在涅槃中才有实际的人生。禅宗以创造性的生活和自我觉悟的日常途径，来揭示人生的秘密，化平淡为神奇，寓神奇于平淡。这种智慧不仅影响了人生的生活方式，而且极大地影响到了古人的艺术创造。禅宗的理论张扬了人的主体意识，在自我修炼的前提下，肯定每一个人都可以成佛，都可以成就人格，这种理论今天看来已经虚妄过时，但作为文化，在其发展的过程中，对于人的自我超越和提升、维持社会稳定，的确发挥了极大的社会作用。

二、儒学的新形态——宋明理学

宋明理学是儒、释、道三大哲学资源和思想传统在宋元明时期的新的整合形态。它以儒学为主干，融摄佛道的智慧，建立以理气论、心性论为中心的道德形而上学体系。宋明理学把汉唐以来注疏五经的传统一变而为讲求四书义理，讨论身心性命修养问题的传统，并以民间自由讲学的书院为依托，把传统精英文化进一步世俗化、实用化，因而在中国文化中影响极其深远。

理学到底是如何产生的呢？

董仲舒的天人感应论和三纲五常的思想对于维护封建大一统，稳定社会秩序起了极大的作用。但是，他的神学目的论的思想和后来的谶纬迷信结合起来，形成了一股反理性的思想潮流，在东汉末年的动乱中，一度变得声名狼藉，这才有后来王充"疾虚妄"的猛烈批判。经过魏晋玄学的援道入儒，儒学仿佛被打了一剂强心针，但仍然改变不了儒学与世浮沉的政治命运。到了隋唐，儒学又受到了农民起义的猛烈冲击，加之佛学昌盛，儒学的地位被动摇，这才有韩愈和李翱等人的"排佛"，但仍然起色不大。这时，一些敏锐的思想者开始借鉴佛、老的思想。而宣扬出世的佛学，先是坚持"沙门不敬王者"的论调，后来感到无法摇撼儒学的纲常名教，只得表示拥护名教所倡导的等级秩序和忠孝思想，最终向中国本土文化低下"高贵"的头颅。这样，儒、道、释三家既相互排斥，又相互吸收、相互融合，最后在宋代形成为理学。

理学是宋明时期的唯心主义哲学思想，包括以周敦颐、程颢、程颐、朱熹为代表的客观唯心主义和以陆九渊、王阳明为代表的主观唯心主义。前者认为，"理"是永恒的、先于世界而存在的精神实体，世界万物只能由"理"派生。此派又被称为理本论学派，又叫程朱学派。哲学上认为理在气先，把封建秩序立为天理。自南宋后,历经元、明、清三朝,一直处于官方哲学地位。后者提出"心外无物,心外无理",认为主观意识是派生世界万物的本原,也叫心本论学派(或心学)。广义地说,宋明理学还包括以张载、王安石为代表的气本论学派。在哲学上,张、王等人主张"气"是世界的本原,"道"或"理"是"气"运行的规律。

下面,我们就以张载、朱熹和王阳明为代表,来简要地勾勒一下广义的宋明理学。

① 张载,北宋人,世称横渠先生;因讲学于关中,其学派被称为关学,是著名的"濂洛关闽"理学四大代表派别之一。关学注意观察、思考边事,注重研究实际,主张"学贵于用"。在哲学上,张载提出了"太虚即气"的唯物主义思想。他说:"太虚无形,气之本体,其聚其散,变化之客形尔。"[①] 即广袤无垠的天空虽没有形状的物体,但充满了细微的物质性的气,是气的本来状态;气是不断聚集和分散的,"聚而为万物",又"散而为太虚";聚、散都是气的变化的暂时状态,而气本身不灭。同时,张载提出了"一物两体"的辩证法思想,说明气是矛盾对立统一的实体,从而解释了事物运动变化的内在原因。

张载用"气"本论的观点来说明人性,提出了"天地之性"和"气质之性"的理论。人秉赋气的本性,叫"天地之性",是人与万物的共性。它与人的生理条件、身体特点结合在一起的性,叫"气质之性"。"气质之性"源于"天地之性",同时又是"天地之性"的蔽障。"天地之性"是绝对的善,"气质之性"由于个人秉气的清浊不同而有善有恶。"气质之性"是恶的来源。人必须变化气质,需要"善反",即要善于反思人性中恶的因素,并加以彻底摒除,才能复归"天地之性"。[②] 而要如此,就必须知"礼"。"礼"就是全部封建统治制度。这一点对理学的发展产生了很大影响。

② 朱熹,南宋人,生于徽州婺源,因长期寄居福建,其学派被称为"闽学"。他承继了程颢、程颐以"理"为核心的唯心主义思想。二程和朱熹的学说合称程朱理学,在哲学上,朱熹认为:"天地之间,有理有气。理也者,形而上之道也,生物之本也。气也者,形而下之器也,生物之具也。是以人物之

---

① 《正蒙·太和》。

② 参见丁祯彦、臧宏主编:《中国哲学史教程》,华东师范大学出版社1989年版,第258页。

生，必禀此理，然后有性；必禀此气，然后有形。”[①] 就是说，“理”是形而上之道，“气”是形而下之器。“理”是生物之“本”，即物之所以形成的道理，也就是物的本质（“性”）；“气”是生物之“具”，即形成物的材料。就理与气的先后关系而言，朱熹认为，先有理，后有天地和万物。在他眼中，概念性的“理”是形成世界万物的最终根源。

朱熹用“理”本论的观点来说明人性。和张载一样，朱熹也把人性分为“天地之性”和“气质之性”，但二者又有区别。张载的“天地之性”是指物质性的气的根本属性，而朱熹则认为“天地之性”是从作为世界本原的“理”得来的。相应的，朱熹又认为“命”也有双重含义，即“天命谓性之命”和“气禀之命”。前者专就“理”而言，后者则决定人的生死、贫富、贵贱、贤愚和寿夭等差别，其阶级意义是不言而喻的。

朱熹还从“心”的角度来探讨人性问题。他把“心”分为“道心”和“人心”。前者由“理”发出，绝对的善，但易为情欲所蒙蔽；后者由“气”发出，追求和满足于耳目的欲望。朱熹认为，要想进行圣人的修养，就必须使“人心”完全服从于“道心”，就必须“存天理，灭人欲”，使“天命之性”得以恢复。

在认识论上，朱熹推崇“格物致知”。这里的“格”为“至”，“尽”；“物”既包括一切自然现象和社会现象，又包含人心中的仁、义、礼、智等封建道德观念，且都依托于“理”而存在。“格物”就是要达到一事物之极致，穷尽该事物固有之“理”。“致知”就是“致吾之知”，即根据心中已有的知识而类推，以求达到无所不知，也即对全体“理”的推求。只有今日格、明日格，“用力之久”，才能胸中“豁然贯通”，最终成为圣人。说到底，“格物致知”包含认识论的方法论，但更多的仍是注重封建道德的修养和践履。

③ 王阳明，生于明代中期，今浙江余姚人。其学说以反传统姿态出现，明中叶以后，影响很大，还流传影响到日本、朝鲜等国。他继承了南宋陆九渊“心即理”的思想，是对朱熹心、理二分的反动。他说：“故我说个心即理，要使知心理是一个，便来心上做工夫，不去袭义于外，便是王道之真，此我立言宗旨。”[②]他是用自己特有的“良知”说来发扬光大“心即理”的。他不同意朱熹求理于心外的事物之中，而认为吾心之良知即是天理，“良知”的贯彻和推行，是天地万物的准则，其实质在于严密地关注封建道德规范。

---

① 参见丁祯彦、臧宏主编：《中国哲学史教程》，华东师范大学出版社 1989 年版，第 270 页。

② 《传习录·下》。

王阳明进一步地强调了“心外无物”、“心外无事”。他说,“心者,身之主也,而心之虚灵明觉,即所谓本然之良知也。其虚灵明觉之良知应感而动者谓之意,有知而后有意,无知则无意矣,知非意之体乎?意之所用,必有其物,物即事也。”① 就是说,心灵是身体的主宰,而心的“灵明”在不为物欲所蒙蔽时,就是“良知”。“良知”这种主体意识应感而动,便有种种观念活动,于是就表现为物,而“物”即“事”。

由此,王阳明得出“心外无学”和“知行合一”的结论。他说,“外心以求理,此知行之所以二也。求理于吾心,此圣门知行合一之教”②。他反对朱熹将求理于外的“知”和发于内的“行”割裂开来,强调于吾心而求“理”,以知行合一为“圣门之教”。这样,在王氏那里,朱熹的“格物”和“致知”就合二为一——“格心”,即在心中做去恶为善的功夫,进行封建道德修养。同理,王阳明的“成圣贤”的修养方法——“致良知”也就替代了朱熹的“存天理,灭人欲”,成为更加积极、易行的修养功夫。

总之,无论是理本论学派,心本论学派,还是气本论学派,它们都有三个共同特征:一、认为道德性命问题是研究和探讨的主要内容。我们知道,先秦虽有一些人性善恶的讨论,但不是重点;而魏晋、南北朝、隋唐的议题主要是有无、本末问题,间以人性善恶的讨论。北宋中期以后,“士大夫非道德性命不谈”,思想者们也把“原道德之意,窥性命之端”作为自己思考的主要内容。他们从“道”出发,经过“德”(“道”之在人为“德”),构造出人性论,然后求得安身立命的方法,从而形成一个完整的道德性命体系。二、用过去思想者们不常用的理、气、道、器、心、性等概念,特别是“理”这个概念,此时成了理学中的最高范畴,理学因此而得名。三、宋明理学以儒家思想为主干,融合佛、老思想而成。宋代以前,虽有人注意到佛老思想的精微之处,但还未很好地消化、吸收和运用。至宋代,理学家们一般都曾出入佛老之门多年,即便是张载、王安石也不例外。理学论证精微,分析较为细密,体系也大体完整。就学理而言,理学更有学术味道;就政治而言,理学的解释性更强。

何以说理学是儒学的新形态呢?

其一、理学以探讨“理”为核心内容。“理”即“道”,就是指在自然、社会现象之上的本体。在程朱那里,概念性的“理”就是形成事物的最终根源。在陆王那里,“理”就是“心”。进而,王阳明认为“心”即良知,良知即是“理”。这是其哲学思想大厦的基石所在。在张载那里,“理”就是“太虚”。只是在

①② 《传习录·下》。

张载眼里，太虚有时是“气”，有时是“心”。[①] 无论是“道”、“心”，还是“气”，宋明理学都在试图探讨世界的本原，理论化倾向更浓，这一点远在此前中古哲学思想之上。应该说，就此一点足以说明理学是儒学的完整形态，这也是它的“新”意所在。

其二、理学以“存天理，灭人欲”为主要内容。它是后期封建社会地主阶级意识形态的集中反映。理学家们大多强调“存天理，灭人欲”。他们把君臣、父子、夫妇之间的封建宗法等级关系说成是永恒不变的“定理”，使其具有至高无上的威严。与此同时，他们又把一切违反封建统治秩序的思想和行为都看成是“人欲”，是违背“天理”的，借此反对农民“均贫富”的要求和地主阶级内部要求改革的倾向。理学成了南宋以后历代统治者所支持的官方哲学。无论是气本论学派，还是理本论学派和心本论学派，他们都同植纲常，同宗孔孟，同扶名教。

其三、理学的逻辑思维形态比较剔透。如前所述，它是儒学的完整形态，理论色彩浓厚。它是一个完整的系统。这个系统的大致结构就是人和自然，主体和客体的有机统一，即“天人合一”。这个“天人合一”就是把人类社会看成是自然界的有机组成部分，而人作为个体存在，是社会整体中的一员，处在一定的社会关系中，而人的主体性实质上是社会群体性的主体意识。更为重要的是，“天人合一”所突出的是人与社会的和谐一致，以调节人与人之间的关系，以个人利益服从群体利益，即个体要对社会伦理规范的自觉服从。用张载的话说，理学家们就是要为天地立心，为生民立命，为往圣绝学，为万世开太平。显然，这对于维护封建社会的大一统具有重要作用，但却窒息了个性的发展和我们民族创造性的张扬。

第五节　中国传统哲学的特征

前面简要概述了中国传统哲学的主要思想资源。中国哲学思想曾经几分几合，最终形成多元一体的思想格局。尽管如此，在儒释道三教合流的思想体系中，儒学始终占据着重要的位置。我们认为，这主要归根于传统中国的社会特点。

其一，传统中国人素有崇古信圣的情结。在远古时代，中华农牧民族的

---

① 参见张立文：《宋明理学研究》，中国人民大学出版社1985年版，第224页。

理性主义特征就初现端倪,先民的部落首领及其贵族就开始高度重视个体的“内圣”修炼,以此来维系氏族团体的生存秩序。这典型地体现在后世儒家的学说里:内在的修身与外在的治国的姻缘,从殷周宗教伦理性的礼仪讲求到春秋时代个体心理“仁”的自觉一脉相承。在中国人的眼中,传说中三皇五帝和尧、舜、禹都是圣贤,可为后人楷模。如说尧,“先修其身而以渐推之于九族,而百姓,而万邦,而黎民”①。谈到舜,则把他说成是“内以修己,外以及人,为社会道德至当之标准”。所以,到舜的时代,“吾民族固有之伦理思想,已有基础矣”②。而禹更是一个妇孺皆知的身体力行的道德圣人。夏、商、周三代,尤其是商、周二代,也是圣君贤相辈出。不论是传说,还是史实,后人都向慕古圣先贤及其所生活的时代,尤其是现实社会处于动荡和喧嚣之时,人们常会发出“人心不古”的感叹,折射出浓郁的“古道热肠”。

其二,上述信古崇圣的嗜好与氏族血缘关系水乳交融,最终形成以血缘为纽带的宗法制,亦即家长制。所谓宗法制已在绪论和第二章专节论述。所谓家长制,即“实行尊重秩序之道,自家庭始,而推暨之以及于一切社会也”③。具体表现就是“君为民之父,臣民为君之子,诸臣之间,大小相维,犹兄弟也”④。自古以来,中国传统社会,尤其是上流社会就有“家天下”、“裙带关系”的意味。秦以前实行宗法分封制,犹如一个家族的分家制。国是一个大家,家长为天子——把国分为大大小小的领地,然后按长幼尊卑分给自己的兄弟和长子(未来的天子)以外的儿子,以建立侯国。各诸侯生前作为家长、君主,死后作为祖先。天子与诸侯之间是宗族关系。如果诸侯之中有外姓,天子往往就和他们联姻。秦以后实行郡县制,用地方官吏替代诸侯,但国家体制仍未摆脱亲族模式。自汉代始,统治集团的亲族关系主要集中在宫廷内部。虽然中央政权有内外之分:外是以宰相为代表的官吏系统,内是皇帝的宗室、外戚(皇帝的母党、妻党)和宦官,但是,这个政治集团的实权还是操纵在皇族手中,而官吏系统大有家臣的味道,而地方又是由家族或宗族或通过他们之间的联姻而进行自治的乡土社会,通过富豪、望族和乡绅来掌管。由此看来,无论中央,还是地方,都是家的天下。这是儒家的“礼”所尊崇的。分封制、封妻荫子、“朝中有人好当官”、“一人得道,鸡犬升天”等无不是家族血缘关系的膨胀或变种。

其三、传统的生产方式制约着人的思维方式。“无农不稳”、“重农抑

①②③④ 高平叔编:《蔡元培全集》(第二卷),中华书局1984年版,第11—12页、第12页、第11页、第11页。

商”、“富国以农”等都昭示传统中国以农为本的生产特点。农业经济的延续性是中国传统自然经济的重要特点之一。这种农业社会历经了无数次的天灾人祸的劫难，经久不衰，并且持续不断地向前推进。它锻造了中国文化的绵延。这种定型过早的农业文化，容易使人产生一种“回忆”式的思维惯性，所谓“圣人设教，为万世不易之法”，即美好的制度和礼教存在于远古之时。因此，后世的治平之道便是复制圣人之道，即使有细枝末节的变动，也不过是“托古改制”而已。这种历万劫而不变的农业文化，一面为中国文化的向心力起到了维系作用，另一面也在不断地累积传统文化守旧的惰性力量。在以小农经济为主导的传统中国，以君主为核心的专制集权政治通过崇古信圣、血缘关系、家长制和道德说教来操纵着社会生活的方方面面。政治和权力渗透在血缘关系里，弥散在思想文化和伦理道德的氛围中，飘零在人际关系与社会交往中，无往而不及。

上述三点都与儒家思想融为一体，相互依托，铸就了一以贯之的华夏文化。这种文化的核心——哲学，到底有哪些特征呢？

一、与政治伦理联系紧密

作为思想文化的核心，中国传统哲学与政治结下了不解之缘。如前所述，传统文化，尤其是儒家思想具有浓厚的政治情结。“兼济天下”、“先天下之忧而忧”、“学而优则仕”、“朝为田舍郎，暮登天子堂”等都从不同侧面表明传统文化醉心于政治。从“舍我其谁”的狂妄到“是进亦忧，退亦忧”的忠心赤胆，都在表现一个主题：向往政治，怀抱政治，鞠躬尽瘁，死而后已。

这其中有一点是值得充分肯定的，那就是，传统哲学的出发点和最终归宿都围绕着时代课题和现实问题来展开。春秋时期，社会出现“礼崩乐坏”的政治局面，社会秩序混乱。如何使这一秩序稳定下来，就是当时思想者们普遍关注的社会问题。孔子的仁学和老子的“无为而治”就是由此而产生的。战国时期，怎样巩固新兴的封建制度，建立大一统，是迫切需要解答的时代课题。为此，儒、墨、道、法等各家争鸣，应运而起。西汉初，百废待兴，使得倡导“清静无为”的黄老思想得以流布。西汉中期，为维护大一统，突出君主集权，董仲舒的“罢黜百家，独尊儒术”应运而生。魏晋时期，儒家纲常出现危机，于是就有玄学家们的“援道入儒”。隋唐时期，政治相对开明，才有外来的佛学凸显。宋明时期，中国封建社会的中央政权开始走下坡路，阶级矛盾和民族矛盾更加尖锐，商品经济进一步发展，“人欲”张扬，才有“存天理，灭人欲”的理学产生。所有这些都昭示：传统先哲们都具有强烈的社会责任感、历史使命感和政治危机意识。

至于传统哲学与伦理的关系，我们认为，中国哲学最为关注的是现实人生的具体问题乃至日常功用。“未知生，焉知死？”[①] 也罢，政治生活中的“进”、“退”、“穷”、“达”也好，牵涉的都是人生现实问题，而最终这些又都落脚到伦理道德上。如前所述，儒家的积极入世首先就着眼于个人的修身和“内圣”，其次才谈得上安邦治国；即使是安邦治国，仍然脱离不了“仁政”、“德治”、“诚”、“忠”之类的道德干系。再者，就是那个绝对力量的“天”也多半是道德的天，而非自然的天。“三纲五常”就是“天”所赋予的不可违逆的人间秩序和永世教条。所以，古代中国才有“政治社会”和“伦理政治”之说。就是在文化繁荣的先秦时期，除了墨家、名家等少数几个学派对人世伦常之外的东西，如逻辑的研究外，其他各家的思想内容几乎都关涉着人情世故成人成己之学。即使是先秦道家，《老子》一书就充斥着对人世无常的归纳和提炼，叫人如何在变动不居的物欲人流中得以保全自身乃至致胜于人；庄子追寻的逍遥游，也是从一个侧面投射出他对时代的反叛，以追求个人内在的超脱，甚至连其修养方法“缘督以为经”和“坐忘”也渗透着其内心强烈的人生情结和世道胸怀——而非伊壁鸠鲁式的希腊哲人的空灵和对内在精神生活的执著追求，终其一生，靠着面包和水以维持自身对内心安宁的坚守。而宋明理学所推崇的“存天理，灭人欲”则是传统道德伦理思想发展的极致。

二、唯物与辩证的思想传统

如前所述，中国哲学向来重视人伦纲常，少谈玄妙和深远，宇宙之谜、自然的奥秘和人的死亡很难进入中国文化的视野(不可否认，庄子等人的思想触及此点，可那不是传统哲学的主流)。正是由于这种世俗的、实用的、日常的文化积习锻造出中国文化“实事”的态度和“务实”的风格。在儒家那里，孔子不谈“怪、力、乱、神”，“敬鬼神而远之”。[②] 在荀子眼中，“不闻，不若闻之；闻之，不若见之；见之，不若知之；知之，不若行之。学至于行之而止矣。行之，明也；明之为圣人”[③]。即把行动看作是检验知识的标准，视为求知的目的，知服务于行，行比知更重要；如果离开了行，知就会失去意义，丧失价值。王充的“疾虚妄”，嵇康的“越名教而任自然”，范缜的“神灭论”，王夫之的“有即事以求理，无立理以限事”。[④] 颜元的“实学”——重习行和践履，等

① 《论语·先进》。

② 《论语·雍也》。

③ 《荀子·儒效》。

④ 王夫之：《续春秋左氏传博议》。

等。在墨家那里，“取实予名”，脚踏实地，身体力行，因而对我国古代的逻辑学和自然科学做出了独特的贡献。在法家那里，商鞅、韩非等人立足于现实，反对因循守旧，反对“守株待兔”、“郑人买履”式的迂腐，主张社会发展的历史进化观。在道家那里，《老子》总结历史经验教训，庄子批判现实。可以说，中国人是天生的无神论者。这些都体现了我们的先民在社会生活中坚守经世致用的唯物主义价值取向。

至于辩证法，中国哲学所蕴涵的辩证思维源远流长。早期《易经》中的阴阳说就包含有由对立面引起变化发展的思想萌芽，如它用“—”和“- -”两种符号来表示两种势力的矛盾与对立。这两种符号互相配合，构成“八卦”；“八卦”的排列组合，形成“六十四卦”。它们暗含着事物的变化、发展过程及其规律。如前所述，《老子》一书的辩证法思想特别发达，比较集中地揭示了事物的存在是相互关联的，而且认为，事物向相反的方向转化是合乎规律的。继《老子》之后，《易传》也重视辩证法，主要表现在“易”字上，即求“变”，认为整个宇宙都处在不断的变化之中。它还用“革命”一词，强调社会变革的积极性。此外，张载的“一物两体”，王夫之对动静关系的总结——主张“变化日新”，认为一切对立面不是“截然分析”的，而是相互包含、相互转化的，因而必须“乐观其反”，而不必害怕。在兵家那里，辩证法思想更是显而易见的，如《孙子兵法》重视战争中致胜于人的“奇正相生”的谋略，就是说，战争中的诸多矛盾，如强弱、众寡、虚实、胜败、生死、动静等矛盾不仅可以互相依存，而且可以相互转化。所以，高明的将领就应该根据变化无穷的战争态势而主动变化战略战术，以出奇制胜。

传统哲学辩证法思想发达，无非出于以下原因：一、就自然环境而言，由于中国地理位置的特点，受大陆性季风气候的影响，作为农业民族的中国人受农业生产中春生、夏长、秋收、冬藏这一循环状况和四时、四季周而复始的启示，便产生一种循环变易、对立统一的观念。二、就社会发展和政治形态而言，在古代中国大一统的主流中，我们的历史，尤其是先秦时期，攻城略地，上下易位，荣辱兴替的现象普遍：打打杀杀中的生死、祸福和强弱变化的相反相成；政治生活中的阳奉阴违、明争暗斗、口蜜腹剑、品评褒贬等矛盾存在不一而足；改朝换代、“你方唱罢我登场”等变化无常的现象充斥整部中国史。这就是辩证法产生的天然土壤。当然，这种辩证法的内容包裹着循环论的基因——变化日新中暗含着循环往复，生生不已中掺杂着天长地久，烙印着“复古更化”的守常。这是生活的辩证法、功用的辩证法、古朴的辩证法，而不是发展的和“创造性”的辩证法。

三、重天人关系和人际关系

天人关系是中国传统哲学的主要论题，直接渊源于原始宗教的信仰。然而，历代对于“天”的理解又各不相同。单就在儒家眼中，“天”的内涵就不尽一样。在正统儒家那里，他们关注的重点还是人间秩序；他们也谈“天”，但“天”在他们看来，只是维护现存社会秩序的工具。如前所述，董仲舒的“天”就是皇权及其统治制度的护身符，既是赋予君主权力的绝对力量，又是维系“三纲五常”的道德力量。在非正统儒家那里，“天”多代表一种自然力量，如在荀子、柳宗元和刘禹锡那里，可以人定胜天，天、人各有所长，可以“天与人交相胜”，可以“制天命而用之”，揭示了自然规律和社会规律的区别和联系，注意到了人的主观能动性与客观规律性之间的辩证关系，具有唯物主义者的科学精神。但在传统中国的主流文化中，由于不注重对自然的探讨，因而对自然认识不清，乃至敬畏自然的“天”——以为是冥冥中的一种绝对力量。并且，传统中国，以农立国，靠“天”吃饭，而中国的地理条件和气候环境又复杂多变，进而导致农业生产上的旱涝、歉丰、风霜雨雪和冷暖寒凉尽显所能。这种“无常”深深地刻印在华夏民族的记忆中。因而，我们民族的先人敬天、畏天、祭天也就顺理成章了。正是这种敬畏心理，才使得我们的先民强调“天人合一”，向天礼敬，顶礼膜拜。这种复杂的敬畏心理使得我们的先民一直不敢轻易地征服自然、开发自然、利用自然，而是让“天”自自然然地存在下去，叫“人”安安静静地顺应，乐天安命。据此，有人认为，中国传统哲学中的天人合一观突出人与自然的和谐一致，对于纠正那种把自然和人截然对立的观点和行为具有启发意义；同时，这种天人合一观对于遏制当代人用科学技术盲目地征服自然的“天”而导致生态失衡、地球环境恶化的行为具有启迪意义，这不无道理。但必须指出的是，在传统中国“天人合一”的语境中，我们的先民往往是被动的、盲目的，而缺少“制天命而用之”的果敢和睿智。这是问题的一面。问题的另一面则是，今天的中国人——传统中国的子民却又在走向另外一个极端，即毫无节制地开发自然、污染环境。据报载，1998年，世界污染最严重的十个城市中，中国就有九个。这种触目惊心的报道，应该引起我们的高度重视。

由于我们敬畏自然的“天”，于是我们的注意力全部投注到世俗生活中来了。传统哲学多半是教人怎样做人，因此许多哲学著作都被用作教科书，说教味很浓。事实上，几乎每个传统的子民在进入学校读经(指把儒家作品当作一门学问)之前，就已接受了许多哲学思想的教育，即每个人从懂事起都逃脱不了的家教。人们很少关心在此之外的事，诸如世界是怎么产生的，人是怎么来的。在他(她)们看来,活着就该好好地活着,根本用不着追问此外的为什么,更不必杞人忧天,自寻烦恼;他(她)们感兴趣的不是为什么要活,而是如何好好地活。一方面,由于重血缘关系和家族伦常,我们格外重视"亲亲",对于"非我族类"的异乡,我们常常防不胜防。在"亲亲"范围内,我们要尊老爱幼,要光宗耀祖,要衣锦还乡;我们有义务维系家的完整,即使它已经形同虚设;对于亲朋故旧和世交之人,我们当尽仁义之道,多多提挈。这些无不充满着其乐融融的脉脉柔情。另一方面,在"政治中国"和"伦理社会"的专制政体中,"人治"是其显著特征,一个社会中的人要把大部分精力和智慧用来处理人际关系。这是做人的哲学。在没有制度建设和规则保证的前提下,凡事是"人"说了算数,那么事事都要周旋于"人丛"中了,而人是有喜怒哀乐和七情六欲的,就有为所欲为的可能。所以,要想做成事,就应当察言观色,见机行事;就应当眼观六路,耳听八方;最好能八面玲珑,左右逢源。这一点在政治生活中尤其重要。总之,传统哲学的主旨就是讨论如何对待、处理和应用知识于具体不同的人事关系,讨论研究的是人情世故的复杂性、变异性。这种"知识"就是做人的本领和生活的智慧,它远比知识本身重要得多,即所谓"世事洞明皆学问,人情练达即文章"。在全球化浪潮汹涌澎湃的今天,我们更多的和更紧迫的是要对于制度、规则、契约和规范的制定与严格的遵守,而不能再全身心地周旋于传统类型的人际关系了。

总之,中国传统哲学是以儒家学说为轴心,掺杂着道家智慧,潜伏着法家理论的蛛丝马迹,粘连着墨家思想的鳞爪。在政治的尚方宝剑护持下,传统文化之船旨在进行道德践履和日常功用的周旋,伸展着一个古老民族的生生不息,演化着一个悠久文明的兴衰荣辱。

第五章　中国传统文化中的宗教

宗教是人类社会中最为古老的现象之一,也是文化系统中较为核心的内容。宗教最初的产生是因为人们生产的落后和认识水平的低下。但当它一旦形成以后,就成为一种强大的力量支配与左右着人们的生活。科学的昌明、技术的进步、管理的完善,并没有取消宗教。在当今的社会里,宗教仍然产生强大的影响。中国传统文化中,不仅原始的宗教一直存在,就连儒家的本身也一直具有准宗教性质,开始是儒、道互补,后来是儒教、道教、佛教三足鼎立,它们构成了中国传统文化的核心,对我国历史发展的影响深远而持久。近代以降,基督教在中国传播并得以流行,出现了多种宗教并存的局面。随着改革的深入、开放的扩大、中国向世界的融进,宗教在中国的文化结构和社会生活中的作用会更加复杂。因而,了解中国传统宗教的特征以及发展历程,比较它与其他宗教的区别,挖掘它的历史和现实中的作用,对我们深刻认识中国文化乃至整个人类文明,对于我们营建新时期的中国文化具有极其重大的意义。

第一节　中国传统宗教的总体特征

中国宗教作为宗教的组成部分或分支,具有宗教的共同属性,因此,在没有讲述中国传统宗教之前,先要对宗教的一般属性作大致的了解。马克思主义哲学与以往哲学的最大的区别就在于它强调感性活动和实践的作用。马克思是用感性活动、实践来说明和解释物质世界、感性存在,用感性活动、实践来说明和解释精神世界和意识活动。人类之所以能作为感性活动而存在,是因为人是世界上唯一具有自由意志的动物,是一种能自我超越的动物,是具有主观能动性因而存在着无限可能性的动物。当自由意志外骛于自然时,便形成科学和技术;当自由意志之间发生冲撞、形成制衡时便形成社会,出现民主和法制;当自由意志反观自身时便形成宗教和艺术。这里,若以自由意志为原点,以自然、社会、灵魂为三维坐标,便形成了科学和技术、民主和法制、宗教和艺术六个指向。大体上说,科学、技术和民主、法制是向外在的，而宗教和艺术是向内的。具体而言，科学与法制具有收敛性，技术与民主具有发散性；宗教侧重于自由意志的自我约束，艺术倾向于自由意志的自我宣泄。就此而言，宗教和科学、技术以及民主、法制有内在的同一性。西方近代专门的科研机构最初是从教会组织中分离出来的；近代很多的科学家同时又是神职人员。从民主和法制方面看，西方的近代的宪政有着深厚的宗教底蕴，“在法律面前人人平等”的观念是从“在上帝面前人人平等”的信念之上发展、超越而来。不仅如此，从某种意义上讲，直接以自由意志为对象的宗教和艺术，较之人类活动和人类文化的其他方面更为根本。也正因为如此，黑格尔把哲学、宗教、艺术当作人类文化的最高阶段和核心内容。

在这种背景下来考察宗教，我们就可以对它有一个较为全面的理解。

首先，宗教是现实社会和现实生活的反映。在唯物史观看来，是实践活动决定精神活动，是社会存在决定社会意识，政治、法律、道德等社会意识形态直接可以从现实生活中找到原因和根据，像哲学、宗教、艺术乃至神话等，虽然它们远离现实生活，归根到底都是来自现实和生活。马克思指出：“意识在任何时候都只是被意识到了的存在，而人们的存在就是他们实际生活过程。”① 像宗教、神话等意识形态采取的是十分特殊的形式，表面上看它们确实是远离生活，甚至有点不食人间烟火，但无论怎样它们都能在现实社会中找到原型。早在古希腊时期，色诺芬尼就指出：“假若牛、马和狮子都有手，而且像人一样都能用手画画和雕塑，它们就会按照自己的模样，马画出或塑成马形的神像，狮子画出或塑成狮子样的神像。”② 马克思更是明确地讲：“一切宗教都不过是支配人们日常生活的外部力量在人们头脑中的幻想的反映，在这种反映中，人间的力量采取了超人间的力量的形式。”③ 与其他意识形态不同的是，宗教采取了一种较为特殊的方式来反映社会，就其内容而言，它是对社会现实虚幻的反映：“人创造了宗教，而不是宗教创造了人。国家、社会产生了宗教即颠倒了的世界观，因为他们本身就是颠倒了的世界。宗教里的苦难既是对现实的苦难的表现，又是对这种现实苦难的抗议。宗教是被压迫生灵的叹息，是无情世界的感情，正像它是没有精神制度的精

① 《马克思恩格斯选集》第1卷，人民出版社1972年版，第30页。

② 色诺芬尼：《古希腊哲学史》第1卷，人民出版社1988年版，第547页。

③ 《马克思恩格斯选集》第3卷，人民出版社1972年版，第354页。

神一样。”① 就其形式而言,它超越理性、诉诸信仰、崇拜偶像,有严格教义和繁琐的教仪。

再次,宗教是自由意志的自我张扬和对现实社会的超越。我们还要从自由意志的自身来看宗教。如前所述,在马克思看来,应该用感性活动(实践)去说明感性存在和精神活动。人的意识固然是来自人的存在,可人的存在就是人的活动的自身,人是作为活动而存在着。这里面已经内在地包含着一种能动性的思想。因为感性活动的自身首先是能动的,然后才是感性的,或者说是物质的。用感性活动来说明和解释客观世界和精神活动时,已经包含着一种能动超越性在其中,这不是对外在世界的客观的、简单的描述,而是对外在世界的主观的、能动的规范。比较成熟与完善的宗教,如基督教,基本上是个体宗教和超越性的宗教。原始宗教基本上是一种群体宗教。进入文明社会以后,人们意识到自己是相对于群体而独立存在的个体,把个体从群体中凸显出来,与人际粘连中割裂开来。看到个体的存在的局限性,看到个体的孤独,看到个体存在的独特性、不可重复性和不可取代性,认识到这种局限性是回到群体也不能克服的,这种生命存在的孤独是回到群体中也没有办法摆脱的。人类作为种通过繁衍可以延续,但作为个体是单一的、独特的、无法延续的,不能复制另一个完全相同的单个的个体。也正是因为这样,才有灵魂不死。灵魂不死就其本质意义是对个体讲的。只有个体的灵魂才有可能因肉体的消灭而不存在,于是才想象出灵魂可以脱离肉体而存在的想法。在此基础上又构想出一个超越现实的存在和世界,如上帝与天堂、如来和西天。席勒在《友谊》中写道:“伟大世界的主宰,没有朋友,深感欠缺。为此他就创造出诸多精神,反映自己的幸福,以求赏心悦目。”② 是人自己害怕自己的孤独,看到自己的有限,才创造出了一个上帝,一个来世,一个彼岸世界,一个理想世界。那是一个超越的世界,一种可能的世界,一种在现实社会中没有办法实现的世界。理想总是高于现实,人们对未来的期盼总不可能在当下实现;而且社会无论怎样地完善,总是不能解决个人的一切问题。无论科学怎样发展,社会如何理想,也不能完全解决人生问题,因为意志、情感、自由这些东西,是不能够规定和量化的,是科学技术和社会组织不能解决的事情。人们总是要超越现实、超越理性,去构想一个可能的自由的世界。这才是宗教得以长久存在的深层原因。

---

① 《马克思恩格斯选集》第1卷,人民出版社1972年版,第2页。

② 邓晓芒:《灵之舞》,东方出版社1995年版,第94页。

与世界其他宗教相比较，中国传统宗教有其明显的特征。

一、贫乏性

中国传统文化虽然源远流长，但其基本的价值取向和发展走势是在商周之际才确定下来的。《礼记·表记》中讲：

殷人尊神，率民以事神，先鬼而后礼，先罚而后赏，尊而不亲。其民之政，荡而不静，胜而无耻。

周人尊礼尚施，事鬼神而远之，近人而忠焉。其赏罚用爵列，亲而不尊。其民之敝，利而巧，文而不惭，贼而蔽。

这就是说，在殷周之际，中国文化中的宗教已经把注意力从迷信鬼神转向人世。同样在《礼记·大传》中写道：

人道，亲亲也。亲亲故尊祖，尊祖故敬宗，敬宗故收族，收族故宗庙严，宗庙严故重社稷，重社稷故爱百姓，爱百姓故刑罚中，刑罚中故庶民安，庶民安故财用足，财用足故百志成，百志成故礼俗刑（型），礼俗刑（型）然后乐。

这里从人类的血缘关系出发，以自然亲情为基础，以宗法观念为杠杆，构架起整个国家结构、意识形态、风俗习惯，宗教、艺术等这些在西方文化中本来是远离并超越人世的东西，而在我们这里都被限制在人际和人世之内。为了达到这一目的，中国文化采取的是消解个体自由意志的办法，把人的个体自由意志还原为自然或溶解于社会，儒家、法家、道家都是从不同方面、在不同层次对这种传统进行强化和加固。这样，作为自由意志的自我张扬和对现实社会的超越的宗教，在中国传统文化的格局中，是没有足够的发展余地和发展空间，中国传统文化中宗教的缺乏和薄弱也就先天注定了。

梁启超说："中国人迷信宗教之心，素称薄弱，《论语》曰：'未能事人，焉能事鬼；未知生，焉知死。'盖孔子之大义，侵入人心久矣。"① 在这段话中，既指出中国人宗教观念淡薄这一特点，同时也找到了生成这一特点的原因。中华民族在佛教传入中国以前，没有一个有组织的宗教，人们只是相信"天命"，信奉天上和地上的神灵，信奉最高的神灵上帝，因为人的生命吉凶全操

① 梁启超：《饮冰室合集》文集之七。

纵在上帝和神灵的掌握中,因而乃有命运的信仰。孔子说他“五十而知天命”①,孟子乃主张“修身以立命”。中国人从古到今,都怕得罪上天,孔子曾经说:“获罪与天,无所祷也。”② 天命的思想,又造成中国政治制度上一个很重要的观念,就是皇帝受天命而王,代天行道,每一位皇帝在继承皇位时,必定说自己是“奉天承运”,因而自称天之子。这种近似宗教,又不是宗教的天命思想,从先秦到两汉,已牢牢地占据了中国人的心灵。周代以来还有一种思想左右着人们,那就是“天命靡常,惟德是辅”。皇帝在代天行道的时候,一定要注意自己的德政如何,若是不好就要受到上天的惩罚。这种传统思想长期影响着中国人,使之对现世现实十分关注,而不像西方或其他民族那样竭力去探讨死后灵魂永生的问题。

英国近代著名汉学家道格拉斯曾说,中国人不需要宗教,是因为他们已经受教于儒学,这个观点与梁启超的观点相似。辜鸿铭指出“儒学的伟大之处也就在于此。儒学不是宗教,却能取代宗教,使人们不再需要宗教”③。所以,宗教在中国从未占据意识形态的统治地位。封建统治阶级利用宗教,又不为宗教所左右,他们始终将神权压制在皇权之下、限制在王权之内,而不允许神权与王权平起平坐,更不使其凌驾于王权之上。相反,在欧洲的封建社会,基督教占据一切意识形态领域却长达千余年。同时,中国大众对宗教没有表现出特殊的热情,他们看待宗教也仅仅停留在实用的层次,很少有为宗教信仰而献身的事情。所以,“在中国漫长的历史上并没有发现诸如十字军那样的宗教战争的痕迹,也没有发现诸如在宗教改革运动以及此后很长一段时期当中令新教和天主教双方都大为丢脸的那种宗教迫害的痕迹”④。

二、实用性

中国传统文化中宗教所以缺乏,在于这种文化自身对现实的格外眷恋,在于它缺乏西方文化中那种对个体意志的张扬和对现实社会的超越。它讲究的是现实的实用性,所谓的远鬼神而敬之,六合之外而不论,儒家讲的修齐治平,道家讲的顺应自然,法家讲的以法为教,都是要把人们的理智和兴趣仅仅限制在实用的范围。

著名人类学家李亦园认为,宗教信仰的第一个层次属于观念的层次,那

① 孔子:《论语·为政》。

② 孔子:《论语·八佾》。

③ 辜鸿铭:《中国人的精神》,海南出版社 1996 年版,第 41 页。

④ 肯尼迪:《东方宗教与哲学》,浙江人民出版社 1988 年版,第 158 页。

就是探寻生死问题、人生意义的终极关怀，以及伦理道德、社会正义等相关问题；即信仰的超自然对象，如神明与鬼魂都在内。人类借超自然存在的信仰一方面可以满足个人的心理需要，另一方面又可借以整合社群团体。[①] 中国与其他民族相比，在宗教信仰的层次上有明显的差别。西方人对宗教的信仰基本属于观念层次，基督教是以现实和理想的分离、灵与肉的分裂、灵与肉的双重痛苦为代价，追求意念超升、心理净化以及与上帝感通的狂热与陶醉，把人生的意义寄托于上帝，寄托于超越此世的天国，而把现实的痛苦看作是通向幸福彼岸的桥梁。中国人则以研究今生今世和现实生活为中心，对来世生活不甚向往。中国民间信仰传统是在超自然因素与伦理道德因素之间保持一定程度的分离，而不像西方宗教那样，两者密不可分。中国人看宗教只是人和神灵的关系，这种关系只是人生的一部分，而不是全部，而这一部分可以说仅仅是为现实和今生求福免灾。中国人的宗教信仰表现出极大的功利性。在中国人的习惯里，一个人拜神越多，他得福越多，中国民间鬼神信仰的流行、祖先崇拜长盛不衰，都是这种实用性的表现。历代的统治者把宗教当作工具，既利用又限制。只要你不利用宗教犯上作乱，不论你信仰什么，他们是不追究的。一旦民众利用宗教或打着宗教的旗帜来犯上的时候，统治阶级先是从肉体上消灭他们，但并不企图改变人们的宗教信仰，因为他们知道，在那些犯上作乱的人那里，宗教同样只是工具而已，并没有什么真正的宗教信仰。虽然东汉以后在佛教的刺激下产生中国本土宗教——道教，可它还是把追求人的现世享福和长生不老作为宗旨，不作灵与肉、彼岸与尘世的严格划分，更没有灵魂的净化和心灵的提升 。就是外来的佛教，后来也被改造成适合中国人的口味的宗教，抛却佛教中讲究细微分析和严密论证的因明学，缩短了由现世通向天国的距离，直至讲究顿悟见佛和返心成佛了。

三、兼容性

正是因为在中国传统文化中，宗教是实用性、工具性的，它自身没有什么既定的内在价值，因而也就不顾不同宗教之间教义和教规的差异乃至冲突，只要它们不对社会和统治构成危害，民众一样信仰，官方一样利用，这样就使得中国成为一个多宗教国家，不同的甚至在教义和教规上水火不容的宗教反而在中国能长期并存，并且相安无事。历史上，儒、道、佛、伊斯兰、祆、摩尼，乃至犹太教和基督教曾经长期同时共存，就表现出中国文化对各

---

① 李亦园：《人类的视野》，上海文艺出版社 1996 年版，第 270 页。

种宗教的同化和兼容。其实我国传统的宗教信仰也是一种复杂的混合体,其间虽以佛、道教的教义为重要成分,但同时又包括许多佛、道以外的仪式和成分。至于民间信仰更是五花八门,直到现在还能够看到一些地方"全神庙"供奉着各种神灵的牌位,有些著名的宗教胜地竟然有道观和佛堂建在一起。在中国源远流长的祖宗崇拜,更是包含着许多原始宗教、古老信仰甚至还有道教和佛教的成分。又如许多农业祭仪,也都于佛教有关,可以说是融合了佛、道以及更古老的许多传统信仰成分而构成。

中国传统宗教的一大特色表现在"泛化宗教"的形态,意指一个民族的宗教信仰并没有系统的教义,也没有成册的经典,更没有严格的组织,而且信仰的内容经常是与一般日常生活混合,而没有明显的区别。例如,我们的传统宗教信仰可以包括祖先崇拜、神明崇拜、岁时祭仪、生命礼俗、符咒法术,等等。由此可见,它是与一般生活混合在一起而渗透到文化的各个层面。这样一种信仰形态,使我国传统宗教具有一种包容兼纳的特性,而不像基督教和伊斯兰教那样具有强烈的排他性。在中国,各种宗教徒可以和睦相处,做到相互理解、相互宽容;而官方在宗教政策上也基本上采取兼容并包方针,使各种宗教同时发展。其最终结果是,促使中国古代三大思想潮流儒、释、道的合流。从来没有发生像西方那样因宗教冲突而导致的流血战争。同时,儒家凭借着自己在中华民族中根深蒂固的影响,将佛、道二教的大量思想容入自己的学说体系中,建立起一个熔三教于一炉的"新儒学"即宋明理学,成为具有一定的宗教功能的政治伦理哲学,对中国社会产生了深刻的影响。

中国传统宗教的种种特征,实质上是中国传统文化的价值取向和思维方式在宗教上的具体表现。

第二节　中国原始宗教

人对自然和外物的看法最初来自于对自身的看法,宗教的产生也是这样的。作为最为古老的宗教,原始宗教可以说是和人类同步出现的。当人猿相揖别时,人作为有意识和有灵魂的动物出现的时候,人类也就把他自己以外的事物当作有灵魂有意识的东西了,这便出现了原始宗教。我们现在无法复原原始人的具体生活,也无法揣摩原始人的宗教心态,但根据考古发现,我们还可以看到原始宗教主要有以下几种:自然崇拜、图腾崇拜、生殖崇拜、祖先崇拜及上帝崇拜等。原始宗教充满了种种神秘色彩,并且具有很强的综合性，人类最初的精神生活是以原始宗教的形式出现的，艺术、政治等都是披着宗教的外衣，在物质力量与精神力量处于低水平的原始时代，原始宗教能够协调人与自然间的关系，在物质活动与精神生活之间起沟通作用。因此，原始宗教也就成为原始文化的主流。

我国原始宗教观念的萌芽，大约产生于旧石器时代晚期。在山顶洞人遗址中发现，山顶洞人遗骸周围撒有含赤铁矿的红色粉末，还有各种随葬品。民族学资料表明，近代处于原始社会的一些氏族部落，认为红色表明鲜血，血是生命的来源和灵魂寄身之所，生者给死亡的氏族成员随葬品，是为了让它在另一个世界过上世间一样的生活。据此可知，山顶洞人已经有了灵魂不死观念的萌芽了。

一、自然崇拜

自然崇拜是以万物有灵为基础而形成的多神崇拜。人类对自然的看法最初来自于对自身的看法。为了解释自然界的变化和神奇的现象，原始人通过简单的类比，把自然物拟人化，设想它们和人自己一样，具有情感和意志，并有灵魂存在。我国古籍《山海经》描绘了古代居民的宗教信仰，是一部集中反映万物有灵观念的作品，它把海、湖、山、泽、鸟、兽统统说成是有灵感的，并且把人间的自然灾害如旱、涝、风、瘟及社会动乱说成是万物之灵的故意安排的结果。据此较可靠的考古资料证明，至迟在仰韶文明时代（约公元前5000年—前3000年），万物有灵的观念和由此而引起的自然宗教祭祀活动已十分盛行。

费尔巴哈在论述宗教的本质时说："人的依赖感是宗教的基础；而这种依赖感的对象，亦即人所依靠，并且人也自己感觉到依靠的那个东西，本来不是别的东西，就是自然。自然是宗教最原初原始对象，这一点是一切宗教和一切民族的历史所充分证明的。"① 他还说："自然不仅是宗教最初的原始对象，而且还是宗教的不变基础、宗教的潜伏而永久的背景。"② 崇拜大自然这一原始宗教形式，实际上就是大自然对人们生活的巨大作用与人们对自然依赖的反映；人们不能摆脱自然、也无法左右自然力量，转而企图通过崇拜形式来敬畏崇拜自然并企图和调节这种"异己"力量和人类自身的关系。

二、图腾崇拜

图腾崇拜是最古老的宗教形式之一。图腾主义是万物有灵论的一种特殊形式，因而它也就是一种比较特殊的自然崇拜。"图腾"一词原是美洲印

①② 费尔巴哈：《宗教的本质》，人民出版社1953年版，第1页、第8页。

第安鄂吉布瓦人的方言,意思是“他的亲族”或“他的标记”,反映了氏族群体与某一种实物之间的神秘关系。

1. 认识氏族成员乃某一图腾的后裔,或是其“兄弟”;

2. 遵守禁忌,除某种特殊宗教仪式外,禁止伤害、使用与图腾有关的动植物;

3. 举行祭祀礼仪,视图腾为群体象征和保护神。

图腾崇拜带有世界性,在全球各地都发现这种现象的存在。我国的图腾崇拜在考古发掘和神话传说里有着丰富的资料。相传黄帝率豹虎六兽同炎帝殊死搏斗,这六兽其实是指以其为各自图腾的六个氏族。《诗经·商颂》中的“天命玄鸟,降而生商”的记载,可能是出于商部族图腾祖先的传说。云南有二十个以上的少数民族,几乎从每一个民族中都可以找到图腾崇拜的根据。即使在汉民族中,我们也能看到它的遗迹,现在的百家姓中的马、牛、羊、龙、熊、鹿等就是该氏族的图腾。

图腾有的是现实的自然物,也有的是人们运用抽象、概括的思维能力创造出来的并非实有的信仰对象。像鹰属于前者,像龙、凤属于后者。那种虚拟的综合体的图腾现象,是人类抽象思维能力有所发展的反映,是原始宗教走向成熟的起点。

图腾崇拜是早期氏族社会的宗教,和氏族制度一起产生 。从母系氏族制过渡到父系氏族制之后图腾崇拜就逐渐减弱,或者只保留一些残余形式了。

三、生殖崇拜

原始人的生活是残酷的竞争,一方面,要与反复无常的气候、艰难的生存环境、凶恶残暴的野兽进行斗争;另一方面,原始人内部因为食物的短缺又发生残酷的争斗,人类自身的存在就非常脆弱,生育能力和婴儿的成活率都十分低。因而,人类自身的生殖和繁衍就成了生存的关键与迫切需要,他们也就崇敬他们认为可以促进生殖力的任何势力,由此产生炽烈的生殖崇拜。

生殖崇拜是祖先崇拜的原始形式。《说文》讲:“祖,从示从且。”有不少人指出“且”字就是男性生殖器的形象字。用泥土烧制或石头雕成的生殖器形象——陶祖、石祖,在仰韶文化和龙山文化的遗址中多有发现,其范围广泛,涉及陕、鲁、豫、甘、晋、鄂、湘各省。直到现在人们在祖茔和墓地里立的石碑从正面看还有很多是男性生殖器的形状。在红山文化遗址发掘出鼓腹丰臀、乳房硕大的陶塑女神像。在青海乐都的一处家马家窑文化遗址(公元前 3100 年—前 2000 年)出土一件陶壶,腹部表面浮雕一裸体人像,作坐姿,双手置于腹部，腹下性器官显露，为一男性。另外在江苏连云港、新疆呼图壁县皆发现有大型生殖崇拜岩画。上述考古发现是生殖崇拜的确凿证据。在母系氏族社会主要是女阴崇拜，在父系氏族社会往往奉行男性生殖器崇拜。

四、祖先崇拜

祖先崇拜是华夏民族最重要的崇拜，在农业生产基础之上的产生的中国文化，对祖先的崇拜情有独钟、经久不衰，并通过宗法观念，架构起整个社会组织、国家机构和意识形态。所谓祖先崇拜，就是相信祖先的灵魂不灭，并且成为超自然的一部分。祖先崇拜在我国长期盛行，并对社会的各个方面产生了深远而持久的影响。

关于祖先崇拜的仪式，《礼记·祭法》中有一段记载："祭法，有虞氏禘黄帝而郊喾，祖颛顼而宗尧；夏后氏亦禘黄帝而郊鲧，祖颛顼而宗禹；殷人禘喾而郊冥，祖契而宗汤，周人禘喾而郊稷，祖文王而宗武王。"禘、郊、祖、宗四字都是祭仪的名称，禘、郊用于祭远古的皇祖，而祖与宗则以祭祀直系的祖先，后来"祖宗"成为祖先的一般称呼。这段话不仅告诉了我们"祖宗"一词的来历，而且还告诉了我们祖先崇拜仪式早在尧、舜、禹时期就已有相当制度化的祭法了。

祖先崇拜是鬼魂崇拜的发展，也是生殖崇拜的继续。古人认为自己与祖先有着血缘上的关系，只要定期祭祀，祖先的鬼魂就会保佑自己。祖宗也被视为宗族生存的标志。在生产力极其低下的史前时期，人口的繁殖是宗教强有力的内涵，而这血缘集团的起点则是祖宗。中国在原始社会时期，主要是以采集为主，狩猎还在其次。荀况在《荀子·礼论篇》中说："先祖者类之本也"，"无先祖恶出?"尊祖，能使整个宗族凝聚起来。于是，光宗耀祖就成为宗族成员的人生价值及追求的目标。到了阶级社会，更进一步形成了一套繁琐的祖先崇拜系统。

五、天神崇拜

天神崇拜标志祖先崇拜的发展趋向高潮，也是原始公社制逐渐解体在意识形态上的反映。主要表现为由崇拜多神逐渐过渡到崇拜一神。人的神话过程开始，同时也进行神人化的逆过程。如雷神夔原是"壮如牛，苍身而无角，一足"，继则"龙身而人头"，后变成"直而温，宽而栗，刚而无虐，简而无傲"的舜的乐正了。这反映着一个重要的转变：超自然的权威让位于超社会的权威，社会群体的力量在人们心理中开始占有至高的地位。各族祖先之间皆有血缘关系。在《史记》的《五帝本纪》、《夏本纪》、《殷本纪》和《周本纪》中可以发现，夏、商、周三代始祖与五帝之间都有着血缘关系。

希腊神话中的神虽然具有人的种种特征,并且也跟人打交道,但毕竟与人分属两界。人与神之间没有生命上的联系,不会产生认同感。宙斯、阿波罗、雅典娜等希腊神身上流的血与普通人不一样,这正是与三皇五帝后羿大禹迥然有别之处。

宗族既然是上古时期人们进行生存斗争所凭藉的主要的甚至是唯一的社会组织,父母、长老、族长等所拥有的权威自然也就是最易接受的权威。而在一定的环境条件下,这种权威就会突破自然的界限而含有"政治的"性质,从而成为一种切实可行的统治方式。一神崇拜就在阶级划分的历史条件下,在同一宗教系统的观念形成的基础上出现了。

最早和始祖形象相关连的一个重要概念是"帝",它是我国古代商族在征服了周围的部落建立奴隶制国家之后,创造的一个居住在天上的最高神。"帝"字在甲骨文中大量出现,很多史学家已经指出,"帝"在甲骨文中像花蒂的形状。由花蒂而结果,果实中又孕育出无数的花蒂来,绵延不绝而至亿万。这正表示着生命的源头,人类的祖宗。至少到了商代,殷人似乎觉得他们的始祖应该凌驾于别的始祖之上,众帝之上还应有帝,于是卜辞中就不断出现"上帝"的称呼。上帝于是就成了各氏族始祖的始祖。

甲骨文中,"天"与"帝"二字是相通用的。这两个概念之所以相连,恐怕是因为在殷人头脑里,凡是高的地方都称天,而辈分最大者也以高称之,于是辈分最高者应居于高处的想法就自然而然地出现了。帝在人间称王,死后必至最高处——天,天与帝之别称就很自然了。天既然与帝在语义上一致,那么天也就具有与被崇拜的祖先同样的人格与神格,天和帝就成了古人心中的始祖。于是,天帝崇拜也就开始了。

第三节 中国传统道教

道教产生于华夏民族并在中华大地广为流传,是我国土生土长的民族宗教。它从形成至今,已有近两千年的历史。在我国整个封建时代,道教对经济、政治、科学、哲学、文学、艺术都产生过深刻的影响,成为我国传统文化的重要组成部分,并左右着人们的思想观念。由于它和占卜、看相、打卦、算命、堪舆等方术甚至和中医、中药与天文、气象紧密联系,同时道教的偶像世俗而又多样,因而具有很强的实用性、通俗性和广泛性,以至直到现在,它还在民间广为流行,是仅次于佛教的一大宗教。

一、道教的形成

早在秦汉时期，统治阶级对神仙方术就十分关心，终生求仙药不断，渴望长生不老。秦始皇、汉武帝都是这样。在两汉之际，伴随着经学神学式微的是谶纬神学的兴起，光武帝亲自宣布图谶于天下，这直接影响了当时的社会风气。朝野上下崇拜鬼神之风日盛，对道教的产生造成了极为有利的思想氛围。

同时，佛教的传入大大刺激了我国本土宗教的建立。佛教自西汉末传入中国，到东汉中期以后有了一定程度的流传，这如同催化剂，加快了道教建立的过程。本来神仙家在西汉就很流行，而神仙家又往往托言黄老。汉明帝时，楚王英已对当时的黄老和浮屠同样礼拜，说明当时已把黄帝、老子看成是神。神仙家养生求成仙，重个人修炼，并无固定的组织形式。但佛教作为一种完整形态的宗教在中国已经出现，就给道教的创立提供了一个可以参考的样板。特别是当佛教逐渐显示其理论与组织上的独立性以后，必然引起华夏文化系统的反弹和回应，这就使道教的产生具有内在动力——要建立一种本民族的宗教。

东汉末年的现实社会生活为道教的产生提供了有利土壤。东汉自顺帝以后，社会政治日益腐败，外戚专政，宦官当权，“凡贪淫放纵，僭凌横恣，挠乱内外，螫噬民化”，无恶不作，致使“农桑失所，兆民呼嗟于昊天，贫穷转死沟壑”。① 东汉统治者的残酷经济剥削和政治压迫，使广大下层民众无法生存，破产、逃亡已成为当时普遍现象。这种现实生活会导致两种社会意识的产生，即珍视生命的求生情感和强烈的救世冲动。初期的道教思想和道教组织就是这两种极端情绪组合的产物。顺帝以后农民起义一直不曾间断，而在这些起义中，领导者往往利用方术、迷信思想作为组织群众的纽带，所以史书多称这一时期的农民起义为“妖贼”。“古代社会危机所造成的现实灾难，使人们重新记起宗教的迫切需要，当在现实中已经找不到出路时，便不能不寻求精神的解救来代替物质的解救。”② 早期道教徒多来源于下层民众，说明产生道教的群众基础已经形成。

二、道教的思想渊源

作为中国土生土长的中国宗教，道教的思想是深深植根于中国传统文化之中，其思想是多源的，我国原始宗教和传统文化为道教的产生、发展提

---

① 仲长统：《昌言》。

② 侯外庐：《中国思想通史》第2卷，人民出版社1957年版，第347页。

供了丰富的思想资料。

道教来源之一：古代宗教和神仙传说。

中国古代盛行自然崇拜和鬼神崇拜，它们是道教滋生的温床。据《史记·封禅书》记载，汉初"雍有日、月、参、辰、南北斗、荧惑、太白、岁星、填星、二十八宿、风伯、雨师、四海、九臣、十四臣、诸布、诸严、诸逑之属，百有余庙"。古代崇拜风气之盛由此可见。上述百神后来有许多被道教吸收，变成道教的尊神。对于民间信仰中的神灵，道教不论在其形成的早期和后来的发展过程中，都不间断地对它们进行吸收和改造。

神仙崇拜是道教信仰的核心。关于神仙传说大体从战国开始在燕齐、荆楚一带盛行。神仙或称神人、至人，也算真人、圣人，"不食五谷，吸风饮露，乘云气，御飞龙，而游乎四海之外"①。既有神仙幻境，必有认真追求者。要实现个体永生，也一定要有相当办法。于是"不死之方"出现，方士方术也由此而兴。由于长生成仙说是整个道教的核心教义，所以它与道教的诞生有最密切的关系。

道教来源之二：先秦老庄哲学和秦汉道家学说。

老庄与秦汉道家都是学术派别，不是宗教。但是道教在理论上却紧紧依托于道家，其原因是道家崇尚的"道"，是一种超出具体形象的支配宇宙万物的最高法则，有神秘化倾向，很容易演化成具有无限威力的至上神的代名词。道家宣扬清净无为，超脱尘世，道教即在此基础上再行演绎，形成出世的宗教人生观。在道家看来，"道"是"虚无之系，造化之根，神明之本，天地之元"，"其大无外，其微无内"，"无名""无形"，"万象以之生，五行以之成"，宇宙、万物、阴阳都是由它演化而来。这就为道教将"道"神秘化提供了理论根据。同时，老子所讲的"长生久视"、"谷神不死"，"陆行不遇兕虎，入军不被甲兵"，和庄子所说的"至人"、"真人"和他们"不食五谷，吸风饮露"，能够"入火不热"、"入水不濡"、"御风而行"和"独与天地精神往来"，也为道教所吸收，并从宗教的角度加以渲染、发挥和发展，成为他们梦寐以求的目标，在世长生的宗教人生观。汉初流行的黄老学派仍属道家，它所注重的往往是君人南面之术，成为一种治国经世的工具，其要点在于"无为自化，清净自正"。到东汉后期，黄老道家之学为之一变，其中一支走向祭祀求神而与神仙家结合。桓帝祭祀老子，欲"存神养性，意在凌云"，可见黄老道家之变化。此时，不仅出现了黄老崇拜，而且出现神仙与道家融合的理论著作。道家思

① 庄周：《庄子·逍遥游》。

想是道教直接吸收的思想养料，这使以后的道教始终和道家紧紧联系在一起。

道教来源之三：儒学与阴阳五行思想。

儒家思想到东汉末已经衰落，但它的思想中的某些部分却为道教所吸收利用。虽然从表面来看，儒家和道教是不相容的，很多儒教名臣视道教为旁门左道。但在讲究实用性上，它们又是一致的。儒家讲究经世济民，道教讲究祛病延年，一个是养性，一个修身，一个在庙堂之上，一个在江湖之远，形成一种互补关系。并且在组织原则上，道教和儒家又有着惊人的相似之处，他们都是按照宗法原则建立组织机构的。这样，在道教的经典中，包含着不少儒家名教成分，早期道教神学都把维护礼教作为头等教诫。如《太平经》所强调的修道教原则的首要一条，就是要忠君、敬师、事亲，"学问以寿孝为急"，"父母者，生之根也；君者，授荣尊之门也；师者，智之所出，不穷之业也。此三者道德之门户也"，"不孝而为道者，乃无一人得上天者也"。[1] 葛洪指出"求仙要以忠孝和顺仁信为本"的思想；寇谦之建新天师道专以礼度为首。道教中"天地人合一致太平"的思想，就表现出儒家那种强烈的关心现实政治的倾向。战国以邹衍为代表的阴阳五行学说在秦汉之际广泛传播，为道家、儒家和方士们共同吸收。阴阳五行学说是道教内外丹学的重要理论根据。

从以上论述可以看出，道教思想来源虽多，但主要还是以儒、道两家为主，这一教派体现出儒、道互补的特征。

三、道教的产生及其流布

一般而言，系统宗教的正式形成需要具备几个基本条件：一是要有特定的宗教信仰；二是要有特定的宗教理论；三是要有特定的宗教活动；四是要有特定的宗教实体。对道教的产生，也要从以上四个方面进行考察。

1. 道教的开创

道教起源虽早，但它成为一个有组织的独立的宗教却是在东汉中晚期的顺帝至桓帝之时，其标志是民间秘密组织的产生和原始经文的形成。这一时期形成两支道教，一支是张道陵创立的五斗米道；一支是于吉等人创立的太平道。

据《后汉书・刘焉传》和《三国志・魏志・张鲁传》记载，张鲁的祖父张道陵在东汉顺帝时到蜀郡鹄鸣山（今四川省大邑县），著《道书》二十四篇，创

---

① 转自王明：《太平经合校》。

立道教,凡入道者出米五斗,所以叫做“五斗米道”。张道陵死后,其子张衡继之 ,张衡死后,其子张鲁继之,三世均修此术。张道陵,被尊为天师,衡为嗣师,鲁为孙师,故该教也被称为“天师道”。张鲁割据汉中,创建了一个政教合一的政权为期近三十年,使道教在这一地区迅速发展。

在与五斗米道形成和传布的同时,于吉等人在东海(治所在今山东郯城北)创立太平道。顺帝时琅邪人宫崇“上其师于吉于曲阳泉水上所得神书百七十卷”,号《太平清领书》,“即今道家《太平经》也”。东汉末年黄巾起义曾利用《太平经》,黄巾起义失败后,太平道受到镇压。

五斗米道和太平道是道教活动和道教实体出现的标志,《太平经》是道教信仰和道教原始理论形成的标志。早期道教于是产生了。

从东汉末年以后,道教不仅作为一种社会思潮,而且作为一种社会力量积极参与社会活动,但它的形态仍不完备。道教成为完整意义上的宗教团体是在东晋南北朝时才最后完成,一个完备宗教所需的种种形式,至此基本具备。这是道教发展的成熟期。到东晋时期,道教开始了较大的发展,建立起了较为固定的教会组织;同时葛洪创立了道教教义的理论体系。葛洪的代表作是《抱朴子》。该书在极力推崇神丹长生之术的同时,认为应把儒家纲常名教思想吸收到道教教义之中,创立了道教的“丹鼎一系”。后来的陆修静、陶弘景,融合佛、儒观点充实道教内容,构造道教神仙体谱系,叙述道教传教历史,主张三教合流,被称为南天师道。在北方,北魏道士寇谦之把儒家的纲常伦理列为道教的内容,吸取佛教轮回思想为道教教义,并模仿佛教仪规,主张立坛宇、修功德,诵经持戒。讲求佛道双修,是为“符箓一系”,后人称之为北天师道。经过南北朝的改造,逐渐使上层化的官方道教从内容到形式都得以健全和充实,从此受到统治阶级的信奉和推崇,开始步入昌盛期。

2. 道教的兴盛和发展

从隋唐到明代中叶,是道教的兴盛时期。主要表现在创立了相当系统化的道教哲学体系,在组织上存在全国性的管理体制和道官系统。唐代的统治者为了抬高自己的出身门第,自称是老子后裔,奉行崇拜道家的政策,与道家有密切联系的道教也就有了新的发展。到宋代,宋朝皇帝也与道教联宗。宋真宗宣称其祖赵玄朗为道教尊神,加封老子为太上老君混元上德皇帝。宋徽宗更是自称教主道君皇帝,又于太学中设置《道德经》、《庄子》、《列子》博士,并亲自为多种道教书作注。唐宋统治者这一系列的崇道措施,大大促进了道教的兴盛发展。这时道士的人数大增;道教的宫观规模日益壮观；神仙系统越来越庞大；经书数量也不断增多，而且已编纂成《道藏》，正式刊行；研究道经的著名道士和道教学者，也相继涌现。

自宋以后，南北天师道合流，称正一道。宋以后的道教流派以全真道、净明道、正一道为主，净明道在元以后归入正一道，全真、正一两派明清以来历史相传，直到现代。

3. 道教的衰落

明代中叶以后，由于道教所宣扬的长生不死与肉体飞升成仙理论，在论证上太粗糙，在实践中不易应验，使道教的流传大大受到限制，道教渐失人心；同时道教自身的教义缺乏佛教和基督教那种严格的逻辑论证，更多的是神秘主义，很多道士自己故弄玄虚，更增加了它的神秘性；虽然在民间很有市场，成就了它的广泛性、实用性和世俗性，也就消解了它作为宗教应有的崇高性、神圣性和超越性。很多道士道姑、巫婆神汉往往装神弄鬼，骗取钱财，也使道教名声日坏，这样，它的衰落也就成为历史的必然。清代由于皇室尊崇藏传佛教，对于道教限制颇严。乾隆时一度禁止正一真人传度，道光时禁止张天师入宫，取消正一真人之号。虽然雍正、慈禧时因求长生不老之术，又转崇道教，但只是昙花一现。道教对上层政治的影响逐渐消失，转而在民间发展，也更加世俗化，而且频频被农民起义所利用。

四、道教的信仰特征和形式

道教的基本信仰是“道”，道教的教义思想和神仙方术，均从此发生出来。“道”在老子的《道德经》里被看作超时空的永恒存在，是天地万物的根源。道教的“道”就思想渊源上讲是由此而来的，但作为宗教，道教与道家的差别是很大的。道家讲的“道”是自然之道，是顺应自然，自然而然，反对人为。而道教说“道”是“灵而有性”的“神异之物”，人若得“道”，即可成仙成神，长生不死，这种对生和现世的眷恋与执著，全然没有道家那种旷达与超脱，这是与道家的最大差别，因而可以说，道教的“道”和道家的“道”实在是貌合而神离。

道教作为一种宗教所追求的最终目的是“长生不死”和“肉体成仙”，这和其他宗教派别讲“灵魂不死”也有很大的区别。几乎所有宗教提出的都是“关于人死后如何”的问题，特别强调灵魂不死，然而道教所要讨论的是“人如何不死”的问题，它不讲究灵魂死还是不死。宗教教义都是讲“永恒”的，在古代中国，精神的永恒在佛教那里可以找到，但肉体的永恒却是道教的独家经营。佛主死，道主生；在佛教那里，精神的超越与肉体的死亡总是联系在一起的，要必须苦行乃至舍身才能成佛，但道教却连肉身也要长生不死。

这是道教和其他宗教派别的根本不同，以至有人怀疑道教到底还是不是宗教。

道教信奉的最高神“三清尊神”是“道”的人格化。根据《道德经》的“道生一，一生二，二生三，三生万物”的思想，道教把它化为“洪元”、“混元”、“太初”三个不同的世纪，三个世纪又进一步 化为“三清尊神”：元始天尊、灵宝天尊、道德天尊。

道教的基本经典是模仿佛教《大藏经》而编纂的《道藏经》，简称《道藏》。最早于唐太宗时开始编纂，最后的一次编纂是在明万历年间。现在我们所能见到的就是这一版本。

宫观是道士修道、祀神和举行宗教仪式的处所，大的道观就叫宫。道士的道观，形式大致一律，整齐划一。全真道的宫观，可供游方道士挂单住宿；正一道的宫观，则采用子孙宗庙制度，师徒相承，不接受游方道士。

对于如何修炼才能成仙，道教的不同派别有不同的修养方法。丹鼎派、全真道认为通过内养、炼养便可以达到长生久视的目的；而符箓派、正一道则认为符箓咒语、科仪斋醮可以禳灾求福、祛病延年。

第四节　中国化的佛教

佛教是外来宗教，它起源于公元前 6 世纪至公元前 5 世纪的印度，相当于我国的春秋时代，至今已有 2500 多年的历史。佛教是人类历史上最宏大的神学唯心主义体系，因而成为世界三大宗教之一。自佛教产生后，逐渐东传，以至兴盛于东亚和东南亚各国。在我国的传播也极为广泛，并逐渐中国化，对我国古代思想文化和社会生活有重大影响

一、佛教的教义与宗派

1. 佛教的基本教义

佛教的创立者叫悉达多·乔达摩，“释迦牟尼”是佛教徒对他的尊称，意思是释迦族的圣人。他出身刹帝利种姓，是迦毗罗卫四谛净饭王的太子，生卒年代大致相同于我国孔子时代。他 29 岁出家苦修，立志为众生寻找解脱痛苦之路，后在菩提树下静坐思考，经七七四十九天悟出“四谛”真理，觉悟成佛。佛者，觉也。佛的意思在于觉悟。成佛的全部意义在于四个字：自觉、觉他。从此，作为释迦族圣人的悉达多·乔达摩开始游走印度北部、中部和恒河流域宣传自己的学说，影响日益扩大。到了孔雀王朝的阿育王时代(前三世纪)，把佛教定为国教。

佛教的主旨是个“空”字，学佛就是“悟空”，可现实世界并不空，为了使人们能“悟空”，佛教提出它的基本教义——“四谛”，意为“四条真理”，即苦谛、集谛、灭谛、道谛。四谛又分为两部分，苦、集二谛说明人生的本质及其形成的原因；灭、道二谛指明人生解脱的归宿和解脱之路。所谓“苦谛”，亦即“人生皆苦”。除却生、老、病、死诸苦之外，主要还指精神上的一切痛苦，如“求不得苦”、“爱别离苦”、“怨憎会苦”等。佛教认为，大千世界是痛苦的汇集，悲苦必然伴随着生存；无论是人还是动物，各种生存形式的痛苦都导源于情欲，即集谛；生存没有自由，只有欲念的寂灭才能获得自由，此即灭谛；欲念可以通过导向涅槃的“八正道”而得到寂灭，此即道谛。所谓“八正道”，即正见、正思维、正语、正业、正精进、正命、正念以及正定，又被归纳为戒、定、慧“三学”，或扩展为“三十七道品”。在这些修行方法中，唯一永恒的东西是个体的“业”，即个人在生命过程中的行为与思想，它决定了人们在来世将采用怎样的一种化身形式。

2. 佛教的主要教派

① 小乘佛教与大乘佛教

释迦牟尼去世后，约在1世纪时，佛教分化成大乘佛教和小乘佛教。所谓“乘”，是车乘，也含有行程、道路之意。据《大智度论》记载，大小乘佛教有着同一的目标，那就是寻求人的解脱。不过，两者寻求解脱的方法不同。大乘佛教寻求自利利人的解脱方法，讲求大慈悲心的有无，普度众生的教义；小乘佛教没有大慈悲心的教义，寻求自身解脱，舍离世间的精神。早在释迦牟尼在世时，佛教内部就出现了分裂。释迦牟尼逝世后，僧侣间的分歧日益严重，在释迦牟尼去世一二百年后，佛教僧团发生分裂，形成了以主张改革的大众部（多数派）和主张维护原始佛教教义和戒律的上座部（长老派）两大教派。此后虽然在两大部派之下又分出了许多支派，但万变不离其宗：后来的大乘佛教基本继承了大众部的教义，小乘佛教基本继承了上座部的教义。

大乘佛教与小乘佛教的区别主要有四个方面：第一，与小乘佛教相比，大乘佛教更具有宗教色彩，它把佛教完全宗教化和神圣化，使佛教更具有精神统治的力量。释迦牟尼最初创立的原始佛教，除了业报论（因果报应、生死轮回）具有宗教色彩外，其他主要的理论宗教化的程度不高，如小乘佛教就不承认有一个宇宙的最高主宰，也没有把释迦牟尼奉为教祖或传教师，而大乘佛教却把释迦牟尼神化为如来佛。第二，在佛教的唯心主义世界观方面，大乘佛教比小乘佛教更彻底。小乘佛教认为，世界是由一些微小元素在一定条件下偶然合成，因而世界上无永恒的东西。而大乘佛教却认为，世界上没有什么微小的物质,离开了所谓的涅槃世界,就是绝对的空,这更有利于诱导人们去追寻虚幻的精神世界。第三,在宗教实践上,大乘佛教比小乘佛教更具有诱惑力。小乘佛教比较注重个人的解脱,大乘佛教则不局限于个人的修行,而主张普度众生。它极力宣扬大慈大悲,把建立西方极乐世界(佛国净土)作为修行的最高目标。第四,在个人修行方式上,大乘佛教比小乘佛教更具有世俗的性质,较易推广。小乘佛教主张出家,过严格的禁欲生活,这就限制了自身的推广与普及。大乘佛教则主张,除出家的僧尼外,还要有大批的居士居家信仰,他们不必严格禁欲,只要做布施的功德就可以了。

大乘佛教的产生,使佛教具有走向世界的可能性。

② 密宗与藏传佛教

佛教发展到7世纪后,出现衰落的趋势,神秘化密宗的出现就是重要标志。密宗,是大乘佛教一些派别同婆罗门教混合而成,它以高度组织化的咒术、仪礼、民俗信仰为基本特征,着重宣扬口诵真言及咒语(语密)、手结契印(身密)、心观佛尊(意密),三密同时相应,就能即身成佛。密教至迟在三国时就已传入我国,统称"杂密"。杂密的内容与中国传统的道教、方术和民间巫术有许多是相通的,以至在宗教实践上相互影响,很难区别。但中国密宗的正式建立,一般认为当在唐玄宗开元年间。密教的主要特征是与政治结合紧密,这一点被藏传佛教所继承并发扬光大。

据可靠的历史文献记载,佛教传入之前,西藏盛行一种原始信仰——苯教,苯教的主要活动是祈福禳灾,又与当地政治斗争联系较紧密。松赞干布引进的佛教,主要是印度密教和汉地的大乘佛教。它们以佛教教义为基础,又吸收苯教的一些神祇和意识,形成西藏地方宗教——喇嘛教。13世纪后期,在元朝统治者的扶植下,上层喇嘛开始掌握政权。15世纪初,宗喀巴创立格鲁教派(俗称黄教),后来成为西藏政教合一的封建农奴制的意识形态和思想基础,对西藏社会具有深远影响。

二、佛教在中国的传播

佛教传入我国后,经过大致三个阶段的发展过程。

1. 东汉至南北朝:传入与扩展

佛教在东汉初期汉明帝时期传入中国。这个时期,以佛经翻译、解说、介绍为主,译的主要是禅经和《般若经》。从汉至三国,佛教发展缓慢,只在上层人士间传播,教派主要有两个:一是由安世高为代表的小乘禅学,注重修炼精神的禅法,比较接近神仙家言;一是由支谶、之谦为代表的大乘般若学，即空宗学说。所谓“般若”，指的是佛教所讲的最高智慧。般若学义理认为，现实世界的认识及对象都是虚幻不实的，只有“般若”，才能超越世俗认识，才能把握诸法（即一切物质现象）的绝对真理。这种般若学说与当时的玄学相表里，形成玄学化的佛教。到了曹魏嘉平二年（公元 250 年），正式确立了佛制，建立了处理僧侣和僧团事务的制度，开始有了正式受戒的沙门。

东晋十六国时期，社会动荡，佛教发展迅速，很快普及到社会各阶层。在这一时期内，佛教逐渐形成了不同学风和不同佛教思想的中心——南区和北区。北区佛教的中心在长安，代表人物是道安（312—385）和鸠摩罗什（344—413），他们传播的是大乘空宗，用玄学观点释般若理论，主“本无宗”。南区的佛教中心在庐山的东林寺和建康的道场寺，代表人物是慧远（334—416）和佛陀跋陀罗（359—429）。慧远是道安的弟子，他提出协调王权和僧团、名教与佛法的理论，还创造了弥陀净土的佛教思想，宣称只要口念“南无阿弥陀佛”，人死后就能进入西方极乐世界。

南北朝时期，从广译佛经进入到深入地研究佛经，讲经和著述之风甚盛。随着对佛经研究的深入，开始出现中国自己独立的佛教学派，并在此基础上形成后来的佛教宗派。“涅槃佛性”是南北朝时期佛教理论的中心问题，而“顿悟成佛”正是在此基础上提出的。

2. 隋唐：宗派林立的全盛期

隋唐时期，由于统治阶级大力扶植，中国佛教进入了鼎盛时期，也进入了成熟期。有三个标志：一是寺院林立；二是僧尼众多；三是中国化宗派涌现。

隋代有寺院 3985 所，僧尼 23.6 万人。唐代有寺院近 5 万所，僧尼 30 多万人。寺院拥有庞大田地，并有免赋役特权，寺院经济极其发达。佛教传入后，经过五个多世纪的消化吸收，到了隋唐时期已形成了具有中国特色的佛教八宗，即天台宗、华严宗、净土宗、法相宗、密宗、律宗、三论宗。其中在中国历史上影响较大的宗派有天台宗、法相宗、华严宗、禅宗和净土宗，这几个宗派后来都传播到了朝鲜、日本和越南。

由于唐统治者实行儒、佛、道三教并行的政策，促进了儒、佛、道的融合。封建统治者充分利用儒学治世、佛学治心、道教养身的不同功能，使其在维护统治方面实现互补。唐宋之际，三教之间的影响进一步加深，三教合一的思潮进一步形成，佛教终于与中国本土文化融为一体，成为中国文化的一部分；宋明理学就是在儒、佛、道三教融合的基础上形成的新儒家学说。从这些佛教宗派的思想理论观点来看，都围绕一个重心，即“心性”。心性问题是中国传统思想特别是儒家思想的一个重要内容，可以向上追溯到孔孟，特别是孟子一系，孟子的“尽心、知性、知天”为中国心性学说奠定了基础。自晋宋以来，佛教学者就着重探讨人格本体即心性，把本体论和心性论的研究统一起来，大讲“佛性”，以此为人心之本、成佛的根据。由于佛教中国化，使得中国化的佛教宗派特别是禅宗大大改变了印度佛教的原貌。佛教在中国从“出世”走向世俗化，原来被佛教排斥的“忠君”、“孝父母”等思想也可以被容纳在佛教之中，成佛全靠自己“心”的觉性，“一念觉，即佛；一念迷，即众生”。

3. 宋至清：由盛而衰的停滞期

中国封建社会自宋代开始走下坡路，而中国佛教也由此走向衰微。

佛教传入中国以后，大体上一直处于中国传统思想文化的附庸地位，成为儒家思想的一种补充。宋、元、明、清时期，佛教宗派内部融通趋势增强，对心性问题的认识已趋一致。宋代理学一面批判佛教的“出世”思想，一面又吸收佛教的心性学说，建立了以“心”为本的 形而上学体系。程朱的“性即理”和陆王的“心即性”说法虽不同，但都是要为他们“治国平天下”的理想寻找形而上学的根据，这样就使宋明理学较之先秦儒学成为一种更加精致完善的理论体系，成为官方哲学。这样，佛教就只能处于次要的、从属的地位而日益衰落了。

三、佛教的中国化

佛教在中国传播的过程也就是佛教中国化的过程。因为无论是思维方式还是价值取向，佛教和中国传统文化都相去甚远。中国人是用自己已有的文化传统去吸取和改造佛教。早在魏晋时期人们便开始以玄解佛。当时比较流行的有“六家七宗”，其中的“本无”、“心无”、“即色”三派影响较大。“本无”派以道安为代表，主张“诸法本性自无”。据吉藏的解释“释道安明本无义，谓无在万化之前，空为众形之始。夫人之所滞，滞在末有，若心宅本无，则异想便息。安公明本无者，一切诸法，本性空寂，故云本无”①。这基本上是按玄学“贵无”派的“以无为本”、“崇本息末”的观点来解释佛教的“空观”，偏重于客体方面的“性空”。“心空”宗，以支愍度为代表，主张“无心于万物，万物未尝无”。“即色”宗以支道林为代表，主张“色不自色，虽色而空”，这主要从物质现象(色)缘起，没有自性(不自色)，来说明“虽色而空”。

① 吉藏：《中论疏·因缘品》。

这一思路，与玄学中的“独化”派较为接近。

佛教的真正中国化是在南北朝和隋唐时期，其中以僧肇的“般若学”、慧远的“法性论”和华严宗与禅宗影响最大。

1. 僧肇的“般若学”和慧远的“法性论”

僧肇(385—414)，京兆长安(西安)人，南北朝时最著名的佛学家，中国化佛教的奠基人。其主要著作有《不真空论》、《物不迁论》和《般若无知论》。在佛教基本理论上，僧肇提出“即万物之自虚”的观点。意思是说，真正般若学的空观，既不是认为万物之前有一个虚无阶段，也不是在万物之外设置一个虚无本体，又不是抹杀万物为假有的存在而另立一个与之相对立的虚无；而是就万物存在本身洞察其虚假不真，所以是空虚。他在《物不真论》中三次重复：“即万物之自虚，故万物不累其神明。”“圣人之于物也，即万物之自虚，岂待宰割以求通哉”。“是以圣人乘千变而不变，履万感而常通者，以其即万物之自虚，不假虚而虚物也”。

第一句就主观方面来说，有了“即万物之自虚”的观点，就不会受外物的干扰；第二句就客观方面来说，外物存在就是虚假不真，即有即无，用不着去人为地划分有无，再来勉强去贯彻空无的原则；第三句是总括，主观上被“千化”、“万感”的外物所迷惑，客观上就万物本身来说是虚假不真，所以性空，并不是凭借空的观念来把它们说成是空的。僧肇认为，这才是般若学的空观的真实含义。但诸法性空这一般若空观的微妙宗旨，一切现象存在的最后本质，一般人并不易于理解，所以过去的般若学的研究中就产生了六家七宗的分歧。为此他对当时的“心无”派、“即色”和“本无”派进行批判。认为“心无”派偏重于空心，不受外物干扰是对的，但它错在只看到“万物未尝无”，却不了解“物虚”，即不了解“即万物之自虚”。“即色”派只是说明物质现象不是自己形成的，而没有领悟到物质现象本身就不是真实的实体，也就是不了解“即万物之自虚”。“本无”派偏于空无，取消事物的“有”，把“有”说成是依存“无”，把“无”看成是根本而抹杀了“有”的存在。其缺点在于漠视假有的存在，而不了解“即物”本身就是“自虚”。

僧肇认为，上述三家都是把“有”和“无”对立起来，事实上是以“空”解“无”，因而未能如实地把握般若学空观关于“空”的真实含义。在批判上述三家的基础上，僧肇提出自己的“空观”。他认为般若学所讲的“空”，不是就有无问题说的，而是就真假问题说的；不真，故“空”。它不是简单地否认客观事物有“有”或“无”的现象存在，而只是认为“有”或“无”的现象存在，都是不真实的。他在《物不真论》中说：“万象虽殊，而不能自异。不能自异，故知象非真象;象非真象故,则虽象而非象。"这就是说,客观世界千差万别的现象,并不是本身有其真实的自性决定的,所以现象并非真象;既非真象,所以现象的存在,并非真实的存在,只不过是存在着的假象、幻象。现象作为假象,毕竟存在,故非无;现象的存在不是真实的存在,故非有。他并不简单地否认物质现象,而是巧妙地把现象和假象加以混淆,又把本质和现象(包括假象)加以割裂,从现象不反映本质来否认现象的真实性,并把现象全说成是假象。僧肇就是这样通过诡辩来否认客观世界的真实性。

与僧肇同时,慧远(334—416)提出"法性"论。慧远在道安"本无论"的基础上,发挥了"法性不变论"。在《法性论》中说:"至极以不变为宗,得性以体极为宗。""至极",即佛教哲学宣扬的真如本体,慧远称之为"法性"(即佛性)。"法性"是常驻不变、永恒的本体,它"无所从生、靡所不生;于诸所生,而无不生"。这个独立自在而又能生出一切的本体,是独一无二的,它自己只像自已,所以又称为"真如"。"真如"产生物质世界,而又体现在物质世界之中,所谓"色不离如,如不离色"。真如法性,并不离开现象界,而在物质现象界中表现自已。按慧远的理解,"无性之性,谓之法性";这个"法性"是相对的现象世界背后的神圣的绝对本体。

在从本体论上论证了"法性"不变的同时,僧肇还从认识论上论证"真如"。在慧远看来,物质世界包括人在内,都产生于"真如佛性",人们所以见不到"真如佛性",是因为大多数人拘泥于常识俗见,因而人生在世必须超越世俗的见解,摆脱世俗的生活和常识,通过宗教的精神修养,最后复归于"真如佛性",这便是"得性以体极为宗"。在《沙门不敬王者论》中他还进一步发挥道:"反本求宗者,不以生累其神;超越尘封者,不以情累其生。不以情累其生,则生可灭;不以生累其神,则神可冥。神冥绝境,故谓之泥衡。""泥衡"也就是现在人们所说的"涅槃",是佛教最高的理想境界。慧远在这里是说,把追求"真如佛性"作为最后归宿的人,才不会以生死牵累他的精神;能超越尘世与世俗生活的人,才能不受爱憎之情的牵累。如果有了这种宗教精神境界,生命可以抛弃,精神得到超升,达到"冥神绝境",也就进入"涅槃"。

2. 华严宗

佛教进入隋唐时期,其经过几代人的努力,终于创造出中国自己的佛教。当时流行很多中国化程度很高的佛教,其典型代表是华严宗和禅宗。

华严宗号称依据《大方广佛华严经》立论。武周时期由法藏(643—712)继承唐初杜顺、智严的思想完成华严宗哲学思想体系。它综合三论、天台、法相诸宗,会通大乘空、有各派,成为一套纯然中国化了的佛教理论。

在佛教的哲学世界观上,华严宗提出一个所谓“一真法界”的概念,企图混淆、抹杀物质和精神谁是本原的这一个世界观的基本问题。它把世界先归结为一个包罗万象的存在(“法界”),在这个笼统、抽象的“存在”(法界)中,千差万别的事物,无论是主观意识(心)还是客观物质(尘)、部分(别)和全体(总)、个别(多)和一般(一)、时间的长短、空间的大小……以及佛教所区别的“真与妄”、“净与染”等等,一切具有差别性的事物和现象,全都呈现为一种互相依存、互相转化、互相蕴涵、互相同一的关系,因而没有什么真实的差别。宇宙万有被说成是互为缘起的一片幻象。

这些“幻相”其所以能够缘起,当时佛教流行的有三种说法:(1) 小乘佛教的“业力缘起”说(认为众生由惑造业,因而形成身、心、世界);(2) 法相宗的“赖耶缘起”说(认为人们阿赖耶识中的“种子”,变现而为外境);(3) 大乘空宗所主张的“真如缘起”说(认为有一个超现象界的“真如”本体,随缘而生万法)。这些说法,本是大同小异,华严宗在表面上均加以排斥,而别出心裁地另外提出一个“法界缘起”说,即认为法界本身即是一个大缘起;所谓“万法融通,互为缘起”,“一即一切,一切即一”,“相即相入”,“重重无尽”,因而又称为“无尽缘起”。即是说,世界之所以是“幻相”,因为它只是一个无根无据、无穷无尽的关系之网,没有任何独立的实体。

澄观解释华严教义的宗旨说:“言法界,一经之玄宗,总以缘起法界不思议为宗。”

法界就是缘起的法界,缘起就是法界的缘起,似乎不应再去追究。但面对物质和精神这两类根本现象谁缘起谁的问题,躲避不开了,便闪烁其词:“达无生者,谓尘是心缘,心为尘因。因缘和合,幻象方生。由从缘生,必无自性。何以故? 今尘不自缘,必待于心,心不自心,亦待于缘”。

既已先肯定了“心为尘因”,“尘不自缘,必待于心”,这本是佛教唯心主义的一般命题;却又加上了一番“心亦待缘”,“因缘和合,幻相方生”的狡辩,似乎“心”和“尘”都是第一性的,而“因缘和合”这种抽象的关系,才是“幻相”的根源。

这只是在“法界”、“缘起”这些概念上抹上一层迷雾。事实上,理论一展开,华严宗就自始至终坚持了绝对唯心主义的世界观。华严宗一方面认为包罗万有的“法界”,其中一切现象,“尘、毛、刹、海”等等全是“佛智所现”,“无人身的理性”派生了一切事物。另一方面,所谓“一真法界”乃是一种“观法”,即按佛教世界观来观察世界,结果是“观尘无体,一切皆空”。法藏明确宣称:“尘相虚无,从心所生”,“离心之外,更无一法,纵见内外,但是一心所现,无别内外”。[①] 客观物质世界乃至客观和主观的内外区别,全都是“一心所现”,其唯心主义立场十分明确。但华严宗以此为前提,却把主要力量放在所谓本体与现象的关系问题上,用“理”和“事”这一对范畴作中心,对所谓“法界”中事和事之间、理和事之间的种种关系,展开了一系列相对主义和唯心主义的诡辩。

“四法界”说是华严宗的理论核心。据宗密的解说:

> 统唯一真法界,谓总该万有,即是一心;然心融万有,便成四种法界:(一)事法界:界是分义,一一差别,有分齐故。(二)理法界:界是性义,无尽事法,同一性故。(三)事理无碍法界。具性、分义、性、分无碍故。(四)事事无碍法界:一切分齐事法,一一如性融通、重重无尽故。[②]

这是说,宇宙万有本是一心所缘而起,而当统摄于一个“真心”时,则呈现出四方面的状态。从现象(事)上看,各个事物,互相区分,具有差别性;从本体(理)上看,则千差万别的事物,都是同一本体的显现,因而具有同一性;再从本体与现象的关系上看,则每一事物都显现了本体,任何事物都有体和用、理和事、性和分两个方面,两者是重合的;再从各个事物之间的关系上看,既然每一事物都在显现同一绝对的本体,则事物之间的相对差别也就消失了。华严宗最为得意、最常用的是所谓的“水、波”譬喻,借以说明事、理关系。据说宇宙像一个大海,波浪起伏,千差万别,是“事法界”;波涛万顷,惟水一体,是“理法界”;水波互融,无碍一体,是“事理无碍法界”;波波相即,互相涵摄,是“事事无碍法界”。这一切,乃是在回答一个莫须有的问题,即“一真法界”(真心所展现的宇宙)中,所谓“本体”和现象世界的关系问题。按华严宗的看法,本体不能安置在现象的对立面,也不能安置在之外的远方,而应该把两者重合起来,看作是“二而不二,不二而二”的抽象统一体。所谓“理事无碍”,“事即是理”,无非是说:“现实的一切都是非常合理的。”

3. 禅宗

禅宗,是中国独创的佛教哲学中的另一典型。它对我国后期封建社会哲学的论争和发展,产生了特别深的影响。它和华严宗基本同时兴起,分别在社会的下层和上层中流行。

---

① 法藏:《华严义海百门》。

② 宗密:《法界观门》。

南北朝以来寺院经济的发展，佛教日益形成为一支重要的社会力量；隋朝统治者对佛教势力采取了依靠、利用、联合的政策，不少上层僧侣直接参加了统治集团的斗争以及镇压“叛乱”等活动，被皇帝封以爵位，赐以官品，变成了披起紫袈裟乃至食邑几千户的显贵官僚。这些“高僧”们奔竞利禄、日趋腐化，在群众中逐渐丧失了公信作用。同时，各个宗派日趋繁琐的理论体系和浩繁的经卷（到武周时代刊定众经目录，已有3616部，4841卷），也日益令人厌烦而失去对群众的吸引力。为挽救佛教发展的这一危机，在佛教阵营内部出现了以禅宗为代表的革新派。当它和旧的佛教宗派相抗衡，得到部分上升的庶族地主的支持和提倡。武周时代的政治革新，破格提拔了大批“近世新族”；昨天还是庶族寒士，今天就可以一跃而为当朝权贵。这一世俗政治生活的演变，在禅宗所进行的教义革新中也得到了相应的反映。禅宗所提出的“即心即佛”、“见性成佛”以及“言下顿悟”等，既投合了庶族地主上升的精神趋向，又适合于重振佛教旗鼓。禅宗大胆地摆脱经典教条和宗教仪式的束缚，主张不读经、不礼佛、不作禅，采用“直指人心”的通俗说教，来宣扬佛教的根本精神，为中国化的佛教哲学开拓了新的领域。

禅宗思想可推原于唐初弘忍（601—674）在湖北黄梅所开创的“东山法门”，改讲《金刚经》，其弟子神秀在武周时代作了“两京法主、三帝国师”，曾活跃一时，被称为禅宗的“北宗”；弘忍的另一弟子慧能（638—713），以佛教革新者的姿态，主要在广东一带活动，被称为禅宗的“南宗”，经过弟子神会（683—760）等的鼓吹，影响迅速遍及全国。慧能在岭南一带隐伏活动十多年，直到声名大振以后，还拒绝了武则天和唐中宗两次朝命诏请，表现出禅宗传教的对象及其所依存的社会基础，区别于旧有佛教而有所转移。

禅宗对佛教理论所进行的“革新”，实质上是把中国传统哲学诸如孟轲、庄周等的思想融入佛教，把宗教唯心主义进一步精炼化、哲学化；摆脱繁琐的修证过程和经论词句的解释，由思辨推理转入神秘直觉。在理论上，以认识论问题为中心来发展主观唯心主义的思辨；在实践上，加强佛教对群众的诱惑力。这可说是禅宗慧能学派的基本思想特征。禅宗的基本理论有以下三部分组成：

①“心即真如”

关于所谓“本体”、“真如”和现实世界的关系问题，即把一个臆造的精神的“本体”和现实世界对立起来，再迂回地论证两者的关系，论证本体如何变现为世界，论证本体的绝对真实性和现实世界的绝对虚幻性，本来是佛教哲学繁琐体系的核心。禅宗慧能学派按革新佛教的要求，抓住了这个问题的思想核心，企图摆脱种种迂回论证的繁琐性，明确地回答："心"就是"本体"，心外别无"本体"；现实世界的一切，都依存于"心"。慧能明白宣称：

> "心生，种种法生；心灭，种种法灭；一切不生，万法无咎"。"心量广大，犹如虚空，无有边畔。世界虚空，能含万物色象。日月星宿，山河大地，泉源溪涧，草木丛林，恶人善人，恶法善法，天堂地狱，一切大海，须弥诸山，总在空中。世人性空，亦复如是。……自性能含万法是大，万法在诸人性中。"①

慧能学派的特点，是企图把传统佛教的抽象思辨和繁琐论证，以及对"本体"越讲越繁琐、僵化的情况，加以改变。一方面，把"本体"直接安置在人心上，对这个"神学掩盖起来的僵死的抽象概念"，企图把它放回到现实的人的心理活动中去恢复它的生命力；另一方面，把作为主体的"自我意识"直接提升为作为"本体"的"无限的自我意识"，尽量缩短在自我意识的循环中主体与"本体"互相冥合的途程。因而，禅宗所谓"成佛"("证真如"、"得解脱"等)，便不在于追求另一个辽远的"彼岸世界"，而在于了彻人人都具有的现实世界(禅宗术语叫"本地风光")所依存的"本体"，也就是了彻人人都具有的现实的"自我意识"本身。禅宗把这个自我意识本身，叫做"本源清净心"、"念之体"、"心体"等，认为它就是"真如"、"本体"，也就是"佛"。慧能说：

> "万法尽在自心，何不从心中顿见真如。""汝今当信佛知见者，只汝自心，更无别佛"。"菩提只向心觅，何劳向外求玄？听说依此修行，西方只在眼前。""一切般若知，皆从自性而生，从不外入。"②

这是说，"心"就是"佛"，"心体"就是"真如"。但"心"却要区别为"心体"(或"念之体")和它的作用("见闻觉知"等)。所谓"心体"，不仅如列宁所揭露的，这个"最初的心理的东西"，乃是"某种臆造的、不属于任何人的感觉，一般感觉，神的感觉"。而且，还是脱离了它自己的作用的、"不染万境而常自在"的一个"纯我"的抽象。

慧能及其门徒，从这一前提出发，展开一种"将心捉心"的诡辩推理，即

① 慧能：《坛经·般若品》。
② 慧能：《坛经》。

认为“心体本身”乃是一个绝对体，不可能具有相对局限性的心理作用（“见闻觉知”）去把握。据说：“向心觅心，一觅便失。”因为意识永远不能直接意识到意识本身，一经意识，就不再是自我意识本身了。

佛教关于本题和现象的关系问题的诡辩推理，被禅宗慧能学派用来处理所谓“心之体”和“心之用”之间的关系问题。

> “此‘本源清净心’，常自圆明遍照.诗人不悟，只认见闻觉知为心，为见闻觉知所覆，所以不睹精明‘本体’。但直下无心，‘本体’自现。……不可将心更求于心，历千万劫，终无得日；不如当下无心，便是本法。”
>
> “如今学道人，不悟此‘心体’，便于心上生心，向外求佛，著相修行，皆是恶法，非菩提道。”①

在“见闻觉知”以外，另有一个作为“本体”的“本心”；“本心”和常人的“见闻觉知”是矛盾的，但也可以统一于所谓“直下无心”。这里的所谓“直下无心”，又并不是“百物不思”或“空心静坐”（那是禅宗所反对的所谓“修空住空被空缚”）；而是“于念而无念 ”、“于相而离相”、“不于境上生心”的精神境界，是一种通过不认识得到的“认识”。这种认识能力的改变，一下子达到主体之“心”与“本体”之“心”互相冥合，乃是一种精神状态的突变。这一大堆关于“心即是佛”、“无心之心”的神秘说教，便是禅宗“亲证顿悟”的成佛方法的理论根据。“直下无心，本体自现”，由此，转入禅宗思辨的第二个环节——“顿悟成佛”的方法论。

② “顿悟成佛”

在宗教实践意义上如何“成佛”的问题和哲学思辨意义上如何“使主体与本体直接冥合”的问题，一直是佛教各宗认作是头等重要而长期反复论辩的问题。南朝时，竺道生提倡“顿悟成佛”的教义，并从认识论上阐述了其所以“悟”必须“顿”，是因为只有“以不二之悟”才能“符不分之理”，但所处理的对象，还是客观唯心主义所设置的“脱离了物质、脱离了自然、神化了绝对”，即绝对的精神本体——真如佛性。

禅宗慧能一派继承了这一条思维途径，却把所处理的对象转变为主观唯心主义所臆造的“心体”，即自我意识本身。既然“心即是佛”，而“将心捉心，终不能得”，“以心觅心，一觅便失”，于是，只能通过“顿悟”才能“成佛”。

---

① 黄蘗：《传法心要》。

首先,禅宗慧能一派抓住了人类认识的相对局限性和固有矛盾性,而加以夸大,认为人们来自生活、实践的认识能力,认识活动,是它所谓的“彻悟”(即对“真理”的把握)的最大的敌人;从而,否认人们正常的认识作用,宣称一切“见闻觉知,施为动作”及一切语言文字表述工具,全是障碍“真理”、产生“颠倒谬误”的根源。不只一般人对现实的一切认识和判断,是“妄生分别”,根本颠倒,而且连佛教的一切教义,一经说出,也都成了多余的废话。他们把佛教教条,有时也称之为“粗言”、“死语”、“戏论之粪”。他们宣称:对于“真理”,“说即不中”,“拟议即乖”,坚持彻底的不可知论(及“不可说”论)。

其次,禅宗割裂绝对真理和相对真理在认识过程中的联结,而把人们认识的相对性和真理的绝对性绝对对立起来:从而认为必须彻底抛弃人们现有的认识作用,在人们正常认识能力之外,去寻找另一条神秘的认识途径,才可能把握所谓“真理”。这条神秘的认识途径,禅宗慧能一派认为唯一可能的就是“顿悟”,即通过一种神秘的契机而达到精神状态、认识能力的突变。“一念相应,便成正觉”。据神会说:

> 迷,即累劫,悟,即须臾。……譬如一綹之丝,其数无量,若合为绳,置于木上,利剑一斩,一时俱断,丝数虽多,不胜一剑。发菩提心人,亦复如是。若遇真正善知识以为方便,直示真如,用“金刚慧”断诸位烦恼,豁然晓悟。……证此之时,万缘俱绝,恒沙妄念,一时顿尽。[①]

这种“快刀斩乱麻”、一下子豁然贯通的“顿悟”境界,是不可言传的,只能“亲证”,“如人饮水,冷暖自知”。禅宗坚持不可知论,是用以剥夺和取消人们正常的认识活动;但它并不归结为不可知论,反而十分肯定地说,通过“亲证”、“顿悟”,所谓“真理”(在禅宗指历代祖师相传的“心印之法”,即所谓“第一义”、“西来意”等……佛法的“精髓”),是可知的,而且是可以一下子全面掌握的。但是,这种由“亲证”、“顿悟”所领会、掌握的内容,却不属于逻辑思维的间接性知识,而只可能是一种神秘知觉的直接性知识;因而不可能用逻辑思维的语言文字来表达、交换,而只能“默契”、“默照”,或者借助于形象思维,用诗的语言来象征说明。

再次,正如一切唯心主义和不可知论必然自陷于不可解的矛盾一样,禅宗取消了人们认识真理的可能性而又要制定自己认识真理的认识论。

---

① 神会:《神会语录》卷一。

禅宗试图把宗教唯心主义本体论、神秘主义认识论和宗教实践的修证方法三者统一起来，但在理论和宣传上陷入了“第一义不可说”而又不能不说的矛盾。为解除这一矛盾，后期禅宗制定了各种宗教宣传的方式方法。这些所谓“应机接化”的宣教方式中，体现了禅宗的认识论的主要原则。

例如，临济义玄（？—867）所制定的“四照用”或“四料简”因材施教的方法。

> 有时夺人不夺境，有时夺境不夺人，有时人、境俱夺，有时人、境俱不夺。我有时先照后用，有时先用后照，有时照用同时，有时照用不同时，先照后用有人在；先用后照有法（指“境”）在；照用同时，驱耕夫之牛，夺饥人之食，敲骨取髓，痛下针砭；照用不同时，有问有答，立宾立主，合水和泥，应机接物。①

这是说，针对几种对象，采取不同方法，但目的都在于一方面否定人们所坚持的事物对象的客观实在性（“境”），另一方面剥夺人们正常的主观认识能力（“人”）。特别是对于所谓“中上根器”的一般人，往往坚持既有客观的“境”，又有主观的“我”，“抵死不放”临济宗认为对这种坚持唯物主义观点的人，必须进行残酷思想斗争，“敲骨取髓，痛下针砭”，好像“驱耕夫之牛，夺饥人之食”一样，给以无情的剥夺，用临济宗常用的形象说法，要“拟犯吹毛剑，特地斩精灵”，达到“云散水流去，寂然田地空”的境地，才能使这些人接受佛教唯心主义世界观。反之，如果是所谓“上上根器”的“聪明”人，很快接受了禅宗的教义，树立了佛教唯心主义世界观，则互相心领神会，只是“应机接物”，人还是人，境还是境，“人境俱不夺”，但由于世界观突然变了，自己觉得“顿悟成佛”了，也就在这个现实世界中变为一个逍遥自在的“解脱人”了。

“人境俱不夺”，被禅宗慧能一派宣称为是“顿悟成佛”以后的最高境界、最后归宿。他们从本体论到方法论玩弄了一大堆思辨把戏和诡辩术，完成了宗教对人进行“自我空虚”的任务之后，宣布“菩提本无树，明镜亦非台。本来无一物，何处惹尘埃”（慧能）；宣布“语默动静，一切声色，尽是佛事”。“不起一切心，诸缘尽不生，即此身心是自由人”（黄蘖）。这种思想的社会作用，可以使封建制度下受到压抑的人们得到某种幻想中自由的暂时安慰；更重要的是诱使受尽苦难的人们安于现状，彻底放弃认识和改造现实的斗争，

① 义玄：《古尊宿语录》卷四、五。

只要随遇而安,"即此身心"也就"自由人"了。由此,禅宗的思辨便转入最后第三环节,即"凡夫即佛"的宗教归宿。

③ "凡夫即佛"

哲学思辨和宗教归宿的结合,是整个佛教哲学的一般特征。以往佛教为了抬高"佛性"(即神性)的尊严,把"佛"安置在遥远的"西方极乐世界"的彼岸,把"修心成佛"这张进入天国的门票的兑现日期开得太远。禅宗慧能一派对佛教教义的最重要的"革新""贡献",就在于它的全部理论和方法,都归结到论证:"佛"不在遥远的彼岸,就在你"心"中;只消在认识上来一个突变,你就"顿悟"成佛了;"成佛"以后,一切还是老样子,"人境俱不夺",但你却变成了"解脱"了的"自由人"了。慧能学派反复强调:

> "凡夫即佛,烦恼即菩提。前念迷,即凡夫;后念悟,即佛。前念著境,即烦恼;后念离境,即菩提。"
>
> "未悟来解时,名贪嗔;悟了,唤作佛慧。故云:不异旧时人,异旧日行履处。"(百丈怀海)
>
> "终日吃饭,未曾咬着一粒米;终日行路,未曾踏着一片地。与么时,无人我等相,终日不离一切事,不被诸境惑,名'自在人';念念不见一切相,安然端坐,任运不拘,名'解脱'。"(黄蘖)①

这样一来,佛和众生的区别,只是"一念之差";现实苦难世界和彼岸安乐佛土的距离,只有一墙之隔。禅宗大师们就这样以最廉价地抛售可以立地进入天国的门票的手段,来苦心孤诣地为封建统治阶级服务。对于压迫者来说,不只可以"放下屠刀,立地成佛",而且"不放屠刀,也可成佛"。因为成佛以后,"不异旧时人",只要"不被诸境惑",照样可以杀、盗、淫、妄,胡作非为。对于被压迫者来说,丝毫不必"著相外求",以求改变现状,只消一转念,烦恼就变成了"菩提",苦难世界就变成了"清净佛土",就在"披枷带锁"中形成了"自由人"了。禅宗炮制的这付精神麻醉剂,其社会作用十分显然。

从总体上看,禅宗运用了知识论问题上的唯心主义诡辩来巩固宗教世界观的阵地,最廉价地抛售天国门票来强化佛教的吸引力,在历史上主要发挥着敌视唯物主义和科学、歪曲人们正常的认识能力、维护封建统治秩序。禅宗为了挽救佛教危机,不惜"呵佛骂祖"。他们甚至说:"莫将佛为究竟,见

① 慧能:《坛经》。

我如见厕孔。"把宣讲佛经讽刺为"把粪块子向口里含过，吐与别人"。这些惊人之谈，是不是说明禅宗是"思想解放"呢？完全不是。其原意所指，乃是在强调禅宗所坚持的一条神秘主义的认识原则，即必须取消一切认识的对象（包括把"佛"、"菩萨"作为对象），再取消一切关于对象的认识（包括常人关于"佛"及"佛法"的认识），只有"人境俱夺"，才能彻底摆脱一切"见闻觉知"，而达到纯粹自我直观的"顿悟"的精神境界。这正是"破除了对权威的信仰，却恢复了信仰的权威"。禅宗的"革新"，实质是对佛教的信仰打强心针。

但是，在中国哲学与文化的发展史上，禅宗以歪曲的形式加深和发展了认识论问题，提高了宗教意识形态的精练程度，对于促进中国古代思想的发展，是具有客观历史作用的。中国后期封建社会中，无论是程朱理学派或是陆王心学派，都直接从禅宗及华严宗（二者到唐以后基本合流）的哲学中吸取了重要思辨材料，从而把封建统治者思想由粗糙的宗教形态提升为精巧的哲学形态。这就促使以后的哲学斗争的焦点逐步由天人、形神问题转移到心物、能所关系问题上来，斗争的双方都提高了理论思维水平。

还应该看到，禅宗思想有极端化的倾向，这使它自先陷于矛盾，并孕育着自我否定的因素。它从极端唯心主义出发，企图用主观的"心"去吞并自然，"函盖乾坤"，把所谓"真如"、"佛性"加以尽量扩大，"一切声色，皆是佛事"，翠竹黄花，全部神化，结果，极端神秘主义走向了泛神论，涵蕴着无神论的萌芽。它尽量缩短佛土与人间的距离，把"佛"安置在人心上，并宣布"凡夫即佛"，这就过分冲淡了宗教意识关于"彼岸世界的幻影"，从而模糊了它的超现实的本质。它强调神秘的"亲证"、"顿悟"、自我体验而否定佛教经典的权威，抹杀修行说教的意义，结果，取消了宗教的特殊社会职能。它为了在理论上方法上表示思想彻底而提出了一些唯心主义、相对主义根本不可解决的认识论问题和逻辑问题，结果，所谓"棒喝齐施"、"随机应化"等，不过造成依次宗教唯心主义世界观固有的各种混乱、悖谬的自我暴露。这一切，使禅宗本意是在强化佛教而适得其反，起到从根本上破坏宗教根基的作用。另一方面，禅宗宣扬主观精神力量，所谓"迴脱尘根，灵光独耀"，"上天下地，唯我独尊"，自然要"负冲天意气"、"作无位真人"，等等，由此而强调反对权威、取消偶像、怀疑传统。这些思想因素，在特定的条件下，对不少进步思想家又产生过积极的启发作用。

禅宗，以中国化的佛教哲学的充分发展的最后形态结束了佛教哲学在中国的发展；并以极端唯心主义的充分发展而走向自我否定，标志着前期封建社会整个唯心主义思潮的终结。

四、佛教对中国传统文化的影响

佛教在其中国化的同时,它也在化中国。佛教对中国传统文化的影响是广泛而深远的。我们知道,中国传统文化是一种经验性和实用性的文化。陈寅恪说:"中国之哲学美术远不如希腊,不特科学为逊泰西也。但中国古人素擅长于政治与实践伦理,与罗马人最为相似。其言道德,唯重实用,不究虚理。其长处短处均在于此。长处即修齐治平之旨;短处即事实之利害得失,观察过明,而乏精深远大之思。"① 王国维也指出:"我国无纯粹之哲学,其最完备者,维道德哲学与政治哲学耳。至于周、秦、两宋间之形而上学,不过欲固道德哲学之根底,其对形而上学非有固有之兴味也。"② 这种对实用性的过分推崇不仅导致形而上学的缺失,也造成民族想象力的贫乏。佛教以其对形而上学的关注,对超越境界的期盼,对逻辑论证的钟情,很大程度上影响并改造艺术、语言学和社会民俗四个方面,窥一斑可见全豹。

自魏晋以后,中国古代哲学就与佛教结下了不解之缘。魏晋玄学,先是作为般若学所取。佛教还促进了宋明理学的完成。宋、明理学固然是儒家学说的一大转变,是儒家学说的哲学化,佛教对这一转化的完成发挥了重要的促进作用。宋明理学在思维模式、修行方法等方面,受华严宗、禅宗理论的影响十分明显,是它们为宋明理学提供形而上的论证。佛教思想中对宇宙、对人生的分析,蕴含着独到的哲学智慧,对中国人重经验认识轻理论思维的传统思维方式具有极大的启迪作用。在修行方面,佛教启发人们把个人的修行从治国平天下的狭隘的传统模式中解放出来,为个人修行开辟了较为广阔的前景。

在文学方面,佛经本身的翻译,就是我国翻译文学产生的标志;汉译佛经的流传在我国创造了变文、俗讲、语录体等新文体;中国评话、评书、戏曲、俗文学等深其影响;佛经中的幻想、夸张等写作手法对中国小说亦有影响,如许多志怪小说,特别是神话小说《西游记》更是以佛教故事为主题的经典之作。

在艺术方面,佛教激发了人们的艺术想象力,把艺术从政治和伦理中解放出来,从而为中国的艺术开辟了新天地。世界闻名的甘肃敦煌莫高窟、洛

① 陈寅恪:《1919 年与吴宓谈话》见《吴宓日记》第 1 卷,三联书店 1998 年版,第 100 页。

② 王国维:《论哲学家与美术家之天职》。

阳龙门石窟、山西大同云冈石窟的壁画，都受到佛教艺术的影响。向来被称为中国古代文化之冠冕的诗、书、画，皆注重“境界”，这种境界与佛教的“禅机”多有相同之处，中国的建塔造像也起源于佛教，这其中包括建筑与雕塑两门艺术；随着佛教的传播，建塔造像的艺术亦随之流行各地。

佛教对中国语言学的影响最能直接地反映出佛教是中国文化的一部分。我们日常流行的许多用语，如世界、实际、平等、现在、刹那、清规戒律、一尘不染、三生有幸、一针见血、天花乱坠、相对、绝对等都来自佛教语汇，它们大大地丰富了中国的词汇，成为中国语言不可分割的一部分。还有，佛经用梵文写作，梵文是拼音文字，发音变化高低，要求严格。我国古代音韵学，对生字的注音只靠直字注音法。南齐永明年间，周颙在翻译佛教中受到启发，发现汉字的四声，与当时的一批文豪沈约等总结出诗歌创作的“四声八病”说，使中国诗歌创作的音律应用开始自觉时称“永明体”。同时出现了像谢朓等一批作诗暗合后来唐诗格律的作家。唐代名僧守温参照梵文，仔细分析汉语的音素，创造 30 个字母，为宋人 36 字母的蓝本，中国音韵学从此发展起来。

音韵学的建立，中国古代的诗歌也随之走向繁荣，这主要表现在讲究格律的唐诗、宋词与元曲的出现。与以往的《诗经》、《离骚》、汉赋和骈文相比，唐诗、宋词、元曲更加讲究音乐美和节奏感。特别是诗词的格律特别讲究押韵、平仄，音调的起伏与和谐成为诗词的主要特色，以至不懂音韵的不能吟诗填词。像唐、宋的诗词大家苏轼、柳永、辛弃疾、周邦彦等既精通音韵学，又是音乐大家。

在长期的中国化的过程中，佛教思想深入民间。如民间对观音菩萨和弥勒佛的崇拜。“观世音”在唐代为避唐太宗之讳也称“观自在”或“观音菩萨”，被尊为“大慈大悲救苦救难”的善神，其典型造像为“千眼千臂”，简称“千手观音”，其表现是遍观世界、遍护众生的神灵。对观音菩萨的信仰民间十分普遍。弥勒象征未来和光明，可普度众生，使五谷丰登，民众长寿多福。中国古代农民起义军常打出弥勒的旗帜来号召民众参加，期望弥勒出世，改变他们的处境。佛教的传入对我国的习俗也产生重大的影响：农历七月十五的盂兰盆、十二月初八的佛成道节，几乎是全民族的节日；另外佛教的超度、拜佛、赶庙会、放生、素食等活动和戒规，也成为民间习俗，广泛影响着人们的生活。

第六章　中国传统价值取向与自我修养

价值判断是人之行为的起点。价值系统是社会文化的核心。特定社会的文明程度依赖特定社会的价值系统的引领,因此,这个作为社会文化有机组成部分的价值系统的确立是国之大事。在中国传统文化中,人生的价值取向问题向来备受历代思想家所关注,其中尤以儒家的有关学说最具代表性。另外,中华民族的国民心理与自我修养方法也是相当重要的问题。它相当于事物的另一侧面。而自觉的国家价值导向与个人的自我修养的合而为一是中华传统文化实践的突出特色。对这些问题的研究,有助于我们更好地认识中国传统文化的深层结构和内在价值,对全面、科学地评价中国传统文化,借鉴传统文化的优秀基因为今天的社会主义新文化建设服务,有着深刻的意义。这是在第三章阐述了中国文化的基本精神之后还要来谈这一问题的基本出发点。

第一节　传统的价值取向与国民心理

一、传统的价值取向

价值取向反映了人们的心理追求时尚。不同的国家和地区、不同时代的人们具有不同的价值取向。传统中国的价值取向,我们可以用孟子提出的"三达尊"予以概括。即:"天下有达尊三:爵一、齿一、德一。"① 爵代表政治地位,齿代表血缘辈分,德代表道德。孟子认为,这"三德尊"在当时的社会上普遍受到人们的推崇和追求。"朝廷莫如爵,乡党莫如齿,辅世长民莫如德。"② 在政治生活中,以权力的大小和爵位的高低为指导标准。在家庭生活中,按年岁辈分来排序。在社会生活中则以道德为本。道德本位、忠君尊上和家族中心,就构成了传统中国的价值取向。

1. 道德本位的价值取向

道德本位的价值取向以儒家最为典型。孔子多次强调"仁者爱人"、"义

---

①② 焦循:《孟子正义》,河北人民出版社 1986 年版,第 154 页。

以为上”,“仁义”就是道德原则,“上”就是指价值取向。孔子认为道德是最有价值的。在他看来,“仁者”应该安于“仁”,“智者”应该利于仁。即认为有智慧的人实行仁德,是因为这样做会带来好处;可是追求仁德精神的人实行仁德,并不在乎它会不会带来好处,即使没有好处他也会实行。换句话说,“仁者”实行道德并不是为了别的目的,而是为道德而道德,认为道德本身就有价值,按照道德原则来做,就是实现了最高价值。孔子还认为社会政治问题,归根到底是道德问题。如果人们心中丧失了道德原则,行为上就必然会越出“礼”的防线,从而成为天下乱象的根源。

要解决这些问题,首先必须以德修身,提高人们的道德水平;同时以德治国,用道德原则指导政治生活。孔子认为人应该成为仁者,也能够成为仁人。孔子曾经强调指出,人要成为仁人君子,应该严肃认真地进行道德修养,应该使亲族朋友安乐,使百姓安乐,要做到这些,关键在于修德,即以德治身,改变自己的道德面貌。只有有了内在的修己之功,才会有外在的安人、安百姓之效。因此可以说修德是成为君子的决定因素。

孔子认为道德的另一作用在于治国。把道德原则贯彻到政治生活当中去,用道德手段治国安民,才能真正管好国家,古代圣王尧、舜都是这样做的,因此他们得到了最大的成功。在孔子看来,为政以德,除了给下层群众以一定的实际利益之外,主要意思是以道德治国。用行政的法律的办法管理人民,只能使他们畏祸以守法,不能使他们具有道德观念。用道德的办法教育、感化人民,用礼来约束他们,不仅能使之守法,还能使之具有道德自觉,心悦诚服地守法遵礼,知耻从善。在儒家眼里,道德这种巨大的精神力量,对于社会各等级的人和社会生活的各方面,具有不可估量的积极影响。

政治、教育等,说到底,都从道德这个中心出发,都为解决道德问题服务。作为君子首先要在道德上完善自己,然后推而广之,在道德上完善他人。完善自己,是个人修养问题。完善他人,可以表现为两个方面,在政治上即是“道之以德,齐之以礼”的德政礼治,在教育上即是实施“有教无类”和德育为主的教育方针。可见,儒家的政治是伦理的政治,教育是伦理的教育。这种由己及人完善道德的全过程,被概括为“格物、致知、诚意、正心、修身、齐家、治国、平天下”的八条目,在封建知识分子中产生了很大的影响。

儒家这种道德本位的典型体现还有一个就是重义轻利。在义利关系问题上,强调义为重,利为轻。这是典型的儒家价值取向。孔子认为,一个人要成为对社会有用的人,要成为具有“仁德”的“君子”而不是“小人”,就应把义作为个人立身的根本。义最可尊贵,把义作为行事的准则,明白义的真正涵义，这是对君子的起码要求。而与“君子”相对的“小人”不知义，只懂得利，一味地追逐利益。要懂得人有“君子”与“小人”之分，坚持以提升与改变人的价值追求，使人自觉朝向君子的方向发展，这是社会文明与进步的表征。在孔子的心目中，物质利益远远比不上道德的价值，人的精神需要比物质需要更为重要，所以他认为合乎道义的生活，即使贫贱困苦，也会令人感到乐在其中，感到精神上的满足与充实；相反，如果凭不正当手段得来富贵，虽然在物质上得到富足，也不过像飘忽不定的浮云一般，转瞬即逝，不值得一顾。孔子之后，孟子也主张重义轻利，先义后利。他指出：“上下交征（争）利而国危矣。”[①] 即是说上上下下的人们都在追逐利的话国家就很危险了。孟子在告诫梁惠王时说：“王何必曰利，亦有仁义而已矣。”[②] 认为讲仁义的时候不要涉及利。由于中国有着深厚的自然经济基础，先秦儒家的先义后利思想与宗法制结合之后，派生出了个人利益无条件服从整体利益的社会意识。汉代董仲舒、班固等人就发展了孔、孟的义利观，进一步抬高义而贬低利。董仲舒说：“正其道不谋其利。”[③] 班固则进一步将其概括为：“正其谊（义）不谋其利，明其道不计其功。”[④] 完全将义利对立起来。到宋代朱熹甚至把班固这两句话作为白鹿洞书院的学规，使得标榜仁义而讳言财利的观点成为占支配地位的思想，对后世社会贤达的价值取向和社会风气的形成，产生了更为深远的影响。

道德本位的价值取向，在中国文化史上产生的作用有积极和消极的两个方面。从积极方面来说，使中国古代知识阶层相当看重人格的完善和精神上的自我修养，把精神生活看得重于物质生活，从而造就了一代又一代不为一己之利、而为天下大同不惜肝脑涂地的志士仁人，并且成为鼓舞人们为追求真理而不屈不挠斗争的一种民族精神。从消极方面来看，它过于强调伦理道德，则对其他方面的各种学问和科学技术采取一种轻视和排斥的态度。宋明理学就是一个代表。大部分理学家重人文，轻自然；重伦理，轻科学。他们一方面把伦理道德绝对化；另一方面又反对功利，轻视技艺。因而他们很少考虑自然科学问题，未能在自然科学方面做出理论上的建树。这种学风又深深地影响到社会风气，以致元代以后，像《九章算术》这样的科学书籍都已经很难找到。这也是造成中国古代科技长期停留在经验阶段，而

①② 焦循：《孟子正义》，河北人民出版社 1986 年版，第 22 页。
③ 董仲舒：《春秋繁露》，中华书局 1975 年版，第 328 页。
④ 班固：《汉书》，中华书局 1962 年版，第 2524 页。

未能系统化和理论化的一个重要原因。

2. 忠君尊上的价值取向

忠君尊上的价值取向，也有其社会历史的基础。宗法制度是中国古代封建社会的一个主要特点。宗族是一种社会力量，宗族成员往往具有很强的宗族本位意识，而族与族之间难免发生矛盾和冲突。为了调节和消弭宗族之间的矛盾和械斗，社会需要有一种超强力量，这个力量就是君主专制的封建国家。另一方面，在封建社会的广大农村中，也还存在大量的小农个体经济，这种自给自足的小农经济，使农民互相隔离，很少交往，难以形成全国性的联系，因而不能以自己的名义来保护自己阶级的利益。小农经济容易产生皇权政治，他们希望帝王成为私有经济的保护者和社会矛盾的仲裁者。在封建专制体制下，皇帝握有政治、经济、军事、立法以及意识形态方面的最高权力，并实行终身制。皇帝死后，皇位由他的子孙继承，因而封建时代的国家实际是皇帝个人的"家天下"，皇帝的意志就是法律，他的话是"上谕"，是"圣旨"，所有的人都是他的臣民、他的奴仆。人们对他只能绝对服从，同时还要歌功颂德，否则就会以"大不敬"等罪名严加处置。帝王的专制作风又传染给各级官吏，因而各级官吏在其所辖的区域中都拥有专断的权力。儒家的政治伦理进一步把宗族制贯彻于整个社会政治生活，因而历代封建皇帝均被称为"君父"，成为全国军民的总家长。各级官吏则代表皇帝对其臣民实行父权制式的统治，被称为"父母官"。我国封建时代就是这样把儒家的伦理转化为家国一体、整齐化一的社会实践，支撑着忠君尊上的社会价值取向。它把人与社会的关系转化成为家庭关系，有力地缓和了社会冲突，保持了社会的政治张力，而古时的百姓大多盼望会出现"贤明"的君王与"清廉"的官吏，正是这种社会心理的典型反映。

忠君尊上的价值取向中"忠"观念始终处于核心地位。春秋战国时期，"忠"观念在不同政治学说中已经受到普遍重视。以《左传》为例，全书"忠"字凡 70 见，涉及的内涵和定义包括：美德，"德"的准则，尊君爱国，奉公无私，刚勇正直，廉洁俭朴，公正宽容等方面。这说明，这一时期"忠"的观念已经相当普及。"忠"成为各派政治集团共同关注的政治命题，也成为各学派争先抢夺的道德旗帜。先秦儒家将"忠"提升到道德原则的前位，普及至民众生活的基层。孔子《论语》中出现"忠"字凡 18 次，《孟子》中 8 次说到"忠"。然而孔孟往往是将"忠"与"信"相连，讲的是一般性人际交往中的处世原则。到了《荀子》书中，"忠"字方真正有了忠君尊上的确切涵义。《荀子·臣道》

开篇即写道:“人臣之论:有态臣者,有篡臣者,有功臣者,有圣臣者。”① 那么,什么是“态臣”、“篡臣”、“功臣”、“圣臣”呢?“内不足使一民,外不足使距难;百姓不亲,诸侯不信;然而巧敏佞说,善取宠乎上,是态臣者也。上不忠乎君,下善取誉乎民;不恤公道通义,朋党比周,以环主图私为务,是篡臣者也。内足使以一民,外足使以距难,民亲之,士信之,上忠乎君,下爱百姓而不倦,是功臣者也。上则能尊君,下则能爱民;政令教化,刑下如影;应卒遇变,齐给如响;推类接誉,以待无方,曲成制象,是圣臣者也。”② 这就是说,“上忠乎君”,便可以成为“功臣”,但与既“尊君”又“爱民”的“圣臣”仍有差距。而“上不尊乎君”,便可以成为“篡臣”,至于“态臣”更是等而下之,因其大奸似“忠”。由此可以看到,荀子给各种“人臣”所确定的政治道德标准中,“忠君”显然是十分重要的尺度。《荀子·君道》中还出现“忠顺”连称的情形:“请问为人臣?曰:以礼待君,忠顺而不懈。”这里要求人臣不仅对君王要忠心耿耿,而且要顺从,即应当对君王的政治指令加以随应与遵从。对于《荀子》“忠”论,有学者给以这样的评价:“‘忠’这一德目,在春秋孔子时代基本含义是‘无私’(见《左传·成公九年》),具体表现为,为人尽心尽力,为国尽职尽责。……而到荀子这里,忠则成了臣对君的特定规范,其基本精神是‘利君’。把利他人、利公、利国与利君统一起来,这是封建社会愚忠之始。而荀子所描述的忠臣形象也就成了后世良臣效法的楷模。虽然荀子所说的忠并不是绝对地顺从,而是逆命、谏争之意,但其基本精神是利君,把利公、利国与利君模糊到一起,这不能不为后世的所谓‘君为臣纲’提供了完备的思想资料。所以我认为荀子的忠君观念,是导致后世愚忠的最初蓝本。”③ 这里注意到《荀子》书中对“忠”的论说具有承前启后的历史文化作用,认为“忠”成为“臣对君的特定规范”以荀子为时代转换标志,显然都是正确的。

这种忠君尊上的价值取向,在历史上作用有积极和消极的两个方面。从积极方面来看,忠君与爱国被融为一体。在民族矛盾冲突之际,一些志士仁人宁愿牺牲生命也绝不事异族、事二主,背叛祖国,产生了一大批爱国志士。尊上的政治心理又有利于社会秩序和政治的稳定。但相比较而言,它的消极作用也十分严重。它有利于封建极权政治的进一步加强,个人没有民主权力和政治独立性,只是作为社会的一员,隶属于君主或官长。在那个时代,官大一级压死人,下属官吏必须无条件服从上司,不允许有任何僭越

①② 章诗同:《荀子简注》,上海人民出版社1974年版,第137页。

③ 陈红太:《儒学与中国传统政治哲学》,现代出版社1997年版,第126—127页。

逾制的行为。君权至高无上，在位的君主都无一例外地被称为“圣君明主”。君主的决定永远是正确的，谁若敢说他错误，便是“咒诅君上，论罪当斩”。因而，中国古代、近代都没有产生出西方那种天赋人权的观念，个人的人身权力、人格尊严得不到任何法律的保护。在这种制度下，人们为了保全自己，不得不习惯于奉命行事。愚忠的畸形道德又进一步扭曲了人性，因而在国民中产生了诸如权势崇拜、敬畏官长、遇事退缩、世故自私、不讲实话等民族劣根性。这种遗风，一直延续到今天。

3. 家族中心的价值取向

家族中心的价值取向，置根于以血缘关系为纽带的宗族制的社会基础。在社会发展史上，血缘关系是人类社会最初的一种社会关系，以血缘关系组成的氏族公社是人类社会最初的社会共同体。世界各民族在原始社会时期都有过这种氏族公社组织。但是在欧洲，当原始社会向奴隶制社会发生转变时，血缘关系就逐渐瓦解了。而在中国，氏族血缘关系由原始社会，经奴隶社会、封建社会，一直保存了下来。在这种血缘宗族内部，有一套严格的辈分、嫡庶、长幼、主从的等级秩序。在这种宗族社会里，作为人子要孝顺和服从父亲和祖辈，如祖在则祖为家长，父在则父为家长。这种祖或父的长辈在家庭中居于统治地位，握有至上的权力，家庭中无论大小事情都须禀告和请示。家庭财产不论地产和房产都系在家长名下，一切财物都由家长决定如何处理和分配。在这种血缘宗族家庭的基础上，家庭中心的观念便自然产生了。

家族中心的价值取向的最大特点就是对“孝”的张扬。封建社会处理家庭或家族内部几部分人的相互关系的原则在于巧妙地利用了儒家的孝悌忠信等内容。孝讲父子关系，即父为子纲，而悌、忠、信是把家庭中父子关系推广到兄弟、君臣、朋友关系上去，因此可以看到孝为悌、忠、信等的基础和前提。显然，在封建社会中，孝是从家族制度中产生的，并且为巩固家族制度服务的一种意识形态，成为封建家族制度的社会思想和道德规范。当然，孝的观念并不是封建社会才有的。自从个体家庭产生之后，孝的观念就出现了。孝从本来的意义上讲，是指子女对父母、子孙对祖先的尊敬和奉养，是父母子女祖孙间的血缘关系与人伦道德的反映。因此，原始社会末期个体家庭刚产生时，孝的观念并不包含统治、等级、特权等内容，父母子女之间是相对平等的。进入阶级社会，封建家族制度确立之后，孝被注入了新的内容。这时，它已不是一般的子女对父母的侍奉与尊敬，而且还增加了父权对子女的统治和压迫，从而反映了家庭、家族中的封建社会的等级关系。封建道德对于孝的要求,简单地说,就是听命,不分是非曲直,绝对顺从。因此,各个家族的家规家法,都毫无例外地把听命作为孝的内容。为了使人们从小就接受孝的教育,培养孝子顺孙,惩治不孝行为,封建家族制度采取舆论谴责和法律惩罚两方面的措施。一方面,极力宣扬“百善孝为先”、“不孝即禽兽”的传统道德观念,对孝进行褒扬,对不孝进行谴责。另一方面,又把惩治不孝写进法律,使不孝不仅受到舆论的谴责,而且受到封建法律的制裁。我国很早就有所谓“五刑之属三千,而罪莫大不孝”①的说法,从秦朝到清朝,都有惩治不孝的法律,而不孝的内容又都是不听从父命。而从隋朝以后,不孝成为历朝刑法中的“十恶”之一,不在赦限。可见惩治不孝是多么严厉。封建道德和封建法律互为作用,封建道德规范维护封建统治秩序,而封建统治者又利用政治法律权力来强制推行道德规范。对于封建家族来说,提倡孝的目的是很明显的。提倡子女对父母、子孙对祖先的孝,实际上也是提倡家族成员对作为祖先代表的家长、族长的听命顺从。族中子孙对家长、族长如同子女对父母那样不问是非曲直,绝对听命顺从,家长、族长就可以有力地控制整个家族,家族制度也就巩固了。家族巩固,秩序井然,社会自然就稳定有序。

所以,封建家族所规定的孝的内容中有不少正面的积极的东西。首先,要求子孙对父祖的侍奉和赡养不能局限于一般化,而是要求赡养要丰,侍奉要敬,把敬亲养亲作为人生第一要义。第二,提倡克勤克俭,戒骄戒奢。古代的家训族规大多有“劝勤俭”或“戒奢侈”的条目,阐述勤俭为本、勤俭持家的道理,提出骄奢可以败家亡身的警告,劝谕子孙族众克勤克俭,戒骄戒奢,以保持家族长期稳定繁衍就是最好地实现了孝道本义。第三,提倡忍让宽厚,严于律已,宁人负我,乐于吃亏。处理亲族、邻里、朋友、家人之间的关系,除了要合乎纲常名教之外,还有一些道德原则需要遵循,这就是宽厚为本,忍让为先,严于律己,宽以待人。许多家训族规都提倡这些原则。第四,提倡认真读书,端正读书态度,主张读书的目的是求学问、求义理、学做人,不单纯追求功名利禄。这是从立身以耀祖光宗的角度实现孝道的内容。第五,教育子孙族人立身处世,要做好人,做君子,出仕为宦,则要做好官,做廉吏。另外,还有如注意社会公德,注重礼节礼仪等等,这些都是从孝的角度凝聚起来的我们民族的优秀传统品德。

家族中心的价值取向在历史上的作用,因此可以说既有积极的成分,又

① 《孝经·五刑章》,北京燕山出版社 1991 年版,第 152 页。

有消极的影响。积极的方面，是赞成了中华民族尊老敬老、讲求孝道的社会风尚，重视家庭成员之间的和谐，这有利于家庭和社会的稳定。消极的方面，是产生了家庭内部的专制。在家庭里，子女没有行动的自由，一切都以长辈的意志为意志，以长辈的是非为是非。甚至“父母在，不远游”，“不登高，不临渊”，一切远行和冒险行为都被视作不孝。长辈的话和意志，不仅家长在世时不能违背，即使长辈死后，也不能改弦更张，所谓“三年无改于父之道，可谓孝矣”①。这种家族中心的思想与价值倾向与忠君尊上互为表里，进一步加强了中国古代社会的极权和专制。

二、传统的国民心理

传统的国民心理也就是传统的国民性问题。在20世纪20年代，有很多进步的思想家都提出了改造国民性的问题。他们认为传统的国民性中有许多劣根性，应当进行改造。例如梁启超在他的《新民说》一文中，曾罗列了中国人的许多缺点，如中国人无进取冒险之精神、中国人无权利思想、中国人缺乏“不自由，毋宁死”之精神、中国缺乏自治之能力、中国保守性太强，等等。他揭露中国国民性的缺点，本意在于唤起国人的觉悟，但他未能正确地揭示出产生这些缺点的根源。同时，“劣根论”者仅仅看到了传统国民性的缺点，而无视其优点，也是不够客观和全面的。下面我们从两个方面谈谈传统国民性的问题。

1. 传统的国民性与中国古代农业文明

传统的国民性，应当说是在中国农业文明数千年延续与更新的历程中逐渐累积而形成的。其中既有许多缺点，也有许多优点，我们应当客观而具体地分析。

农业文明取资于土地。耕地是搬不走的，因此农业劳动者不像逐水草而居的游牧者那样飘忽不定，更不像可以择地就业的手工业者那样自由。他们世代生于斯、长于斯、老于斯、死于斯。依靠精耕细作，在狭小的土地上投入巨量的劳动，再加上家庭手工劳作的补充，形成了自给自足的小农经济的结构。农业的定居生活，易使农民产生安土重迁的心理。农业生产范围的狭小和年复一年的“日出而作，日入而息”的单调生活方式，易使农民形成狭隘、愚昧的思想特点以及迟缓、散漫、缺乏时间观念的生活习惯。又由于当时商品经济相对不发达，丰年谷贱，多余的粮食卖不了多少钱，又便于长期贮存，加上水旱灾害使他们不时经受苦难，面对这种现实，他们很容易产

① 刘宝楠：《论语正义》，河北人民出版社1986年版，第101页。

生“知足”心理,为了避免命运的捉弄,他们不尚开拓,轻视冒险。因循守旧,求安保本的心理支配着他们的整个生活。

在我国传统的农业文明中,生产技术的传承与发展,对于天时、地利等自然条件的认识和利用,主要是凭借长辈口传身教及自己实践过程中的摸索积累,具有较为丰富的生产经验的家长便由此而成为一家的权威。中国的家庭结构便形成以父子为主轴的典型的父子型家庭(西方的家庭则以夫妇为主轴)。“不孝有三,无后为大”,婚姻的目的主要是为了子嗣,传宗接代。中国的家庭宗法制便是在此基础上逐渐形成。在以血缘家族放大而形成的巨大社会网络之中,知识与经验的传授依靠长者。后辈与先辈生活在同样的社会环境中,走着相同的生活道路,每一个人所碰到的问题,也不难从先辈那里获得现成的答案。尊天敬祖,论资排辈,家长与长者的权威,传统崇拜,以年龄代替智商,以古老代表真理。这种传统国民心理的形成,便是这种家庭和社会结构在知识论方面造成的必然结果。

千百年中,人们日出而作、日入而息,春种夏管、秋收冬藏,一年一度、周而复始,只有季节的转换,没有时代的变革,这种简单再生产不断延续下定型化了生活方式,使人们的全部思想感情和整个文化体系,都表现为喜一不喜多,喜同不喜和,喜静不喜动,喜稳不喜乱。大一统的政治格局应运而生。这个大一统的中心任务,就是确保人们的全部生活的单一性和稳定性。以高高在上的帝王为权力代表的官僚政治,最理想的境界便是无为而治,不过多干扰人们刻板的生活。政治上的大一统又产生思想上的大一统,即独尊一家,膜拜经典。人们在思想上、学术上,不求独出心裁,构建自具特色的学说与体系,而是满足于记诵和阐述固定的几部经典,至多是在诠释经典时,于维护传统中略陈述一点自己的意见,由此产生了以经、传、注、疏为正途的笺注学风。束缚了人们的思想,阻碍了学术理论的向前发展。

分散孤立的小农经济,生产水平低下,消费欲望只能被压抑到低水平,所谓一箪食,一瓢饮,不改其乐;所谓惩忿窒欲,拘束身心;所谓寡欲摄生,知足常乐;所谓存天理,灭人欲,安贫乐道,都是为了从生产水平与消费欲望的冲突中求得精神的慰藉与解脱。为了在更大的范围内解决生产水平与消费需要的矛盾,人们便宁可走向普遍化的贫穷。孔子说:“吾闻有国有家者,不患寡而患不均,不患贫而患不安。盖均无贫,和无寡,安无倾。”① 便是这种异常广泛的社会心理的反映。求富,就要讲求生产工具与生产方式、生活方

① 刘宝楠:《论语正义》,河北人民出版社 1986 年版,第 352 页。

式的变革，就会出现不均不安；求均、求安，则将人们引向生产成果的再分配。所以宁愿在贫穷中求得安定的生活，也不愿采取任何打破常规生活秩序的进取行为。而这种陈腐的观念，人们往往却将它视为一种远大的政治理想。

与农业文明相关联的传统的国民性中，也有许多优点。例如中国农民一向以勤劳、节俭而著称于世，对艰苦的条件具有惊人的适应性和忍耐力。他们在儒家伦理的熏陶下，重视人与人之间、人与社会之间、人与自然之间关系的和谐。而这一点，西方的学者十分推崇，他们企图以此来调节西方社会后工业化所带来的人与自然、人与人关系的紧张。其中最具代表性的意见是英国当代著名历史学家汤因比的一段话：

> 人类已经掌握了可以毁灭自己的高度技术文明手段，同时又处于极端对立的政治、意识形态的营垒，最重要的精神就是中国文明的精髓——和谐。
>
> 中国如果不能取代西方成为人类的主导，那么整个人类的前途是可悲的。①

西方学者的见解，值得我们足够加以重视。

2. 传统的国民性与儒家的人格模式

传统的国民性，受儒家的理想人格模式的影响也是很深远的。儒家通过对某种道德品质完善性的追求，塑造出个人修养达到某种境界的理想人格，这种理想人格经过千百年的历史积淀，从精神方面逐渐影响了传统的国民心理，使传统的国民心理打上了儒家理想人格模式的烙印。

儒家所崇尚的理想人格为君子。孔子认为君子体现了个性道德发展的完整性，是个人道德发展的高峰。君子一名，并非孔子所创，而最早见于《诗经》和《尚书》。见于《尚书》者五六次，见于《诗经》国风和二雅者百五十余次，为周代流行之名称。② 在《尚书》和《诗经》中，君子主要指有一定社会地位者。孔子言君子，就《论语》所记观之，有纯指地位者，有纯指品性者，有兼指地位与品性者，但主要是指品性修养而言。因而，道德特性是主要的。

---

① 转引自张岱年等：《中国文化传统简论》，浙江人民出版社 1989 年版，第 5 页。

② 萧公权：《中国政治思想史》，辽宁教育出版社 1998 年版，第 65 页。

在孔子看来,君子的人格是必须具有道德自觉和道德修养的。如"君子怀德"、"君子喻于义"①;如"君子上达"②、"君子求诸己"③。君子所关心的是道德、道义、上进与自我修养。君子人格的外部行为表征则须谦虚、礼让、团结、仁、智、勇,等等。君子的人格还须稳定、持之以恒,并经受任何困苦的考验。他说:"君子去仁,恶乎成名?君子无终食之间违仁,造次必于是,颠沛必于是。"④只有具备这种品性和修养的人,才能真正体味人生的乐趣。孔子的高足颜回修养到了这种境界,孔子高度评价他:"贤哉!回也。一箪食,一瓢饮,在陋巷,人不堪其忧,回也不改其乐。"颜回在物质生活匮乏的条件下,仍未改变他行道的快乐。因为他懂得人生的意义在于追求自我人格的完善,具有充实的精神生活。这合乎孔子所说的君子的人格模式。君子还须具有崇高的道德气节,"临大节而不可夺"⑤,能够"无求生以害仁,有杀身以成仁"⑥,宁可牺牲自己的宝贵生命,也不苟且偷生,有损人格的完善。一个人只要具备了这种气节,那就能志如泰山,是任何力量也不能动摇的:"三军可夺帅也,匹夫不可夺志也。"⑦君子还必须是勤奋刻苦、好学上进的,能够"食无求饱,居无求安,敏于事而讷于言,就有道而正焉"⑧。君子还必须是能言行一致,以言过其行为耻,并能严于律己,宽以待人:"躬自厚而薄责于人"⑨,"成人之美,不成人之恶"⑩,给人以诸种实惠。所以,君子胸怀坦荡,不忧不惧,谦虚和乐,"泰而不骄"⑪。君子不仅要自身人格完备,还须施于人,以天下百姓为利:"子路问君子。子曰:修己以敬。曰:如斯而已乎?曰:修己以安人。曰:如斯而已乎?曰:修己以安百姓。"⑫由此看来,孔子所说的君子人格模式,具有丰富的内涵,同时也是近乎完美的,充分体现了儒家的道德理想。

孟子对孔子理想人格的发挥,集中体现在他的"浩然之气"说上:

> 敢问夫子恶乎长。曰:我知言,我善养吾浩然之气。敢问何谓浩然之气。曰:难言也。其为气也,至大至刚,以直养而无害,则塞于天地之间。其为气也,配义与道,无是馁也。是集义所生者,非义袭而取之也。行有不慊于心,则

---

①②③ 刘宝楠:《论语正义》,河北人民出版社1986年版,第76页、82页、318页。

④⑤⑥⑦⑧ 刘宝楠:《论语正义》,河北人民出版社1986年版,第342页、159页、357页、191页、18页。

⑨ 刘宝楠:《论语正义》,河北人民出版社1986年版,第340页。

⑩⑪⑫ 刘宝楠:《论语正义》,河北人民出版社1986年版,第274页、298页、329页。

馁矣。①

孟子这里所说的“浩然之气”，是指一种理想人格模式的精神状态。它是逐渐地培养出来的，其特点是“配义与道”，就是一方面是了解一种义理，对之有确信，此可称为“明道”；另一方面是常做他所认为是应该做的事，此可称为“集义”。明道之后，集义既久，浩然之气，不待勉强，自然而然生出，即所谓“是集义所生者，非义袭而取之”。具有这种“浩然之气”人格的人，可以“仰不愧于天，俯不怍于人”②，立于天地之间而无所愧怍，无所畏惧。这种精神境界又可以转化为一种外在的物质力量，能够使得“所过者化，所存者神，上下与天地同流，岂曰小补之哉”③！达到这种精神境界的人，就可以做到“富贵不能淫，贫贱不能移，威武不能屈”④。实现这种理想人格还须经受艰难困苦的磨炼，所谓：“天将降大任于是（一作‘斯’）人也，必先苦其心志，劳其筋骨，饿其体肤，空乏其身，行拂乱其所为，所以动心忍性，曾（增）益其所不能。”⑤孟子是在孔子的有关论述的基础上，进一步从过程的角度对儒家理想人格模式作了探讨，丰富并深化了这一思想。

儒家的理想人格，能够引导人们在社会心理上全面发展，培养出人格心理上较为健全的人。这不仅在中国心理思想史和伦理思想史上都有重要的积极意义，而且对传统的国民心理的形成也具有非同一般的促进作用。在历史上，历代都有许多有志之士依照此等人格模式来砥砺一生。可以说中国历史上的许多民族英雄、正派的政治家、学问家、文艺家，都受到这种理想人格的鼓舞。例如南宋的丞相文天祥作有一首《正气歌》，用诗的形式、用形象的语言歌颂了这种理想人格：“天地有正气，杂然赋流形。在下为河岳，在上为日星。于人曰浩然，沛然塞苍冥。”“是气所磅礴，凛烈万古存。当其贯日月，生死安足论。”⑥文天祥不仅用诗，甚至用自己的生命塑造了这种理想人格的楷模。由此也可见其对中国传统的国民性影响之深。所以，只有懂得了这种理想人格，也才可以懂得中国文化和中华民族的真精神。

但是，儒家的这种理想人格模式，却具有难以调和的内在矛盾。一方面，它唤起了人们巨大的责任感和伟大的使命感；另一方面，它又把人们的

① 焦循：《孟子正义》，河北人民出版社1986年版，第117页。

②③④⑤ 焦循：《孟子正义》，河北人民出版社1986年版，第119页、528页、324页、510页。

⑥ 吕留良等：《宋诗钞》，中华书局1986年版，第3660—3661页。

理想与封建专制社会的政治制度紧紧捆绑在一起,使人们像奴才一样俯首听命,蹈规循矩。因此,中国传统的国民心理中具有不少幻想的成分。尽管儒家的理想人格在古代社会中很难实现,然而,历代士人孜孜以求,认真践履。恰恰是这样一种矛盾,从一个侧面体现了中国文化的"文化"精神和特点。

第二节　传统的修养之道

一、儒家的心性修养

儒家之学其实质就是一种心性之学,以成圣成贤为目标的心性修养在其学说中占有特别重要的地位。综观儒学两千余年的发展史,有关心性修养的理论在先秦孟子和宋明理学那里表现得最为完备。

战国时期,告子提出了"性无分善与不善"的观点。孟子在与告子的论辩中,阐发了他的"性善"论。他认为,人生来心性就是善的,道德理性和观念是先天的。他有一段很有名的话,表述了他的这一思想:

> 恻隐之心,人皆有之;羞恶之心,人皆有之;恭敬之心,人皆有之;是非之心,人皆有之。恻隐之心,仁也;羞恶之心,义也;恭敬之心,礼也;是非之心,智也。仁、义、礼、智,非由外铄我,我固有之,弗思耳矣。①

孟子认为,恻隐、羞恶、恭敬、是非"四心"是人人生来就具有的。"四心"包含仁、义、礼、智"四德"的萌芽,也叫"四端"。人们经过后天的努力,将"四端"发扬光大,仁义礼智的品德就会"若火之始然(燃),泉之始达"②,不可遏止地喷射出来,足以保有四海,治理天下。他的结论是,仁义礼智这些伦理观念"非由外铄我也,我固有之也"。至于那些"为不善"的人,并不是他们天生资质与别人不同,而是因为他们"不能尽其才",而"非才之罪也"。③

孟子对儒家的理论贡献,在于他把心性与"天"联系起来,建立了系统化的伦理观,他说:

> 尽其心者,知其性也。知其性,则知天矣。存其心,养其性,所以事天也。夭寿不贰,修身以俟之,所以立命也。④

①②③④　焦循:《孟子正义》,河北人民出版社 1986 年版,第 446 页、443 页、517 页、598 页。

在这一系统化的伦理观中，包括有修养方法与修养目标。孟子这里所讲的心、性指的是人生而具有的善心、善性。心与性实际上是一回事。尽心、知性就是保持、发展善心、善性。他认为仁、义、礼、智等封建道德是人心中所固有的，不虑而知，不学而能，叫良知、良能。例如两三岁的小孩，便知道爱父母，等到长大，便知道恭敬兄长，就是不学而能、不虑而知的“良知”、“良能”。但先天的善端如不能努力保持与发展，便可能受到积习和不良环境的影响而失去善，变得与禽兽无异了。所以尽心、知性的心性修养具有十分重要的作用。

如何去保持和发展善心、善性呢？孟子提出有“寡欲”和“思诚”的方法。他说：“养心莫善于寡欲。其为人也寡欲，虽有不存焉者，寡矣；其为人也多欲，虽有存焉者，寡矣。”① 就是说，养心的最好办法是减少物质欲望。物质欲望不多的人，纵使善心有所丧失，也不会丧失得很多。物质欲望很多的人，纵使善心有所保存，也不会保存得很多。孟子又说：“诚身有道，不明乎善，不诚其身矣。是故诚者，天之道也，思诚者，人之道也。”②就是说，要做到诚心诚意（“诚身”），必须明白心、性本来是善的，然后专心致志地去追求善的本性（“思诚”），才能得到它。他用射箭和学棋作为例子，说心神不定是学不到棋艺的，射不中的应当“反求诸已”。从认识论角度看，足见孟子强调认识主体的能动性，但他着重强调的正是心性的修养问题。他强调“思诚”，其目的是要把那丧失掉的先天善性寻找回来。

孟子还提出了善养“浩然之气”的修养方法。什么叫“浩然之气”呢？我们在上一节已经论及，这里再从心性修养的角度作一番阐释。可以说浩然之气是一种伟大而刚强的道德人格的精神状态，它充满上下四方，无所不在。它必须是与义和道相配才能存在，由义积累所产生。一旦做了于心有愧的事，这种气就会散发掉。孟子又称它为“夜气”、“平旦之气”，即经过夜间休息，排除了日间纷扰，而呈现出的清晰神志和清净心境。孟子认为这种精神状态十分高尚，应存养勿失。

到了宋明理学时期，儒家关于心性修养的理论发展的更为完备。

理学家进一步发展了孟子有关心性的理论。他们认为，“心”的性质和职能是“虚灵知觉”。“虚灵”表明“心”是一个空的容器，能够禀赋天理而构成“至善”之“性”。程颐认为：“性之有形者谓之心”③，心就是有形的性，它把无形的性实体化了，变成了有形之物。如程颐则一再申述“心具天德”④。这

①② 焦循：《孟子正义》，河北人民出版社 1986 年版，第 598 页、299 页。

③ 黄宗羲：《宋元学案》，中华书局 1986 年版，第 598 页。

④ 程颢、程颐：《二程集》，中华书局 1981 年版，第 78 页。

种天德之心又称"本心",指人本来具有的心或心的天然状态。因为它体现了天理,故谓尽善尽美,恰到好处,是人们立身行事所必须遵循的准则。"知觉"则表明"心"又是一种思维器官,其功能就在于"思"。"心之官固是主于思,然须是思方得。"① 它能够认识一切,分析一切,正是因为人具有这样的认识思维能力,才能对人和万物用理性的眼光进行观察、认识。

关于"性",理学家认为"性"(人性)是天理在人心中的显现。"性"的内涵即"仁、义、礼、智"等道德品性,"性者,人之所受乎天者,其体则不过仁、义、礼、智之理而已"②。但是在现实世界中,性善的人并不很多,性纯然至善者仅限于圣人,大多数人的人性中往往有恶的成分。那么,性中恶的成分又是从何而来?理学家总结了古往今来关于性之善恶的种种争论,提出了"天地之性"与"气质之性"的说法,以说明这个问题。他们认为,"天地之性"(又称"天命之性"、"本然之性"或"义理之性")就是天理,它是天理在人心中纯然至善、无一丝杂质渗于其间的状态。如"论天地之性,则专指理言"③。所以它是完美无缺、万善皆备的。"气质之性"则是天理产生之后,由于理所寓住的人体都是由气所聚合而成的,而气又有清浊之分,所以不免对寓住人体中的天理有所遮蔽、侵蚀,使之具有杂质,因而就产生了"气质之性"。打个比喻,性就好比是水,本来是清清爽爽的,如果用干净清洁的器皿盛它,水就能保持清洁;但如果用脏污的器皿盛它,水就会被污染而混浊。"气质之性"的由来,就是由于气有混浊的一面,它聚成的人体,其浊性污染了天理所致。

与"天地之性"和"气质之性"的性二分法相应,他们又把"心"一分为二为"道心"和"人心"。前者是"原于性命之正",后者是"生于形气之私"。"性命之正"就是"理","形气之私"就是"气质"。所以用个"私"字,是因为每个不同的人"气质"都是各不相同的。如朱熹所说:"人自有人心、道心。一个生于血气,一个生于义理,饥寒痛痒,此人心也;恻隐、羞恶、是非、辞逊,此道心也。"④ 所以"心"之善恶如"性"之善恶,即出于"道心"者为"善",出于"人心"者则可"善"可"不善"。理学家还认为,和"性"一样,"道心"与"人心"并非指人兼有两个"心",事实上,"二者杂于方寸间"⑤,只是一个"心",不过具此两重属性而已。

---

①④ 朱熹:《朱子语类》,中华书局 1986 年版,第 1415 页、150 页。

②③⑤ 朱熹:《晦庵先生朱文公文集》,1930 年上海涵芬楼影印本,第 76 页、1121 页、71 页。

心与性之间的关系，理学家认为是“心统性情，统犹兼也”①。指的是“心”兼有、包括“性情”，又指“心”主宰“性情”。这里的“情”指的是性之发动而表现出来的情感、情绪。

理学家的心性修养理论，就是建立在上述心性理论基础之上的。修养的目的，就是通过学和道德践履去“灭”掉人心和气质之性中所含有的“恶”，复归到“本然之善”的“天理”（或道心、天命之性），这叫做“变化气质”。“学至变化气质，方是有功”②。“积学既久，能变化气质，则愚必明，柔必强。”③

修养的具体方法，理学家继承、发展了孟子的“寡欲”说，主张以“存天理，灭人欲”为纲。如二程说：

> 人之为不善，欲诱之也。诱之而弗知，则至于天理灭而不知反。故目则欲色，耳则欲声，以至鼻则欲香，口则欲味，体则欲安，此皆有以使之也。④

二程把人生的一切欲望都视为与“天理”相对立的，因而必须“窒之”、“灭之”。朱熹则对此作了进一步的修正，他把“欲”分为“好底”与“不好底”两类，主张灭“不好底”的“欲”。因为好的“欲”是合乎“天理”的，不好的“欲”才是违背“天理”的。朱熹举例说：“饮食者，天理也；要求美味，人欲也。”⑤这是因为“饮食者”之类自然需求是维持生命的必要条件，否则人就不能“生”，而这“不生”便是违背“天地之德”，也就是违背了“仁”的。所以说“此欲亦岂能无，但亦是合当如此者”⑥，而“要求美味”则是过度的欲求，是“合不当如此者”⑦。朱熹的这一修正，使理学“存理去欲”说更为圆满，也同时和佛教的“无欲”主张明确地区别开来。

修养还须“主敬”、“集义”与“穷理”。“敬”的含义在通常情况下指外貌端方，举止规矩，但在理学家那里则由外转入内，成为人内心修养的主要规范。简单地说，就是为守住心中“义理”而保持的那种“内无妄思”、“外无妄动”、“整齐严肃”的精神状态。如“坐如尸，立如齐，头容直，目容端，足容重，手容恭，口容止，气容肃，皆敬之目也”⑧，即都是“敬”的外在表现。“敬”之重要，在于它是“真圣门之纲领，存养之要法”；“敬字工夫，乃圣门第一义”。⑨

---

① 朱熹：《晦庵先生朱文公文集》，1930年上海涵芬楼影印本，第71页。

②③④ 程颢、程颐：《二程集》，中华书局1981年版，第208页、208页、377页。

⑤⑥⑦⑧⑨ 朱熹：《朱子语类》，中华书局1986年版，第224页、2374页、2374页、210页、210页。

"敬"还需要通过"集义"来完成:

敬是涵养一事,必有事焉,须用集义,只知用敬,不知集义,却是却无事也。[①]

心性修养在"敬以直内"的同时,还需要"义以方外",达到内外统一、体用一致。

然而,"集义"何以能辨别是非呢?故还须"穷理",即要求以"今日格一件,明日格一件"的广格众物的方法,以明万物之"所以然之理"。[②]穷理的目的是为了达到"至善"。"致知,但知止于至善,为人止于孝,为人父止于慈之类,不须外面。"[③]所以,"集义"和"穷理"只不过是作为内心修养的"主敬"的延伸。

"主敬"的具体方法大要有两类,即"操存"与"涵养"。"操存"源于孟子"操则存,舍则亡"一语,意思是要把稳自己的"本心",不使其因物诱而放于外。二程:"圣贤千言万语,只是欲人将已放之心,约之使反,复入身来,自能寻向上去。"[④]"操存"的具体办法有"闭邪"和"主一"。"闭邪"就是阻止外物的引诱:"闭邪则诚自存。如人有室,垣墙不修,不能防寇……不如修其垣墙,则寇自不至,故欲闭邪也"[⑤],也即要人在心中筑起一道"垣墙",防止外诱的侵入。所谓"主一",即在心中驱除一切杂念,只保持一个"敬",使外诱不得进入。所以说:"主敬也,主一也。不一则二、三矣。苟系心于一事,则他事无自入。"[⑥]"涵养"之法,可分为"养心"、"养志"和"养气"。"养心"就是"涵养吾一"。[⑦]其方法就是摒除物欲而使心中所有的"义理"渐明。"养志"乃是以意志去战胜习俗之气,使习气不能动其心,即"志可克气,气胜志则愦乱矣"。[⑧]"志已坚定,则气不能动志。"[⑨]"养气"是指"浩然之气",沿袭孟子而来。但在内容上,理学家又根据理论的需要作了发挥。例如,他们认为"养气"的过程,实际上就是"义"与"气"结合的过程,同时还须克服"私意"。概言之,就是逐步积累"义"以取代"气质"中的"私意"。

修养还有"克己"和"改过"的方法。它们与"主敬"和"集义"一样,都是从"存天理,灭人欲"这个修养总纲中推导出来的。其中,"主敬"和"集义"是侧重于说明如何"存天理"的,而"克己"和"改过"则是侧重于说明如何"灭人欲"的。"克己"依照理学家的解释,即克制自己的私心;"改过"即改正行为中的过失。私心和过失,二者都是根源于"欲"的。但二者又有区别,即私心

---

①②③④⑤⑥⑦⑧⑨ 程颢、程颐:《二程集》,中华书局1981年版,第185页、185页、85页、2页、144页、1252页、145页、115页、10页。

是指行动之前的想法、动机、念头，属于所谓“未发之时”的东西；而过失则是发生于行动过程之中的，属于所谓“已发之后”的东西。如果“欲”在处于“未发之时”就消灭了，行动中的过失就不会产生。所以，在修养中，“克己”比“改过”更为重要。

总的说来，儒家的心性修养论，不但把道德修养问题和人性问题、宇宙本体问题有机地结合了起来，而且就道德的内心修养和外在行为修养两个方面都作了广泛的阐发。这一修养论，对整个封建社会发生过广泛而深远的影响。其中所提出的一些理论命题，对于促进伦理学说的发展，也有十分积极的意义。近现代以来，学术界对这种意义进行了反思，认为它是服务于封建制度的。尤其是在阶级对抗已极为尖锐的封建社会后期，儒家的修养论成了加在劳动人民精神上面的一具枷锁。出于中国社会从传统到现代的转换过程中解放思想的需要，在当时对中国文化的心性修养作如是反思是必要的。但是，从人类社会发展的角度，人类本身高度文明的建设，有赖于每一个社会个体加强心性修养，成为高素质的公民，这一点又是必须指出的。

二、道家的虚静导引

道家的根本信仰是长生成仙。为此目的，道士们在吸取老庄等人的思想的基础上，研究出了多种多样的修养方术。简括而言，主要有虚静和导引。

道家以“道”为宇宙的本体和主宰。“道”的特点是“虚无清静”，自然无为，“夫莫之命而常自然”[①]。人若要长生成仙，也须与“道”合一，做到“虚无清静”：

> 一曰遗形忘体，恬然若无，谓之虚。二曰损心弃意，废伪去欲，谓之无。三曰专精积神，不与物杂，谓之清。四曰反神服气，安而不动，谓之静。[②]

虚无清静了，自然也就可以长生成仙。

守静的秘诀在于守一。具体方法是使意念专注于身中某一处，守气守神，静身存神，使魂神或精、气、神不受外界牵扰，长驻体内，与形魄相抱而为一。道家认为，人身藏魂、魄、精、神于其中，魂与魄，神与形相合相依，人才

① 《老子》，河北人民出版社 1986 年版，第 29 页。

② 《道藏》，文物出版社 1988 年版，第 22 册，第 633 页。

能生存。而且认为这种相合相依的关系,不是魂依于魄,神依于形;而是魄依魂而立,形依神而生,把魂、神看作人身中最基本的东西,是命之所系的根本。但魂、神与形、魄二者,性质不同,魂、神属阳,好动驰;形、魄属阴,喜静止。这种性质的不同,就容易造成魂、神脱离形、魄的危险,即所谓魂、神不守舍,这就会造成死亡。因此,道家认为,要使生命长存,就要用一种方法守住魂、神,使之不离形体,而与形、魄永远相抱为一,由此而产生了"守一"之术。

怎样才能使形、魄守住魂、神呢?根本的办法就是摈弃外界声色财货的引诱,去除心中的嗜贪念,保持魂、神的清净,便可使魂、神长存于身,百病不入,凶邪不入,人即可以长不死。道家对"守一"之术有许多论述,如:

> 古今要道,皆言守一,可长存而不老。……人有一身,与精神常合并也。形者乃主死,精神者乃主生。常合即吉,去则凶。无精神则死,有精神则生。常合即为一可以长存也。①

但"守一"当守何处?道家对此的解释不一。如:

> 一者,心也,意也,志也。念此一身中之神也。②

有的则认为:

> "一"有姓字服色,男长九分,女长六分,或有脐下二寸四分下丹田中;或在心下降宫金阙中丹田也;或在人两眉间,却行一寸为明堂,二寸为洞房,三寸为上丹田也。③

概括上述诸说,似乎意念专注,守持其中任何一处,皆可以存神合体,住魂留魄。但一般注重于上丹田(在头部)、中丹田(心窝处)和下丹田(肚脐处)三处。守一就是守此三丹田之一,即人们常说的意守丹田。

导引则是肢体运动与行气、按摩等配合的一种修身之道。导谓导气,引谓引动肢体,即所谓"导气令和,引体令柔",是一种以引动肢体为主,并配合

①② 王明:《太平经合校》,中华书局1960年版,第716页,第16页。

③ 王明:《抱朴子内篇校释》,中华书局1985年版,第323页。

呼吸吐纳的修养方法。

导引之术在先秦时期就已出现。如《庄子》书中就已有导引之术的记载,其《刻意》篇中说:"吹呼吸,吐故纳新;熊经鸟伸,为寿而已矣。""熊经鸟伸"即指导引。1973年长沙马王堆汉墓出土有《导引图》。魏晋道家在此基础上又进一步加以发展。《抱朴子内篇·别旨》有云:"或伸屈,或俯仰,或行卧,或倚立,或踯躅,或徐步,或吟或息,皆导引也。"宋郑樵《通志·艺文志》道家类著录导引书二十部二十二卷。另外还有许多谈导引的秘籍,列导引法千余条。这里列举一例:

> 凡导引,当以丑后卯前(一时至七时),天气清和日为之。先解发散梳四际上达顶三百六十五过。散发于后,或宽作髻,亦得烧香,面向东,平坐握固,闭目思神,叩齿三百六十过,乃纵体气,依次为之,先闭气,以两手五指交叉,反掌向前极引臂拒托之,良久,即举手反掌向上极臂,即低左手,力举右肘,令左肘臂按著后项,左手向下力牵之,仍令向左开右腋,努胁为之低右,举左亦如之,即低手钩项,举两肘偃胸,仰头向后,令头与手前后竞力为之,即低手钩项摆肘,纵身向左向右,即放手两膝上,微吐气通息,又从初为之三度。①

又《养性延命录·导引按摩》亦录有许多导引之法。《云笈七签》卷三二至卷三四对道家导引诸法也有较详的记录。后世传世的八段锦、龙虎功、太极拳、形意拳、八卦掌等,都是由道家的导引诸术发展衍变而来。

与导引结合进行的"行气"又称"服气"、"食气"或"炼气",是一种呼吸吐纳的修养方法。道家认为元气为生气之源,气在则神随生,得元气则生,失元气则死,故极重炼气之法。如《云笈七签》卷五六《元气论》说:

> 人所以得全生命者,以元气属阳,阳为荣;血脉属阴,阴为卫。荣为常流,所以常生也。②

所以,人欲保生命之体,便须养气,设法保持身中的精气与元气,还要吸取存在于天地间的精气和元气。服气的方法很多,但基本特征是深呼深吸,尽量吐出胸中浊气,缓慢吸入自然界的清新空气。行气时,要求凝神静虑,

① 《道藏》,文物出版社1988年版,第18册,第448页。

② 张君房:《云笈七签》,华夏出版社1996年版,第327页。

专气致柔。呼吸吐纳,要做到轻、缓、匀、长、深。轻,谓呼吸轻细;缓,谓进出气要舒缓;匀,谓呼吸节拍有致,不时粗时细;长,谓呼吸之间隔时间长;深,谓使吸入之空气渗进肺腑百脉,渗透组织深部。如:

> 黄帝曰:食谷者知而夭,食气者神而寿。……真人曰:夫可久于其道者,养生也,常可与久游者,纳气也。气全则生存然后能养志,养志则合真,然后能久登生气之域,可不勤之哉?是知吸引晨霞,餐漱风露,养精源于五脏,导荣卫于百关,祛病以安形,复延和而享寿。①

行气的时间,道家认为,"食气法,从夜半至日中六时为生气,从日半至夜半六时死气,唯食生而吐死,所谓真人服六气也"②,等等。服气之法还有许多,又谓服气须看季节、天气等。

上述服气之法为外息法。除此之外,还有一种"内息法",又称闭息法。就是闭住口鼻,尽量不让口鼻呼吸外界空气,而是调动自身固有的内气,使之在体内循环。这种行气法较难,必须经过循序渐进的训练才能做到。葛洪曾讲过这种闭气数息的方法。他说:

> 初学行气,鼻中引气而闭之,阴以心数至一百二十,乃以口微吐之,及引之,皆不欲令己耳闻其气出入之声。③

即开始时一息闭气,数至一百二十,以后渐渐增加,日子长了,一息闭气可以数至一千。久而久之,就能达到长时间闭气,即完全不以口鼻呼吸外气,而是只靠身体内的所谓"内气"来进行自我呼吸循环。正像胎儿在母体中不用呼吸一样,故又称之曰"胎息",它是行气法的最高境界。自古以来,道士中擅长此术的人很多。如葛洪的先祖葛玄就擅长此术。葛洪说:"余从祖仙公每大醉及夏天甚热,辄入深渊之底,一日许乃出者,正以能闭气胎息故耳。"④

道家的上述修养方法,是祖国传统文化遗产中珍贵的一个组成部分,它具有治疗某些疾病和延年益寿的积极作用。我们应该科学地加以整理研

---

① 《道藏》,文物出版社1988年版,第18册,第448页。

② 《道藏》,文物出版社1988年版,第22册,第253页。

③④ 王明:《抱朴子内篇校释》,中华书局1985年版,第149页、150页。

究，吸取精华弃去糟粕，使之能够有益于人民群众的身心健康。

三、佛家的定慧双修

定慧双修亦叫定慧双运。它是佛家所提倡的一种修养方法。佛家的人生目标是成佛，定慧双修则是成佛的必修之道。

定慧双修包括定和慧两大方面。定亦称增上心学，指禅定，它是梵语"禅那"的简称，意为"静虑"，即摈除杂念，专心致志，以思悟佛教的学说真理的一种静息一切欲望的修养方法。唐代高僧慧能对"禅"的理解是：

> 何名坐禅？此法门中，一切无碍，外于一切境界上念不去为坐；见本性不乱为禅。何名为禅定？外离相曰禅，内不乱曰定。……外禅内定，故名禅定。①

禅定的过程就是坐禅。坐式一般为结跏趺坐，亦名金刚跏趺坐。唐慧琳和尚对这种坐式及要领曾解释说：

> 结跏趺坐，略有两种，一曰吉祥，二曰降魔。凡坐先以右趾押左股，后以左趾押右股，此即左押右，后以右股押左股，令二足掌仰于二股之上。手亦右押左，安仰跏趺之上，名曰吉祥坐。②

坐禅的过程中据说又须经历种种不同的境界。如小乘将禅定中依境界的高低分为四禅，即初禅、二禅、三禅和四禅。初禅为禅定的初级阶段，这时沉思于专一，摈除情欲，消除不善心，这就是"离"。由此渐进而生喜乐，即欣喜与慰安。但此时尚有思虑，尚未达到表象的沉静，故称初禅。二禅是由初禅进而安住一想，达到一种表象的沉静，获得一种更高的喜乐。三禅是由二禅进而舍离喜乐而达到完全安静境地，获得轻安的妙乐。这时已产生了智慧，达到了正念和正智的阶段。但此时因尚有身体上妙乐的感觉，所以对涅槃境界来说还有一段距离。四禅是由三禅再进一步，完全超脱苦与乐，连自身的存在都已忘却，达到舍念清净的境界。这也即是涅槃境界。

慧又称增上慧学，亦即智慧。慧也可理解成有厌、无欲、见真，指摈除一切欲望和烦恼，专思四谛、十二因缘，以窥见佛学的真理，获得智慧上的解脱。

---

① 慧能：《六祖坛经》，中华书局 1983 年版，第 24 页。

② 引自阎文儒：《中国石窟艺术总论》，天津古籍出版社 1987 年版，第 71 页。

四谛为佛教的四大真理或实在。其内容为苦谛、集谛、灭谛和道谛。四谛说代表了佛家的人生观。苦谛是指人生受有种种苦恼的逼迫,主要内容有八苦,即生苦、老苦、病苦、死苦、求不得苦、怨憎会苦、爱别离苦、五阴盛苦。生老病死是指人对身心演变所产生的苦恼,爱别离、怨憎会是人对人或人对于社会的离合所产生的苦恼。如情感亲好的眷属朋友,要分别或死亡,即不免受别离苦。如仇敌相见,怨恶产生,即会发生怨憎会苦。求不得苦是人对于物欲的得失而发生的苦,五阴盛苦是对七苦的总结,意谓人发生的众苦,问题就在于人自身的存在。集谛的集是积聚感招之意,是对众苦产生的原因的分析。它认为一切众生,由于贪瞋愚痴的行动,才感召了众苦的产生。灭谛亦名尽谛,意为熄灭、灭尽之意,谓消灭了导致苦恼的产生原因,脱离了生死轮回,而达到涅槃寂灭的境界。道谛的道为通达之意,也是道路的意思。这是达到寂灭解脱的方法和手段。其具体内容有八正道,即谓达到佛教最高理想境地(涅槃)的八种方法和途径,包括有正见,正确的见解,亦即坚持佛教四谛的真理;正思维,即根据四谛的真理进行思维、分辨;正语,即说话要符合佛陀的教导,不说妄语、绮语、恶口、两舌等违背佛陀教导的话;正业,正确的行为。一切行为都要符合佛陀的教导,不做杀生、偷盗、邪淫等恶行;正命,过符合佛佗教导的正当生活;正精进,即毫不懈怠地修行佛法,以达到涅槃的理想境地;正念,念念不忘四谛真理;正定,专心致志地修习佛教禅定,于内心静观四谛真理,以进入清净的佛界。佛教认为依道谛去修行,就能达到寂灭解脱的灭谛,由此途径确实可以达到解脱生死的目的。

十二因缘亦名十二缘起,为佛教三世轮回最基本的理论。它认为人生是由十二个环节(十二因缘)构成。内容包括:1. 无明,即愚痴无知;2. 行,为由无明而产生的善与不善等行为;3. 识,即投胎之时的心识;4. 名色,为胎中的精神和物质状态;5. 六入,即眼、耳、鼻、舌、身、意生长完备等;6. 触,为出胎后开始接触事物;7. 受,即感受苦乐等;8. 爱,为贪等欲望;9. 取,即追求取着;10. 有,由贪等欲望引起有善不善等行为;11. 生,即来世之生;12. 老死。佛教十二因缘说并认为由 1、2 的过去因,感生了 3 至 7 的现在果;又由 8 至 10 的现在因,感生 11、12 的未来果。因果相续,使芸芸众生各依所做善恶,一直在六道(天、人、阿修罗、地狱、饿鬼、畜生)中生死相续,升沉不定,轮回不停。

定慧双修的修养方法,反映了佛教中学修并重的佛学思想。其又为唐代时期形成的禅宗进一步发展,成为佛教修养的主要方法。

第七章　民俗与传统文化

民俗是文化价值系统的载体，不同的风俗习惯是不同民族的政治、经济、文化生活的反映，又是表现民族生活方式、历史传统和文化心态的重要因素。在社会生活中，民俗是一种文化模式，一种规范，是相对于法律、政令等硬控制形式的软控制，被人称为“不成文的习惯法”。民俗对于社会具有一种整合功能，可以使社会系统有效地排除干扰，保持文化特色，产生极大的社会控制效用。深入研究民俗是了解传统、进行文化改造与精神文明建设的重要环节，历代高度关注，并形成了“移风易俗”的优良传统，其中的历史经验值得发扬。

第一节　民俗在传统文化中的地位与作用

一、民俗的概念及其范围

民俗是人民群众生活与文化的传承现象。所谓传承是指一个民族在长期社会生活中共同创造、广泛流行，同时被当作某种规范加以保持的习惯。一般说来，民俗既包含经济的、社会的内容，又包括心智的、行为方面的内容。心智的民俗指民族生活中表现出的思想意识和心理现象；行为民俗则是群体心理和观念的具形化。这些心智的与行为的民俗，表现为一种习惯或定式，在人们的物质生活、社会生活和精神生活中大量存在，并随着历史的发展不断演进、变化，具有相对稳定与长久遗存的特征。

民俗一词在我国的使用是近代的事。它是一个外来语，其原文是 Folklore。作为一个学科的名称，Folklore 传入日本后被译作“民俗”。20 世纪初，我国学者周遐寿等东渡留学，归国后办起《歌谣》周刊，正式开始使用“民俗”这一概念。至 1927 年广州中山大学办起专门刊物，直称《民俗》，并加以推广，从此才在学术界成为一个广泛使用的固定概念。

概念的使用尽管较晚，并不意味着我国漠视民俗的研究。事实上，我国历代十分重视这门学问的研讨和利用。封建统治者洞悉民俗对于政治稳定的作用，强化民风教化，许多有识之士长期致力于移风易俗的实践，上行而下效，形成了一种绵延不断的传统。只不过在当时的表述中，用的是另外一些概念罢了。

在我国古代，与民俗意义相近的概念是“民风”。《礼记·王制篇》即有“命太师陈诗以观民风”的说法。这里，太师陈上的诗是民间歌谣；君王要观的民风，即民间的习俗风化。

我国传统文化中关于民俗的另一常用概念是“风俗”一词。它是民间之风尚习俗的紧缩词。根据《汉书》的记载，风与俗古时各有不同的含义：“上之所化为风，下之所化为俗。”上之所化指由上而下的教化，有一种推广的力量，所以叫风，是说它像风一样，遍布四方。下之所化指下层人民所用以自我教化的东西，它在民间为人人所习，所以叫俗。汉人许慎的《说文解字》之所以把“俗”解释为“习也”，正是反映了古人的这种理解与诠释。

我国传统文化观念对民俗的理解是广义的，即将民俗理解为全民性文化现象。这种理解与狭义的“民俗”概念不同。关于民俗一词的本义，费孝通先生说，在英文里“近于‘老乡’、‘乡下土里土气的人们’。作为一个形容词近于‘民间’、‘土风’的意思”[①]。这种狭义的见解曾长期占据民俗学研究的统治地位，至今仍有影响。如日本民俗学家后藤兴善坚持认为“‘民众’是指‘未受到近代文明洗礼的庶民’，就是与有教育、有文化知识、有较高文化的上层阶级不同，而意味着平凡的、文化较低的下层民众”[②]。把民俗学视为“乡民学”的狭义见解，目前正在为广义的，也就是全民性的“人民学”的发展趋势所取代。而这后一种释义倾向与我国传统文化对民俗的理解比较接近。简约地说，我国古代关于民俗概念的理解，包括了两层较重要的内涵：一是具有全民的自我教化、自我约束的机制（“上之所化为风，下之所化为俗”）；二是具有在民众中传习的机制（“俗者，习也”）。这种概括实际上已经表述出民俗的基本含义——它主要是由人民群众所创造，而又是人人传习，用以自我教化的习俗。这其中蕴含着民俗的集体性特点与传承性特点。

事实上，离开了广大群众的创造与传承，离开了人民的生活实践，也就抽掉了民俗赖以存在的基础。因此，民俗并不是古代社会，也不只是农村乡民阶层的遗留物，更不是仅属于某一社会的附属品，而是人类社会进程中必然产生的伴生物——全民社会生活永恒的伴侣。钟敬文先生在论民俗的共

---

① 费孝通：《谈谈民俗学》，见《民俗学讲演集》，书目文献出版社 1986 年版，第 1 页。

② 后藤兴善：《民俗学入门》，转引自陈勤建：《当代中国民俗学》，上海文艺出版社 1988 年版，第 5 页。

同性问题时讲到，不能说“上层社会没有民俗”，也不能说“它没有和劳动人民共同的民俗”。实际生活中，“大部分风俗是民族的”，因此，“民俗学是记叙、研究和说明人民生活文化现象的学科”。① 这种对于民俗学的理解、诠释和概括，避免了狭隘理解所带来的歧义，顺应了民俗学研究的新动向，因而是中肯的。

二、民俗在文化系统中的地位

在社会文化的大系统中，民俗是一个地位与作用都有别于其他文化部类的独特子系统。它在与社会大系统发生关系的同时，又与政治、经济、法律、军事、宗教等子系统发生关系。各子系统与社会大系统的联系，往往通过民俗的形态表现出来。因此，民俗被认为“是铺展于社会大系统之下而凌驾于其他子系统上的中间环节”②。这就是说，一般文化意识形态与社会生活总是相对而存在，保持一段距离，而民俗与社会生活却往往水乳交融、混同一体。民俗从一个角度看，是一种文化意识形态，紧连着上层建筑；从另一个角度看，又是社会生活的一部分，紧连着各种具体的文化门类。这种二重性特点，使其在文化系统中处于一个独特的中介地位。

如何认识民俗的二重性特点？

首先，民俗在现实中展现，处处显现为一种生活的特征，表现为一定的生活方式。这种生活方式，富有民族文化意识，是一种“有意味的形式”。如，逢年过节、饮食习俗、婚丧嫁娶、服装穿戴，等等，无不展示出生活的风姿。虽然如此，民俗本身又不仅仅是单一的生活标记。与一般的生活事象相比，民俗事象具有明显的文化意识和生活特征交融的二重性。它以文化意识的内涵与生活方式的外表，合而为一地在人类历史长河中流传和变迁。如我国的新年习俗是以一种生活的样式实施对天地君亲虔诚敬祭的文化意识，而拜年是中华农业文明重视伦理亲情的典型生活表象；五月端午吃粽子的生活习惯，内涵着原始宗教的意义与缅怀屈原爱国主义精神的文化意识；正月十五吃元宵，蕴含着中国人对月神的崇拜和心理上祈望平安圆满的文化意识；清朝的服饰包含着对草原游牧生活的忆念及愿为主子尽效犬马之劳的文化意识。正因为如此，生活中大量存在的民俗事象多具有二重性。

其次，民俗二重性的特质还表现在民俗的嬗递变异之中。民俗流传不

① 钟敬文语。陈勤建：《当代中国民俗学》引，上海文艺出版社1988年版，第8页。

② 简涛：《民俗工程刍议》，《当代中国民俗学》，上海文艺出版社1988年版，第69页。

仅仅是简单的,程式化的生活习惯与方式的陈陈相因,而且也以一种文化意识流传承袭。春节、元宵、端午、中秋、腊八等岁时节令习俗世代传承的原因,并不是人们单纯追求过节时的生活改善。更重要的,是以宗法制为基本社会制度的东方农业文明注重道德与伦理亲情的传统文化观念在起作用,是民族文化心理传统在起作用。尽管这些民俗在远古至今的历史过程中,其观念形态发生了许多变化,但是,民俗的二重性仍在起作用——无形的心愿意识和有形的生活样式综合一体,保证了民俗文化的沿袭嬗递。

需要指出的是,在民俗流传中,二重性之两极的权重并不是对等的,一成不变的。二者相较,作为文化意识容量的一极可变性较大。如前已提及的端午节俗的例证,原本为先民原始宗教的祭祀方式的反映,到南北朝时已被纪念伟大的爱国主义诗人屈原所取代,变化十分明显。而且,文化意识无形的形式,缺少仿效的直观性,较之民俗作为生活有形的形式,沿袭的能量总要差些。因此,现实中不少民俗的流传,经过现代社会革命,其内容发生了根本性变化,然而凭借生活方式的摹仿形成的民俗传承链,却仍旧年复一年,代代相因。

同一民俗事象,若尚能流传,外表的生活方式较内涵的文化意识,稳定性要大得多。如龙舟竞渡的习俗样式,格调千百年来基本一致;祭灶的生活场景,在范成大《祭灶词》中描绘的与今天尚存的习俗如出一辙。至于祭品及规格,从汉代应劭《风俗通》的记载来看,两千年无大变化。而祭灶内涵的文化意识却几经变化,最早大概是对寄生于灶边的蟑螂的敬畏,带有禁忌的文化含义,而灶王爷的传说与供奉,则是后来的事。

总之,民俗的二重性是一个统一体的两个方面。外表的生活方式是民俗文化意识对象化的表现,二者既是此又是彼。所以,具有其他社会文化意识形态不可取代的地位。

三、民俗的社会作用

谈到民俗在民族文化及社会中的作用,首先要了解民俗的几项重要功能。把握了这些功能,民俗的作用就昭然若揭了。

1. 在社会生活中,民俗具有鲜明的导向功能

民俗的导向功能主要作用于人的社会实践和生活习惯的养成。关于这一点,法国人类学家布迪厄说过:"实践不是全然有意识的。人在活动的过程中有其目的性,但是他们并不可能完全地'组织'和'操纵'活动,而是在活动(实践)中不断习得、复制、创造游戏规则……久而久之变成内化和概念化

了的客观结构。”[①] 这段论述对分析、认识民俗的导向功能有着重要的参考价值。

民俗作用于人的这种功能主要是通过文化的感染、模仿与遵从三个环节来实现的。感染，是指文化氛围对人的濡染。模仿，是指对民俗所规定的行为模式的简单仿照。遵从，则指人对社会的行为规范与道德准则的遵行。感染和模仿是民俗延续的心理基础，也是一个人成长过程中徐徐入俗的心理基础。感染可分情绪性感染与行为性感染，而民俗的传承主要表现为行为性感染。前人所谓“群居相染谓之俗”，正是指的这种感染的模仿的作用。

感染和模仿基本是外因通过内因而起作用的过程。其着眼点还在于主体意识，表现为一种自愿的行为，而遵从则是或多或少地迫于某种压力。这压力就是来自规范与定式的客观作用力。一位民俗学家论述这一问题时指出：“个人可能被迫与群体一致。……通过遵从，群体的某个成员受到诱导，便和其他成员一样地行动，甚至当他感觉到他们对刺激的反应是不正确的时候，也是如此。”[②] 上述分析说明，民俗正是通过感染、模仿和遵从三个环节，产生对社会生活的影响，发挥其对于个人的重要的导向与塑造作用。所以说，民俗是一种模式和行为规范，不仅为社会生活提供材料，而且为社会行为提供蓝图，并使之系统化、规范化。的确，一个婴儿降临人世，他的一生将采取哪些方式度过，民俗已经为他准备好了楷模。不管你愿不愿意，民俗都将坚定地按照自己的导向塑造灵魂。而且，随着人类思想观念解放运动的深入人心，该功能在现代生活中不同程度得到弱化。但是，只要人类社会还存在，就很少有人能完全摆脱这种导向功能的巨大作用力。

2. 在社会生活中，民俗具有巨大的整合功能

所谓整合功能，指民俗在文化发展中的消除振荡、统一思想，维护与保护社会稳定的作用。前边提到，从社会学的角度看，民俗具有社会控制的效用，是相对于法律、政令等硬控制形式的软控制，是不成文的习惯法，具有极大的约束力量。因此，民俗是一种巨大的社会稳定力，可以使社会系统有效地消弭振荡与干扰，保证其在整体运动中的相对稳定的形式和基本一致的适应方式。

我国历史上的封建社会是一个超稳定的大一统体系。这种观点已被学

① 转引自王铭铭：《想象的异邦——社会与文化人类学散论》，上海人民出版社1998年版，第295页。

② 克特・W.巴克：《社会心理学》，南开大学出版社1984年版，第117页。

术界广泛接受。其实，这种体系之所以稳固少变，与历代统治者注重教化，注意利用具有巨大整合作用的民俗实行系统控制有着直接的关系。每次大的社会动荡之后，有作为的统治者总是率先整肃风俗，敦行教化，以保证朝廷命官与黎民百姓能用惯有的方式进行管理和生活，其道理就在这里。清朝入关，之所以能够迅速地“顺治天下”，不能不说是成功地借用了这一法宝。可见，这种整合功能可以产生人的社会安定感和相互亲近感，使人安居乐业、力展宏图。

3. 在社会生活中，民俗具有向心功能。

向心功能表现为一种服从权威的群体凝聚力。这种向心力以共同的习俗与文化心理为纽带，不断张大群体组合的强度，使骚动的人心，离心的思欲趋于平静，最后实现在统一的文化氛围中的和谐。每个人对于社会都抱有程度不同的期望值，如果人各行其是、各自为政、全力满足一己之私欲，天下必将永无宁日。中国的祖先早就悟到了这一道理，从临潼姜寨遗址的向心模式到陕西北首岭、西安半坡遗址的营地格局，雄辩地证实了中华文化对向心功能的特殊理解力，因此中华文化中的向心特征和集体意识最终形成了鲜明的民族特征。具体到民间，民俗则以它独到的群体凝聚力，使得某地域内的人在共有的习俗纽带的联系中彰显出这一文化特色，形成感情的融洽契合，产生了团结和秩序。尤其是到了异土他乡，民俗的群体凝聚力极易显现它的力量。在所谓乡土、乡情观念的文化心理作用下，人们很容易凝成一个团结一致、共同对外的群体。这些在共同的风尚习俗之上产生的独特情感和意识，我们称之为“文化认同”，这种群体的基于共同文化的价值认同，正是民俗向心功能的具体展现。应该指出的是，民俗的这种功能除了积极的一面，也有消极的因素，如容易形成帮派、地方主义、保守主义，等等，因此需要社会疏导与社会控制。

第二节　中国民俗的产生及历史背景

一、中国民俗的产生

作为中国文化的一个支系，中国民俗源远流长，绵延不绝，有其独特的发生、发展的历史。

远古的民俗在漫长的原始社会孕育发生，其产生的最基本原因有二：一是满足生存的需要，二是适应环境的需要。

最初，原始人使用手和天然的石制工具满足其最基本的需要。从利用没有打磨的自然石器开始，到学会打制、加工较复杂的石器，经过了旧石器时代和新石器时代的洗礼。大约一百七十万年以前，我国的广大土地上就有了远古的先民在生活、繁衍。在云南的元谋以及稍后的陕西蓝田、北京周口店等地区，都发现了早期的原始先民遗迹。旧石器时代即以元谋到山顶洞人的文化形态为代表。这一时期的原始人，运用原始方法打制各种砍砸、刮削器具，利用石器加工木棒，利用兽骨制造尖器和挖器等。而且，开始摆脱"茹毛饮血"的生活方式，学会如何保留火种，进入了利用火为人服务的时代。

当时的社会组织是自然原始人群，生产方式为群体的狩猎与采集。食物是野生瓜果和猎获的野牛、野羊。婚姻形态则由原始乱婚逐步过渡到血缘婚姻家庭。至一万七千年前的山顶洞人时代，稳定的母系氏族原始公社社会形成。与之相适应，产生了原始先民的早期民俗：在老年人、妇女尸体周围撒有赤铁矿粉末，说明了宗教信仰风俗的产生；不同身份的人的不同安葬方式，以及装饰、物品随葬的多与寡，反映了丧葬风俗的原始形式；骨针的产生、使用，反映了服饰风俗发展的新阶段，等等①。

新石器时代的仰韶文化期显现为一种新的生产方式，山东大汶口文化，红山文化、河姆渡文化等，大体处于这一时期。此时，社会逐渐完成母系向父系过渡，开始出现原始家畜饲养和刀耕火种的原始农业。彩陶的大量出现，标志着制陶技术的广泛应用。农业的发生和发展，使人开始定居，引起生活节奏、饮食习俗等一系列的变化。葬穴、氏族墓地开始出现。丧葬风俗中出现了石棺、陶瓮葬，并且开始陪葬谷种、陶器等，婚姻形态完成了血缘内婚向氏族外婚的转变，奠定了对偶婚姻家庭的基础。古老的生活方式、生产方式铸造了中国习俗的原型，使其一开始就带有鲜明的民族标记。

恩格斯说："历史中的决定性因素，归根结蒂是直接生活的生产和再生产，但是生产本身又有两种：一方面是生活资料，即食物、衣服、住房以及为此所必需的工具的生产；另一方面是人类自身的生产，即种的繁衍。"② 生活资料的生产，是原始人的重要生产。围绕这些生产，产生了一系列的民俗。其中工具的制造，生产的方式，居住、婚姻、丧葬等都有先民所创造的原始民俗伴随。另一方面，人类自身的生产则形成了各不相同的产育习俗。

---

① 参阅宋兆麟等：《中国原始社会史》，文物出版社 1983 年版，第三章《母系氏族社会》。

② 张紫晨：《民俗学讲演集》，书目文献出版社 1986 年版。

在母系氏族社会中,女性的生育带有某种神秘色彩,由此产生了女性崇拜,反映了女性生活资料和人类自身繁衍这两大生产方面的重要地位。这种女性崇拜,一方面表现在原始神话中开辟神话多把创造神表述为女神,赋予她们以超人的本领,创造人类和万物;一方面也在祖先崇拜中,把女神放在群神之首。汉族的女娲抟黄土造人,汉画像中随处可见的女娲、伏羲崇拜,明显是这种原始崇拜的遗习。此种风俗的形成,不仅仅因为当时妇女在经济生活中占有优势,同时也因为女性神被认为是产育之神,是胞族的轴心。因此,当先民要求生育,又不能认识生育的奥秘的时候,便自然产生了求育的巫术仪式与习俗,演而成原始生育信仰。

这样看来,人类最初的生活资料生产属于物质生产范畴,但人自身为了种族延续的"生产"过程,则不仅带有物种延续的物质特性,而且具有教育等精神活动特性,人是社会关系的总和。人的社会属性决定了原始时代的原始精神活动的大量存在。因此,对原始生产的认识应作如是观:人类的生产与创造活动,自始即为物质生产和精神生产的双重劳动。山顶洞人一万七千年前即在墓穴中的尸体旁撒施象征生命与鲜血的红矿粉,说明当时人类在生活资料生产的同时,精神生产方面的民俗业已萌芽。

二、民俗产生的条件及背景

民俗产生的背景及条件大体可以分四个方面谈。

1. 民俗的形成和居住地区的自然环境、自然条件密切相关

民俗的产生,最初完全是为了满足生存的需要与适应环境的需要。衣、食、住是人类生存的最基本的条件,所以,有关它们的风俗产生最早。所谓古者"未有麻丝、衣其羽皮"、"食草木之实,鸟兽之肉",① 正是早期生活习俗的真实写照。

人类的生产习俗,最初也是适应环境而产生的。原始人群多习惯于居住依山傍水之地,并不是因为先民对山水有一种偏爱的情感,而是山上有足够的瓜果可以充饥,有众多的鸟兽可以捕获,水中的鱼鳖虾蟹可以吊起他们的胃口,清甜可口的河水,一刻不可或缺的缘故。山水自然哺育了人类,人又反过来感恩戴德,形成一系列崇信回报的精神民俗。所以,我们说,地域性因素不但影响、制约着许多民俗形式的产生发展,同时也影响制约着民俗心理的形成和发展。

最初的信仰民俗是在谋求生存的同时,对于自然环境所产生的精神上

---

① 《十三经注疏·礼记·礼运》,中华书局1980年版,第1416页。

的适应。它与谋求生存的物质活动——生产密切联系。例如，春节风俗本来源于古代蜡祭，对象是祭祀报答各种对农事有恩功的神祇。他们唱着“土反(返)其宅，水归其壑，昆虫勿作，草木归其泽”一类《蜡辞》，祈求天神保佑风调雨顺、五谷丰登。这种谢神祈年的信仰民俗无疑与环境及生产有着直接联系。

从地理学的角度看问题，地域性的民俗不但受到地貌环境的影响和制约，同时也受气侯条件的影响和制约。身处高原和高山的民族，与身居平原或沿海，甚至岛屿的民族，在同类民俗生活形式上，有着许多差异。如古老的端午节习俗，湘沅一带有赛龙舟的习惯；而江西某些缺水的地区则在端午节实行“旱龙舟”；北方则有“走旱船”的习俗。生活在平原地方的人类习惯于土葬，沿海地区的人类习惯于水葬，高原山区则习惯于天葬，等等，都是典型的受地貌影响而形成的民俗差异。

中国自古是一个农业大国。农业生产与气候关系最大。风调雨顺，则年成丰稔；天灾频仍，则稻谷歉收。按照人的心愿，总希望季季丰收，连年有余。这一心理基础，自然产生了对天的崇拜祈求，甚或产生畏惧心理——祈雨祷晴一类风俗是对天的祈求；祭雷公、电母、洛嫔、河伯，是对电闪雷鸣、急风暴雨造成房倒屋燃、江河泛滥的恐惧心理的转换。说到底，还是与自然环境、气候变更的影响有关。

2. 民俗的形成与民族的生产水准、经济特点和经济条件有关

不同的社会发展阶段产生与之相适应的风俗习惯。我国古代典籍记载上古时代的中原风俗时说：“昔有先王，未有宫室。冬则居营窟，夏则居木曾巢；未有火化，食草木之实，鸟兽之肉，饮其血，茹其毛；未有麻丝，衣其羽皮。”[①] 显然，原始先民茹毛饮血、身着羽皮、刀耕火种的习俗，与当时的社会发展阶段与经济、生产水平相适应。

在技术落后的封建时代，农业生产主要靠天。如前所述，风调雨顺则五谷丰稔；天灾持续则米粮歉收。由于这种功利性的作用，处于这一社会发展阶段的人，对于风云雷电、雨雪阴晴等一系列自然现象产生了崇拜心理，进而产生祭祀天地、农神等诸类早期民俗。进入科学与文明时代之后，同样是这个农业大国，由于人上可以耕云播雨，下可以科学种田——旱时可以人工降雨，涝时可以机械排水，人们确信“人定胜天”，原始农业祭祀的迷信习俗便一扫而光，代之以喜庆丰收的“丰收锣鼓”，秧歌集会等新风俗。可见社会

① 《十三经注疏·礼记·礼运》，中华书局 1980 年版，第 1416 页。

的发展与生产力水平的确是民俗嬗变的重要因素。

那么,为什么说风俗习惯和生产特点以及自然经济条件有关系呢?道理很简单,人类总是在一定的生态环境中进行着特有的文化创造,各种文化特质相互联结而构成一个特定环境的文化丛体,形成独具特色的民风习俗。生活在山区的人依靠山区独特的自然经济条件,创造出石桌、石凳、石碾、石墙、石屋、石路等石文化丛。生活在江南的人因为自然条件的变化,即使同样是依山傍水,所创造出的则是令人叹为观止的竹文化丛:头戴箬笠,身披竹布,拄着竹杖,吃的竹笋,上山抬的是滑竿,下河撑的是竹筏子,用的是竹篓、竹筒、竹篮子,屋里摆的是竹椅、竹凳、竹床、竹席子……在这个竹文化的世界里,自然形成区别于其他地域的独特的民风民俗。

北方牧区住毡房、西双版纳住竹楼,也是由于它的经济条件、经济特点所决定的。牧区要建木石结构的建筑比较困难,但它有皮毛,可以织毛毯,做毡子。以此为原料,搭成毡房、蒙古包,十分方便。另外,由于牧区的经济特点,迁徙流动性强,哪有水草就迁到哪里居住。流动放牧的经济特点与牧区自然经济条件,决定了牧区搭建毡蓬的住房形式。而在西双版纳,之所以与内地生活习俗不同——住上楼下厩的竹楼,首先是由于当地的经济与自然条件所决定的。那个地方风景优美、气候宜人,然而炎热、潮湿,不宜席地而卧,故以居楼为宜;盛产竹木的自然经济条件决定了建筑材料的选用。再则,它是定居农耕,不需要拆迁,故而不取蒙古包式的活动性建筑方式。由此看来,经济特点与自然经济条件,的确是民俗形成的不可忽视的条件。

3. 风俗的形成与民族的社会理想、文化心理特征以及某些历史际遇有关

一个民族中风行的民俗习惯,往往是民族文化心理的反映。如,在汉民族文化中积淀着强烈的"福"、"寿"观念。中国人以老人长寿为最大的福气,而尤以孝道为先的社会,人至晚年又最看中做寿。寿桃、寿星、百寿巾、百寿图到处可见,"福如东海长流水,寿比南山不老松"的贺寿声不绝于耳。文物中、典籍中与现实生活中,无论是民族建筑的窗棂、门扇、屏风、画栋、雕梁、椽头、屋角,还是文物、艺术作品中的图案、造型与纹饰上,触目可见以符号形式烙印着的"福"、"寿"观念的痕迹。无可否认,它既与中华民族政治伦理文化有关,又与民族的传统社会生活理想有关。此中反映出的强烈的生命意识与融融的伦理色彩,表现着独特的民族文化个性。

《韩非子·解老》说:"全寿富贵谓之福。"《尚书·洪范》也曾把寿、富、康守、好德、善终称之为"五福"。可见,"福"、"寿"观念的核心是一个福字,是

求福避祸、趋利避害的民族传统心态的反映。在我们的民俗文化中，人们向来把“福”作为人生最高理想来追求，尽管不同时代有着不同的内涵。比如称生活美满，万事如意者为“福人”，称美酒佳酿为“福水”，女子行礼称道个“万福”，旅人上路则送一句“一路福星”。甚至走进佛寺庙宇，供善男信女慷慨解囊的功德箱，上面也写的是“广种福田”。至于用“福”字作人名、地名、商店名、商标名的更是多得不计其数。可以说，“福”字广泛地渗透在我们民俗文化的各个方面。因此，历代统治者也常利用这种求福避祸的民俗心态，使百姓忍辱负重，甘做牛马，客观上起到了巩固封建政治的作用。

延至今日，这种民俗观念的积淀，仍在潜移默化中发生作用。正因为如此，多子多福的传统习俗才得以久盛不衰；养生之风，美食之俗至今仍在光大；厚葬老人之风不只是过去人的荣耀，也成为当代人显示排场的形式。作为重视伦理亲情的中国文化，衍生出这一系列文化现象虽并不奇怪，但其中不少为封建时代的陋俗，我们应该认真甄别。

此外，有些民俗的形成与某些历史际遇有关。借某一历史际遇而形成的民俗，本质上仍是民族文化心理的反映。如清明前的寒食节禁火习俗，原本与古人的大火星崇拜有关，[①] 后来发生了晋文公放火误伤忠臣介子推的事件，介子推“割股啖君”，有功不受禄，反而被烧死的历史际遇，引起了民族文化心理的共振，于是遂有晋文公令五日不举火的传说，寒食节禁火由此成为纪念介子推的操守与品行的节俗。吃粽子、赛龙舟的习俗，最初与原始祭祀仪式有关。战国末期，伟大爱国主义诗人屈原的历史际遇，引起全民族的共鸣，受到大家的景仰，遂将此习沿袭至今。不仅在中国，包括东南亚、日本、朝鲜以及菲律宾都受此濡染。这就证明了文化心理在民俗形成与保持中的巨大作用。另外，沿海一些地区吃“光饼”的习俗，应与原始仪式有关，后来则与戚继光抗倭结合在一起在民间流传。这些与历史际遇有关的习俗，大都寄托着某种象征意义，它是某种民族精神和民族价值观的显现，反映着民族共同的理想与心愿，因此才具有如此持久的生命力与感染力量。

4. 民俗的形成与宗教、信仰有关

封建时代，我国是一个迷信色彩浓重的国家。这与统治者的愚昧、提倡以及民俗中大量保留着原始宗教、后世宗教的思维方式、观念意识有关。

在远古民俗中，原始宗教活动与占卜民俗是一个重要的社会生活方面。它与政治、军事、文化活动有着紧密的联系。占卜建立在原始人认为万物有

① 参阅陈久金：《中国节庆及其起源》，上海科技出版社1986年版，《寒食节》一节。

灵、冥冥中有超自然力存在这一认识的基础上,人在大自然的瞬息万变中感到自己的渺小与无能为力,而又强烈地希祈愿望的实现。为了求得神明护佑,保证生活、生产正常进行,产生了原始的宗教信仰及预知天意的宗教占卜活动。

卜俗起源于游猎时期。开始多用兽骨占卜,后又合用龟、兽之骨,卜问吉凶,预测命运。殷墟出土的甲骨文就是较为完整的占筮记载。《易经》作为占卜用书,则是用乾、坤、震、兑、坎、离、艮、巽八卦,两两组合,演为六十四卦,三百八十四爻,根据卦象爻位的不同变化,预卜天下吉凶祸福。此外,夏、商、周三代已有星占出现,这是一种以星象为参照系,根据天体的运行变化来预言吉凶的巫术。卜问、筮课、卦算、星占等占卜之术,反映了人类渴望在社会生活与自然的斗争中,预知未来,把握命运的精神追求,它是自然科学发展的最早的形态。在生产力相当落后、科技水准几乎等于零的原始时代,掌握了占卜之术的人,无疑是当时的大学问家。因此,人们信奉它们,学习、传播占筮卦算,久而久之,演以成俗。此类现象在人类发展的道路上是必然的,本无可厚非,但是,当自然科学的发展证明它的非科学性以后,仍坚持用占筮卦算去愚弄百姓,那就是另外的问题了。

综上所述,风俗文化的形成是与人的社会物质生产水平及生活内容、生活方式的变化相关联,与自然条件相适应的。这说明,无论什么民俗事象,其产生都有它一定的物质条件与精神条件,既有其客观性,又有其主观性。尤其是精神的、心理的因素,对民俗的形成与保持关系最大。这一方面是人民的认识水平,即对客观世界的认识发展的程度制约着人的行为;一方面也是人们在生产与生活中的精神心理的巨大作用所决定的。所以,在非科学的认识基础上产生的精神心理,常常是民俗生长的土壤与赖以保持的支柱。

第三节 中国民俗的民族特点

一、多样性与共同性的统一

中国是一个统一的多民族国家。作为一个文明古国,华夏文化具有东方文明的文化传统与突出特征,它的不可思议的凝聚力与稳定性,使生存在这块幅员辽阔土地上的各民族统一于整个中华民族大家庭中。需要指出的是,华夏文明虽恪守一以贯之的信条,呈现超稳定的文化形态,却不失为一个具有开放、兼容特色的体系。上古多次的文化融合,佛学的东渐,汉唐两代文化整合的气魄,元、清两代的多民族共处,决定了它不可能像某些人所说的是一个完全封闭的体系。正因为如此，作为华夏文明重要组成部分的民俗文化，相应表现出一种多样性与共同性统一的特征。

所谓共同性，是指在一个民族内部，大部分民俗事象为全民族共同传承。在民族整体中，虽然常常分成几种阶级地位不同的集团，但对整个民族来讲，他们都是民族的成员，具有大体相似的共同的地理环境、共同的民族心理、民族语言和文化传统。因此，作为这个民族的共同文化现象的民俗，就成为民族共有的东西，它必然体现出这个民族的共同历史文化传统。如，服饰民俗是一个民族的文化表现。尽管在本民族内部，服饰有富贵、贫贱之差，但其总的风格、样式、质料都是民族的，中国民族的服装，与日本和服、西方的西装样式不同。在饮食习俗中，中国菜肴在民族生活中虽有高低之分，但在世界上却独树一帜，与其他民族迥然相异。中国式建筑也以它的特色而闻名于世。这是因为，在大部分民俗事项中，民族的共同性在起作用。共同的文化心理结构、共同的审美意识、共同的文化价值观念把大家联结成一个文化共同体。

所谓多样性，含义有二：一个是多民族性；一个是各类民俗的丰富性。“十里不同风，百里不同俗”的谚语，充分表现了这一特点。

中国民俗的多民族性，说明中华文化的开放性。其特点表现为一种文化宽容精神，其形式是各民族兄弟始终和睦相处，相安为一，共同生活在一个国度内。

从上古时代起，中国就是一个多民族的国家，中原黄河流域的夏族、东部淮河流域的东夷、南方长江流域的三苗、西北黄湟一带的羌族以及大漠南北的山戎、猃狁的相处与交融，黄河流域的商周各族与其他各族间的相互联系、影响与同化，形成了我国具有多民族因素的华夏族。至秦代，从政体上达到了全国的统一。当时东夷、百越、诸戎、笮、夜郎等族也都统一于秦。匈奴、乌孙东胡、肃慎、扶余等民族在汉代以后也出现统一于华夏的局势。经汉至魏晋南北朝，许多少数民族进入中原，出现了我国历史上又一次民族大迁徙、大同化时期。元代大一统之后，不仅结束了宋与契丹、女真族的对峙，而且统一了党项族的大夏、回族的回鹘以及白族为主的大理政权等，各民族文化得到进一步融合与交流。明清以后更有所发展。至今天我国已是家喻户晓的“五十六个民族，五十六朵花”和睦相处的、统一的社会主义多民族国家。这些民族，在中华民族长期的历史发展中，以自己的智慧和辛勤的劳动，开发了祖国的疆土，发展了祖国的经济，创造了灿烂的历史和文化。这众多民族的交流、融合，反映在中国民俗上，决定了它们的兼容性与开放性。

因此,便必然要呈现出多民族性的特点。

多民族性的特点带来了中国民俗的色彩纷呈、丰富多样的特点。在我国众多的民族中,有五十三个民族使用本民族的语言。这些民族语言又分别属于汉藏语系、阿尔泰语系、南亚语系、印欧语系、南岛语系。在宗教方面,也表现为多种多样。蒙族、藏族信仰喇嘛教;傣、布朗、德昂(崩龙族)信仰小乘佛教;回、维吾尔、哈萨克、柯尔克孜、塔塔尔,乌兹别克等族信仰伊斯兰教。此外,信仰基督教的东正教的也不乏存在。还有些民族保存着原始的自然崇拜和多神信仰,包括祖先崇拜、图腾崇拜、巫教、萨满教,等等。其历史文化以及民俗事项也各不相同。整体看来自然形成了目不暇接、特色各异的风俗长廊。

另外,各民族生产、生活方式的差异,带来了岁时节令、婚丧嫁娶等风土人情方面的极大差异。长期从事畜牧经济的哈萨克、柯尔克孜、塔吉克、裕固、蒙古族与长期从事渔猎经济的赫哲、鄂伦春、鄂温克族风俗相去甚远;从事农业兼渔猎、采集的独龙、洛巴、怒族、栗栗族、苗族等,与汉族风俗也不尽相同。这其中除了生产方式上的差异外,还有反映社会进程不同阶段的历时性差异,以及信仰的、心理的差异等。

例如,同是婚俗,不同的民族有不同的习惯仪式。凉山族在婚礼的第一天,男方派同族兄弟充当迎亲角色。迎娶时,女方家族的妇女则准备好冷水、锅灰。迎亲之人一进门,妇女们蜂拥而上,向迎亲者泼水、抹灰、打闹玩笑,然后以酒肉招待。第二天,迎亲人把新娘抱在马上驮走。结婚当日,寨中男女饮酒歌舞,说古唱今,而新娘则要把做姑娘时的单辫发改梳双辫发,作为结婚标志。①

湘西土家族的婚俗则是以哭嫁为主要活动。新婚女子按照习俗要用哭来迎接大喜日子。开始是每隔一晚上哭一次,后来便每天晚上连续哭。哭嫁的晚上,全寨的相好姐妹、未婚姑娘以及姑嫂长辈都要陪哭,叫做"打坡",意思是哭出嫁。配合这种婚礼仪式还有多种"哭嫁歌",有成套的歌词,也有即兴之作。发轿前,新娘一边哭着,一边穿上露水衣,在堂屋哭拜,辞别祖先。然后,丢撒两把筷子后,被扶上花轿。上轿前,还要用脚蹬三下轿杆。新娘在轿中还要一路唱哭嫁歌,直到接进男家为止。②

在我国汉族中则有闹洞房与撒帐的婚俗。新郎、新娘拜天地,入洞房

---

① 参阅张紫晨:《民俗学讲演集》,书目文献出版社 1986 年版,第 245—246 页。

② 参阅张紫晨:《民俗学讲演集》,书目文献出版社 1986 年版,第 245—246 页。

后，三天之内，不分大小。长辈亦可以参加戏谑。婚礼过程中多伴有喜歌。下轿前有拦门喜歌。还有挑盖头歌、交杯酒歌、撒帐歌等。其中撒帐歌和闹房喜歌最为流行。撒帐歌在结婚之夜，与撒帐同时进行。届时，向帐子内外撒铜钱、撒栗子、枣、花生等。撒帐一般按东、南、西、北、上、下、前、后方位撒。每撒一方位便有一歌，如，“撒帐南、二撒洞房喜连连，今宵牛郎会织女，早生贵子中状元”。等等。还有“一把栗子一把枣，小的跟着大的跑。多子多孙多富贵，吉祥如意白头老”之类，多取吉庆、祝贺与希望的意思，反映了过去时代人们对于吉祥、幸福的理解追求。

以上三例，都是婚俗，然而却各有特色，表现为民族的个性差异。差异是客观存在，创造了中国民俗的丰富性。风俗不同的民族和睦相处创造了多样统一的民俗文化特色。中国民俗就是在这种客观条件的作用下，以乐天厚生的生活态度，走过了几千年的历程，继往开来地迎接新的明天。

二、历时性与共时性的统一

我国经历了原始社会、奴隶社会与封建社会等不同的社会形态，最终才进入社会主义社会。总体看来，精神文化受旧有文化思想的影响与束缚的因素较多。由于文化承传性的特点与积淀规律的作用，许多民俗甚或是原始社会与奴隶社会的遗留。这是中国民俗的历时性特点所造成的，是一个无法回避的现实问题。另一方面，由于我国民族众多，各民族的发展极不平衡，各有自己独特的民族经历。到解放初，五十多个民族中，有的处于原始民族社会，有的处于封建农奴制社会，有的处于封建社会，有的则处于奴隶制、半奴隶制社会。各种历史发展阶段的民族都有其自成体系的民俗，这就使得我国的民俗呈现既有历时性又有共时性的双重统一的特色。

历时性与共时性的统一，使中国民俗至今仍不可避免地带有某些原始性与封建性。按照“原型理论”的观点，民族文化的原型多起源于原始仪式。这种原型一旦形成，就在民族的集体无意识中代代相传。作为“种族的记忆”，文化原型很难轻易地从民族观念形态中消失，而常常是以置换变形的方式适应新的形势。因而，原始风俗，包括民俗意识、民俗行动，往往被执拗地保留下来，形成了中国民俗善于保持传统的文化特征。如，至今还未绝迹的祭俗就带有极大的原始性。从祭祀仪式到贡献牺牲（供品）的形式，始终没有发生根本性变化。在上古、中古，祭天地、祭鬼神、祭圣祖的贡品——“太牢”、“少牢”，要用整牛、整猪、整羊，有时还要搞以血衅鼓、用柴燎祭之类的仪式。在现今民俗中，祭祀不仅要烧香、上供果，也有用猪头、牛头、羊头祭献的。祭灶在南方，如浙江绍兴，至今还要用鸡。在丧俗中，超度亡灵、扎社火、送盘缠、烧纸、撒纸钱等,也是原始民俗意识的遗留。古人认为,人是由魂和魄(神与形)组成的,魂为阳,质性清,可以上升于天;魄为阴,质性浊,死后归于地。魂在升仙的路上要受到鬼魅的袭扰,因而要护送与接应。这些观念在中华民族中代代沿袭,其线索经由民俗承传以及文化典籍、文物的记载,一直影响至今。虽然多数人已不能从理论上解释它的原委,然而其原始文化的性质和民俗操办仪式不变。

中国民俗的原始性还大量表现在祈禳、禁忌、占卜、巫术等习俗中。祈禳之俗等是人对自然无能为力,但又寄希望于自然力或神的力量禳除灾异、逢凶化吉的表现。祈禳心理在后世民俗中贯穿在各个方面:生产、建筑、结婚、生育、四时节令、养病疗疾等,无不有所存在。民间为受惊吓的孩子"叫魂"的习俗,想生育而到庙中去"拴娃娃"的习俗,把鸡蛋摔在说出不吉利的人身后以禳解灾难的习俗,等等,都属于这一范畴的原始风俗的遗留。

中国民俗的封建性表现在封建意识的渗透与封建礼法的约束。

我国是一个具有两千年封建历史的国家,封建社会的烙印深留在社会的各个角落,民俗思想和行为特征保留一些封建色彩是不奇怪的。如婚俗中的父母之命、媒妁之言被民间看作天经地义。媒人说媒、父母相亲、丰厚的彩礼、排场的嫁妆,以及多子多福、几世同堂的追求,还有各种合婚、看生辰八字、定命理、属相生克等,都是封建时代旧有习俗的延续。

民间职业社团的社规、团规,传男不传女的封建保守性,民间社会组织中的宗祠宗法,帮会盟义,封建会道门的迷信组织、家族村社组织的封建礼法、等级观念,等等,也带有很强的封建色彩。其他如:忌官讳、忌文讳、忌名讳,称女儿为弄瓦,称男孩为弄璋,称妻子为拙荆、贱妾,等等。这些自古而来的遗俗,与民俗心理中的积极要求构成矛盾,是中国民俗中传统因素的积淀。

中国民俗的封建性遗存是其历时性特点决定的。它在过去以维护封建剥削和等级制度,宣扬封建思想、封建礼法、道德观念为基本特征。在如今则影响社会主义精神文明建设的进程。因此,要移风易俗,提高民族文化素质。在新世纪实施新的民族文化体系建设,必须树立正确的继承与超越的理念,在继承民族文化优秀遗产的同时,必须克服民俗中带有封建色彩的习俗,体现与时俱进的思想。

三、实用性特点

中国民俗门类繁多,表现各异,但其基本点在于实用,即为人所用。它们和人的生产、生活发生着密切联系,从性质上来说,是一种归属实用范畴的文化现象。

民俗学界普遍认为:“民俗文化是一种实用文化。……民俗信仰的主要目的,在于使民俗事项有利于人,为人们的生产和生活起作用。因此,可以说民俗活动乃是一种有所为的活动。由于这种有所为的实用性目的存在,才使民俗事象的约定俗成和世代传承有了积极的思想基础。”①

对于民俗所作的这种价值判断是正确的。以人、生活、生产的正常发展为主要目的的民俗,必然是具有功利性的、实用的。而民俗的实用性,不仅表现在信仰心理方面,而且表现在民俗本身在人民生活中发生的积极效用——使人民获得实际利益方面,由此而成为一种“有所为的活动”。

民俗的实用价值,大体可以归纳为如下几个方面:

其一,民俗活动可以巩固和强化氏族、部族或家庭的世系,增强氏族观念、祖宗观念和家庭意识,增强社会责任感。如图腾崇拜的产生成为维系氏族的纽带。祖先崇拜和祭祖活动,客观上强化了族系观念,使族内人众找到了一个共同的精神支点。婚俗、丧俗在巩固家庭关系、联结和巩固家庭形式上发挥着巨大作用;另一方面,毋庸讳言,民俗的这种实用性又有着突出的负面。由于中华文化的原始性和家国一体的文化特征,家族在社会生活中的作用极为重要。民俗的这种维系作用,历史上长期产生过极为重要的积极作用,尤其是在国难当头、民族危亡的关头。然而,家族问题处理不好又会产生消极的社会影响。如历史上屡见不鲜的打冤家、械斗等血缘复仇形式的陋俗,就是在维护家族利益、强化家族观念的旗号下,违反人道与理智的民俗现象。

其二,一些正常的民俗活动,建立在有益于身心健康、避免疾病,有益于种族繁衍的基础上。如崇信医药的民俗、产育禁忌的民俗、处理死丧大事时的某些禁忌、追求婚嫁的喜庆吉祥的民俗等,客观上产生着积极的效果。至于实施这些民俗时采用的迷信形式,则是不可取的。

其三,有些民俗活动可以锻炼身体、活跃文化生活,使人增加生活情趣和乐观精神。如各地区、各民族岁时节令所进行的赛龙舟、荡秋千、赛马、斗牛、跳月、走街、走百病、踏青、登高、咬春、歌墟、除旧扫房、迎春喜祝、民间花会、游艺表演等,都直接表现这方面的作用。所有这些民俗活动,与人们追求健康、调剂生活、增强情趣、娱乐休息的目的都是一致的。

其四,民俗活动可以改善人际关系,助团结、促和睦、调感情。如传统的

① 张紫晨:《民俗学讲演集》,书目文献出版社1986年版,第261页。

中秋节、新年春节、祝喜寿活动,都是利用亲朋相聚的机会,通过礼仪和祝愿的渠道,加强人的伦理观念,调和人的思想情感,使家庭生活、人际关系趋于和谐。走娘家、会亲友、贺生子、祝满月等也有加强人际沟通、巩固亲戚关系的实际意义。帮工帮种,一家盖房、全村出动,一邻有事、八方帮忙的习俗,是团结互助、协调关系的最好形式。

其五,民俗活动可以进行知识教育、艺术扫盲和热爱家乡、热爱祖国的思想教育。过去,农村人受教育的机会少,许多知识是通过参加民俗活动获得的。如参加迎神赛社、看社戏、听大鼓书、演出民间戏曲、承传口头文学等。这些民俗活动,不仅可以收到知识扫盲效果,而且可以收到艺术、审美扫盲效果。而浓厚的地方民间艺术及民俗活动,又能培养起人们热爱家乡、热爱祖国的浓厚感情。历史上所说的楚人钟仪囚于晋而奏楚音;越人庄舄在楚国做大官而终生不忘吟咏越国的曲调;晋人张翰在洛阳为官,秋风中勾起莼羹鲈鲙食俗的回忆,便欣然有南归之志;楚人项羽在垓下听到四面楚歌,全军便兵无战心,所有这些例子反映了民俗培养起的乡土之情对人的巨大影响作用,说明民俗对人的熏陶和思想品德培养方面的作用不容忽视。

以上各点,是我国民俗实用性的主要表现。这种实用性反映着民俗的真正价值,是"重实际、黜玄想"的中华文化的必然产物,具有鲜明的民族个性。

第四节 民俗与其他文化现象的关系

民俗是社会文化的表现手段之一。它通过其特有的内容与形式,使各种社会文化现象得到多方面的表现。因此,民俗学成为文化史研究的重要组成部分。

需要说明的是,民俗自身表现的文化现象,并不是社会文化现象的全部。社会文化,从广义上来说,是指人类在历史过程中所创造的物质财富和精神现象的总和;从狭义上来说,则是指社会意识形态,包括历史、政治、经济、制度、组织、科学、文学、艺术等所有上层建筑、意识形态门类,而民俗是文化的基础。它首先是各种文化赖以产生的土壤,同时又是人类社会生活永恒的伴侣。因此,它必然地要和其他文化现象发生密切的联系。

一、民俗与文学

民俗与语言文学关系密切。中华民族的语言文学具有两大系统,一是作家文学系统,一是民间文学系统。有的民族只有民间文学或主要是民间文学。即使是高度发达的作家文学，也离不开民间文学的基础和营养。

乌丙安先生说："从民间文学的构思、艺术形象、流传来看，民俗的特点是十分明显的。因此，既使把民间文学完全放到文学领域中，恐怕也应当是具有民俗学价值的文学特殊门类。"①

这种观点指出了民间文学的二重性质：既属于民俗学，又属于文学的特殊性质。民间文学的这种特性是由于它本身在社会文化中的特殊位置与作用所决定的：

其一，民间文学，顾名思义，来自民间，来自与之相应的民俗背景。它是一种在民众中集体创作、集体流传的特殊文学，反映了人民的生活与愿望，集中了群众的智慧，融汇了人民的艺术才能，并为人民群众集体承认与保存。这种集体性特征决定了民间文学不可能脱离民俗而独立存在。

其二，民间文学多是在群众中口口相传的口头文学。口头语言紧密伴随着生产劳动把人类从动物界分化出来，当初的人们只能以口头语言进行创作，写出"日出而作，日入而息，凿井而饮"一类的诗句。书写条件产生后，教育一直为统治者所垄断，而且创作时又受到诸种物质条件的限制——绢帛、竹简、笔墨纸砚，民间很难广泛利用。而口头语言是一种极灵便的表达工具，既便于传，又便于记，紧紧依附在人民生活的各个方面。口头文学不仅生动活泼，而且反映生活、进行斗争（如刘三姐唱山歌智斗莫老爷一类）、寄托理想，异常及时、方便，又异常普及。劳动者在社会生活中，"感于哀乐，缘事而发"、"饥者歌其食，劳者歌其事"②，其口头创作成为自己现实生活的写照。古人因此把人民口上的歌谣称作"风"，与风俗的"风"同字近义。故而古代有"采诗（民间歌谣）观风"、"观风俗，知薄厚"③ 的传统。可见，自古以来，人们即已把民间口头文学和民俗的关系搞得十分明确了。

其三，民间文学中的许多诗歌谣谚本身就是民俗事项的记载

这些作品，有些是民俗仪式上的歌词。如雩祭中的《求雨歌》，蜡祭中的《伊耆氏蜡辞》，腊月二十三祭灶时的《祭灶君歌》，七月初七妇女游戏时的《乞巧歌》，结婚仪式中的《哭嫁歌》、《送新房歌》、《撒帐歌》，等等。此类歌辞既是某一民俗事项的记载，又是该事项的有机组成部分。通过歌词的分析，即大体可对该民俗事项有一概观的了解。如《求雨歌》的歌词是：

---

① 《民俗学丛话》，上海文艺出版社 1983 年版，第 14 页。

②③ 班固：《汉书·艺文志》，中华书局 1962 年版，第 1708 页。

小小儿童哭哀哀,豆麦枯死民受灾。求祈龙天下大雨,乌风暴雨一齐来。天久旱!豆麦槁!五谷不生人饿倒。小儿洗手拜上天,大雨滂沱雨来了。

——跪下!

这首仪式歌,不仅具有较浓烈的文学色彩,反映了农民求雨时的焦心如焚的情绪,而且把求雨仪式祈求的对象、目的、祭祀的形式概略表现出来,使我们在阅读或聆听歌词的同时,对这种民俗形式形成一个总体的了解。

有一些作品则是关于岁时节令、社会风俗的记载。如《五月五日是端阳》、《八月十五是中秋》、《腊月二十三送灶君》、《九九歌》、《二十四节气歌》,等等。此类民歌谣谚有的单纯记录岁时节令,像《九九歌》、《二十四节气歌》一类。有许多则是通过岁时节令的生活方式来表现人民群众的理想追求、民生疾苦。如:"五月五日是端阳,龙船下水闹罗江,朝拜屈原一炉香,年年五谷用船装",反映劳动群众借岁时歌谣表达崇敬偶像,祈望五谷丰登的理想。而"八月十五是中秋,有人快活有人愁,富人有钱吃月饼,穷人没钱捱芋头",则通过八月十五吃月饼的风俗,表现劳动者劳而无获,剥削者坐享其成的不合理社会现实。

借民俗事项的吟咏表现劳动人民针砭时弊,控诉封建社会制度的不合理,是民俗歌谣的战斗性和积极意义之所在。这类歌谣常采用嬉笑怒骂、风趣幽默的形式,表现含血带泪的社会生活。如,表现封建社会大媳妇、小女婿风俗的民歌:"十八大姐周岁郎,每天每晚抱上床。睡到半夜要奶吃,劈头脑、几巴掌:'只是你妻子,不是你的娘!'"又如,表现裹脚风俗的民歌:"裹脚呀,裹脚!裹打脚,难过活。脚儿裹得小,啥事做不了;脚儿裹得尖,走路只喊天;一走一颠,只把男人做靠身砖。"

上述三点告诉我们,民间文学是民俗中的语言、文字表达部分,是民俗这个大系统中的一个子系统,难怪一些民俗学家在论述二者关系的时候,把民俗比作母亲,把民间文学比作女儿。并且指出,民间文学"是离不开它的民俗的母胎的"①。这一比喻形象地告诉我们,民间文学不仅属于文学的研究对象,具有文学的"个性",而且具有民俗学的"血统"。

在谈了民俗学与民间文学的关系之后,还有必要一谈的是,民俗与作家文学也是缕系丝联的。

屈原赋便是古俗和古神话的宝库,无论是《东皇太一》、《云中君》、《大司

① 乌丙安:《民俗学丛话》,上海文艺出版社1983年版,第14页。

命》、《少司命》，还是《山鬼》、《湘君》、《湘夫人》，抑或《国殇》、《离骚》，都是民俗与作家文学的合璧。

古典诗词中有大量题材是关于节令风俗的。如杜牧诗《九日齐山登高》："江涵秋影雁初飞，与客携壶上翠微。尘世难逢开口笑，菊花须插满头归。……"晏殊《破阵子》："燕子来时新社，梨花落后清明。……巧笑东邻女伴，采桑径里逢迎，疑怪昨宵春梦好，元是今朝斗草赢，笑从双脸生。"二例中，前者反映了重阳节登高插花的习俗，后者反映了梦兆信仰和斗草习俗。

明清小说中也包含大量民俗内容，如《红楼梦》关于生活习俗、宗教信仰、岁时节令、烹调宴饮情节的描写，大都再现了活生生的民俗场景。因此，有学者说："要研究我国民俗学，要研究近百年北京的民间习俗和官僚家庭的习俗，《红楼梦》就是一部极为重要的参考书。"[①] 同样，要阅读和研究《红楼梦》，也得了解和探讨当时的风俗民情、社会习惯。这里，文学的研究和民俗的研究，显然部分复合，民俗知识是成为文学研究的基本条件之一。

即使在现代作家的创作中，民俗知识也是不可或缺的。鲁迅、沈从文、老舍等一批现代作家的现代题材的小说之所以洋溢着社会气息、乡土风味，富于民俗情趣的精到描写是一个重要原因。如《故乡》的风俗描写：

> 大祭祀的值年。这祭祀，说是30多年才能轮到一回，所以很郑重；正月里供祖像，供品很多，祭器很讲究，拜的人也很多，祭器也很要防偷去……他和我仿佛年纪，闰月生的，五行缺土，所以他的父亲叫他闰土。……头戴一顶小毡帽，颈上套一个明晃晃的银项圈，这可见他的父亲十分爱他，怕他死去，所以在神佛面前许下心愿，用圈子将他套住了。

同类的描写如《阿Q正传》中的赛神会上押宝牌、阿Q调戏吴妈后的处罚；《祝福》中的过年喜庆及祝福风俗，再嫁寡妇受歧视，土地庙捐门槛等，不仅涉及宗教祭祀、民族信仰、封建礼俗，而且涉及服饰、饮食、岁时习俗。

不仅现代文学作家的创作如此，民俗学对当代文学作家的影响同样非常深远。民俗学对当代作家的影响最突出地表现在"寻根文学"和"乡土文学"的创作实践中。在1983年到1984年间，青年作家韩少功、李陀、郑义、阿城、李杭育等，围绕"寻根"问题召开过座谈会。[②] 1984年初，李陀在他的《创

---

① 陈勤建：《中国当代民俗学》，上海文艺出版社1988年版，第177页。

② 参阅李庆西：《寻根：回到事物本身》，《文学评论》1988年第4期。

作通信》中，开始使用“寻根”一词，韩少功的《文学的“根”》把传统文化和民俗誉为文学的根，他认为：“文学有根，文学之根应该涂置于民族传统文化的土壤里，根不深，则叶难茂。”作家的责任，就是“释放现代观念的热能，来重铸民族的自我”。他鼓励作家掌握传统，强调中国文学应建立在广泛而深厚的“文化开掘”中，文学越具有民族性，也就越具有世界性，以此才能与“世界文学”对话。该文被评论界称为文学寻根运动的“宣言”。在“寻根”理论的支持下，作家对于风俗、地域文化的兴趣骤增，加强对传统生活方式的了解与开掘为不少作家所重视，有的甚至细致考察某一地域的住居、饮食、衣着、言语、交际方式、婚丧节庆、人生礼仪、宗教信仰等，成为拓展创作视境的凭借。作家汪曾祺甚至满怀感情地称赞“风俗是一个民族集体创作的生活抒情诗”①。由于这些作家正确地处理了作家文学与民俗学的关系，他们的艺术创作获得了不竭的源泉，使一批脍炙人口的佳作传世。贾平凹的“商州系列”，阿城的《棋王》、《遍地风流》，郑义的《老井》、《远村》，王安忆的《小鲍庄》，刘心武的《钟鼓楼》，冯骥才的《神鞭》，在社会上产生了广泛影响，许多带有浓郁民族文化气息的作品被改编为电影、电视剧，在国内和国际上获得大奖，这些从另一侧面证实了该派观点的远见：“如果以‘现代意识’来重新观照‘传统’，将寻找自我和寻找民族文化精神联系起来，这种‘本原’性的东西，将能为社会和民族精神的修复提供可靠的根基。”③同时也证明了作家文学对于民族文化以及民俗学的水乳关系。作家文学如果脱离了民俗文化的基础，必然会患极度的贫血症。由此看来，文学研究与民俗研究确实有相当多的共同工作可做。

二、民俗与历史学

历史虽然是一门独立的人文科学，却和民俗有着不可分割的联系。广泛的历史现象，向来是社会文化的重要部分，在这些面向全社会的广泛历史现象中，各历史时期的民俗现象常与之形成相互交织的状态，并成为历史现象的重要补充。其中，经济民俗、生产民俗、文艺民俗，大大丰富了历史的内容。英国学者哥麦的《历史科学与民俗学》认为，民俗的特性是传袭的，即自古相传的，所以最能证明过去的状况，其价值当不在历史的记载之下。② 民俗是历史的材料。历史的发展促进民俗的演变；民俗的变化反映着历史的时程。民俗于是构成了整个历史的组成部分，同时，民俗又具有自身的独立

①③ 洪子诚：《中国当代文学史》，北京大学出版社 1999 年版，第 324 页、323 页。

② 参阅陈勤建：《当代中国民俗学》，上海文艺出版社 1988 年版，第 178 页。

性，这就是民俗与历史的关系。

比如，过去说“六经皆史”，是指出六经是研究我国上古史的宝贵资料。同时，六经也是研究上古民俗的资料宝库。如《易经》爻辞中的“屯如、邅如，乘马班如，匪寇，婚媾”，“先张之孤，后说之弧，匪寇，婚媾”，与其说是记载一种历史现象，不如说是表现上古抢婚的风俗。

《诗经·玄鸟》：“天命玄鸟，降而生商。”《生民》：“厥初生民，时维姜嫄。生民如何？克禋克祀，以弗无子。履帝武敏歆，攸介攸止，载震载夙，载生载育，时维后稷。”这两首诗，前者为商族，后者为周族的起源史，同时包含着图腾信仰、求子仪式等民俗内容。

关于“三礼”，李亚农先生指出：“三礼在研究中国古代氏族社会的时候，是有头等重要意义的书籍。我们从中可以得到关于中国氏族社会的丰富的资料和明确的概念。……‘礼’就是恩格斯所说的‘数百年来的习惯’，整整一部仪礼都是记载古代社会生活各方面的习惯。”① 这里所谓数百年来的习惯，即是传承的民俗。

历代正史中的《礼书》、《封禅书》、《礼乐志》、《祭祀志》、《舆服志》、《食货志》等等都是有关民俗记载的典籍。本纪、列传中也富有民俗材料。《风俗通义》、《酉阳杂俎》、《东京梦华录》、《梦粱录》等典籍笔记，主要是谈人情风俗的，但也是重要的史料。

郭沫若的《中国古代社会研究》是我国第一部马克思主义的史学专著，里面应用《易经》、诗书、甲骨卜辞、青铜器铭文等资料探讨中国古代社会形态，论及氏族、婚姻、宗教信仰，等等，这些也是民俗学研究的内容。杨宽《古史新探》，所探的大部分是关于村社、宗法、笄礼、冠礼、乡饮酒礼等题目，这些同时也是民俗学研究范围内的题目。

闻一多先生用民俗学的观点去解释中国古代流传下来的历史、神话，对古史研究做出了很大贡献。他在三四十年代写的《伏羲考》、《龙凤》、《姜嫄履大人迹考》是两者结合进行研究的成功的作品。这三篇主要是讲人类起源的故事，其中包含人类的氏族、原始社会的图腾及其演变、洪水和战争的故事、龙凤在中国历史上的传统地位，对中国古代传说研究中的各种疑难，阐述了不少精辟见解，很值得历史工作者借鉴。

总之，历史研究和民俗研究在很多问题上是共通的。进行传统教育与爱国主义教育，历史学无疑是一门主课。可是，历史研究又离不开民俗学。

① 陈勤建：《当代中国民俗学》，上海文艺出版社1988年版，第181页。

因而,民俗学也是传统教育的不可忽视的重要环节。

三、民俗与社会学

民俗是一种社会现象。每一个时代的社会都有自己所流行的民俗。这些民俗很大一部分是以前时代传承下来的,或稍加变通而流行于世的,有一部分则是适应新时代的社会特点而新产生的。民俗又是一种社会控制力量,是一种所谓"不成文的习惯法",对于社会正常秩序的建立具有不可忽视的重要作用。乌丙安先生说:"民俗控制在习俗环境中大致可以分为两大类:一类是由俗民群体依据习俗规范的约束,有具体意向地要求俗民成员无条件遵守,如有违规越轨行为,就会受到惩罚;如能模范遵守就会受到表彰奖赏。另一类是由某些民俗事象在习俗化过程中对俗民个体施加影响,促使俗民在实践中想当然地恪守其约束,产生巨大的压力,并把这种压力作为一种自我惩罚或超自然力的惩罚。"① 正因为民俗具有如此的社会控制作用,历代统治者十分注意借用其力量。同理,既然民俗与社会、社会控制关系如此密切,当然也就必然成为社会学的研究对象。

学术界曾把民俗学的对象的内容分为三类:

甲 物质生活

1. 经济的特质(土地或城市、食料、居住等)
2. 生存的方法(劳动)
3. 营利与财富

乙 精神生活

1. 语言
2. 民间知识及其应用
3. 民间睿智
4. 美学

丙 社会生活

1. 血缘关系
2. 地缘共同体
3. 特殊联盟(经济的、政治的、竞技的等)

显然,民俗学的这些内容,大多又都属于社会学的研究范围,二者是交叉的。

我们知道,西方民俗学实际上是与社会学一同兴起的。因此,西方的民

① 乌丙安:《民俗学原理》,辽宁教育出版社2001年版,第138页。

俗学研究和社会学研究往往在很多方面是一致的。英国的斯宾塞、弗雷泽、马林诺夫斯基，法国的涂尔干等都是著名的社会学家，同时也是著名的民俗学家。

民俗学界曾有人详细论述过社会学研究的功用。其中头两条是：一、可以为制定社会措施、社会计划、社会政策提供科学依据。二、这方面的研究成果可以用作进行社会教育的教材。他们认为，上述功用也完全适应于民俗学。[①] 如，对民间工艺、民间技艺以及庙会、赶节、集市等作调查研究，就可以为发展生产提供参考。宗族组织观念起源于原始社会，在我国古代社会里曾长期起着相当重大的作用，其残余至今犹有影响。对此做深入的社会学调查，对于促进社会进步，提高社会主义精神文明建设的水平大有裨益。为此，需要我们深入探索其民俗的来龙去脉、特点表现、作用影响。民俗学和社会学在这个问题上都大有文章可做。

近年来，烧香拜佛、贩卖锡箔、经卷、冥钱等活动兴盛，因精神生活匮乏而导致的心理疾患，迷信行为乃至自杀身亡的例证屡见不鲜，这种现象，同属于民俗学与社会学的研究课题，在疗治心理疾患，解决人的精神需求，用科学道理教育群众方面，二者负有共同的责任。

各门科学都有互相联系的地方，民俗学处于文艺学、历史学和社会学的边缘，同时，和政治、哲学等其他社会科学以至自然科学学科也有着这样那样不可分的地方：古今民俗事项中大量存在着阴阳五行意识，对“气”一元论的崇信，对“天”的崇拜，等等，对于中国哲学的形成与发展有着重要的意义；民间天文崇拜的形成，不仅影响到我们的国家观念，而且对民族的思维模式和行为模式产生了巨大影响，形成了我们民族文化的强烈的天人合一的文化特色；我国的科技民俗对自然科学的发展，有着极为密切的关系。民间科技文化的形成直接来自实践，经人民的神化后逐渐形成各行业技艺的谱系和民间职业团体的重要组成部分。像车舆、舟楫、石工、漆器、医药等行业崇拜的黄帝、尧、舜、鲁班、华佗等谱系民俗文化现象，对我国科技事业的积极作用也是不可低估的。总之，民俗学天地之广阔，大有作为。它因其独特的地位，在社会科学领域起着非同一般的作用，应该引起我们的高度重视。

---

① 参阅陈勤建：《当代中国民俗学》，上海文艺出版社 1988 年版。

第五节　移风易俗与社会进步

一、移风易俗与国家政治的关系

民俗有其独特的内涵、特质和地位。民俗的状况如何，直接制约着社会的风气与社会的发展，随着时间的淘汰、实践的改造，使民俗成为民族文化中最具特征、最具民族个性的东西。同时，又成为国家政治不可或缺的重要环节——国家的文化建设和社会管理需要有效地运用民俗的力量。

当然，治理国家可以依靠法律，但单靠法律不能解决所有的社会问题。何况法律本身也是一定经济基础经过民俗中介而形成和发展的。人类自身的发展演变经历了兽——半人半兽——人的发展过程；人类的管理也经历了俗——礼——法的发展变化。风俗习惯是民俗的法约表现，是国家法律的基础和必要补充。注意合理利用一定的民俗事象和民俗的社会控制功能，有利于国家的政治和管理。

远在三千年前的周代，统治者就已领悟到这一点。《礼记·缁衣》说："故君民者，章好以示民俗，慎恶以御民之淫。"就是说，君王领导人民，实行教化，必须提倡良俗，用它作楷模，化成风气，辅助政治。同时，必须防止与反对无节制的民风，抵御陋习对政治形成的干扰。为此，《周礼》慎重地阐明了"礼俗从驭其民"的道理，指出民俗的作用在于控制与引导人民走向正常的社会规范与行为规范。《风俗通》"为政之要，辨风正俗最其上也"的论述，也在于说明管理国家，治国化民，必须通晓和利用民俗的道理。

周秦以来，"天子五年一巡狩……命太师陈诗，以观民风"①，形成中国开明时代注重民风调研，扶良抑恶的优良传统，其目的即在于通过对民风民俗的了解，以观政治之得失，以知德行之薄厚，客观上确也起到了减弱社会对抗性矛盾，维护政治稳定的作用。因此，历史上一些有作为的政治家，往往能深入民间，或是体察民情，或是与民同乐，目的就在这里。民间对康熙、乾隆微服私访的传说，即从一个侧面为我们提供了这方面的例证。

元朝与清朝是两个少数民族入主统治的政府，由于元代不注重研究汉族民族文化，民族矛盾始终没有缓和。结果，这个王朝仅仅维系了八十余年。而清朝政府较为自觉地采取了有效的文化政策和民俗对策，缓和了民族矛盾，使之维持了将近三百年的一统天下。

---

① 《十三经注疏·礼记·王制》，中华书局1980年版，第1327页。

满族入关时，人口仅三十余万，中原称主，要统治全国三亿人口，谈何容易。清朝统治者在军事镇压的同时，积极推行相应的民族政策和文化对策，特别是注意推行对人民影响普遍的满汉民俗一体化政策，使满汉两族表面上犹如同一特殊风俗的民族。他们一方面强制汉人服从满族特有的习俗，如蓄辫、穿窄袖衣等；另一方面，也迫使满族人在生活习惯上、人生礼仪中大量采用汉俗。如以汉族封建文化的精华——孔孟之道作为统治社会的理论基础，放弃在狩猎生产基础上发展起来的简单崇尚强悍的社会特色与轻视伦理亲情的民俗观念，成功地利用了汉民族在农耕生产基础上形成的礼俗、孝道与伦理文化特点，同时又积极顺应了汉民族的正统观念的民俗心理，巧妙地借用恢复大明江山的旗号，从而较为顺利地完成了政权的交替。在婚俗问题上，清政府也逐步采取了从汉俗的政策，废除了满族习俗中的“收继法”，彻底删除了满族文献中关于此种婚俗的有关内容，使两族婚俗同化为一。另外，清政府还在广大农村中，设法利用流行的乡规民约，摸索出一套成功的农村组织形式，使民俗成为政治的有力工具。

以上的侧重点似乎只在于阐明民俗与政治的关系，事实上，在民俗成为政治或法律的有力辅助工具的同时，移风易俗已经贯彻其中了。前引《礼记》中的“章（表彰）好”、“慎恶（陋俗）”，《风俗通》中的“辨风正俗”，以及孔夫子所谓的“安上治乱莫善于礼，移风易俗莫善于乐”，等等，都是讲移风易俗在国家政治生活中的重要性。正因为民俗对政治有如此巨大的制约作用，移风易俗才更显得势在必行；而移风易俗的进行又是实现政治理想的有力的手段。这种关系的客观存在，形成了历代重视移风易俗的理论基础。从这种角度看问题，把今天的移风易俗简单理解为殡葬改革过分简单化了，移风易俗视阈下的政治意义值得当今社会深入进行社会学反思。

二、扬善弃陋，倡导社会主义新风俗

历史的经验值得注意，中外古今，几乎所有国家都不同程度地采取扶持良俗、改造陋俗的政策，绝非出于偶然。其中的道理十分深刻。因此，扶良抑陋，或者说扬善弃陋，理当成为现今社会移风易俗，倡导社会主义新风尚的重要任务。

那么，何谓良俗？何谓陋俗？要做一个准确的界定，并不是件容易的事。这里，我们引用的是张紫晨先生的解释：“良俗和陋俗之间的区别和界限，除历史上有无进步意义之外，还要放在民族生活中，主要看：(1) 对今天的生产、生活有利与否？(2) 对人们的身心健康有利与否？(3) 对发展科学文化、建设社会文明有利与否？凡一种民俗行为，只要符合这三点之一者，在今天就可以作为有益的良俗加以继承或发扬;反之,凡是不符合这三条,而且有悖于这三条,起有害作用者皆可认为是陋俗。”①

此外,张紫晨先生还分别概括了良俗与陋俗的特点,良俗的特点有四:

其一,良俗大多是行为民俗,即大多为以活动表现的民俗,它们的产生有各自的基础,有的历史还很长,这一点不同于信仰民俗,信仰民俗虽然也离不开行为,但毕竟以心理的信仰为主,因此具有意识形态的复杂性。

其二,无论形式如何,良俗均注重实用性,以能实用于生产和生活为其主旨,其对美好生活的祈望与追求,不是借助于超自然的力量,采取迷信的方式进行,而是以人们本身的力量与行动来创造。肯定了人本身的能力,显示出人的活力、主宰力和创造力是良俗的主要特征。

其三,良俗活动在进行时,往往也有一些宗教性的活动(如民族节日活动中是常插有一些宗教活动,如祭神、占卜、祈雨、进香、朝圣等项),这是民俗的承传性特征所决定的,是人类早期活动的记忆和历史的惯性所致。这些内容已多不属于活动本身,不是其必须进行的项目或程式,而是历史遗留借盛会之机插入的东西,是比较灵活的仪式性成分,因而可以保持民俗本身健康有益的部分,以置换变形的方式,赋予这些仪式以新的文化意蕴,继承和发扬起来也都比较容易。

其四,风俗本身经过一定的发展演化,已经不是民俗形成初期那种愚昧性很强的东西,在目的性和表现形式方面都有所改进,而且在移风易俗、与时俱进的历史演进中,一定会向着文明方面、积极方面改进,因此能取得新的适应性、生命力。

陋俗的最大特点是它的愚昧性、落后性和野蛮性。它们多以占卜、祈禳、符咒、禁忌等形式出现,表现为祭社神寨鬼、崇信巫婆神汉、驱鬼赎魂、还傩愿、打冤家,等等,也有一些是不健康的民俗心理所造成的,如婚、丧习俗中的不切实际的攀比之风,饮食风俗中的吃喝、酗酒风等等这些陋俗或成为人们思想的桎梏,或造成明显的不良导向,严重妨碍了社会的进步,是移风易俗的主要对象。

良俗、陋俗的社会效益差别如此之大,使得许多国家不遗余力地利用政治形式或其他行政手段造成舆论,引导民众遗弃陋俗,改造或提倡良俗,甚至于为实现某种政治和精神境界而“制造”新风俗,以改善或完善民族精神。

如美国,自1776年以来,其建国只有二百来年的历史,传统的民俗较少。

① 《民俗学讲演集》,书目文献出版社1986年版,第233页。

为了形成凝聚力,美国政府和国民在各行各业以及日常生活中创立了名目繁多的节俗,以炫耀行业的荣誉、强化民族的心理,调动爱国热情。如充满生产、生活和娱乐情趣的“螃蟹节”、“伐木节”等都独具民族特色。

苏联也不满足于传统的节俗,又创立了“家庭节”等现代习俗,在社会的基层细胞中注入民俗的活力。给人启发的是,苏联将爱国主义教育糅入传统婚俗中去,成为婚礼仪式上的组成部分,新婚夫妇办好结婚登记手续后,通常要双双前往烈士墓地献花默哀,纪念为捍卫新人幸福生活而牺牲的先烈,然后再举行婚宴。这种新习俗,不仅改革了传统的婚俗,而且成为爱国主义精神自我教育的极好形式。

类似的优良传统,在我国有着广泛的基础和众多的形式。作为一个文明古国,中华文化注重礼仪、教化,移风易俗,有着鲜明的扬善弃陋的传统。如端午节纪念屈原的习俗就是基于弘扬爱国主义精神从原始风俗改造而来的。其他如针对开创民族统一、抗击外族入侵、坚守爱国节操的历史人物和革命先烈而风行的清明扫墓、陵园凭吊、生辰祭祷的习俗和民俗事象,都含有深刻的爱国主义内容,剔除旧时代带来的迷信色彩、封建意识,不失为增强民族团结、巩固国家政权的一种极好的传统教育形式。

另外,我国也十分注意新节俗的作用。如“植树节”不仅美化了环境,改善了生态失衡的现状,同时也是一次很好的人与自然关系以及劳动观念教育。“教师节”的设立,发扬了我国尊师重教的传统,提高了教师的地位,对于弘扬科教兴国主旨,实现现代化的进程有着积极的促进作用。

除了精神上的作用之外,移风易俗对一个国家经济的开发和发展,也有着相当大的影响作用。民俗不脱离社会生活的每一侧面,因而在经济活动中留下自己的足迹与影响。一个民族的经济活动的全过程,总是伴随着一定的民俗色彩。它具体反映在生产的组织过程或组织形式,甚或反映在产品的特色上。

现代化的工业生产也不例外,二次世界大战以后,想花钱买先进的西方工业技术来发展本国经济的国家不少,但成功者不多。究其原因,是没有将旧有的民俗加以改造,使之与生产相适应。可在东方民俗文化圈内的一些地区和国家,运用西方技术取得了长足的进步,经济上迅速崛起,其关键在于这些国家和地区把着眼点放在了人——受本民族传承文化——民俗约束的人身上。先进的技术只有在当地生产组织形式中与民俗惯制融为一体,才能激发出真正巨大的社会生产力。这一点,也正是我国提出建设具有本国特色的社会主义口号的一个重要现实基础。事实上,中国传统文化中存在着大量延续了几千年的优良风俗、具有普遍意义的价值观和其他可利用的潜力。怎样立足于本民族文化的坚实根基,扬长避短,借鉴、吸收外来文化的有生命的东西,形成社会主义新民俗,的确不只是一个社会治安、社会精神风貌问题,而且也是一个关系到经济建设速度的大问题。

再者,自觉地、有意识进行民俗的扬弃,推行移风易俗,还有助于现代化社会精神文明建设和优秀的民族性的培养,移风易俗,要真正树立一个"移"与"易"而不是一味守成不变的观点。现代社会,物质文明渐趋发达,需要丰富的精神文明与之结合,而一个国家的精神文明,必定建立在对古老文明批判继承、改造扬弃的基础上。民俗作为文化意识,反映出国家和民族的精神素质。其中优秀的部分,恰正是精神文明的直接体现。过时而表现出落后特征的部分,就应该坚决地革除或有效地改造。如此,才真正地体现出"变易"的精神。比如,春节习俗本是表达中华民族文化特色的重要节庆。一年一度,亲人团聚,共享天伦之乐,对于增强社会凝聚力,改善社会及家庭关系有其十分积极的一面。但是,近年来,春节习俗中的某些内容却存在着亟待变革的倾向。如酗酒吃喝、行贿送礼,尤其是无节制燃放鞭炮,不仅造成空气、环境污染,造成了大量浪费,而且造成越来越多的火灾和人身伤亡。对此,我们不能因为春节习俗的主导方面是积极的,就忽视了对其中不良部分的改造与限制,坐视其造成严重后果和经济损失。由此看来,发扬优良传统,建设精神文明,离不开对民俗中良俗的扶植和对陋俗的剔除。这是一个事物的两个方面。

在中国纷繁众多的民俗事象中,有不少素质健康的习俗,如敬老爱幼的习俗;新婚夫妇种万年青、植树,以象征美满婚姻的习俗;中秋节、除夕夜亲人团拜的习俗;端午、除夕燃艾,打扫卫生的活动;以及清明扫墓、重阳登高,等等,反映出我们中华民族对长辈、家庭、人生、社会的价值取向,闪烁着古老文明的光华,激发着当代精神文明的火焰。

在我国数千年的文明史中,沉积下来的陋习是很多的,许多已成为我们前进中的包袱和障碍。近年来,由于经济快速增长,物质的极度丰富,加上工作中的顾此失彼,各地陋俗死灰复燃,贪污腐化,金钱崇拜,弄虚作假,唯利是图,带来许多社会问题,严重影响了经济改革和社会主义建设进程。翦陋习,扶良俗,强化优秀的民族精神,是关系国家、民族生存的百年大计,决不可以掉以轻心。

第八章　中国古代文学艺术的文化精神

中国传统的文学艺术是传统文化中一个很重要且得到高度发展的部分，也是中国传统文化最集中的体现。“等闲识得东风面，万紫千红总是春”，由于中国传统文化的博大精深，使得中国传统文学艺术最显著的特点是丰富多彩和富于变化。这不仅体现在艺术门类的繁多和对各民族文学艺术兼容并包形成的五光十色、绚丽繁多的特色上，更主要的是体现在文学艺术对传统文化的吸收和运用上。春秋战国以降，儒、道、佛对社会人生的阐释和感悟及其文学思想无不反映在文学艺术的基本精神和美学追求上，形成了世界文学艺术中独具特色的审美形态，并以其对立统一的变化成为中国传统文化中的一道亮丽风景线。

第一节　中国古代文学艺术的文化精神

一、古代文学艺术的哲学背景

中国古代的文学艺术有其自身的特点，对此前人有过很多论述。但对于这些特点产生的根源，却往往认识不够。究其原因，就在于没有把中国古代的文学艺术纳入到中国传统文化的大系统中来考察。在此，我们拟以中国传统文化中的基本宇宙意识即中国古人对整个宇宙的总看法——天人合一的观念为切入点，对中国传统文学艺术的基本精神作一粗浅分析。

自从人猿相揖别，人类从地球上站立起来，获得自我意识后，我是谁？世界是什么样的？人在地球上究竟处于怎样的位置？这一系列围绕人与自然关系而展开的问题就成了人类早期精神活动的中心。由此产生了神话、宗教、艺术和科学，乃至人与自然的关系问题，成了人类哲学的永恒主题。与西方天和人的决然二分不同，中国古人总是以人的眼光，以“人化”的眼光而不是以科学的眼光来对待自然的。因此，中国古代思想家认为，人类是自然的产物，是自然界的一部分。“中国哲学可以称为天人哲学，以天人关系为主要问题……以天人为主要问题,这是传统哲学的基本特点。”①

天,从今日的科学观点来说,就是包围着地球的大气层,扩大言之指宇宙,简单地说,抬头所见的高空,总起来就叫天。而中国古人所说的天,既包括视觉可见的头上高空,又指整个自然界,更指万物生长之父。《周易》中对天的论述就很有代表性,《乾·象》云:“大哉乾元! 万物资始,乃统天。”把天视为万物之源。《象传》中的“天行健”说中,则把四时变化、昼夜交替都视为天,也就是把自然视为天。孔子《论语·阳货》中所说的“天何言哉? 四时行焉,万物物焉,天何言哉!”和《周易》一样,明确地把天视为自然物。

在天人关系上,中国古典哲学从来就没有过真正觉醒、自觉,没有过近代哲学意义上的主体意识,有的只是立足于封闭、保守的农耕文明基础之上的天人协调的观念。《周易大传·文言》说:“夫大人者,与天地合其性,与日月合其明,与四时合其序,与鬼神合其吉凶。先天而天弗违,后天而奉天时,天且弗违,而况于人乎?”这里的“先天”指在自然变化之前,对自然加以引导;“后天”指遵循自然的变化规律。“先天而天弗违,后天而奉天时”即天人协调一致。它还坚持人与自然的根本同一,并将大自然理解为对主体有终极关怀效应的安身立命之所。汉宋以后,《周易大传》的天人协调思想发展为天人合一的观念。

需要说明的是,天人合一思想并不仅仅是一种人与自然关系的学说,而且是一种关于人生理想、人生最高觉悟的学说。它不仅强调了人是自然的一部分,是自然系统不可缺少的要素之一,天地万物和人是一个有机的整体,且同样充满活力和生机;而且认为人的活动能够影响自然的变化,他可以通过自己的作为感应天地,并决定自然系统的变化方向。因此,宇宙是一个生生不息的生命之流,人与万物皆在此生生大流之中,息息相通,原属一体。这样看来,人性即天道,道德原则和自然规律是一致的,如宋明理学的代表者之一程颐认为:“道未始有天人之别,但在天则为天道,在地则为地道,在人则为人道。”② 因此,人生的理想则为天人的协调,人不仅应该尽天性,还应尽人谋,以弥补自然之不足。张载说过:“天能为性,人谋为能,大人尽性,不以天能为能,而以人谋为能,故曰天地设位,圣人成能。”③ 人就是要通过自己最高的道德修养和天人合一以达到最高的智慧。

① 《中国古典哲学概念范畴要论》,中国社会科学出版社 1989 年版,第 15 页。

② 《程氏遗书》卷二二上。

③ 张载:《正蒙·诚明》。

天人合一的命题，从思想流派上讲，可分为道家的天人观和儒家的天人观。

1. 道家的天人观

道家的天人观是由哲学而审美的本体论。在中国思想史上，老子最早提出了宇宙生化的模式："道生一，一生二，二生三，三生万物。"① 并且给出了天人关系的基本规定："人法地，地法天，天法道，道法自然。"② 他着重思考的是，在人与自然之间，到底谁应该是主人，是人大还是天大？从老子的宇宙生化模式看，自然是先有天地而后才有人的，而天地的法则是自然，即老子的"道常无为而无不为"③。立足于天地先于人的生化论和自然无为的精神，在老子看来，人对任何现实欲望的追求，任何理性能力的发挥，都会伤害、扭曲甚至背离人性，完整的人性应该是彻底的无觉无识，也无任何创造行为的状态。在处理天人关系上，他给外在的自然力量以一个独立而崇高的地位，但他并没有由此而创设一种至高无上的人格神。因为在老子看来，外在自然只是一个学习的榜样，而不是一个威严可怕的崇拜对象。在人与自然之间，没有不可跨越的鸿沟，人来源于自然，在本质上同于自然，而且人和自然之间是天然地可以相通的，而无需任何外在中介。在与天相合的过程中，不是一个对外在力量崇拜的过程，而是一个尽量减少人为因素的关系。

如果说，老子的自然观还是抽象的话，那么对自然界真实的、现实意义上的直接观照则始于庄子。在那动荡的年代，庄子真切地感受到了人对自然的渴望，他以人世为牢狱，以自然为乐园，将大自然视为人类精神生活必不可少的组成部分，并把自然物象看作是一种富有生命、"气韵生动"的存在。庄子在处理天人关系的途径上，更是毫无挂碍地直接投入大自然的怀抱，要与大自然融为一体，不分你我，把大自然视为主体获得精神解放的摇篮。因此庄子的天人关系中融进了更多的审美情怀。

可见，道家的天人合一论是在天人关系中以自然为本体的理论，是一种自我的彻底放弃，即放弃人的主体性以人合天，也就是说，自然并不是人类认知的对象，而是畅游、忘形其间的对象；不是科学的对象，而是审美的对象。

道家的天人观和自然观，为文人指出了一条在群体社会中失意之后的

---

① 《老子》第四十二章。
② 《老子》第二十五章。
③ 《老子》第四十七章。

出路。自庄子始,大自然成为东方民族在天人合一信仰下所能找到的最理想的家园。至此,文人更追求一种放浪江湖的审美情调,这样就使得自然界真正成为一个对主体心灵十分重要的部分而进入了文人的审美视野。自然由主宰之天、养育之天人而变为"游心"、"畅神"之天,自然天地终于成了文人精神生命的摇篮,从此文人试图从社会的义务与权力中解放出来,而变成一个在自然中作"逍遥游"的精神主体,在奔向自然的道路上获取个性的自由。

更重要的是,道家的天人观和自然观还影响了中国古代文人对艺术的本体认识和终极追求。艺术是什么?艺术家通过艺术追求什么?这是文学艺术研究中必须首先解决的问题。在道家看来,自然是人的精神的组成部分,它像人一样充满生机和活力。那么,我们在以审美的眼光去审视自然并通过一定的艺术形式表现自然时,就要表现出自然的生机和生命,这就必然要求艺术的"气韵生动"。如五代画家荆浩给绘画所下的定义是:"画者,画也。度物象而取其真。"① 何谓"真"?"真"就是事物的本真状态。为了说明"真",他又提出了一个和"真"相近的范畴—"似","真"不是"似"。"似者得其形遗其气,真者气质俱盛。"② "似"只有其形无其"气","真"则既有形又有"气"。绘画不能空讲形似,而应当"气质俱盛",进而表现物象流荡不息的生命?这就是中国古人关于绘画的基本认识。按照这一认识,画山就要画出山的气势,画松就要画出松的风姿,画竹就要画出竹的骨气,画马就要画出马的豪骏,画人就要画出人的风韵。这一观念决定了中国绘画艺术的基本精神,同时也是其他艺术的基本精神。

既然自然物象本是富有生命、"气韵生动"的,而艺术所要表现的正是物象的"气韵"、物象的生命,所以艺术就应当取法自然,追求自然,就应当"以一管之笔,拟太虚之体"③。因此,中国艺术的终极追求就是以自然之体为楷模,表现其间流荡不息的雄壮气象,追求"气韵"、"气象"、"神似",追求表现物象所蕴涵的生命力,并顺理成章地发展为追求自然的审美情趣。

追求自然,并不意味着中国艺术不主张表现人的主观情感。在中国艺术家看来,自然物象本身是极富情感特征且足以表现人的主观情感的。因此,中国艺术强调,即使要表现主观情感,也必须使主观情感同客观物象糅合在一起,以客观物象的形式表达出来,所以中国艺术强调的是寓情于景,

---

①② 荆浩:《笔法记》。

③ 王微:《叙画》。

强调的是“意从景中宣出”[①]，所谓“不著一字，尽得风流；语不涉己，苦不堪忧”[②]，强调的就是虚与实、情与景的妙合无垠。

2. 儒家的天人观

与道家的天人观和自然观所不同的是，儒家在天人关系中更强调人的主动性，强调政治伦理的重要性。鉴于殷王朝覆灭的经验，在儒家之前，周人就提出了积极与天合作的思想——“以德配天”说，只要统治者能够“敬德保民”，那他就会得到上天的宠爱，国运就会长久。儒家则认真诠释了西周的这一观念，认为天人关系中应积极发挥人的主动性——伦理。他们所追求的天人合一强调的不是真，而是善。周公作为政治训条的“敬德保民”，到了孔子那里就被转化为以“仁”为“礼”的伦理哲学了，到了子思那里则发展为人道通于天道的理论，“能尽人之性，则能尽物之性。能尽物之性，则可以赞天地之化育，可以赞天地之化育，则可以与天地参矣”[③]。到了汉代，董仲舒吸收了道、阴阳和《易传》的观念，终于梳理出一个以“天人感应”为核心的天人宇宙图式：“王者配天，谋其道，天有四时，王有四政，四政若四时，通类也。天人所同有也。”[④] 至此，天人合一由道家的客观论步入了儒家的主观论。他们一方面将客观的天命归为主观的人性，天命就是人性；另一方面又将主观的人性提升为天道，遵从人性就是遵从了天道。“尽其心知其性，知其性，则知天矣。”[⑤]

因此，儒家在天人关系上更看重人与社会的协调，并且把文学艺术看作是协调人与社会关系的重要工具，倡导为政治、为道德也就是为人生而艺术。他们更看重文学艺术在教化人心、协调人际关系、修身养性方面的功用，使得文人更看重自己的社会历史责任感和主体道德修养，最终导致了中国“文以载道”的文学艺术思想。在审美追求上，儒家在内容与形式统一的前提下，更注重艺术的内容——善，注重“阳刚”之气和“中和”之美，主张在尽善的前提下追求尽美。

总之，儒家立足于社会，道家立足于自然，经过汉代儒学独尊和魏晋玄学，终于形成了儒道互补的局面，使文人在自由出入于儒道间实现了在不同

① 普闻：《诗论》。
② 司空图：《诗品》。
③ 《中庸》。
④ 《春秋繁露·四时之别》。
⑤ 《孟子·尽心上》。

现实处境下的心理平衡。反映在艺术领域,则表现为人生与自然两大主题的交替互补,开创了中国百花齐放的文艺长廊。

二、文以载道的教化传统

在中国古代的文艺长廊中,有两大并行不悖的传统:一个传统偏重于作品的义理、抱负方面,要求为人生为政治而艺术;另一个传统强调抒发主体的思想情感,追求一种艺术人生。如上节所述,这实际上是儒道两家的哲学思想在文艺领域的渗透和反映。我们知道,儒家的政治出发点是如何建立社会的新秩序,他们仅仅发现了狭义的人性,即人区别于动物的根本属性,那就是人所特有的社会性存在方式。他们的王道理想所考虑的不是个体的利益,而是以整体社会(民族、国家、下层人民)的生存状态和根本利益为焦点。在人与社会的关系上,王道理想是要首先指向社会利益的,但社会利益必须是以牺牲个体的利益换来的。基于这一点,儒家的文艺观自然是它对人的社会性存在方式的诠释,它要求文学艺术要着眼于这种狭义的人性光芒,并用它的魔力穿透社会。在中国古代,一方面,人们不得不承受来自家庭、社会、国家等多方面的压力;另一方面,在没有西方那种强烈的宗教手段来完成个体心理疏导的情况下,艺术就变成了个体自我疏导的重要出口。对于中国古代文人来说,于重重社会之网中求得一时的心理松动,于家庭、社会、国家责任感的种种压力、挫折之下,求得一时的发泄,于发泄后求得暂时的心理平衡,于暂时的心理平衡中求得一时的自我忘却,乃是他们追求的最大目标之一,实则是儒家文化蔽于人而不知天的巨大局限在艺术中的反映。他们希望通过艺术的教化使人自觉地服从礼仪制度的束缚,将外在的社会礼仪制度的制约转化为每一个个体自觉的心理需求。因为君君、臣臣、父父、子子是儒家全部的人生视野,因而在以儒家思想为主流的文艺作品中,我们可以读到天伦之乐、对社会的责任感、爱国主义等,进而形成了中国"文以载道"的文艺教化传统。

所谓"文以载道",就是在强调艺术家的主体修养和强烈的历史使命感以及社会责任感的前提下,要求充分发挥文艺的教化功能,把文艺当作是影响人的情感、涵养人的德操、协调社会关系的重要工具。在中国古代,这一传统具有非常悠久的历史,其较早的表现形态是儒家"诗言志"的理论。

言志论是中国最早的文艺理论。从孔子开始,中国传统教育就把文学艺术作为重要的科目。孔子以礼、乐、射、御、书、数六门功课进行教化,"礼"、"乐"列在首位,而"乐"便是各门艺术的总称。就诗而言,孔子说:"诗,可以兴，可以观，可以群，可以怨。”① 他在《论语·述而》中说：“志于道，据于德，依于仁，游于艺。”非常重视诗的“美刺”功能。早在汉儒以儒教附会《三百篇》之前，荀子就对“诗言志”之“志”作了具体的规范：“圣人也者，道之管也。天下之道管是矣，百王之道一是矣。故诗、礼、乐归是矣。诗言是，其志也……”② 换言之，诗所言之“志”乃儒家圣人之道，是儒家入世治世之志，是抑制情感的意志、理智及治国平天下的壮志。可见，这一理论的哲学基础就是儒家对人性的狭义界定——人是一种社会性存在。在他们看来，社会秩序应是“诗”即文艺作品最为重要的事业，群体性也就成为整个文艺关怀的第一尺度。他们自动被教导要有“修身、齐家、治国、平天下”的责任感和使命感，对社会的意识成为文人对自身意识的主体内容。入仕则是实现个体价值的唯一途径，政治是其作为人的本质力量对象化的唯一场所。于是，得意时要“了却君王天下事，赢得身前身后名”③，失意时仍“身在江湖之上，心存魏阙之下”④，真是“进亦忧，退亦忧”，于是关心一己之外的社会群体、仕途的得意与失意、国家民族的兴衰、下层人民的苦乐就成为文艺必须负载的“道”。

由此可见，儒家是把文艺视作社会政治的必要手段，可以通过礼乐的教化达到社会的和谐、安定。荀子也十分重视艺术的这一功用。他说：“夫声乐之入人也深，其化人也速。故先王谨为之文。”“乐者圣人之乐也，而可以善民心。其感人也深，故先王导之以礼乐而民和睦。”⑤ 在传统的儒家观念中，人生有“三不朽”：太上立德，其次立功，其次立言。尽管“立言”是排在最后的，但却是许多文人追求的根本目标之一。且看曹丕的议论：“盖文章经国之大业，不朽之盛事。年寿有时而尽，荣乐止乎其身，二者必至之长期，未若文章之无穷。是以古之作者，寄身于翰墨，见意于篇籍，不假良史之辞，而声名自传于后。”⑥《毛诗序》也说：“正得失，动天地，感鬼神，莫近于诗，先王以是经夫妇，成孝敬，厚人伦，美教化，移风俗。”在这种思想的影响下，使得文学艺术如诗、画、书、乐等方面都成为衡量文人水平的重要尺度。

先秦时“诗言志”的理论是我国后期“文以明道”思想的萌芽。但先秦时

① 《论语·阳货》。
② 《荀子·儒效》。
③ 辛弃疾：《破阵子》。
④ 《淮南子·椒英训》。
⑤ 《荀子·乐论》。
⑥ 曹丕：《典论·论文》。

期所说的“道”,包括两方面的含义:一是老子所说的自然之道,如《韩非子》在《解老》中对“道”所作的界说:“道者,万物之所以然也,万理之所稽也。”二是儒家所讲的仁义道德,如《荀子·儒效》中的“圣人者,道之管也”。汉代以后,随着孔子的被定为一尊,儒家之“道”就逐渐膨胀,以至逐渐吞没了自然规律之道,而成为自然界和社会事物的唯一的、最高的准则。到了六朝时刘勰的《文心雕龙·原道篇》,则明确提出了道与文的关系:“道沿圣而垂文,圣因文而明道”,“文”的根本作用在于明儒家之“道”。

在中国,明确强调“文以明道”是从隋之王通、唐初“四杰”就开始了的,到了古文运动的兴起,达到了高潮。实际上,这是唐代儒学复兴思潮在文艺领域中的反映。虽然唐代古文家实际上都是这样提倡的,如梁肃《独孤公行状》中的“不谈非圣贤之书,非法之言不出诸口”。但以韩愈的提倡影响最大。他说:“愈之志在古道。”① “然愈之所志于古者,不惟好辞,好其道焉耳。”② 同时,韩愈在《原道》篇中还对释家、道家的“道”和儒家之“道”进行了原则性的区别,他认为,释家之“道”废君臣父子的封建纲常,老子之“道”废仁义礼乐,他说:所谓“斯道也,何道也? 曰:斯吾所谓常道也,非向所谓老与佛之道也”③。很明显,韩愈所说的“道”并非宇宙本体之道,而是传统意义上的儒家之“道”。之后,韩愈的门人李汉概括了“文”与“道”的关系,他认为,“文者,贯道之器也”④。古文运动的另一大家柳宗元也对“文以明道”大力提倡,他说:“圣人之言,期以明道。”⑤ 到了宋代,欧阳修大力提倡韩愈的道统,所谓“自汉以来,道术不出于孔氏,而乱天下多矣。……五百年而后有韩愈……愈之后三百有余年而后得欧阳子,其学推韩愈、孟子,以达于孔氏”⑥。欧阳修的见解,集中体现在“道明者,文不难而自至也”⑦。就是说“道胜”艺术自然会有美 。

而在中国文学艺术思想史上,宋明理学早期最重要的代表人物之一周敦颐是最早明确提出“文以载道”的人,他说:“文所以载道也……文辞,艺也;道德,实也。笃其实而艺术书之,美则爱,爱则传焉。贤者得以学而至

① 韩愈:《答陈生书》,见《韩昌黎集》卷一六。
② 韩愈:《答李秀才书》,见《韩昌黎集》卷一六。
③ 韩愈:《原道》篇,见《韩昌黎集》卷一。
④ 《昌黎先生集序》卷首。
⑤ 柳宗元:《报崔黯秀才》,见《柳河东集》卷三四。
⑥ 苏轼:《居士集》序。
⑦ 《欧阳永叔集·居士集》卷四七,《答吴充秀才书》。

之，是为教。……不知务道德而第以文辞为能者，艺焉而已。”[1] 表面看来，与古文家对“道”与“文”的见解差不多，但古文家重“道”的同时也重“文”，而且落脚点在“文”。周敦颐虽然认为美的文辞、形式是必不可少的，“美则爱，爱则传焉”，但实际上把“文”视作雕虫小技。到了二程之后，又提出了“有德者必有言”的观点。如“有德者必有言，何也？和顺积于中，英华发于外也。故言则成文，动则成章”[2]。二程所谓的“德”实则只是封建伦理纲常，大大缩小了“道”的内涵，并导致了伪道学的产生，扼杀了文人个性的独特性。正是从这种“有德必有言”的逻辑出发，二程反复宣扬“作文害道”的主张，如：“问：作文害道否？曰：害也。凡为文不专意则不工，若专意则志局于此，又安能与天地同其大也？《书》云：‘玩物丧志’为文亦玩物也。古之学者，惟务养性情，其他则不学。今为文者，专务章句，悦人耳目。既务悦人，非优而何？”[3]把为文看作与“玩物丧志”和“害道”，充分说明了理学家的迂腐和偏执，由此透射出他们以理学排斥一切的企图。到了理学的集大成者朱熹，和二程一样，主张重道轻文，他说：“今人不去讲义理，只去学诗文，已落第二义。”[4] 他主张“道者文之根本，文者道之枝叶”，虽比二程的“作文害道”有所进步，但总体上呈现出理学家轻视艺术的价值、规律，独尊道学的深刻偏见，把中国“文以载道”的文艺传统拉向了对儒家伦理纲常的张扬，容易导致重道轻艺和对艺术的丰富内容狭隘化的理解。

但不管怎么说，“文以载道”的艺术观，使得中国古代把培养良好道德、疏导心理能量、维护心理平衡、协调社会关系当作文艺作品的首要任务，并形成了文人自觉的忧患意识和强烈的历史使命感与社会责任感这一文学艺术的优秀传统。这首先反映在自西周即有诗教乐教，强调诗乐并重的传统上。在儒家看来，主体心理成熟的标志就是能够自觉地进行自我心理调节，当文人在现实生活中遇到挫折，情感大悲大喜时，既不是一味地以理智压抑情感，也不是听任情感的波涛肆意泛滥，进而铤而走险，转化为实际斗争行为，而是投身于音乐和诗歌活动中，用节奏、旋律、诗句去发泄情感之流等心理能量。尤其是音乐，更是影响人的情感、涵养人的德操、协调社会关系的重要工具。《礼记》就明确提出了音乐的这一作用“夫乐者，乐（快乐的‘乐’）

---

① 《通书·文辞》。
② 《二程遗书》卷二五伊川语。
③ 《二程遗书》卷一八伊川语。
④ 《朱子语类》卷一四。

也,人情之所不能免也,乐必发于声,形于动静,人之道也……制雅颂之声以道之……足以感动人之善心而已矣,不得使放心邪气得接也——是先王立乐之方也。是故,乐在宗庙之中,君臣上下同听之,则莫不和敬;在族长乡里之中,长幼同听之,则莫不和顺;在闺门之内,父子兄弟同听之,则莫不和亲。……故,乐者,天地之命、中和之际,人情之所不能免也”。“乐由中出,礼自外作。乐由中出故静,礼自外作故文。大乐必易,必简。乐至则无怨,礼至则不争。揖让而治天下者礼乐是也。”当一首乐曲演奏完毕,你不再亢奋,不再激动,来势凶猛的情感之流就像在礁石上撞击了一番的大海的波涛,复归于细碎的波纹,温柔地退却了,更多地向社会伦理回归。于是,心灵的大海又重新归于平静,一切都好像不曾发生,起码已不是原来那样不可忍受了。这样,音乐就像可以迁怒制怒的沙袋,既让人们尽情地宣泄,恢复心理的平衡,又不失理性对精神的绝对制约;既避免了危及社会制度的现实行为,又使人自动认同社会秩序的各种关系,使之复归于和顺。在诗歌领域,像屈原的楚辞和唐代以杜甫、白居易为代表的诗歌,它们忧国忧民,深刻揭露社会矛盾,表现着积极而深厚的人道主义精神。但相对而言,这一传统在古代散文中表现得最为突出。

漫步中国古代散文的长廊,无论是散文勃兴局面的形成,还是散文革新运动的兴起,无不与社会变革、政治兴衰息息相关。无论历史散文、政治散文抑或杂记、游记、小品文,无不透露着作者与国家民族同呼吸共命运的忧患意识和济世精神。关心现实,揭露时弊,忧国伤时,为民请命,奋起振兴,始终是贯穿中国古代散文的重大主题。从对国计民生关注的《尚书》,春秋战国时代忧虑社会弊端、拯救民生疾苦、统辖纷乱局面的诸子散文,到汉代贾谊、晁错以敏锐的卓见和匡正时弊的满腔热情,将视角投向有关国计民生、民族安危等一系列重大命运的政治散文,司马迁“究天人之际,通古今之变,成一家之言”的史书,直到唐宋以后,散文推动了世风的转变,最终实现了中兴的政治散文,都是作者忧国忧民的社会历史责任感的真实写照,表现了儒家以天下为己任的忧患意识和济世精神。有的散文,包含了对贪官污吏、奸佞小人和种种社会丑恶现象的深刻批判,如《礼记》中的“苛政猛于虎”、陆龟蒙的《禽暴》、韩愈的《原毁》、柳宗元的《三戒》等。

三、抒情写意的主体精神

如果说儒家的艺术观在于教化功能和协调人和社会的关系的话,道家的艺术观则更多地在于维系个体的心理平衡和心理能量的疏导。以仁义为内容的儒家,极其量于治国平天下,从正面担当了中国历史中弘扬伦理、政治和道德责任感的重任。以虚静为主旨的道家,极其所能地追求个性的解放,以求达到人生的理想状态,从侧面担当了中国历史中追求艺术人生,进而达到从个体的平衡到社会的平衡的历史使命。在以老庄为代表的另一派艺术家看来,个体才是生命最基本的状态,一个人首先是一个个体的生命,然后才能成为社会的人。围绕个体感悟生命、需求得失而起的悲欢爱憎才是最为根本、真切、强烈的生命体验和生命意识。与儒家要求艺术要以关心社会、群体为天职的人生观、文艺观不同,否定了社会价值、义务而又不否定人生意义的老庄哲学则试图通过艺术这种非现实的精神手段获得一种个性解放而来的自由感与充实感。正如庄子《庖丁解牛》中的庖丁最终由于自己技术上的娴熟而得到的一种"提刀而立,为之四顾,为之踌躇满志"的精神享受一样。由于道家从艺术中获得的快乐已经超越了儒家挟带社会责任感的仁义之乐,所以艺术家往往在乐中忘了忧,他们的主要目的在于心灵和精神的解放,以建立精神的自由王国。庄子没有把艺术当作一个追求的对象而加以思索、体认,进而指出艺术的精神是什么,他只是顺着大动乱时代人生所受的桎梏、倒悬一样的痛苦,要求得到自由解放。这就要求艺术不再以实际利益为目的,而要摆脱实用与求知的束缚,以得到自由,而艺术人生正是这种精神状态得到自由解放的象征。

在老庄看来,主体精神是指在没有任何现实功利欲望扰动情况下的一种精神状态,是知物而不为物所扰进而达到超越时空、一无限隔的一种广袤的境界,从而在他们的人生意识里去掉了自己利害好恶的成见。不仅如此,面对茫茫宇宙、大千世界,常常使他们对生命的短暂、对死亡的恐惧与宇宙的永恒有着极其敏感的觉察与体验,发出了对生命有限和对时间无限的感喟,其中积淀着他们对社会人生的深切感受和思考,由对自我人格的肯定,升华为对自由个性的追求。为求得精神上的自由解放,他们往往希望自身人格彻底艺术化。在这种艺术化的人生中,不是自我为中心的利害计较,而是对虚静为本的空灵境界的向往,把世俗之所谓利害荣辱,在"道"的境界中,亦即在艺术的境界中化掉了,使他们在生活情调上更为高洁。因此,老庄的抒情写意乃是解放了由万物而来的是非、好恶之后的一种对宇宙人生的思考。他们希冀的人生境界就是老子的"致虚极、守静笃"和庄子的无己、丧我、心斋、坐忘,追求通过艺术人生达到"天地与我并生,而万物与我为一"①,"乘云气,骑日月,而游乎四海之外"②的忘我而恍惚陶醉的境地。可

①② 《庄子·齐物论》。

见老庄所谓的“情”和“意”不是由现实功利引发的是非好恶之情，而是人追求的精神自由，是人去掉束缚于个人生理之内的感情的超越，显示出与天地万物相通、驰骋自然、逍遥自由的“大情”。

更主要的是，老庄把人生的境界引向了广阔的自然。庄子曾说过：“至人之用心若镜，不将不迎，应而不藏，故能胜物而不伤。”① 在没有自己利害好恶的成见、不把万物变为一种知识追求对象的“不将不迎”的心境下，主体就可以使自己的心不为物所扰，物亦不至为成见所委曲。主客体自由而无限地相接而“不伤”，万事万物不期然地会成为主体心中的美的对象。

由此可见，以老庄为代表的抒情写意的文艺观，使人超越了社会，奔向了自然，对大自然中的山川草木不再视为异己力量，而是表现出一种由衷的喜爱、珍惜之情，这就是移情于自然，与自然交换生命，就是向大自然展示一种天人合一的广博而富有诗意的情怀。从此以后，文人的视野扩大了，在对自然的观照中忘却了自我乃至人生，至此，中国的文人终于找到了另一个实现自身价值的精神家园，使他们有可能将整个生命存在融汇于大自然之中，去体会“此中有真意”的生命境界，以实现自己心灵的自由、人格的尊严，从而从侧面表现出对束缚人的个性自由的社会统治的抗议，对世俗的名利观念和道德礼仪规范的深恶痛绝。

到了魏晋时期，由于各民族之间斗争的加剧、统治集团内部激烈的冲突和斗争，战争频仍，人民流离失所，无有宁日，再加上政治的腐败和高压政策，痛苦、失望成为最鲜明的时代特点。知识分子也不例外，在那动荡的社会环境中，为了消除精神上的苦闷，他们不得不向老庄的“玄虚”中去求得心理上的平衡和精神上的解脱、逍遥了，“凌霄汉出宇宙之外矣，岂羡夫入帝王之门哉？”② 他们鄙视蝇营狗苟的利禄之徒，而以狂狷的精神，反抗虚伪的礼教对于人的个性、价值的抹杀，追求人的真面目、真个性，从而撕下了种种骗人的面具，其结果是导致儒家礼教政治纲统的衰颓。在现实中找不到净土、肉体上得不到满足的情况下，他们不得不在吃药、饮酒、放诞、纵欲、追求刺激的同时，追求精神上的解脱，思考宇宙、生命的本质，由此促进了魏晋玄学的形成。

玄学的兴起，不仅从哲学理论上为文人蔑视礼法、放浪形骸提供了理论依据，而且大大提高了老子的地位，降低了儒家的尊严；不仅影响了一代社

① 《庄子·应帝王》。

② 《后汉书》。

会思潮，而且也深刻影响了上层社会一代文人的精神世界。思考生与死、人生的意义，崇尚玄远、看重人的精神风貌、崇尚自然等，成了一代风尚。其实，艺术真正思考的问题，不外乎人与宇宙、人与自然、人与社会、人与人的关系。人与社会、人与人的关系早已被以儒家为传统的文学艺术所注意，而人与宇宙、人与自然的关系尽管已为老庄所重视，但并未在文学艺术创作中引起广泛的影响。玄学的兴起，无疑使艺术开阔了视野，有了新的追求，在当时不仅出现了"芙蓉出水"的山水诗人谢灵运，而且从汉末的《古诗十九首》开始，哀叹人生无常、生命短促，成为这一时期的时代精神。连一代枭雄曹操也发出了"譬如朝露，去日苦多"的感叹。更为可喜的是，魏晋玄学对宇宙、自然、人生的思考，使得许多文人借山水作为精神上的慰藉。从此，自然山水之美，终于成为人们自觉的审美对象，并真正闯进了艺术的殿堂，从而促进了山水诗画的兴起。由于天人合一思想的重要影响，中国文人总认为心中包含着天地自然，正如《庄子·达生》篇所说："灵台（心）者，天之在人中者也。"因此，文人笔下的自然山水又往往如宗白华所说，是"意境中的山水"，"晋宋人欣赏山水，由实入虚，超入玄境"。[①] 他们往往将心灵外物化，将外物心灵化，"登山则情满于山，观海则意溢于海"[②]，其根本目标还在于抒情写意。

如果说春秋战国时期是我国思想史上的第一个觉醒时期，其特点是人从殷周以来的"天"、"神"的绝对统治中逐渐觉醒起来，意识到人是万物之本的话，魏晋玄学则是我国思想史上的第二个觉醒时期，其特点是人对封建纲常束缚的反叛和蔑视礼法、放浪形骸的狂狷精神，多少类似于西方冲破中世纪神学禁锢、人文主义兴起后的情况。"人以克己为耻，士以无措为通，时无履德之举，俗有蹈义之愆。"[③] 就是当时社会风尚的真实写照。名噪一时的"竹林七贤"是魏晋文学的典型。东晋之后，淡泊自守，不为物役的玄远精神，随着陶渊明的崛起而盛行。从此，文人更加重视人格及个性美，具体反映在陶潜的不为五斗米折腰，嵇康的不肯与虚伪的礼教社会同流合污，最终为捍卫人的价值、人的个性而殉道时潇洒自若的精神上。

不仅如此，我国抒情文学中重视情感的美学思想，在个性及真性情得到自由表露的魏晋时期，得到了进一步重视，朱自清《〈诗言志〉辨》中就认为陆

---

① 宗白华：《美学散步》，第 179 页。
② 《文心雕龙·神思》。
③ 《晋书·王坦之传》。

机的“诗缘情而绮靡”，铸造了一个“新语”，表征为“缘情”代替了“言志”。

从此以后，重视情感的真实抒发，成为我国文学艺术的基本精神。文人在老庄学说的影响下，认识到了艺术具有自身的价值，不必依附政治与伦理的说教，这是对儒家“诗言志”的突破。出现于东汉末年的《古诗十九首》，是文人抒情短诗的标志，被誉为“五言之冠冕”。正始时期的“竹林七贤”则任情放达，发言玄远，藐视礼法，一腔孤愤，用曲折的方式表达对现实的不满。晋宋之际的陶渊明，向往静谧安宁、真诚无欺的古朴社会，追求淡泊高远、身无外求的人生，体悟恬静乡村生活的深沉意蕴，真正感悟大自然的真谛，把五言抒情诗推到了充分个性化的成熟境界，并开创了“田园诗”这一诗歌体式。短暂的隋朝之后，迎来了文学艺术气象万千的黄金时代，以王维、孟浩然为代表的山水田园诗，摹山范水，描写闲适、虚静的隐居生活，风格清新自然。中国历史上最伟大的诗人之一——李白，粪土王侯，狂放不羁，敢于冲破一切拘禁，一往直前地抒发自己的真性情，成为抒情写意诗风的代表。此后，在中国文学艺术的黄金时代——唐宋，抒情写意的文学艺术逐渐自成一派，出现了李商隐、秦观、苏轼、黄庭坚、柳永等一批又一批文坛巨匠，他们的共同特点是感情真切动人，写来挥洒自如。

第二节　中国古代文学艺术的美学追求

一、审美与真善

一个民族的美学追求决定她把什么样的艺术界定为最理想、最美的艺术，优秀的艺术作品往往都是内容与形式、思想价值与审美价值的统一，它们总是以真善美作为自己的最高境界。而在中国古代，儒道两家俱看重人生境界和艺术境界的融合，不同的是儒家看重的是道德境界，道家看重的是自由境界。在儒道两家思想的影响下，中国古人对真善美的理解和侧重发生了不同，他们尽管都追求真善美的统一，重视理想人格的塑造，但儒家更注重艺术对道德的责任感，看重美与善的统一，而道家注重的则是艺术和自然的合一，侧重美与真的融合。由此造就了中国古代文学艺术中“尽善尽美”和“法天贵真”的审美追求。

1. 尽善尽美

我们知道，和法家、兵家强调用强力来征服人心，通过改变社会来改变社会中的每一个人的主张不同，儒家主张用个人的人格修养来影响别人，进而影响社会，通过改变社会中的每一个人来改变整个社会，而文学艺术是他们首选的工具。《周礼·春官·大宗伯》曰："大司乐掌成均之法，以治建国之学政，而合国之子弟焉，凡有道有德者使教焉。死则以为乐祖，祭于瞽。以乐教国子中和祗庸孝友，以乐语教国子道讽喻言语……"依徐复观先生的观点，此正是"古代以音乐为教育之铁证"。是我国较早的为人生而艺术的理论。

在我国，建立在血缘关系基础上的伦理道德，自西周以来，一直支撑着几千年的奴隶制和封建制。在美与善的关系上，强调善是美的灵魂，失去了善，也就无所谓美。先秦时楚大夫伍举就提出过这样的思想："夫美者，上下、内外、大小、远近，皆无害也焉，故曰美。若于目观则美，缩于财用则匮，是聚民利以自封而瘠民也。胡为之美？……其有美名也，惟其施令德于远近，而大小安之也。若敛民利以成其欲，使民蒿焉忘其安乐而有远心，其为恶焉甚矣，安用目视？……"①

后来，随着儒家的崛起，强调美与善，即强调美与伦理道德之间自由相连的文艺思想，一直处于支配地位。他们对艺术的立足点是为人生而艺术，融艺术于人生。它决不否认作为艺术本质的美，而是要求美与善的统一，并且在最高境界中，得到和谐统一。它一方面把艺术看作是人生重要的修养手段之一；另一方面，艺术最高境界的达到，却又有待于自身人格的不断完善。在儒家看来，美与善都是人生追求的最好的东西，要达到一种完美的境界，二者中缺少哪一方都是遗憾。

在中国古代文人的眼中，美绝不单纯表现在形式上，而首先应从道德内容上"安民"。《礼记》上就有这样的观点："德者情之端也，乐者德之华也，金石丝竹，乐之器也，诗言其志也。歌咏其神也。舞动其容也。三者本于心然后乐器从之。是故情深而文明，气盛而化神；和顺积中而英华发外，为乐不可以为伪。"把伦理道德当作自己学说核心的孔子，更是十分重视美与伦理道德的关系。他的美学，从某种意义上说是道德美学，他强调"里仁为美"②，"君子成人之美，不成人之恶"③，认为美就是善。但孔子的历史功绩还在于对"美"与"善"进行了区别，并提出两者应该统一的观点，"子谓《韶》尽美矣，又尽善矣。谓《武》尽美矣，未尽善也。"④ 他认为《韶》乐在审美意义上"尽

① 《国语·楚语上》。
② 《论语·里仁》。
③ 《论语·颜元》。
④ 《论语·八佾》。

美”,在伦理道德上又“尽善”,是美与善完美结合的典范。而《武》则不同。善的东西不一定都是美的,因为善的东西之成为审美对象,还需美的形式和条件;但美的事物则必须是善的,不善的东西、违背文明社会普遍道德原则的东西,是不能成为审美的对象的。

与美与善的观点相联系的,是他对“文”与“质”的看法。他说:“质胜文则野,文胜质则史。文质彬彬,然后君子。”[①] “质”——不加文饰的质地,“文”——文采,孔子虽用这一原则来评价人的质地和外表,后世却逐渐把“文”与“质”当作艺术的内容和形式的关系普遍运用。孟子继承了孔子关于美的道德伦理本质论,进一步强调了对于人来说,伦理道德美是一个核心的内容,进而提出了著名的“吾善养吾浩然之气”[②]的理论,并认为培养“浩然之气”的途径是“集义”和“配义与道”,[③] 就是要强调儒家道德的自我修养和理性自觉。它作为一种内在的精神力量,应是人们内心情感的一种自觉要求,而不是依靠外在的强制力量。他说:“理义之悦我心,犹刍豢之悦我口。”[④]也就是说,人的道德精神也能给人以心灵的愉快,从美的高度极大地强调了人格修养的意义和价值。

需要指出的是,在孔孟看来,善不是空洞的说教,而是一种人格的力量,一种内在的精神美,而这种人格力量的基本规定是“仁”和“礼”。“礼”是外在的行为规范,“仁”是内在的精神原则。“仁”作为善的总称,其所包含的诸如恭、宽、信、敏、惠、智、勇、忠、孝、义等丰富内涵,是一种宽广的道德感情和崇高的精神境界。同时孟子又进一步把仁义即善推广到“老吾老以及人之老,幼吾幼以及人之幼”的普遍的人道主义高度,把主体修养推广到“齐家、治国、平天下”,以天下为己任,人人皆可以为尧舜的精神,更是对人的本质力量的充分肯定。当善的实现表现为人的生存意义和价值的自我肯定时,我们在儒家理想人格中不同时也看到了美吗?

儒家的艺术观中尽管以“尽善尽美”为准绳,但也并不完全否定艺术的根基——情,而是把人的感情向上提,向内收,融于道德理性之中,从而使人浮扬起来的感情沉静下去。同时,它也不排斥文饰和形式美,正如《淮南子》所说:“必有其质,乃为之文”,因为他们知道,皮之不存,毛将焉附,一旦离开美,善也就失去了它的依附。其实它最终追求的是将艺术道德化,将道德艺

---

① 《论语·雍也》。

②③ 《孟子·公孙丑上》。

④ 《孟子·告子上》。

术化。这一美学追求，使得高扬主体的内在精神、升华人格境界，成为中国文学艺术的灵魂，也使得中国古代的正统艺术家都把自身修养放在了首要的位置上。

2. 法天贵真

和儒家"尽善尽美"的追求不同，道家在为艺术而人生的观念支配下，更注重表达真我，表现自然率真之趣，强调自然人格的自由呈现，表现了对人格自由、审美自由的强烈追求，这一切集中体现在道家"法天贵真"的思想上。作为天人合一思想具体表现的"道"，本质上是对生命意义的张扬和对生命本源的关注，是人的自由精神向自然本体的回归。同时，老庄所谓的"道"又是一种客观存在的最高的美，就是宇宙生命、审美主体将自我生命融入盎然的大千世界，同时又尽情地吮吸天地精神，用心灵俯仰的眼睛去追寻与感悟大千世界的美，从而感悟宇宙无言无象的"大美"。审美境界的美学内涵就是存在之"真"。道家一直致力于探索一种和谐完美的人生境界——人的心灵摆脱了客观对象的一切束缚，达到高度的精神自由。而从天人合一、物我一体的观念上说，自由即"真"，当然，如同艺术超越不同于现实物质超越一样，这自由也并非是对自然界必然性的认识和把握所得到的自由，而是心灵的自由、精神的自由。从这个意义上说，求真即是求美，是追求一种自由自在的精神境界。

在中国美学思想史上，第一个提出"法天贵真"思想并对"真"的内涵进行界定的是庄子。他说："真者，所以受于天也，自然不可易也。故圣人法天贵真，不拘于俗。"① 在《庄子》一书中，"真"这一概念在不同场合固然有不同的用法，但它的基本含义，乃是指人的本质中最真实的东西、它是自由与自然的统一。这种意义上的真，实际上是一种自然的境界。庄子说："真者，精诚之至也……"② 也就是"情真"，正如日本学者笠原仲二所说："'真'象征着人们摆脱尘类而升华到无碍的天空的愿望，或这种愿望达到后的喜悦，也就是说，它象征着人们把握有限的生命向无限的生命归投(解脱)的憧憬、理想或这种理想实现后的快乐。"③ "贵真"就是要把握自然的本质状态，变自为的人为自由的人，由自然的世界进入自然的境界，是人与自然的汇通、融合，在把人的真性从宗法观念和伦理道德观念中解放出来的同时，把个体的本真自由消融在自然之道中。因此，庄子对"真"的回归本质上是天人合一的

①② 《庄子·渔父》。

③ 笠原仲二：《古代中国人的美意识》，北京大学出版社 1987 年版，第 127 页。

境界形态,艺术就是以自由的心灵去观照宇宙自然、社会人生。而这一思想又基于庄子对人的本质的感悟。在庄子的思想中,“人”是一个物役、情累、心滞中“遁其天”、“失其性”的存在,“天”性丧失谓之人,“以人合天”谓之“真人”,“真人”实际上就是庄子所设计的理想人格,是建立在自然无为的基础上的“至人”、“神人”和“圣人”,他们“无己”、“无功”、“无名”、“无待”,这种理想人格的核心是不为世俗所累,不为纷争所扰,顺其自然,这才是天下最美的人格。而要达到这种理想人格,就要让人向本真自然回归,“若夫不刻意而高,无仁义而修,无功名而治,无江海而闲,不导引而寿,无不忘也,无不有也,澹然无极而众美从之。此天地之道,圣人之德也”[①]。这一追求充分体现了庄子轻视功名利禄以及要求从肉体和精神两方面彻底忘却自我、回归自然本性、与天合一的价值取向。庄子说:“若夫乘天地之正,而御六气之辨,以游无穷者,比且恶乎待哉!”[②] 这里的“无待”,就是要从现实中超脱出来,不受任何条件的限制,追求“独与天地精神往来”[③]的绝对自由,达到人与道和谐统一的境界。这种自然无为的人格理想无疑具有人格独立和精神自由的价值。它关注的不是现实,而是人的精神,或者说是美的境界。顺乎自然本性,不为世俗所累,在自然无为中,人性的自然美得到了保留,也就是庄子人格与美的相通之处。而这样一种空灵的境界,无疑为后世文人开拓了新的视野和精神依托。

庄子之后,刘勰在《文心雕龙》中强调文章的“自然之道”,钟嵘在《诗品》中提出过“自然英旨”,李白所主张的“清水出芙蓉,天然去雕饰”,苏轼的“常行于所当行,常止于不可不止”的“文理自然”之美,无疑是与庄子自然无为的人格美思想一脉相承的。之后,李贽的“童心”说是“法天贵真”思想的典型代表。他认为:“童心者,真心也”,“绝假纯真,最初一念之本心也”,“若失却童心,便失却真心,失却真心,便失却真人”。[④] 一个人如果保持童心不泯,则可为真文,甚至能为至文。公安派三袁之一的袁宏道提出的“性灵”说,更把文艺创作看作性灵的真实表现:“独抒性灵,不拘格套,非从自己胸臆流出,才肯下笔。”[⑤]

不精不诚,不能动人,以庄子为代表的因任自然的真美论,在我国传统

① 《庄子·刻意》。
② 《庄子·逍遥游》。
③ 《庄子·天下》。
④ 李贽:《焚书》卷三《杂述》。
⑤ 《袁宏道集笺校》卷四《叙小修诗》。

的文艺理论中发生了很大的影响，为我国后世艺术家开拓了一个追求自然清新之美的精神空间。因为在他们看来，现实处处充满着苦难，处处充满着"有志不获骋"的悲哀，既然现实社会中不能实现自身的价值，有识之士只能与现实拉开距离，而回归自然的审美体验为他们提供了一个驰骋理志的高度自由的精神空间，唯有在这种审美体验和精神空间中，方保有精神的完美，致使有的艺术家把老庄的精神转化为自己的生存方式，寄寓于田园，追求返朴归真的境界。陶渊明是其典型代表。当他发现仕途生活有违素志，不利于他对人生真谛的追求和独立人格的展现时，决定弃官归隐，"采菊东篱下，悠然见南山"，将整个生命融汇于大自然中，去体悟"此中有真意"的生命境界，寻回了自己的世界。在没有礼仪行次之拘，没有世俗官场杂言之困中，体现了一种任真肆志的人格美，寻求一种孤芳自赏的幽雅，从而把人提升到心灵宇宙的时空尺度上，让心灵与宇宙融为一体，产生浩博、伟岸的人格美，追求一种无限和永恒的自然美和率性而真的情感美。

二、意境与意象

在中国古典美学史上，精神的自由与解放是古典艺术追求的最高境界。一部古典美术史、艺术史就是中国人追求精神自由的历史，而艺术意境无疑是中国文人追求精神自由的历程中留下的深深足迹。

在天人合一哲学思想的影响下，中国人对艺术，往往不满足于看到一个个别的、具体的感性形象——不管它是再现的，还是表现的，而是要求能看到一个广阔而又深邃的、可以让灵魂自由徜徉其中的完美独特的精神世界，不喜欢一览无余，而欣赏曲径通幽、反复品味，而意境则是我们民族天人合一的原始信仰在文学艺术中的具体表现。意境在本质上是中国古代文人对自由生命家园的描绘和憧憬，它体现的是超越了物理时空限制的无限自由的精神生命境界，是对宇宙生命共感的体悟。在意境中，主体自我已不再是道德的功利的自我，而是精神生命的"我"、自由心灵中的"我"，只有这样的"我"，才能冥合自然之道，达到"天地与我并生，而万物与我为一"①的至美境界，并在这种无物无我、陶然忘机、物我圆契的审美体验中通往永恒生命归依的心灵途径，实现了超越物我的审美境界。从美学原理上讲，任何艺术都是主体生命意识的表达，从哲学原理上讲，追求自由是人类的精神本性。这里的"生命"不是对人生灵性的一般描述，而是东方生命哲学之下对宇宙人生持乐观信仰的独特生命意识，这里的"自由"也不是一般的自由，而是东方

① 《庄子·齐物论》。

人对自由的独特理解和追求自由的独特途径。在意境的内在结构中,又往往是主体精神与客体形象即情与景的高度交融,进而追求诗情与画意的完美结合。

我们先看古人的说法:"作词之料,不外情景二字。非对眼前写景,即对心上说情。说得情出,写得景明,即是好词。"① 再看古人的实践:"云母屏风烛影深,长河渐落晓星沉。嫦娥应悔偷灵药,碧海青天夜夜心。"② 追求的都是情景交融的艺术境界。情景交融即为离景不能言情,景成了情的感性显现,是情由抽象的心灵变为可把握之物的唯一现实途径,故而情景合则俱显,分则两伤,共同形成了艺术意境相辅相成的二元结构,是一枚硬币的两面。有时甚至"情"的面目几乎消失了,它深藏于景的背后,人们看到的几乎都是景物描写。这样引景入诗、引景入文,使得在时间中流动的艺术出现了静态的画面,把本性是流动的抽象的情感之流定格为静态的景物,即使其效果最终不比绘画,亦如电影之中之慢镜头,能让人较从容地品味,从而在某种程度上有了画意,使朦胧的情绪转化为较为清晰、明丽的艺术形象。

意境的端倪大概出现在《诗经》中,王夫之和王国维都认为《诗经》中的优秀篇章中,那种余音袅袅、若远若近、忽断忽续的韵味正是诗的意境的萌芽。老子提出的"无状之状、无物之象"以及"大音希声,大象无形"的思想,深刻地影响了意境理论。而就意境审美理想最具体的精神来源而言,庄子的"游心"思想是意境审美理想得以产生的基石。我们知道,与儒家如何建立社会新秩序的思路不同,面对乱世,庄子把自己的注意力集中在对人的社会性存在方式及其文明成果的反思上。结论是,人为了把自己从动物界提升出来而发明的社会性存在方式和创造的诸文明成果,并没有给人类带来幸福,而是走向了人的反面。它们把人从大自然中分离出来,给人套上了种种枷锁,禁锢了人自身,人解放自身的唯一有效途径是捐弃自己的文明成果,返回自然,去作逍遥游,以追求自由这一更广阔的人性。但是连庄子自己也明白,放浪江湖也大多只能是一种心灵冒险,而非实际行动,他也只能使自己追求精神上的自由,而大自然则是人类获得精神自由的必然之途,是让人心旷神怡的广阔天地。

人们在游于自然时,因与自然的交融而获得了时空的无限性,并获得了臻于心灵的彻底解放的最高境界:"神与物游。"反映在艺术中就是放浪江湖

---

① 李渔:《窥词管见》。

② 李商隐:《嫦娥》。

的情绪被顺利地转化为"造境以游心"的艺术境界。而首次将意境作为审美范畴引入文艺创作的是刘勰。《文心雕龙·神思》篇说:"独照之匠,窥意象而运斤,此盖驭文之首术,谋篇之大端。"虽然说的是"意象",但已是意境论的先声。

佛教传入中国后,儒、道、佛逐渐融合,并产生了中国本土的佛教体系——禅宗。禅宗的有关思想对意境理论的形成起了促进作用。季羡林先生曾说:"佛教入华以后,给中国人提供了一个观察宇宙和人生的新角度,使人耳目为之一新。"[①] 这个新角度就是"悟",而禅宗的境界论又在审美心理上可以和心物感应、情景交融的意境论达到默契。

唐代佛学盛行,诗歌也高度繁荣,"境界"概念也逐渐被引进了诗学。诗人王昌龄在《诗格》中首倡"诗有三境"说:"一曰物境,二曰情境,三曰意境",正式使用了意境一词。唐代诗僧皎然在继承前人思想成果的基础上提出了"诗情缘境发"和"取境"的更高命题,他对"取境"的要求,一是"放意须险……与造化争衡,可以意冥,难以言状"[②]。二是"采奇于象外,状飞动之趣,写真奥之思"[③]。他把"取境"原则称为"境象"。"境象"是具体的,其容量却是巨大的,具有由有限进入无限的超越性意蕴。这就为"意境"说之"意"与"境"的美学内涵作了进一步的规定。唐末司空图则更加明确地提出了诗"境"或"境象"为"象外之象,景外之景",具有"韵外之致"、"味外之旨"的特点。他把这种"境象"描述为"超以象外,得其环中"、"不着一字,尽以风流",还援引中唐诗人戴叔伦的话,认为:"诗家之景,如蓝田日暖,良玉生烟,可望而不可置于眉睫之前。"[④]

到了宋代,严羽对意境论做出了新的贡献,集中反映在他的核心范畴"兴趣"说中。他在《沧浪诗话》中提出了"不涉理路,不落言筌"、"如羚羊挂角,无迹可求"、"如空中之音,相中之色,水中之月,镜中之象,言有尽而意无穷"的标准,要求写诗要能给读者的想象和联想留有广阔的再创造余地。明清之际,意境说已广泛运用于诗词、戏剧、小说和其他文艺作品中。王夫之的"夫景以情合,情以景生,初不相离,唯意所适"和"不能作景语,又何能作情语耶?"的观念,对意境情景交融的本质作了全面的总结。叶燮则把"境

① 转引自陈德礼:《人生境界与生命美学》,长春出版社 1998 年版,第 119 页。
② 皎然:《诗式》。
③ 皎然:《诗仪》。
④ 司空图:《二十四诗品》。

界”理解为“理、事、情”相统一的审美范畴,其思维特点是:“惟不可名状之言,不可施见之事,不可径达之情,则幽渺以为理,想象以为事,惝恍以为情,方为理至事至情至之语。”[1] 王国维在《人间词话》则把“境界”界定为审美主体对审美客体的真景物、真感情的真切感受及其生动表达,并提出了“有我之境”和“无我之境”、“造境”和“写境”的区分。

这里还须一提的是,在意境理论的形成过程中,还有一个重要的中介,那就是“意象”。“意象”和“意境”一样也是我国古典文学中的一个重要范畴,它的源头是先秦时期的《庄子》和《易·系辞》,庄子强调的是“意”,即《庄子·外物》篇中所说的“得鱼而忘筌”、“得兔而忘蹄”、“得意而忘言”,并不着重于象。《易·系辞》强调的是“立象以尽意”,重意又重象。意象作为一个复合词,最早由王充提出:“天子射熊,诸侯射麋,卿大夫射虎豹,士大夫射鹿,示服猛也。名布为侯,示射无道诸侯也。夫画布为熊麋之象,名布为侯礼贵意象,示义取名也。土龙亦夫熊麋布侯之类。”[2] “意象”作为一个词组出现,是在魏晋南北朝时期,和玄学所讨论的言、意、象之间的关系,有着直接的联系,这就是刘勰《文心雕龙·神思》篇中所说的“窥意象而运斤”。虽然刘勰用“意象”专指艺术构思中存在于艺术家头脑中还未被传达、物化的观念形态的形象,但它也引发后人乃至今人用它来指称被物化了的、存在于艺术作品中的形象。到了唐代,“意象”作为一个词组,已被普遍使用,如司空图《二十四品·缜密》所说的“意象欲出,造化已奇”,但又都偏重“意”。真正从美学范畴论及“意”、“象”关系的是《太平广记》卷二一三《张萱》中论画所说的一段话:“《乞巧图》、《望月图》毕绡上幽闲多思,意馀于象。”也就是说,在艺术创作中必须遵循一条重要的美学原则,那就是“意馀于象”。唐以后,用“意象”论诗、词以及书法等各种艺术的,不胜枚举。

“意象”究其本质是中国古人抽象与具体、感性与理性高度统一的民族精神文化的具体体现,是客观物象与主观情思的完美融合。关于“意象”的确切含义,理论界说法不一,朱光潜先生曾作过一个解释:每个诗的境界必须有“情趣”(Feeling)和“意象”(Image)两个要素,“情趣”简称“情”,“意象”即是“景”。[3] 袁行霈先生曾从三个方面来规定“意象”:首先从意象与物象的关系来看,意象是融入主观情意的客观物象;其次,从意象与意境的关系来

① 叶燮:《原诗》。

② 王充:《论衡》卷一六《乱龙》。

③ 《朱光潜美学文学论文选集》,湖南人民出版社1980年版,第189页。

看，意象是构成意境的具体单位；第三，从意象与词藻的关系来看，语言是意象的物质外壳，共同担负着交流思想感情的任务。两位先生的侧重点不同，但有一点是共同的，即意象是审美主客体相契合、相统一的产物，是主观情感与客观物象相融合而产生的情景交融的艺术形象。

在中国古代文论中，对意象与意境的使用存在着许多模糊的界限，有言意象而实言意境者，有分别而用之者。事实上，意象与意境也确实有相同的方面，它们都要求审美主体之情与审美客体之物水乳交融、心与物共、意与境浑；都要求"意馀于象"、咫尺万里，但二者的内涵又有区别。对二者的区别我们还是同意刘九洲先生在《艺术意境概论》中的观点，即意象是单个的形象，意境却是一组意象；意象是意境的构成因素，意象构成意境还须艺术家的巧妙组合，正如建筑家把砖、石头组合为具体的建筑一样，需要设计师的大手笔。也就是说，有意境的作品必须有优美的意象，但单靠优美的意象并不一定构建起优美的意境。意境要求通过具体形象的情景交融的艺术描写，能够把接受者导入无限想象空间的艺术化境。"意象"虽然也有这方面的意义，但它重点要求的是"意"与"象"二者的关系。总之，有意境的作品，必须具有优美的意象。但有意象的作品，未必一定有优美的意境。

三、形神与虚实

由于中国古人天人合一的朴素修养，使得中国文人更追求广阔无垠的自由境界。这样一种追求不仅产生了中国文学艺术独有的意境、意象等审美范畴，而且形成了形神兼备和虚实相生的美学追求。

1. 形神兼备

我们知道，任何文艺作品都必须塑造具体生动的艺术形象，但在艺术形象的塑造中，和西方追求逼真的形似论截然不同的是，中国古代文学艺术在老庄道学、魏晋玄学、隋唐佛学的共同作用下，不仅追求形似，而且要求用传神之笔追求神似，进而达到形神兼备的艺术效果。这里的"形似"是指必须在万物的很突出、很内在的方面，或者在某一点上，与客观现实某种本质特征有直接或间接的相似性。"神似"则指用突出本质特征的方法来加强形象的鲜明性，使人通过联想把握整体，建构完美意象，恰当地表现审美情感。因此，"神"更多的是指思维的自由性和对时空的超越性，更多的是指艺术家在艺术作品中所表现的人物的精神风貌，重视人精神上的高风绝尘，包含了对客观的物质世界的否定和抗争。形神兼备理论的要旨无非是强调艺术创作要不拘于形，而以得其神为主，因为神寓于形，离形自不可求神，但追求形似毕竟是形式的、外在的，只有达到对人物内在的精神风貌惟妙惟肖的表现,才是真正的艺术。《淮南子·说山训》说:“画西施之面,美而不可悦;规孟贲之目,大而不可畏,君形(神)者亡焉。”“使但吹竽,使工厌窍,虽中节而不可听,无其君形(神)者也。”前者是说绘画如果失去了“君形者”的“神”,西施被画得再美,也引不起人的喜悦;孟贲的眼睛画得再大,也不能使人感到威严。后者是说即使最懂音律的人,如果不是按自己的自由想象进行创造,一人吹竽,一人按眼,吹得再符合节奏,听起来也不悦耳,因为不传神。因此,在形神关系上,中国古代文人更看重“神”的传达,而传神的办法首先是“写其心”。北宋陈郁在谈到写形、传神、写心三者关系时说:“盖写形不难,写心惟难也。……夫写屈原之形而有肖矣。倘不能笔其行吟泽畔,怀忠不平之意,亦非灵均。……盖写其形,必传其神,而传其神必写其心。”[①] 要达到传神,还必须追求一种“不似似之”的艺术效果,清代邹祗谟论词云:“咏物固不可不似,尤忌刻意太似。取形不如取神,用事不若用意。”[②] 现代绘画大师齐白石更是明确提出了“不似似之”的理论,“作画妙在似与不似之间,太似为媚俗,不似为欺世”。

需要指出的是,在中国古代的文艺作品中,无论是形似还是神似,其前提是尊重客观现实,不违背客观现实,而不是任何形式的弄虚作假。正如叶燮所言:“揆乎其理而不谬”,是理、事、情的和谐统一。石涛说他画画是“搜尽奇峰打草稿”,以深入观察、研究许多名山大川的形迹特点作为创作的基础,这样他画的山川尽管“不似”某一具体的名山,但因没有违背山的物质特性和构造规律,概括了大山的神态、气势,所以能使人在“变幻神奇懵懵间”领略大自然的真趣。

中国形神兼备的美学追求最早应用于画界,如东晋画家顾恺之曾提出:“如四体妍媸本无关妙处,传神写照正在阿堵中。”[③]“阿堵”是指眼睛,就是说抓住最易表现心灵特点的眼睛来作画,才能以形传神,形神兼备。后来随着各种文艺的不断相互渗透,最终导致诗画的合流,“画者形也,形依情则深;诗者情也,情附形则显”[④]。“诗是无形画,画是有形诗”[⑤],诗画的合流,更使一览无余的视觉艺术融入诗的情感和形象,这样“诗中有画,画中有诗”,传达出无限的神韵。后来,中国的诗、画、书、戏曲作品,都以追求神似为最

---

① 陈郁:《藏一话腴》。
② 邹祗谟:《老志斋词衷》。
③ 《世说新语·巧艺》。
④ 《已畦文集》卷八。
⑤ 张舜民:《画墁集》卷一。

高旨趣，“黄河之水天上来，奔流到海不复回”，“白发三千丈，缘愁似个长”①，尽管用现实法则衡量“不似”，但却传达出一种不朽的神韵。中国画论中有神品、妙品、能品之说，如果只能摹仿事物表象那是“俗品”，摹仿得精细也只能算是“能品”，如果能从画家的主观感受和审美情感出发，对物象加以改造，以表现物象的气质和画家的真实情感，方为“神品”、“妙品”。在书法艺术中，则更追求通过象征性的线条、点、画的结构运笔，直接抒发内心的情感，重视在书品中体现人品。

2. 虚实相生

“虚”与“实”是中国古典美学体系中的一对极为重要的范畴。清人郑绩说过：“生变之诀，虚虚实实，八字尽矣。”② 艺术创造是一个以物达心的过程，以物质媒介传达精神情思是艺术创造的基本内涵。在这里，我们首先给“虚”与“实”的内涵作一个基本的规定：“实”是指物质媒介及由此而形成的具体可感的艺术作品的感性形象。“虚”则指艺术家所要传达的情思，以及作品中感性形象所传达的意蕴，它是形象与形象、意象与意象迭合并置结构中形成的综合效应，具有无限的深度、高度和广度，具有游移不定的弥散性和生发性，能给人无穷无尽的审美感受，也就是老子所说的“大音”、“大声”、“大象”。艺术创造的任务就是以实达虚，即“立象以尽意”。这里的“实”是基础，“虚”是效果，这就需要一个“化虚为实”、“化景物为情思”的过程，是一个将具体可感的艺术形象转化为蕴含丰富的审美意象，将气韵生动之境转化为神远蕴藉之境的过程。“不以虚为虚，而以实为虚，画景物为情思，从首至尾，自然如行云流水，此其难也。”③ 如王昌龄的《少年行》：“白马金鞍从武皇，旌旗十万猎长场。楼头少妇鸣筝坐，遥见飞尘入建章。”诗句后两句表面上是写少妇遥见少年飞尘入建章，是实景，而实际上并非实景，而是少年想象自己凯旋而归的盛况。这样，全诗的重心就化为少妇之思夫，少年之自矜、喜悦的想象之境，令人神往。

中国艺术的美学追求并不以此为终结，而更高的境界则是化虚为实，计白当黑，“人知无笔墨处为虚，不知实处亦不离虚，即如笔着于纸，有虚有实，笔始灵活……更不知无笔墨处是实，盖笔所未到，意已到也。瓯香所谓虚处

① 李白：《秋浦歌》。

② 郑绩：《梦幻居画学简明》。

③ 范希文：《对床夜话》。

实,则通体皆美,画云烟庶处,谓之空白,极要体会”[1]。化虚为实,可以达到言简意赅,以一当十的艺术效果。当艺术作品中无笔墨处亦有了积极意义,与“实”(笔墨文字)一起参与了意蕴的创造,并且作用独特、不可替代时,这时的“虚”叫做艺术空白。因为这时的“虚”只是艺术媒介层面上的虚,而不是精神意蕴的虚。此时的“虚”可叫空灵,而非空虚:“贵真空,不贵顽空。盖顽空则顽然无知之空,木石是也。若真空,则犹之天焉!湛然寂然。元无一物,然四时自尔行,百物自尔生,粲为日星,翕为云雾,霈为雨露,轰为雷霆,皆自虚空生。所谓湛然寂然者自若也。”[2] 所谓顽空,即不具有传达艺术意味的彻底的虚空,所谓真空,即能与“实”一起参与艺术意味的创造者,即艺术空白。

总之,通过化虚为实,充分发挥艺术空白的作用,可以超越艺术物化过程中的有限性,从而以极少的艺术媒介传达更多的精神意蕴,也是对艺术媒介制约的逃避和克服,是对主体精神生命本性的最大尊重。从由实指虚,到化实为虚,再到化虚为实,构成了中国古典美学“虚实相生”的完美命题。当艺术家计白当黑、化虚为实时,终于创造出一个广阔的主体心灵可以自由徜徉其间的精神性空间。

虚实相生的理论发源于春秋战国时期,与老子的“有无相生”的观点有着必然的历史渊源。《周易·系辞》中引孔子的话说:“子曰:‘书不尽言,言不尽意’,然则圣人之意,其不可见乎?子曰:‘圣人立象以尽意’,设卦以尽情伪,系辞焉以尽其言。”《庄子·天道》篇云:“语有贵也,语之所贵者意也。意有所随,意之所随者,不可以言传也。”魏晋南北朝时期,当时人物识鉴风行,人物的精神气质确实难以用言辞表达或表达清楚,只能意会、领略。关于“言”、“意”之辨的代表人物王弼在《周易略例·明象》篇中说:“象生于意而存象,则所存者乃非其象;言生于象而存言者,则所存者乃非其言也。然则忘象乃得意者也,忘言乃得象者也。”他认为,要想真正真得到“意”,必须忘“象”;要想真正得到“象”,必须忘“言”。但王弼所说的忘“言”、忘“象”,只是强调不要执著于“言”和“象”,并不是完全抛弃它们。

魏晋以后,佛教的理论和道教一起对“言”、“象”理论产生了一定的影响。佛教要求人静坐默念、专心一意、沉思冥想、排除一切干扰,以静坐修行的方式领悟佛祖所提示的境界,并提出了“实相无相”的原则。认为语言文

① 范玑:《过云庐画论》。

② 宗白华:《美学与意境》,第 262 页。

字都是假象，而真正的智慧是只可意会不可言传的。但离开了语言，对至理的追求又无法实现，因此不得不假借于言而又超越于言，进入通神传真的境界。真正把“言不尽意”的理论引入文艺领域的是陆机，他在《文赋》中说：“恒患意不称物，文不逮意，盖非知之难，能之难也。”随后刘勰《文心雕龙》又提出了“意翻空而易奇，言征实而难巧也”、“思表纤旨，文外曲致，言所不追，笔固知止”的观点，他多少察觉到了“象外之象”可以克服“文不逮意”这一矛盾。而明确提出“象外”说的，是魏晋南北朝时期的画家谢赫，他在《画品古录》中说：“若拘以体物，则未见精辟，若取之象外，方厌膏腴，可谓精妙也。”

到了中晚唐时期，把“言外之意”、“韵外之致”提到很高的美学原则予以重视。唐僧皎然则提出了“情在词外”、“旨冥句中”说。司空图的诗论受皎然的直接启迪，认为诗的艺术美就在于“韵外之致”、“味外之旨”，并进而提出了“象外之象”、“景外之景”的理论，“象外之象”理论把虚实相生的艺术境界推向了高峰。其中的第一个“象”是指具体确定、可以感知的对象，可见之于笔墨，具有直接性、确定性、可感性的特点，此即所谓的艺术实境。第二个“象”是指形象的概括生发范围中模糊而不确定的状态，它存在于艺术想象中，是“以神遇而不以目视”的“思而得之”之境，此即所谓的艺术虚境。“象内之象”是可以基本把握的，而“象外之象”却是一种潜在的信息，主要受到“象内之象”的规定和制约，但却具有极大的伸缩性，而二者的结合则可以使艺术之境有虚有实，虚实相生，使作品的信息量大大增加，从而收到以少胜多、以有限表达无限的审美效果。之后，宋代严羽的“兴趣”说、清人标举的“神韵”说，都把“意在言外”当作艺术的一个基本标准。

可见，我们的祖先不仅认识到了变化多端、无穷无尽的现实生活和心理感受永远不可一一容纳穷尽，而且找到了表达的方法——通过“象”外之“意”传达那些绵邈恍惚、似有若无、难以词陈的情思，使艺术媒介在传播中得到心理增值，留下了广阔的让欣赏者进行主体性解释的可能。

虚实相生的美学追求更多地反映在中国书画艺术上，中国绘画往往讲究神龙见首不见尾，意在笔先，画尽意在，看似少，实则多。“中国书画用墨，其实着眼处不在墨处，而在白处，用来‘挤’出白，这白才是画眼，也即精神所在，这个古人叫‘计白当墨’。”[①] 所以在中国的书画艺术中，“白”不是虚无，而是一个可以、并且准备容纳任何对象的广阔空间。画面上大量的空白的存在正在于显示整体空间的广阔和灵动。尤其是中国的山水画，大多喜欢

① 黄苗子：《师造化，法前贤》。

在画面上留下大片空白,这些空白并不使人对画面产生破碎、残缺之感,而是其中的山川生物灵气往复必不可少的运动空间,虽为空白而生气沛然,与笔墨所造之象融而为一,成为一个不可分割的整体。

中国诗歌对虚实相生的运用,更是成熟至极,留下了大量耐人寻味的名篇名作。如《诗经》中的名篇:"蒹葭苍苍,白露为霜,所谓伊人,在水一方……"这首诗,显然可以有两种读法。第一种读法,以之为情诗,所谓"伊人"者,情人也。第二种读法,则考虑到虚实相生的艺术效果,"伊人"不一定就是一位情人,她可以是你心中想拥有但尚未拥有的任何东西,可以是功名,是利禄,是爱情,是理想,是事业……而"水"则成了现实与理想之间距离的象征物。你可以"溯游从之",不断追求,但"伊人"却在"水"的阻隔下永远可望而不可即。也许这"在水一方"的"伊人"和"溯游从之"的"我"成了人类在现实与理想之间永远追求、永恒痛苦的一个寓言。这首诗之所以可以这样读,主要是因为文字太简,留下了太多的艺术空白,即给欣赏者留下了太多的艺术想象的余地的缘故。再如元稹的《行宫》:"寥落古行宫,宫花寂寞红。白头宫女在,闲坐说玄宗。"这里无一字言怨,而隐然幽怨之意溢于言外。到了岑参的"山回路转不见君,雪上空留马行处"①,李白的"孤帆远影碧空尽,唯见长江天际流"②,更是在字面背后隐含了诗人那种依依惜别、怅然若失、语言所无法穷尽的复杂情感。甚至中国的小说、戏剧、建筑也都追求大量的艺术空白,以虚寓实,令人神往。如林黛玉临死时叫了一声"宝玉,宝玉,你好……"便浑身冷汗不作声了,她到底想说"你好"什么,是好糊涂、好无情、好好保重,还是……尽可由读者通过想象去体会。而中国戏曲舞台的"虚拟性"、"假定性",则可让观众从演员的表演中获得广阔的时空感觉。有一次,梅兰芳请一位亲戚老太太去看《秋江》,看完之后,他问老太太《秋江》好不好,老太太说,很好,就是自己看完之后有点头晕,因为她有晕船的毛病。舞台上既没有水,也没有船,老太太只是从演员划船的虚拟性动作中感到了头晕。再者中国的园林建筑有藏有露、有隐有显,疏密有致、层次丰富,都是虚实相生理论在其中的渗透,其目的是为了给人以丰富的想象。

---

① 岑参:《白雪歌送武判官归京》。

② 李白:《黄鹤楼送孟浩然之广陵》。

第三节　中国古代文学艺术的审美形态

一、阳刚与阴柔

阳刚与阴柔之美是我国古典美学的基本的形态，它是由《易传》阐发的天地、刚柔思想演化而来的，并成为我国传统美学的基本范畴。正如刘熙载发挥《易传》的思想所说的那样："立天之道，曰阴曰阳；立地之道，曰柔曰刚。文，经纬天地者也，真道惟阴阳、刚柔可以该之。"① 阳刚之美即壮美，阴柔之美接近于优美，相比较而言，我国古人更推崇阳刚之美。

我们知道，自《周易・大传》始，刚健有为的思想就成为中华民族的民族灵魂。粗略地说，《周易大传》提出的刚健有为的思想包括自强不息和厚德载物两个方面，《象传》说："天行健，君子以自强不息；地势坤，君子以厚德载物"，这里的"健"含有主动性、能动性以及刚强不屈之义，自强不息就是努力向上，绝不停止。刚强不屈不仅意味着一种对抗外部压力的能力，也意味着一种对付来自自身弱点的能力。"坤"即顺，"载物"就是包容许多物类，君子应效法大地的胸怀，包容各个方面的人，包括和自已意见不同的人，使他人和万物都得以各遂其生。

中国儒家自孔子始，就倡导"三军可夺帅，匹夫不可夺志也"②，"志士仁人，无求生以害仁，有杀生以成仁"③。孔子一生"知其不可为而为之"④，他的生活态度是"为之不厌，诲人不倦"⑤，"发愤忘食，乐而忘忧"⑥，"不知老之将至"⑦，这一传统经由他的门徒孟子发展为"至大至刚"的"浩然之气"，最终演化成为以百折不挠的精神战胜艰难险阻、英勇奋斗的民族灵魂，并一直贯穿着中国文学艺术的主体精神。

就文学艺术的形象而言，《列子・汤问》中每日挖山不止的"愚公"，鲁迅先生笔下"每日孳孳"的大禹；就文学艺术的题材而言，从古至今，无数文人墨客所吟咏、描绘的青松、翠竹、红梅、苍鹰、猛虎、雄狮、奔马等，都体现了中华民族自强不息、刚健有为的精神。中国古代文人自古就有深沉的民族忧患意识，他们将儒家那"可以托六尺之孤，可以寄百里之命，临大节而不夺"⑧

---

① 刘熙载：《艺概・文概》。

② 《论语・子罕》。

③ 《论语・卫灵公》。

④⑤⑥⑦ 《论语・述而》。

⑧ 《论语・泰伯》。

的弘毅之气与“发愤著书”的创作精神，凝聚为一种悲壮沉郁的格调，给人超拔崇高之美。在《离骚》、《史记》等为民族、为人类而哭泣的作品中，更是包含了深沉博大的社会内容和高尚悲壮的人格精神，其中凝聚着对社会人生的理性思考。这种理性思考往往由对黑暗现实的不满升华为对现实生存不合理的批判；由对传统人生理想的肯定升华为对生存价值九死不悔的追求。他们在作品中所表现的，不仅仅是个人小小的悲怨，也不仅仅是一种忧患心情，而是人类良心的代表，崇高人格的化身。历代称颂的建安风骨，则更是呈现出一种建功立业、拯世济时的人生观和慷慨多气、悲哀苍凉、富有时代表特征的艺术风格。

到了唐代，由于经济的大繁荣和兼收并蓄政策所带来的气魄宏伟的文化，带来了奋发的时代、博大的胸怀和高涨、激昂的进取精神。这样的时代精神，铸造了唐代崭新的美学思想：昂扬奋发、雄武健美、矫健奔放。以文学来说，初盛唐盛极一时的边塞诗，充满生机、信心和豪迈的气概，张扬一种昂扬的时代精神，如王昌龄《从军行》中的“黄河百战穿金甲，不破楼兰终不还”、高适《燕歌行》中的“相看白刃血纷纷，死节从来岂顾勋”。尤其是李白的诗，更是气势雄迈、想象奔放，如《上李邕》：“大鹏一日同风起，扶摇直上九万里。”《永王东巡歌》：“南风一扫胡尘静，西入长安到日边。”更体现了唐文化宏大的气魄和阳刚雄壮之美。连唐代山水诗的重要开创者孟浩然，也并非像有的学人所说那样，是为着“一个浪漫的理想”，“为隐居而隐居的”，他也有“俱怀鸿鹄志，共有鹡鸰心”[①] 这样的诗句。以书画来说，颜真卿书法的元气浑然、遒劲挺拔，怀素草书的狂风骤雨、惊蛇走虺；绘画中吴道子的飞动磊落、圆转豪迈，韩干画马的雄浑磅礴、骁腾万里，都体现着一种昂扬奋发、蓬勃向上的时代精神。连雕塑中的“天王”一类形象，也气势雄伟，咄咄逼人，充满着力量感。

到了宋代，苏轼、辛弃疾的词，慷慨激昂、豪放雄壮，具有阳刚之气。尤其是辛弃疾，面对金人入侵，统治阶级苟安江南的危殆国势，他“把吴钩看了，阑干拍遍，无人会，登临意”，却依然“醉里挑灯看剑，梦回吹角连营”，不忘报国之志。金元时期的元好问，也非常欣赏刚健豪壮的壮美。他赞美历来激越豪逸、刚健雄浑的作品和诗风，并身体力行，写出了“老阮不狂谁会得，出门一笑大江横”的千古名句。更为值得一提的是，在中国儒家浩然、伟岸、自信、不屈不挠、自强不息的理想人格的激励下，中国还涌现出了大批光

① 孟浩然：《浩然弟竹序》。

照千古、回肠荡气的英雄文人，如“仰天长啸，壮怀激烈”的岳飞、“人生自古谁无死，留取丹心照汗青”的文天祥，都以高度的民族使命感、正义感、尊严感表现出中华民族的一种浩然之气。

厚德载物的精神反映在文学艺术中，则表现在中国古代的骚人墨客用大量的篇幅赞美祖国的大好河山，描绘在这大好河山中勃勃生长的花鸟虫鱼、一草一木上，其中渗透着对普载万物的大地母亲的感激之情，其气度之闳放，魄力之雄大令人赞叹。也就是说，他们在自然力量之前，也往往呈现出一种伟岸的阳刚之美，在歌咏大自然本身的雄奇伟美的同时，流露着艺术家的宽广胸怀和进取之气。李白《蜀道难》中的飞湍急流、奇峰险壑、天梯古栈、悲鸟古木等，无不呈现出一种飞动的灵魂和魂伟的姿态，仿佛可以看到诗人那“落笔摇五岳，笑傲凌沧洲”的人格形象和高瞻远瞩、积极进取的伟大胸襟。从庄子的“水击三千里，抟扶摇而上者九万里”，到曹操“东临碣石，以观沧海”，再到李白“黄河之水天上来，奔流到海不复回”，字里行间都展示着磅礴的胸襟，无限的空间驰骋已融汇为精神的自由和豪迈心胸的飞驰了。还有的文艺作品，往往与大自然融为一体，在寻山问水之中，展示心胸的旷达，体会到“方生方死，方死方生”①、“自其变者而观之，则天地曾不能以一瞬；自其不变者而观之，则物与我皆无尽也”②的“无生无死”、对人生价值终极关怀的追问。

中国古代文学艺术一直存在着“动静之辨”和刚柔之别，在中国主流的文学艺术以阳刚为自己的追求的同时，还有一派以委婉含蓄、质朴精炼、长于抒情为风格的文学艺术，它们追求的不是一种浩大的阳刚之气，而是一种宁静、肃穆、恬淡、沉郁顿挫的阴柔之美。

在中国美学史上，最早也是最为重要的阴柔之美的倡导者是老子。由于老子受殷文化重阴、重母性思想的影响，使他更看重自然中阴柔方面的现象和对这类现象的主观理解。《老子》第七十八章云：“天下莫柔于水”，并提出了“阴阳静，鬼神不扰”的虚静境界。老子之后，在道释文化特定土壤的影响下，中国的文学艺术领域中出现了如姚鼐所说的“其得于阴与柔之美者，则其文如升初日、如清风、如云、如霞、如烟、如幽林曲涧、如沦、如漾、如碧玉之辉、如鸿鹄之鸣而入寥廓”③的美学追求。

---

① 《庄子·齐物论》。

② 苏轼：《前赤壁赋》。

③ 转引自人大复印资料《美学》，1988年第3期，第3页。

需要指出的是,中国古代阴柔的美学追求中,已经融进了古人对宇宙万物认识的总体精神,渗透着"逝者如斯夫"的人生感叹和"柔情如水"的艺术境界。他们往往在审美里酝酿着思辨,思辨中又升华着审美,致使这样一种感性与理性交融、情感与认知互汇的追求,已经化为中国文人不一定觉察到的心理定势。它使阴柔美具有一种透视性,通过透视对象世界的外观,见出其所隐喻的精神情感。它不仅包括了西方人所追求的"优美"范畴的全部实体性的审美客体,还囊括了"优美"所难以囊括的"虚相性"的艺术追求。它既追求外在的"形",但更执著于内在的"神",尤其是情感特质。

中国古代的阴柔的美学追求中,既表现于手法措辞的婉转含蓄,更表现于婉转含蓄中令人心动神摇的细腻缠绵,意境的空灵澄澈,格调的典雅疏致。这样一来,在中国古代文学艺术中,就有了阴柔美所特有的题材范围,如离愁别绪、伤春惜秋、游子思乡、男女恋情、官场失意、暮年悲绪……更使文学艺术与文人的柔情联系在一起,如人们常说的"杨柳依依"、"芳草萋萋"、"柔情似水"等。在这样的美学追求指导下,中国的文学艺术产生了相应的文艺思潮和流派,如汉魏之交的感伤诗,晚唐时的幽怨诗,宋代的婉约词等,人们熟悉的王维、孟浩然的诗,柳永、李清照的词,都是公认的阴柔美的佳作。尤其是张若虚"孤篇横绝,竟为大家"的千古绝唱《春江花月夜》,融诗情、画意、哲理为一体的优美意境,至今仍回荡在我们的脑海之中。

二、中和之美

"和"是中国古典哲学的重要范畴,也是中国古典文学艺术所追求的审美理想,中和之美实则为和谐之美,它追求主观与客观、感情与理性、情思与媒介、内容与形式、整体与部分等方面要素的协调与统一,既要维持统一体的存在,又要保护统一体内部各要素存在的合理性。

"中和"这一范畴在概念层次上包括了"和"和"中"两方面的含义。"和"的理论与中国早期的阴阳五行说有着必然的渊源。这一思维将形形色色的万事万物依据其内在联系进行总体归纳,反映了中华民族在漫长的原始文化基础上形成的宇宙观,以及整体把握世界的能力。在中国文化中,首先把"阴阳"作为构成世界两个最基本要素的是老子,即《老子》四十二章所说的:"万物负阴而抱阳,冲气以为和",并最终把阴阳二气相互激荡并最终达到统一称为"和",它涉及两个以上的对象间的联系,意味着性质不同的对象间形成的协调统一。但"和"与"同"又有所不同,"夫和实生物,同则不继,以他平他谓之和,故能丰长而物归之。若以同裨同,尽乃弃矣。故先王以土与金木水火杂,以成百物。是以和五味以调口,刚四支以卫体,和六律以悦耳,正七体以投心，平八索以成人，建九德以主纯德，合十数以训百体。声一无听，物一无文，味一无果，物一不讲。"① 孔子云："君子和而不同，小人同而不和。"② 可见，"同"是单一，"和"则是多种因素的对立统一。同时，"中和"思想和我国"中庸"的哲学思想是一脉相承的。我国古代哲学一直追求不偏不倚、不温不火、过犹不及的人生和艺术境界。孔子曰："不得中行而与之，必也狂狷乎！"③"中行"即"中"，就是处理万物时的恰到好处。《礼记·中庸》说："中也者，天下之大本也。""中"就是处理万事万物的根本。

"中和"的哲学思想对中国文学艺术的发展产生了深远的影响。最早体现这一思想的是作为中国早期最重要的艺术门类之一的音乐。《尚书·尧典》中说："诗言志，歌永言，律和声，八音克谐，无相夺伦，神认似和。""八音"的谐调，可以使神与人之间保持和谐融洽的关系。春秋末期，吴国季札自鲁观乐，其中对《颂》有下面一段评论："至美矣！直而不倨，曲而不屈，迩而不偪，远而不协，迁而不淫，复而不厌，衰而不愁，乐而不荒，用而不匮，广而不宣，施而不费，取而不贪，处而不低，行而不流。五声和，八音平，节有度，守有序，盛德之所同也。"④ 就是称颂《颂》把对立关系处理得恰到好处，既不过也不及，因而是"美之至矣"。《国语·周语》下说："夫乐不过以听耳，而美不过以观目，若听乐而震，观美而眩，患莫甚焉。夫耳目，心之枢机也，故必听和而视正。听和则聪，视正则明。"可见，美的音乐必须以让人心情平稳愉快即快乐而不太过为标准，要使五声各自保持既不偏高又不偏低、既不偏快又不偏慢的相互谐调，这才叫"和"。在这样的理论指导下，中国古代的音乐绝不会出现希腊神话中的酒神世界和今日从美国开始的摇滚世界。

我们知道，诗歌是中国古典艺术的核心，它不仅是中国最早自觉、成熟，最先达到高潮的艺术之一，而且在中国也是一门最受重视最具群众性的艺术。因此，诗歌是中国古典艺术审美理想的摇篮，而"中和"的审美理想在诗歌中也得到了最完美的体现。儒家就主张诗歌要具有"中和"之美，就是要"温柔敦厚"，孔子称赞《关雎》"乐而不淫，哀而不伤"⑤，表现爱情的《关雎》使人得到审美享受，但又不过分，孔子就给予赞许。在"诗教"说中，他主张"温柔敦厚，诗教也……其为人也，温柔敦厚而不愚，则深于诗者也"⑥。他反对

---

① 《周语·郑语》。
② 《论语·子路》。
③ 《论语·子路》。
④ 转引自敏泽：《中国美学思想史》第一卷，齐鲁书社 1988 年版，第 120 页。
⑤⑥ 《论语·八佾》。

在诗歌中表现剑拔弩张、激烈直露的情感,要求以平和的方式表现最深的喜悦和悲哀。这一主张大大影响了中国诗歌含而不露、从容中道、婉而成章的风格。因此,中国古代对诗歌中直接揭露统治阶级的荒淫生活以及儿女情态,都一律斥为"无礼"及"无礼之甚",如南宋张戒曾说:"《长恨歌》在乐天诗中为最下","首云:汉皇重色思倾国,御宇多年求不得……此固无礼之甚"。[①]表现了浓厚的封建伦理道德观念。正是在"中和"观念的支配下,中国古代诗歌非常重视蕴藉含蓄的美学风格,如张戒在评《国风》中的"爱而不见,搔首踟蹰"等诗句之"可贵"时说,"其词婉,其意微,不迫不露"[②],评杜甫《哀江南》"真可谓得诗人之旨",就在于"其词婉而雅,其意微而有礼"。[③]

"中和"的美学原则,不仅影响了中国诗歌的风格,同时也影响了中国的戏剧和小说,在"中和"思想的影响下,我国的小说、戏剧虽然充满着矛盾、对抗,但较少表现激烈的冲突,差不多都曲终奏雅,以大团圆结局为自己的情节公式,而这样的结局大都是合情却未必合理的,甚至还自欺欺人地神往一种没有什么过程和依据的圆满,不敢面对真实,不愿正视现实中存在的悲剧,最终使矛盾双方得到在主观看来似乎合理的解决,并从中获得心理和精神上的满足。王国维对此就深有体会:"吾国人之精神,世间的也,乐天的也。故代表其精神的戏剧小说,无往而不著此乐天色彩。始于悲者终于欢,始于离者终于合,始于困者终于享。"[④]

总之,我们必须牢记,中国文学艺术是生长在中国传统文化这片肥沃的土壤上的奇葩,无论是其基本精神、审美追求抑或是审美形态都与儒、道、佛等传统思想有着一脉相承的血肉联系,我们要想更深入地理解中国古代文学艺术中所蕴涵的基本思想和艺术追求,就必须从中国传统文化中寻求思想源头。也只有理清了源头,才能更好地鉴赏与把握中国古代文学艺术的奥妙。

---

①②③ 张戒:《岁寒堂诗话》。

④ 王国维:《红楼梦评论》。

第九章　中国传统教育

悠久的历史，灿烂的文化，因中国传统教育的发达而得以延续和兴盛；传统教育又是中国古代文化的重要组成部分，它给中国古代文化不断注入创新的动力，薪火相传，相得益彰。在中国古代，从穷乡僻壤到通都大邑，从贩夫走卒到达官贵人，都十分重视教育，尊师重教，深入人心，成为道德规范的重要内容，成为民族特质的组成部分。古代教育的兴起，无论是私学还是官学，也无论是在乡塾或书院，学制和机构的设置，教学和教育理论的完备，都独具特色，因其内蕴的中华民族文化理念而成为世界上的绝无仅有。

第一节　中国古代教育机构与考试制度

一、教育机构

1. 传统教育的发端

古代中国是世界上文明发达最早的国家之一，雄踞亚洲大陆东部，幅员辽阔，物产丰饶，河山锦绣，人民勤劳，历史悠久，传统文化成就辉煌。从170万年前的元谋猿人开始，我们的祖先就劳动、生息、繁衍在这片广袤的土地之上。在有文字可考的近5000年的历史中，我们的祖先就以其勇敢、智慧和非凡的创造力，为我们留下了博大精深的丰富文化遗产，对中华民族的历史演进产生了深远的影响，对现实生活仍然发生着深刻的影响，对世界的文化发展亦有重大的推动作用。从整个世界文明与文化的发展来看，古代中国与古代埃及、巴比伦(伊拉克)、印度(巴基斯坦境内)并称四大文明古国。作为世界文明与文化的发源地，中国古代文明从诞生开始直至今日，绵延不绝，一脉相承，从未中断，这种情况是唯一的。正是中国古代文明发展的这一特征，使得中国古代文化遗产极为多姿多彩，源远流长，令整个世界为之瞩目。

中国古代，视教育为民族生存和发展的命脉。在最早的社会组织原始群时期，人们依靠集体劳动战胜自然，克服环境的恶劣，进行采集和狩猎活动，以维持生命的延续，在集体劳动和共同生活中积累经验。随着思维及思维的直接现实即语言的产生和发展,使对后代的教育有了必要与可能。这种在原始状态下的教育主要是在劳动和生活实践中培养后代的生存能力。进入氏族社会,开始了原始的农业和畜牧业生产,劳动工具与技能有了长足的进步,有了石器、骨器、木器等复合工具,精美陶器的大量制造,各种早期艺术品的出现。手工技艺的提高,较为复杂的生产由专人承担,导致了初步的社会分工,对氏族成员后代的教育就显得更加重要。随着社会生产力和生活的进步,内容不断地丰富和复杂化,思维与语言的进一步发展,人们的视野更加开阔,原始的文学艺术陆续出现,并且产生了早期脱离生产劳动的掌握一定文化知识的"巫"。氏族社会经济文化的发展,社会现象的逐步分化,教育开始从萌芽状态向更有意识有目的的阶段前进了。

远在5000年前,我们的祖先就开始了有组织的教育活动。传说中的伏羲、神农、黄帝抑或更早的时代就有了"教民熟食"、"教民畋猎"、"教民巢居"、"教民耕种"的记载,如《尸子》曰:"伏羲氏之世,天下多兽,故教民以猎。"《易·系辞》曰:"神农氏制耒耜,教民耕作。"《孟子·滕文公上》曰:"后稷教民稼穑,树艺五谷,五谷熟而民人育。"到了尧舜时期,教育更发展成了"敬敷王教"和"典乐"的人伦教育和音乐诗歌的教育。据《尚书·舜典》记载,虞时即设有学官。但那时的教育,学官所管理的只是简单的有关生产和生活知识传承的教育活动,这只能说是教育的萌芽。对此,在《礼记·礼运》中有关于原始社会的生活和教育状态的形象化描述:"大道之行也,天下为公。选贤与能,讲信修睦。故人不能独亲其亲,不独子其子,使老有所终,壮有所用,幼有所长,鳏寡孤独废疾者皆有所养。男有分,女有归。货恶其弃于地也,不必为己。是故谋闭而不兴,盗窃乱贼而不做,故外户而不闭,是谓大同。"在这里我们看到原始社会的教育的目的是为生产和生活服务的,除了年龄、性别和身体状况而自然形成的社会分工引起的差别之外,没有社会地位的界限。教育的基本内容是传授生产劳动经验与技能以及社会生活常识,教育的主要途径是通过生产劳动和社会生活实践来进行,尚无专门机构和专门人员。教育的方法是通过语言、行动,口耳相传,观察模仿。

中国古代教育的萌生与发展告诉我们,存在于民间的社会性文化教育,本身即是中国传统教育的一个重要组成部分,同时又是传播中国传统文化的一个重要途径。从文化人类学的角度来认识,广义的文化传递并不局限于学校这一狭窄的空间,社会的生活方式、礼仪的遵从、行为的模仿,等等,都构成人们文化习得的途径。大众文化的传递功能,同样也包括创造性的一面,并以此影响着整体文化的变迁。"人们创造自己的历史,但是他们并不是随心所欲地创造，而是在直接碰到的、既定的、从过去承接下来的条件下创造。”① 文化，作为人类所创造的一切成果的总和，具有历史的继承性；文化的传播，传统文化观念与知识的获得，更多地依靠与蕴藏于风俗习尚之中，通过社会化的大教育以风尚习俗礼仪等为载体而世代延续。

2. 学校教育的形成

从夏朝开始，中国进入奴隶社会。由于专门从事精神生产的社会阶层出现，在原始社会教育实践积累的基础上，夏朝的教育发生了质的变化。据古籍记载，夏朝开始出现了“庠”、“校”、“序”三种教育形式，这应当是学校的雏形。据孟子解释，“庠者，养也；校者，教也；序者，射也”。说明“庠”、“校”、“序”是养育与教育兼施的机构，虽然不是纯正的教育机构，但其教育功能已十分明显。

商代是中国奴隶制社会的发展和繁荣时期。金、甲骨文的出现表明中国古代文字已进入到成熟的阶段，这就为商代教育的发展准备了重要的条件。在这样的条件下，商代即产生了正式的学校，除“庠”、“校”、“序”，又增设了“学”和“瞽宗”等。商代的“学”又有“大学”（右学）和“小学”（左学）之分，这表明其时已能根据不同年龄实行不同的教育了。“学”的诞生标志着中国古代教育已走上了有形的轨道。从“学”字的甲骨文考证来看，“学”已包含了教学内容、教学场所、教学活动等方面。“瞽宗”则是“使有德者使教焉”，说明商代已有了专职的教师。“设右学为大学，设左学为小学，而作乐于瞽宗”。此两极施教的分化，使我国成为当时世界上一个文明大国。商代学校由奴隶制国家管理，教师由官吏担任，学生是贵族子弟，这是最早的官学。其教育内容一是以“孝”为主的思想教育，二是以射御为主的军事教育，以及礼乐、书数教育。教育目标是培养奴隶制国家的管理者。商代教育粗具“六艺教育”的规模，为后世教育的发展奠定了基础。

西周时，学制系统更加完善，形成“学在官府”的体制。西周官学主要有两大系统，即国学与乡学。国学设在王城和诸侯国都，居中央官学，其中又有大学与小学之分。大学是天子设立的成均（南学）、上瞽（北学）、辟雍（太学）、东序（东学）、瞽宗（西学）以及诸侯设立的泮宫。天子五学并举的规模在世界教育史上亦属罕见。至于乡学，则有塾、庠、序、校，分别设于闾、党、州、乡等地方，属地方官学。整个西周社会重视文教，逐渐形成了一个以礼、乐、射、御、书、数为主体的“六艺”教育体制。其中的“礼”是指等级伦理教

① 《马克思恩格斯选集》第一卷，第603页。

育,“乐”是指艺术教育,“射”、“御”是指军事训练,“书”是指书法练习,“数”是指算术、天文、历法知识。“六艺”教育体制,涵盖了社会道德、礼仪规范、心性修养、文化知识、实用技能等素质与能力的方方面面,在中国古代教育与文化史上产生了深远的影响。

历史进入春秋之后,教学体制发生了重大变化,由“学在官府”发展到私学与官学并进的时代。

春秋战国时期,思想解放,旧的礼乐制度松弛,社会的动荡冲击着西周以来的宗法等级制度的社会模式,变革着贵族垄断文化教育事业的局面,适应社会各阶层受教育的强烈需求,私学作为一种新兴的教育形式开始产生和迅速地发展起来。孔子是创办私学的第一人,他不仅是一位伟大的教育家,而且是一位文化和政治的伟人。因为他的伟大贡献,使中国文化、中国知识分子和中国文教事业在历史上备受推崇。以孔子为代表的“师道”列入国家“天地君亲师”五大祭祀神位,成为中国社会至高无上、顶礼膜拜的对象,开创了中国文化独特的“尊道统”、“师道尊严”传统。继之而起的墨子、孟子、荀子等一批闪烁着智慧光芒的民间私学大师,他们在教育思想、教育理论上都有所建树,在《论语》、《墨子》、《孟子》、《荀子》、《管子》、《吕氏春秋》等典籍中,记载了大量教育资料,甚至还出现了像《礼记·学记》、《礼记·大学》、《荀子·劝学》、《管子·弟子职》等教育专著。其中的《学记》、《大学》就是这一时代丰富的教育经验与教育理论的总结,也是世界上最早出现的自成体系的古典教育学专著,奠定了中国古代教育思想的基础。

在私学兴起的同时,也影响和推动了公室养士制的发展,这是各诸侯国官学的萌芽。当时,以齐国稷下学宫最为著名。稷下学宫由齐桓公创立到齐宣王时达到高潮,共存在150余年。开明的齐桓公于国都稷门外玄学宫,招揽天下贤士,勉其著书立说,讲学论辩,使其汇集了道、法、名、儒、兵、农、阴阳诸家之学。诸侯的学宫虽为官办,但师生“皆赐列第大夫”,不任吏治,是“不治而议论者”。教师择优聘任,首席由众人推荐称为“祭酒”,任期不定。师生行动上也是自由的,“合则留,不合则去”。教学内容不受官方限制,各授专长。稷下学宫先后历经五代君王而不衰,尤其是齐威王时期实行兼容并包、百家争鸣的方针,使之成为私学荟萃,百家争鸣与交流的场所。著名诸子如荀子、孟子、邹衍等人都曾游学稷下。可以说稷下学宫的创建,促进了诸子学派的形成、分化、争鸣和交融,黄老学派、后期儒学大师、阴阳学派等著名学派在此都很有势力。这种教学与学术研究相结合的办学原则,兼容并包各学派的办学方针,提倡百家争鸣的学风和倡导学官议政的传统，对中国传统社会长期存在的道统与君统并行不悖的文化传统的形成，起到了开风气的作用。这一时期所形成的教育典范与经验，扩大了教育的影响，促进了我国古代文化的传播与发展，推动了对教育规律、教育本质的研究，使以"稷下学宫"创立为标志的教育实践在中国教育、学术和思想史上写下了辉煌的一页。

秦汉时期，大一统的专制主义、中央集权的封建国家的建立和初步巩固，为文化教育事业的发展从总体上准备了良好的条件。短暂的秦王朝虽因实行"以吏为师"、"以法为教"的文教政策，而一度造成学校教育的倒退和逆转，待西汉建立，经过七十余年间的休养生息，至汉武帝时期，封建的经济和社会发展进入繁荣阶段，为满足大一统的政治和社会需求，为进一步加强中央集权的封建统治，提高吏治水平，急需发展教育。在汉文帝设博士官衔、举贤良文学，废秦代的"挟书律"，以笼络知识分子，提供发展教育的宽松环境的基础上，由董仲舒建议于武帝元朔五年（公元前 124 年）正式设置太学，制定博士弟子员制度，以造就治术人才，这便是中国封建社会以传授知识、研究学问为主要任务的最高学府的开端。

作为汉代官学的最高学府，太学设于京城长安（今陕西西安）西北城郊七里处。太学教师聘任才优德昭者担任，称博士，首席为仆射，东汉时改称祭酒。东汉之祭酒通过考试选用，要求年逾五十，无严重疾病，品行端正，合于四科（淳厚、质朴、谦逊、节俭）者，方可任用。博士官职不高，任职标准很高，人数不多，武帝所立五经七博士，因而很受社会尊重和朝廷礼遇。太学生的来源有三种：一是由主管太常选择的 18 岁以上，仪表端正的贵族子弟；二是由于其父亲所任职位而得以直接入学的青年；三是地方官吏挑选的有德行而好文学者。前两者属于正式学生，享受官俸，称博士弟子；后者则称授业弟子，乃自费求学。太学所传授的知识以儒家经典为主，其教学方法的特点是重师法和家法。所谓师法，即经学大师的经说，如果大师的弟子对师说有所发展，能够形成一家之说，被学术界和朝廷承认，便形成家法，这就是"先有师法，而后能成一家之言"的意思，这也是中国古代教育初步形成的重经典、重前人之说的传统。太学中的考试，西汉时为年考，方法是口试和射策，后者是通过抽签后得到题目再作笔试。考生按成绩分为甲、乙科，分别授予官职。东汉时改为两年一考，成绩分为上、中、下三等，分别授予官职。至此，读经与做官发生了直接的联系，更直接地刺激了士人读经的积极性。有如公孙弘因说《春秋》而位列三公的榜样，"天下之学士靡然向风矣"。当时民谚有曰："遗子黄金满嬴，不如一经。"政府的提倡和舆论的导向，使汉代的太学发展十分迅速。武帝时博士弟子限额50人，宣帝时达到上千人，成帝时增至三千人。东汉时太学规模更大，博士教官由最初的五经七博士增加到十四家，学生达三万人，其中还有远道而来的匈奴弟子，盛况空前。

汉代私学则有书馆和经馆两种。书馆又称书舍，主要从事识字和书法等启蒙教育。经馆是较书馆高一层次的私学，又称精舍或精庐，实际上是一些著名学者聚徒讲学的场所，其程度相当于太学。此中精舍，当为后世书院的先声。

汉代教育，以禄位劝学，重在讲经，师生之间，讲授相传，形成师法家法，繁琐而且僵化，束缚思想，促人皓首穷经，终老章句，导致中国封建社会读书人出路的单一和思想的封闭，实为专制制度下的悲剧。

魏晋南北朝，由于长期的封建割据战争和复杂的民族矛盾，教育处于时兴时废的状态之中。但又因此一时期的民族融合，玄学勃兴，呈现文化的多元激荡和学术争鸣昌盛的局面，文化教育发生着继汉开唐的作用。官学教育的削弱，使教育事业的延续主要依靠私学、家学的发展。魏晋之际士族门阀制度高度发展，世家大族把持朝政，垄断仕途。魏文帝始兴九品中正制，依人品高低列为九等，渐次变为按门第出身评定人物，使九品中正制成为士族门阀世代掌握朝政的工具。这是对"学而优则仕"的一种反动，给学校教育带来消极影响。晋代中央官学分国子学和太学，国子学仅限于五品以上的官僚贵族子弟入学，形成士族教育特权。南朝教育有所复苏和创新。宋文帝于元嘉十五年(公元438年)开设儒学馆于京郊，次年又开设玄学馆、史学馆、文学馆。四馆并列，各因其专业招收学生，开展教学和研究活动，开创了儒、玄、史、文四科教育并立的局面，史称"四学制"。在教育目标方面，倡导经世致用的人才培养模式，出现了律、书、算、文、医等实用学科的学校，使教育适应经济社会发展的需求。这不仅冲破了自汉以来儒学独霸教坛的状态，体现了教学内容的多样化，而且对隋唐专科学校的兴起和分科教学制的发展具有开创意义。

隋代历史虽然短暂，但其政治制度等方面的创新，对唐代的教育发挥了积极作用。隋炀帝废除九品中正制，开始在地方设立州学和县学。原有的秀才、明经两科可以由州、县学的生徒通过考试"升进于朝"，也可以由各州把人才举送中央，由朝廷考试录用。

唐朝以它繁荣的经济，恢弘的政治气象，以及有容乃大的文化气派，使我国的教育走上了新的巅峰。唐代统治者实行宽容开明的文化教育政策，在意识形态方面不以儒学独尊，而是奉行儒释道三者并行的方略，提倡儒家的礼乐教化，重视其在巩固大一统的封建专制制度中的作用。同时，并不排斥佛教、道教，使儒释道相互斗争、相互融合，共同为维护李唐王朝的统治服务，也因此开阔了人们的视野，共同促成了唐代光辉灿烂的文化。这种文化氛围对教育产生了重大影响，在教育思想上呈现出杂糅融合、兼收并蓄的特点。

首先是建立了从中央到地方的完备学制体系。中央官学有三个系统，分别是普通性质教育、特殊性质教育和职业性质教育。普通性质教育以国子监为主体，下设六学，即国子学，生员 300 人，收三品以上官员子弟；太学，生员 500 人，收五品以上官员子弟；四门学，生员 1300 人，收七品以上官员子弟及庶人之俊异者；书学，生员 30 人，以石经、《说文解字》、《字林》为专业，学习文字、书法；算学，生员 30 人，学习《九章算术》、《周髀算经》等；律学，生员 50 人，学习法律条令。以上前三学是儒经学校，属大学性质；后三学乃专科学校性质，凡八品以下官员的子弟及庶人均可入学。特殊性质教育主要是为了满足一等贵族子弟的教育需求，在门下省设弘文馆，东宫设崇文馆，礼部设崇贤馆，只招收皇室近亲、外戚、宰相、一品功臣的子弟。由著名学者担任教师，是兼有教育与研究双重任务的学校，其功能的扩充，有利于教育水平的提高。职业性质教育在唐代也颇具规模。有崇玄馆，专事研习道教经典。在太医署，设有医科（诊断）、针科（治疗）、药科（药理）、按摩科（理疗）等，培养各类医学人才。其中的药学与药园设在一起，学生在学习过程中掌握药物的识别和种植、收采、贮存、炮制等技术，最后根据学生的理论学习与实习成绩及治疗效果来分配工作。这种实习教育制度较西方发达国家早了千余年时间。在司天台这个管理天文、历法的机构里设有天文学、历数学、漏刻学；在太仆寺这个掌管马政的机构里，设有兽医学等。这种行政、教学、研究兼而有之的学校，开展专科职业教育，不仅打破了儒学一统的格局，也为大唐帝国培养了不少专业技术人才，推动古代科技的发展，成为唐代教育中的新气象。

其次是学校管理渐次规范，包括对入学年龄、学制时间、考试制度、结业等都有明确的规定。例如律学入学年龄限制在 18—25 之间，其他各学均为 14—19 岁。律学学制为六年，算学为十一年，其他均为九年。考试分旬试、岁试、升补试（毕业考试）三种。旬考是阶段性的小考，主要考记忆与理解；岁试考全年所学课程，问大义十道，主要靠理解与阐发，成绩分为上、中、不及格三等；升补试于应修课程完成成绩及格之后举行，由国子祭酒监考。在校生如果三次岁试不及格，或不能按期结业则令其退学；如果不遵师教、违假不归或作乐杂戏,违反校纪,则开除学籍。学习期满,考试合格者送尚书省录用,或送高一级学校深造,亦可参加科举考试。

第三是课程以讲授为主,学习内容有一定的选择余地。在国子学、太学和四门学中,主干课程是经书。经书分为正经和旁经两种。正经九部为大经两部《礼记》、《左传》;中经三部《诗经》、《周礼》、《仪礼》;小经四部《周易》、《尚书》、《公羊传》、《谷梁传》。旁经为《论语》、《孝经》两部。正经不必全通,可分别通二经(大小经各一部或中经二部)、通三经(大中小经各一部),通四经(大经两部、中小经各一部)等不同标准,学生可自由选择。旁经两部则是必读之经书。此外还有类似于今天大学中的选修课程,如《说文解字》、《尔雅》、《字林》、《三苍》等,可由学生自由选择。唐代教育打破了专习一经的传统,丰富了教学内容,学生有学习选择权,有利于发挥其学习兴趣和主动性,反映了中国教育的历史性发展。

3. 宋明时期的书院

唐宋以后,出现了一种新的教育机构——书院,这是中国封建社会特有的教育组织形式,一直到清代末期,历时千余年,其管理体制与教学方式和封建时代的官学有很大不同,在古代文化教育史上产生重要影响。

书院之兴起,是从古代的"精舍"、"精庐"、"学馆"演化发展而来的。书院之名,始见于唐,最早的书院是唐太宗贞观九年(635 年)遂宁(今四川遂宁市)人张九宗建立的私人读书治学的场所。之后,唐玄宗开元六年(718 年)乾元殿改称丽正修院,专设检校官,改修书官为丽正殿直学士。至开元十二年(724 年),唐玄宗先后在乾元殿、光顺门外、明福门外三处置丽正书院,专事修书、校书和抄书之责。开元十三年(725 年)夏天,又改集仙殿为集贤殿,丽正书院改为集贤书院,接着大明宫光顺门外、东都明福门外的丽正书院也改为集贤书院。唐代书院之置,最初不具备聚徒讲学的功能,但其职责也在渐次扩展,有咨询、顾问、侍读、侍讲的职能。通过"刊辑古今之经籍,以辨明邦国之大典","向备顾问应对";发现"天下图书之遗逸,贤才之隐滞",则上奏请求征集,"其有筹措之可施于时,著述之可行于代者,较其才艺而考其学术而申表之"。据《新唐书·百官志》"集贤殿书院注"称:唐玄宗"常选耆儒,日一人侍读,以质史籍疑义"。大学士侯行果等曾侍讲《周易》、《老子》、《庄子》,侍讲后,玄宗经常赐酒宴,学士与玄宗燕饮为乐,赋诗唱和,多得玄宗嘉赏。

唐末五代,天下大乱,民不聊生。读书士子寄居草野,无由出身。赵宋王朝建立,海内一统,乱世渐平,文风日起。士子纷纷要求就学读书,产生强烈的进取愿望，希望通过读书获取功名。其时国家初建，统治者也需要大批人才参与国家管理以维护社会稳定，但因朝廷的主要精力集中于征讨南方割据势力，无暇顾及文化教育，亦无足够的实力兴学设教。民办书院的兴起为统治者解决了士子就学这一重大社会问题，培养的人才又有益于封建统治，于是一批由私人创办的书院在这样的历史契机之下开始兴盛起来，并得到官方的政策支持和部分资助，形成我国古代书院办学的第一个高潮。据统计，北宋时书院37所，南宋时达到136所，其中最著名的有白鹿洞书院、岳麓书院、嵩阳书院、睢阳（应天府）书院、石鼓书院、茅山书院以及丽泽书院、象山书院等，因有朱熹、张栻、吕祖谦、陆九渊等大师的主持讲学而成为全国的学术和教育中心。书院的设置，多择依山傍水的风景名胜之地筑精舍寓士子群居讲习，使之在深山寂林之中闭门读书，潜心修养，以求明诚两进，德业双修，道艺并佳。

理学的发展与成熟，促进两宋书院的勃兴，二者之间互为表里。理学是书院的基本教学内容，书院以研究和传播理学为中心，主张为学要讲究明心养性，讲明义理，认为仁、义、忠、信不离手心，本源于理，正心、诚意、修身乃为学之本，必须以《易》为宗，以《大学》、《中庸》为体，以孔、孟为法，构建起理学的基本体系和框架。朱熹以毕生精力完成对《大学》、《中庸》、《论语》、《孟子》的注释工作，合称为《四书集注》，并推崇为类同于“经”的神圣权威，标志着理学进入成熟阶段，朱熹也成为理学的集大成者。历代书院都以讲授和研究理学为根本，《四书》、《五经》为基本教材，理学家们的著作和语录则为辅助教材或参考读物。

书院的教学方法主要是教师讲授、学生自学和师生之间的问难辩驳三种形式。教师讲授，主讲学问要旨，经过整理、归纳、诠释，时称讲义，提举纲领，发挥要义，同时指点读书方法，并在道德和学问两方面树立师表形象，起到言传身教、潜移默化、启发诱导的作用。学生自学，主要在于深研体会，唯真求是，而非浅尝辄止，不出窠臼。各个书院都很重视学生自学，朱熹还为此专门提出读书自学的六条原则，即居敬持志、循序渐进、熟读精思、虚心涵咏、切己体察、着紧用力，分别从自学的学习态度、学习方法、领会方法等方面说明了要求。朱熹认为学习靠自己积累，义理靠自己探索，教师只能做个“引经人”，只能起到“示之于始，正之于终”的作用，不能替代学生自学。他反复强调，：“读书是自己读书，为学是自己为学，不干别人一线事，别人助自家不得。”他把学习比喻为饮食：“不能只待别人理会，安放自家口里。”朱熹十分坦率地告诉学生：“某此间讲说时少，践履时多。事事都用你自去理会，自去体察,自去涵养。书用你自去读,道理用你自去究索,某只是做得个引路的人,做得个证明的人,有疑难处,同商量而已。”

在朱熹的倡导下,以自学读书为主的书院教学传统得到进一步发扬。问难辩驳,主要表现在书院的讲会制度。讲会制度由朱熹创立,即是一种学术辩论制度,以探讨辩难的方式进行的学术活动,或论辩发挥一派的学术精义,或辨析争议不同学派的主张,相互驳难,求同存异。遵循“君子以文会友,以友辅仁”的原则,在针锋相对的争论中,既坚守所学,通过辩难将自己的学旨要义深刻发挥;也不轻视他学,留意于诸家所长,作为对自己学问的弥补和启迪。以朱熹为代表的理学和以陆九渊为代表的心学在学术思想上大不相同,淳熙八年(1181 年)朱熹在白鹿洞主讲“君子喻于义,小人喻于利”时曾邀请陆九渊来同讲,并举行了隆重的讲学仪式,从此形成一个良好的传统。书院讲会制度确定有宗旨,有规约,有规定的日期和隆重的仪式。这种讲会制度对提倡学术争论与交流、发展,起到了积极的推动作用。

书院教学,讲究“博学”、“审问”、“慎思”、“明辨”、“笃行”,以为“是五者穷理力行之目”。“学、问、思、辨乃穷理之事。为其穷理,故能力行。修身之道功夫实在于此。盖不穷理无以知其事之当然,不力行则无以遂其志之决然。虽欲修身,不可得矣。”十分重视道德规范的实践和注重实事实学,经世致用。书院师生,以道相交,切磋学问,砥砺品格,把做人与做学问统一起来。教师学识渊博,品德高尚,献身教席,热心育人;学生慕师而来,虚心求教,立志成人,尊重师长。故而书院不仅对形成各种思想流派起到重要作用,而且代表社会的良知,担当社会的道义,成为批判社会黑暗腐朽势力的一股力量。

元朝也曾大力发展书院,只是囿于当时的环境,官府控制甚严,讲学水平较低,书院特色并不突出。直到明朝正德(1506—1521)年间书院方才重又凭借着心学的复兴进入极盛时期。朱明一代,共建书院近 1600 所,其中从朱元璋建明至正德元年(1368—1506)近 140 年间所建书院约 500 所,仅占明代书院总数的 30%;正德之后同样的近 140 年间(1506—1644),所建书院达 1100 所,占明代书院总数的 70%,其中正德、嘉靖两朝,共建书院 634 所。正德四年(1509 年)王阳明应邀在文明书院讲学,首倡“知行合一”之说,令人耳目一新,一时之间风行各地。王阳明的学术思想和学术活动,推动着明代中叶书院的蓬勃发展,书院的兴盛又为心学的重要学派——王学的传播提供了条件,讲会制度也因此更加趋于完备。王明阳认为,为学不可离群索居,不可一曝十寒,不可独学无友。固守一地,专从一师难以长进,最好的方式是通过聚会讲习，师友相观而善，取长补短，从而诱掖奖劝，砥砺切磋，使道德仁义之习，日亲日近，世利繁华之染日远日疏，方能充分发挥教育的社会功能。此时的讲会制度，定有《会约》、《会规》等规范，置有会宗、会长等职务，确立月会、年会等形式，提倡敢于怀疑，注重独立思考、兼容宽量和平等论学、求同存异，不株守门户之见，不强加于人的学风，主张提倡气节、讲求实学，对后世产生了重要影响。

4. 清代的学塾

在清代的教育系统之中，学塾教育比较发达。学塾既不属于完全意义的家庭教育，也不属于正规的学校教育，当是介于这两者之间，而就其教育层次来说，可以算是民间的小学教育，其管理方式乃是家族式的。学塾有业馆、家塾、族学等多种不同的名称。在办学形式上，大致可以分为三种：一是以家庭为单位聘请教师住到家中教授子弟读书就学，称为“教馆”或“坐馆”；二是教师在自己家中设馆教授生徒，收取费用，称为“家塾”或“私塾”；三是在聚族而居的地方，由族里出钱聘请老师在族中的公共房屋设馆教授本族子弟，称为“义学”或“义塾”。

在学塾读书的学生称为学童，年龄一般在5—13岁之间。也有稍长者，人数无有定规，少则三五人，多则十余人一，但一般不会再多了。教学内容，主要是文化启蒙，由浅入深，先识字，通过识字教学，开蒙养正。所用教材主要是传统的蒙学读物《千字文》、《百家姓》、《三字经》等，然后再学《大学》、《中庸》、《论语》、《孟子》。识字的同时是习字，即学习书法，逐日描摹，结业之际，即可练得一手好字，是为读书人的基本功夫。在识字习字的基础上，再学习写作，写作从作对联开始，再习写诗，其基本教材是《声律启蒙》，讲究音韵及词性、平仄对仗。在读懂四书的基础上，练习作文，学作“八股”。在教学方法上，主要是采取个别教授的方式，教师领读，学童跟着朗读，如此循环往复，直到倒背如流为止。直到能背诵相当多的篇目之后，教师才开始逐句讲解。因为蒙学书籍的通俗性、知识性和思想性，文字浅显，明白如话，朗朗上口，易读易记，内容广泛，介绍了较多的历史文化知识和社会道德、礼仪，能够较为充分的发挥基础教育的作用。尤其是注重背书、习字、作文这三个方面的训练，在儿童少年时打下坚实的基础，大有利于后来的发展。只是在学塾中规矩甚严，教师有绝对权威，稍有违反或不敬，轻者罚站罚跪，重者打手笞臂，种种体罚形成的高压，压抑了学童纯真的天性，灌输专制思想，培养唯命是从，不敢越雷池一步的惰性，这些又是应该予以否定的。

二、科举制度

科举制度是中国古代封建社会教育制度的一个重要组成部分，同时又是一种选官制度和文化制度，在培养人才、选拔人才和使用人才的过程中发挥过很大的作用。

1. 古代选士制度

随着古代教育的发展，在教育过程中选拔性的考试作为其组成部分也相应地产生和发展起来。在中国古代，治国之道，选贤与能。贤者是指有道德有才干的人，能者是指有识见有能力的人。人才的选拔，是通过教育与考试来完成的。早在西周时期，就已在学校教育的基础上开始选士作官。按《礼记·王制》记载，"大乐正论选士之秀者，以告于王，而升之司马，曰进士；司马辨论官材，论进士之贤者，以告于王，而定其论。论定，然后官之；任官，然后爵之；位定，然后禄之。""大乐正"官主持考试选拔可深造之士中的优秀者，报告周王，提名于"司马"官，称之为"进士"；再经"司马"官主持考试，在"进士"中选拔贤能者报告周王，视其才能的高下而任之以官职，授之以爵位，予之以俸禄。这就是最早的从学校选拔官吏的考试制度。除学校升选之外，还有乡举里选和诸侯贡士的制度，都是严格按照一定的规范考核士子，使育人与选士相衔接，选士与选官为一体。西周的考试制度不仅促进文化教育事业的发展，而且对之后的学校制度和察举制、九品中正制、科举制都产生了深远的影响。

春秋时期，礼崩乐坏，天子失官，学在四夷，学术下移，士人流离，在社会上逐渐形成一个新兴的士阶层。他们主要就是来源于西周学校教育制度培育出来的和经过西周选士考试制度选拔出来的"士"组成。这是一个创造、解释、传承文化知识的阶层，在新的历史时期发挥着推动学术文化和教育发展的思想库的作用。

西汉大一统，重建专制主义中央集权的封建国家，为巩固地主阶级的统治，需要大量的人才，察举制度应运而生。所谓察举，又称荐举，即由各级中央和地方官吏察访人才，举荐朝廷，并对被举荐者采用"策问"的方式进行考试的一种选官制度。从汉高祖刘邦时期开始，到西汉中期武帝时期渐成定制。从程序上讲，先由各级地方官吏向朝廷举荐人才，并以此作为地方官吏的重要职责之一，之后再进行"策问"考试。所谓"策问"，分两种方式进行，一是"对策"，即由皇帝根据当时的政治、经济、军事、文化等方面的情势提出问题，写在"策"(竹简)上，应试者据此做出书面答案，是谓"对策"；二是"射策"，《汉书·萧望之传》颜师古注曰："射策者，谓为难问疑义，书之于策，量其大小，署为甲乙之科，列而置之，不使显。有欲射者，随其所取得而释之，以知优劣。”就是把各种疑难问题写在竹简上，由应试者用箭投射简策，根据所投射中的简策回答问题，这是一种抽签方式的口试、笔试。从考试内容（科目）上讲，初为举荐“贤良方正能直言极谏者”，如文帝时诏举，提出明确要求，要能“明于国家大体，通于人事之始终及能直言极谏者”，并按考试成绩区分高低等第。到汉武帝时又开孝子、廉吏两科，后来两科合为一科，并称“孝廉”，规定各地郡国地方官吏每年按人口比例向朝廷举荐一定数量的孝廉，遂成定制。尔后又增加明法、治剧、兵法、阴阳灾异等科目，但都偶尔为之，并不重要。更主要的是要求应举者通晓儒家的诗书礼乐，对策能引经据典，富于文采。汉学因此而兴盛，国家的统一和中央政权的巩固也因以儒学为核心的意识形态的强化而进一步发展。

2. 九品中正制的确立

魏晋之际，察举之法未废，但主要又是通过施行九品中正制来选拔官吏，这是从曹操大胆提拔出身微贱的士人，提出“唯才是举，以备录用”的用人政策开始的。曹操于建安十五年（201 年）春下令察举贤能，“今天下尚未定，此特求贤之急时也。……二三子其佐我明扬仄陋，唯才是举，吾得而用之。”把道德标准放在一边，认为在选人任官时不宜求全责备，“有德之士未必能进取，进取之士未必能有德”，因此“举贤勿拘品行”，提出“唯才是举”的主张，对于能够治国安邦的人才即使是品行不周也不要遗弃他们。不拘一格选拔人才，曹操因此招揽了许多英俊豪杰之士，改变了东汉以来大名士主持乡间评议、控制察举的局面。

曹丕代汉，废献帝自立为帝之后，采纳吏部尚书陈群的建议，创立“九品中正官人法”，即“九品中正制”。于是策试形同虚设，而采用察访、荐举、评议等方式推荐士人为官，以其才德声望划分为上下九品向吏部推选入仕人选，但因利益关系的驱动，九品中正制实为豪门士族所把持，政权亦为其所垄断。九品中正制实行的基本程序有三：一是设置中正，郡置小中正官，州置大中正官，由司徒选择“贤有识鉴”的现任朝廷官员兼任其原籍的大小中正官，负责察访、评议本州郡的人才；二是品评人物，由中正官通过察访同籍士人，了解其家世源流，本人才德，整理材料，写出评语，注明其“品状”（家世称“品”，才德谓“状”，合称“品状”），评定其等级上下九品；三是按品授官，由中正官将士人品第的材料再编制成表册定期送交司徒，司徒核定后由尚书录用为官。通常是官位尊卑与品第高低必须相符，上品者任高官，下品者任卑职。魏晋士族势力日渐膨胀，中正官几乎全部被盘踞朝廷的士家大族把持,品评人才的标准也就因此由才德而转为门第家世。如《晋书·刘毅传》所说:“今立中正,定九品,高下任意,荣辱在手,操人主之威福,夺天朝之权。天下汹汹,但争品位……是以上品无寒门,下品无士族。”“九品中正制”操纵于士族之手,成为扩大士族势力,巩固门阀制度的工具。正如左思在《咏史》诗中写道:“世胄蹑高位,英俊沉下僚;地势使之然,由来非一朝。”士族子弟,不学无术,于是出现“举秀才,不知书;举孝廉,父别居;寒素清白浊如泥,高第良将怯如鸡”的反常现象。实乃造成士族弄权,政治腐败,国家分裂,外族入侵,社会动乱,经济衰退的重要因素。这种状况直到南北朝后期才开始有所转变。

3. 科举制度的产生、发展与变迁

隋朝废除九品中正制,官吏由中央政府直接任命,无须“中正”评议,采取公开分科考试方法选士。炀帝大业二年(606年),始置进士科,以试策取人,所谓“进士”,即进受爵禄之义,标志着中国古代科举制度的正式形成。唐承隋制,使科举制度进一步走向成熟。

首先是先后正式设置了进士、明经等五十余科进行考试,其中又以进士、明经两科最受重视,前者重文辞,后者重经术。其次是规定了考试时间,明确每年十月为赴京应试的定期。考试在春天举行的称“春闱”,是为常科(常举),另有皇帝临时诏令设置的科目称为制科(制举)。第三是考生的来源,应试者主要是“生徒”与“乡贡”两部分人组成,“生徒”是官办学校的学生,“乡贡”则是自学者或是在民间私塾中的求学者,向本县、州投请应试,经地方预试合格再“进贡”到京城应试。第四是唐代科举考试主持其事的是礼部,称“礼部试”;考官通常由礼部侍郎担任,称“知贡举”。唐初进士科考试为“时务策”五条,其内容多为涉及国家政治、经济、军事等方面的问题,要求考生面对社会,观察思考,提出解决问题的对策。这是汉代以来“策问”的发展与完善,这种考试的内容和方式,有利于读书人从故纸堆中走出来,充分展示其综合素质和能力。唐玄宗以后,又规定诗赋为必考的内容,计考时务策五条,诗赋各一篇。诗赋考试要求考生具有相当丰富的历史文化知识和语言表达能力、形象思维能力、审美感受能力,因此这种考试方法较为清新活泼而且富于灵气,即使有题目及对偶声韵方面的严格限制,亦能考察考生掌握语言文字的能力和水平,这又是时人必须具备的基本功夫,尤其对于为官从政而言。

唐代科举及第者,算是取得了做官的资格,有了资格,还需要进行吏部诠试,俗称“关试”。《新唐书·选举志》载有吏部诠试的标准:“一曰身,体貌丰伟；二曰言，言辞辩证；三曰书，楷法遒美；四曰判，文理优长。”所谓身，是对仪表形象的考察，对考生气质风度的初步了解，虽非重要，亦必不可少；所谓言，是对口头语言表达能力的考察，能否言之成理，持之有故；所谓判，是举设两条案例，让考生剖析判决，写出判词，考察考生分析事理能力和书面表达能力。至于书法之试，尽在判词书写之中，唐代书法因之大盛。唐代科举制度的完备，打破了魏晋以来世家大族垄断朝政的局面，为庶族入仕大开方便之门。大量庶族士人通过具有极大权威性和相对公平的科举考试进入统治集团，他们来自社会的中下层，对民间疾苦和社会状况有较多的感受和了解，从政之后往往能成为维护国家统一、缓和社会矛盾的进步力量。

赵宋王朝结束五代乱象，完成统一之后，努力革除藩镇专权、分裂割据的弊端，强化中央集权，施行文官政治。在大力发展科举制度的同时，对科举制度进行全面整顿、改革，使之更具备全民性、平等性，以利于扩大和巩固封建王朝的统治基础。首先是取缔“公荐”（即朝廷权贵向主考推荐举子）之法，防止权贵操纵科举考试，结党营私。同时实行回避制度，采取弥封、誊录、糊名之法，使科举考试体系更趋完善。从此，通过科举考试，凭文章定取舍，使一批出身贫寒、勤奋苦读之士脱颖而出，跻身仕途。有宋一代出身贫寒而官居高位者较历朝都多，“朝为田舍郎，暮登天子堂”的幻想在一定程度上成为现实。下层士人的崛起，士、庶界限归于消失，形成一种新的文化导向，浓厚了社会的文化氛围。以知识型的文官集团为核心，传统的儒家思想广泛传播，有效地调节着各种社会矛盾，维护社会的稳定和国家的统一。两宋王朝延续三百余年，经济社会得到继续发展，与此不无关系。宋仁宗庆历年间，范仲淹、欧阳修等人主持和推行被称为“庆历新政”的社会改革，在全国各州县地方普遍兴办学校，规定在校学习三百天以上的士人才有参加州县地方考试的资格，省试则分为策、论、诗三场考试，而其中更偏重于策、论，在考试内容上改变过去侧重考记诵为领会、阐述经典之精神义理。“庆历新政”中关于科举制度的改革具有积极意义，更注重考生素质的培养和评价。到嘉祐年间，由于政策的倡导，策论盛行于世，无论是研究历史或是分析现实的社会问题，都是用非对偶的散文体裁来进行写作，有利于深刻的理解认识得到充分的阐释和发挥，促进了学术思想的大发展。至北宋熙宁年间，王安石变法过程中对科举制度再次进行改革，排斥“记诵”之学，倡导“学校养成之法”，改试经义、论、策，采用散文形势阐述儒家经义；创立“三舍法”，改革太学，分太学为外舍、内舍、上舍三等，以平时学业成绩为依据，渐次由外舍而升内舍、上舍，最后参加政府考试，方能获取官职。

明清时期科举考试重视进士一科,考试分为四个阶段进行。首先是"童试",乃预备性考试,考生称"童生",由州县长官主考,通过后称"生员",又名"庠生",俗称"秀才",其一等曰"廪生",二等曰"增生",三等曰"附生"。考试内容主要是《四书》,考试文体为八股文和试帖论。第二是"乡试",这是省一级考试,每三年举行一次,称"大比",考期在农历八月,故称"秋闱"。乡试考三场共计九天,分别考八股文写作《四书》义、论、经史、时务策等内容。乡试通过者称"举人",第一名是"解元",第二名是"亚元",以下称"经魁"、"亚魁"、"文魁"。第三是"会试",属中央级的考试,乡试后的第二年春季在京城举行,称"春闱"。会试由礼部主持,亦分三场完成。会试录取者称"贡士",第一名叫"会元"。第四是"殿试",在会试之后举行,由皇帝亲自主持,只试"策问"一场,要考生当场交卷。中试者分为三甲(等),一甲赐进士及第,仅三名,为状元、榜眼、探花;二甲赐进士出身若干名,其首为"传胪";三甲赐同进士出身若干名。

作为教育制度的一个重要组成部分,科举制度在唐宋之际六百余年间发展成熟而且完备。其中的考试对策,包括了直言极谏、贤良方正、博学宏词、才堪经邦、武足安边等科,大都具有治国安邦、经世致用的实际内容,考察对策者的政见和文辞。加试诗赋,更有助于诗歌在唐宋的繁盛。殿试与吏部诠试,更注重素质与能力的评价。科举制度为培养和发现人才,扩大和巩固封建统治的基础,都曾经发挥了重要作用。南京大学历史系所编《中国历代名人辞典》载 2480 余人中,除帝王、宗室、将领、农民起义领袖及宗教人士之外,有 1480 余人为朝廷官吏、文化名人,其中有进士出身资历的达 800 余人,占 60%左右。他们当中大多是有才能、有成就者,绝非平庸之辈,不乏大学问家、书画家、科学家、政治家和民族英雄,通过科举考试而得以施展抱负。

科举制有其与生俱来的种种弊端,尤其是明清之际偏重八股取士,科场腐败等更为明显,但综观其全部,仍能看到它的合理性、开放性,也确实能够不拘一格选拔有用之才,这是不能否定的。其中的某些内容和方法对于我们今天的教学改革、考试制度改革仍具有重要的启示性意义。

第二节 中国古代教育思想及其特征

中华民族具有重视教育的悠久传统,与西方教育相比具有其特色。它不是机械呆板的,而是灵活的,因人、因事、因境而异;不是周延细密的,而是整体综合的;不是师生脱离、教育与人生实践脱节的,而是教学相长、寓教育于生活实践之中的；不是以知识系统为枢纽，而是以人生为中心，以一代代人格的建树和培育为目的，以对社会生活秩序和个体生命发展的深层次设计而展开的。春秋政治家管子"十年树木，百年树人"的观点，正是这种教育特色的概括。

一、教育思想

1. 注重社会教育的大教育观

中国古代的教育思想历来是把教育看成整个社会大系统中的一个子系统，许多教育家也早就认识到教育问题实质上就是社会问题。把教育置于整个社会系统中加以考察和解决，才能促使社会的发展和进步，这是古代教育家们倡导并付诸实践的理论。

孔子是最早从教育与政治、经济、文化的关系角度来论述教育作用的教育家。他把"足食、足兵、民信"作为立国之本，甚至认为在不得已时，宁可"去食"、"去兵"，也不能失掉"民信"。其理由是"自古皆有死，民无信不立"，把教育工作看成是与政治同等重要，甚至比国家的法令、法律更有效的治术手段。通过教育就可以把孝顺父母、友爱兄弟的风气传播到社会上去，并对社会政治产生一定程度的影响，"孝乎惟孝，友于兄弟，施于有政，是亦为政"。几乎把教育工作等同于政治工作，强调了教育的巨大作用。墨子也把教育作为三大治国措施之一，极力反对"隐匿良道而不相教诲"，认为"教天下以义者，功亦多"。孟子更是认为治国的关键是"得民心"，而教育是"得民心"的根本措施。他说："以力服人者，非心服也，力不赡也；以德服人者，心中悦而诚服也，如七十子之服孔子也。"因此结论是："善政不如善教之得民也。善政，民畏之；善教，民爱之。善政得民财，善教得民心。"在对待教育与经济的关系上，他接受孔子庶、富、教的思想，主张在为民制产的同时，要"谨庠序之教，申之以孝悌之义"，在人民不饥不寒之后，必须给予一定的教育。荀子也把教育作为"固国齐民"的措施，"不教诲，不调一，则入不可以守，出不可以战。教诲之，调一之，则兵劲城固，敌国不敢触也"。认为在富足的条件之下要对人民施予教育，"饮之食之，教之诲之"，把教育放到了社会生活的重要位置。《学记》综合了春秋战国时期儒家教育思想的成果，把教育的作用明确概括为"建国君民，教学为先"，"化民成俗，其必由学"十六个字。这是儒家大教育观最经典的结论。

西汉中期董仲舒提出："南面而治天下，莫不以教化为大务。"认为教育对于社会起着重要的作用，"上之化下，下之从上，犹泥之在钧，唯甄之所为；犹金之在熔，唯冶者之所铸"。如同陶器和冶金一样，可以随意铸造，把国家的治乱兴衰都归于礼乐教化。因此,“兴太学,置明师”,大力发展教育,置教育如同国家政令的地位。这种对教育社会职能的肯定,蕴涵了深刻的意义。

在整个魏晋南北朝近四百年的动荡中,也有不少的教育家强调兴学设教的重要性。而且,“重教者昌,轻教者亡”也是历史证明了的事实和依据。

隋唐以后,实行科举取士,教育与治术人才的选拔发生了更为密切的联系,人们对教育的认识更有了新的发展,认识到教育的社会作用主要是通过培养人才来实现的。韩愈、王安石等都把教育置于综合的社会、政治中来进行精辟的论述、概括和总结。这种大教育观念的传统一直与我国整个封建社会相始终;在明末清初的启蒙思想家、教育家黄宗羲、颜元的教育理论中都有所体现;直到今天,这种观念对我们仍具有借鉴意义。

2. 以人格教育为核心的整体观念

中国古代教育特别强调以人格教育为核心的整体观念,并且形成了独特的优良传统。在人生成长过程中,孔子认为“性相近也,习相远也”。人的本性本来都是很接近的,只是由于后来的学习和教育使人性产生了差别。孔子相信教育的力量,相信通过教育能使人改恶从善,化愚为智,因此大力提倡“有教无类”的平等教育思想。孔子也因其伟大的人格魅力而为后世所景仰,被尊为“至圣先师”。墨子的教育主张通过生产劳动和科学技术的学习,培养坚强的意志和坚韧的毅力;通过道德修养,树立“利他观”,“利人乎即为,不利人乎即止”。意志品质是做人成功的关键,“志不强者智不达”。具有坚强的意志力和明确的“利他观”,才能学会“察类”、“明故”,即分辨是非,见微知著,减少盲目性。孟子则以“性善论”为其教育思想的基础,认为“恻隐之心,人皆有之;羞恶之心,人皆有之;恭敬之心,人皆有之;是非之心,人皆有之”。故尔“人皆可以为尧舜”,因此他强调教育的作用关键在于存心养性。荀子上承孔孟,然而其教育思想却是以“性恶论”为基础的。认为人与生俱来的本能是“性”,人的本性是“恶”的,但人可以通过后天的教育学习成善,即“化性起伪”。无论认为性善或是性恶,在重视以人格教育为核心的整体性上都是殊途同归了。

董仲舒继承和综合了先秦儒家的思想,从人性入手来认识教育的作用,以性善论、无善无恶论、性恶论为基础提出“性三品”的观念。认为人性可分为上中下“三品”,即天生为善的“圣人之性”,天生有善恶之质的“中民之性”,天生为恶的“斗筲之性”。教育的关键作用,就在于使处于多数的“中民之性”去恶向善。东汉王充崇尚教育的作用,认为教育可以改变人的本性,使恶者从善,使善者更善。他在《论衡》中,提出“子在身时,席不正不坐,割不正不食，非正色目不视，非正声耳不听。及长，置以贤师良傅，教君臣父子之道，贤不肖在此时矣。受气时母不谨慎，心妄虚邪，则子长大，狂悖不善，形体丑恶”。从胎教开始，以至于整个后天的教育，都是突出以人格教育为主体。唐代韩愈承袭了“性三品”说，并以其为基础提出了自己的教育理论，认为教育对上品、中品、下品的不同人性都发挥着不同的作用；教育推广着道德修养，通过传道、授业、解惑，把优秀青年培养成为治国的君子。宋代王安石、朱熹都十分重视人格教育的核心作用，朱熹认为学生只有高尚的人格修养，才能使学到的知识发挥正当的作用，因而从小就要打好“坯模”，否则就会成为脱缰野马。“致知之要，当知善之所在。若不务止，而徒欲泛然的观物之理，则吾恐其如大军之游骑，出太远而无所归也。”学业要有志向和目标，不能偏离道德的轨道，应当把道德修养、治学精神和学习态度融为一个整体的要求，才能成为有益于社会的圣贤之人。

中国古代教育的传统，始终浸润濡染着中华民族的道德理念和人格定位。儒学为主体的教育思想是中国古代教育思想的主流，亦是中华民族的精神内核。教育的整体观念，包括了治学与为人的两个方面，以“明明德”、“亲民”、“止于至善”为目标，通过“格物、致知、诚意、正心、修身、齐家、治国、平天下”来完成人格修养的全过程。

3. 以直觉体悟为重点的系统观念

中国古代教育还十分注重启发人体内心深处的自我协和，这种协和应做到与自然的平衡和统一。与西方教育不同的是，中国人提出一套“做人”的道理、“做人”的要求、“做人”的方法，让人从中得到“做人”的乐趣，表现出人的崇高精神追求，这就是所谓的“乐感教育”。而西方教育则往往更多的依靠宗教信仰，靠祈祷上帝，倾听上帝的教导和召唤而从上帝那里获取美丑善恶的判断标准，这是靠外在启示的“罪感教育”。中国人的教育不主张离开生活的圈子，强调在学校、家庭和社会的日常生活中积累道德善行，加强自我修养。此岸即彼岸，“极高明而道中庸”，追求人心中具有的一种价值自觉的能力；自省、慎独、自我完善、自我求索，从人伦秩序与宇宙秩序协和的伟大人格中去透视现在、玄想未来，“究天人之际，通古今之变”，从而实现一种崇高的理想。

早在先秦时期，这种思维方式就表现出隽永深澈的韵味。《尚书·皋陶谟》称：“慎厥修身，兢兢业业”，《商颂》讲：“温恭朝夕，圣敬日跻”，都从内心收敛抑制立论，与西方人崇尚自由、个性解放的思想相对立，从而奠定了中国模式的教育思想架构。在之后儒、道、释以至宋明理学的发展中，均以追求"吾心"与"宇宙"的默契,达到扬弃知觉思虑,直接用身心体验宇宙终极的实在,达到对道德本体之契合的人生境界。《周易·系辞》云:"天地之大德曰生","生生之谓易",说的是天地的根本性质是"生生不息"。宇宙是一刚健的大化流,是一个包举万有、交融互摄、无限丰富的有机整体。而人也应据此自强不息,开拓创新,穷通变易。人效法天地,德配天地,弘扬天性,发扬创造的生命精神,使天德下贯为人德,这也就是儒家的人文理想。《诗经·大雅》有"天生烝民,有物有则,民之秉彝,好是懿德";《吕氏春秋·去私》有"天无私覆也,地无私载也,日月无私烛也,四时无私行也,行其德而万物遂长焉";《论语·卫灵公》云"人能弘道,非道弘人",都是强调天地、生命与道德间相互感通及相互滋养与润泽,真可谓天道荡荡,公而无私。正因为天地宇宙本身即涵有价值,所以这宇宙是值得生存的宇宙,而人们实现人生的价值不必再追求净界、天国或彼岸世界,以天、天道、天命代表至善,这是一种"尊先"、"主动"的传统。《礼记·中庸》曰:"唯天下之至诚,为能能其性。能尽其性则能尽物之性,能尽物之性,则可赞天地之化育,则可以与天地参与。"这就是说,一旦人能充分维持住自己的道德理性,人就能全面地发挥其本性,并尊重每一人及每一物的生存,使之"各遂其性",这样就能回应天地的生命精神,提高人的精神境界,与天地鼎足而三,理性地适应并进而辅相天地。人在宇宙中的地位、人生活的意义,由此而确立。"天命之谓性,率性之谓道,修道之谓教";"尽其心者,知其性,知其性则知天矣";"君子之所性,仁义礼智根于心",都是儒家"天道"、"地道"、"人道"的思想,论述了人心是意义价值的一个源泉,人心又源于宇宙本体的天。创造的生命精神贯注于天上、地下、人间,并以平等精神体察宇宙间一切存在的价值,完成自身的生命理想,最终通过正德、利用、厚生,立德、立功、立言,在实际行动中实现人生的价值与意义。

道家富有诗意的直觉体悟对中国教育也有着极其深刻的影响。在哲理庞博、暗示象征无涯的《老子》和汪洋恣肆、生机勃勃的《庄子》两部书中,都强调人与宇宙的契合无间,"天地与我并生,万物与我为一"。与道家不同的是儒家在个人修养中努力尽自己的人伦义务和社会责任,而道家则通过否定的方法力求摆脱一切形式束缚,以化解人生之忧,追求一种自由的精神超脱和解放。庄子还特别讨论了生存处境:此生有限,吾生有涯,以有形之生投入天下;人要解脱对无限时空产生的困惑,化解熙熙攘攘人世的竞争所受到的巨大压力和痛苦,就必须从有限到无限,致广大,尽精微,尽历层层生命境界,求精神超脱解放;超越有待,不为俗累,宛若大鹏神鸟,遗世独立,飘然远行;背云气,负苍天,翱翔太虚。同时还强调平等,肯定物我之间的同体融合。也就是说,逍遥无待之游只有在天籁、齐物的前提下才有可能。这包含了崇高的个性价值取向,表达了中国特有的人生智慧,代表了中国特有的人文精神。

关于个体修养,佛学对中国古代教育有着不可低估的影响。印度佛教传入中国,由汉到唐600余年的消化,佛学在中国本土化了,创造了自己独特的思辨运行模式。渗透了儒家和玄学的哲理,破除了人们对宇宙一切表层世界或似是而非的知识系统的执著以获得精神上的某种自由和解脱;启迪人们去掉一切外在的追逐与偏执,破开自己的囚笼,直悟生命的本性。"返本归极,明心见性,自识本心,见性成佛"的一系列修行方法,是要人们寻找心灵的家园,把有限的生命投入到无限的境界,自虚其心,自空其说,以求容纳别人。如儒家之"忠恕"、道家之"齐物"一样,不仅是个体修养的方法,也是与环境共存、互尊的必须。

宋明理学综合了儒、道、佛三大资源,以儒学为主干,融入佛道的智慧,建立了以理气论、心性论为中心的道德形而上学体系。宋代理学的集大成者朱熹,集中讨论了理气关系,强调道德理性对于与血肉之躯相连的情感欲望的制约,强调意识主体和理性对于情感的主导和控制。"为学之道莫先于穷理,穷理之要必在于读书,读书之法莫贵于循序而致精,而致精之本则又在于居敬而持志。"主张以"居敬"、"穷理"的方法涵养个性。王明阳则更进一步阐发了"知行合一"说和"致良知"的理论,肯定知行间的相互联系,主张人们扩充良知,除去心中自私的念头和不正当的欲望,在现实生活中保持并发挥善良的心性,达到"知善知恶"、"好善恶恶"、"为善去恶"的道德自觉。这是一套比较完善的修养德性的功夫。如果说朱熹强调道德理念、规范和知识的话,王明阳则强调道德情感、直觉与体验。他们的最高理想就是"孔颜乐处"。孔子周游列国,颠沛流离,困厄万端;颜渊一箪食,一瓢饮,穷居陋巷,这本身并无乐处可言。但孔、颜化解了身处逆境或物质匮乏引起的外感之忧,使胸中浩然,坦坦荡荡,无所钦慕,无所怨尤,体悟到一种理性愉悦。这种快乐,乐于扬弃外在之物,外驰之心,自我意识到自身与天道合其德、同其体,也就是直观自身,认同自身,体认到个体自身的内在完美;其遇虽穷,其身自乐,人世名利视之淡然,完成真善美高度统一的自由人格,把道德自律、社会责任、历史使命和人与自然的和谐提升到本体论的高度,空前地树立了人道主义本体论的伟大与庄严。

二、教学思想

1. 教学对象的因材施教原则

所谓因材施教，即在整个教学过程中必须根据不同的受教对象的特点采取不同的教学方法，扬长避短，取长补短，充分调动受教育者学习的主动性和积极性，同时激发其学习兴趣，增强其学习的自信，以达到最佳的学习状态，取得最佳的学习效果。

孔子在其办学过程中最早运用因材施教的方法。他十分重视在日常教学中观察学生的行为状态，注意掌握每个学生的性格特征、知识水平、接受能力和品德识见，并以此为出发点来确定不同的教学方法、教学内容、教学进度。《论语·先进》中记载了一则典型的关于因材施教的案例："子路问：'闻斯行诸?'子曰：'有父兄在，如之何其闻斯行之?'冉有问：'闻斯行诸?'子曰：'闻思行之。'公西华曰：'由也问闻思行诸，子曰有父兄在；求也问闻思行诸，子曰闻思行之。赤也惑，敢问。'子曰：'求也退，故进之；由也兼人，故退之。'"这段对话的意思是，子路问孔子，听到了就实行起来吗？孔子回答说，有父兄在怎么能够随便听到了就实行起来。冉有问孔子，听到了就实行起来吗？孔子回答说，听到了就应当实行起来。公西华对此表示不能理解，为什么对他们两人问的同样的问题孔子有不同的回答呢？以此问孔子，孔子再回答说，冉有做事往往畏缩不前，我因此鼓励他；子路的勇气一人抵几人，敢于作为，所以我让他慎重。问题虽然相同，但因孔子了解他们的性格差异，子路热情过度，言行偏激，故尔孔子劝他听从父兄的意见，冷静处理，三思而行；而冉有缺乏热情，性格内向，故尔孔子鼓励他知道了以后应当马上付诸行动，勿须畏缩不前。

对于因材施教的方法，孟子也是很推崇的，他认为"君子之所以教者五：有如时雨化者，有成德者，有达材者，有答问者，有私淑艾者"。这是说君子用以教育人的方法有五种：有如及时雨那样灌溉的，有成全其品德的，有培养才能的，有解答疑难问题的，有才学影响使后人自学获益的。这五种都是君子根据不同对象教导人的不同方法。自此之后，因材施教就逐渐成为一个基本原则为后世所遵循并不断充实、丰富和发展。

在中国古代最早的教育专著《学记》中就曾讲到："学者有四失，教者必知之。人之学也，或失则多，或失则寡，或失则易，或失则止。此四者，心之莫同也，知其心，然后能救其失也。教也者，长善而救其失者也。"这里所谓的多、寡、易、止都是在学习中表现出的偏失和缺点：贪多，就会失之于滥，陷于不求甚解；所学太少，就会因知识面的狭窄而囿于识见，限制智力的发展；

把学习看得太容易，就会浅尝辄止，不能刻苦钻研，难成大器；缺乏坚持不懈地学习的信心，畏首畏尾，知难而退，则无能进取，学有所获。但作为教育者面对学生不同程度地存在着的这些缺失或误区，也不能单纯地从消极方面认识，而应当给予积极的引导。王夫之就曾对此具有独立特识，可给予我们"辩证施治"有许多的启发。他在《礼记·章句》中说："多、寡、易、止虽各有失，而多者便于博，寡者易以专，易者勇于行，止者安其序，亦各有善焉。"多与寡、易与止之间的优与劣、长与短其实是可以相互转化的，而这转化的工作就具体地体现在教师能否有"尺短寸长"的眼光，并实行因材施教的能力。教师教学要得法，必须了解学生的个体差异，具体问题具体分析，作转化的工作，有针对性地进行教学，发掘其潜能，发挥其长处，促进其发展。

2. 教学方法的言传身教原则

《学记》中明确概括教育的作用为"建国君民，教学为先"，"化民成俗，其必由学"，意为为国家培养人才，为社会形成良好的道德风尚。而要达此目的，教师的言传身教就显得特别重要。在长期的教学实践中，古代的教育家都深切地认识到教师的言行举止形象风貌对学生的影响是十分巨大的，或者是直接的明显的，或者是潜移默化的。孔子在《论语》中说："其身正，不令而行；其身不正，虽令不从。不能正其身，如正人何?"这里讲的是"身教"，教师是学生学习的榜样，与"言传"相辅相成。古人主张"有言之教"与"无言之教"并用，相互补充，相得益彰。"有言之教"通常是指知识的传授，道理的阐述；"无言之教"则更多的是指良好行为习惯的养成、情操的陶冶和道德的示范。古代教育更多的是以"言传"灌输为主，但又往往注重师生的共同参与和双边交流互动，使身教融入其中。通过启发诱导充分调动学生的学习积极性和主动性，利用各种场合和时机启发学生的心智，引导学生效法，激励学生动脑筋思考，得到更进一步的理解和认识。所谓"不愤不启，不悱不发，举一隅而不以三隅反，则不复也"①，是说教导学生，不到他想要把问题搞通而还没搞通的时候不去开导他，不到他想要说出而又说不出来的时候不去启发他。告诉他一个角，他却不能由此推知其他三个角，就不再教他了。教师的任务是用言传身教的方法去引导学生思考而不能代替学生的学习，要使之能够做到举一反三，由此及彼，而不是简单的接受，囫囵吞枣，那样是难以消化并获得知识的营养的。

孟子还把运用言传身教的方法进行启发教育形象地比喻为"引而不发，

① 《论语·述而》。

跃如也”[1]。张满弓而不发箭,只是做出要射箭的姿态,让学习的人有个标准。他还说“仁言不如仁声之入人深也,善政不如善教之得民也。善政,民畏之,善教,民爱之。善政得民财,善教得民心”[2]。仁德的言语不如仁德的声望那样深入民心,善良的政治不如善良的教育获得民心。善良的政治,百姓害怕它;善良的教育百姓喜欢它。善良的政治赢得百姓的财富,善良的教育赢得百姓的心意。教师的声望,善良的教育,因其身体力行,躬亲实践而对学生产生启发诱导作用。正如《学记》中说:“君子之教,喻也。道而弗牵,强而弗抑,开而弗达。道而弗牵则合,强而弗抑则易,开而弗达则思,可谓善喻矣。”这里已是明确要求教师在言传身教的过程中必须善于启发诱导学生,让学生在仿效中思考,寻找和发现真理。

3. 注重能力和素质的原则

增强能力,提高素质,是古代教育中历来都十分重视的问题,教师要通过教学活动引导学生自觉地修行,发挥学习的主动性,创造性,首先必须做到学会学习与思考。孔子说:“学而不思则罔,思而不学则殆。”[3] 只读书不懂得思考,就会陷于迷惑而无所收获;只会空想而不读书,就会是危险的。他还现身说法,“吾尝终日不食,终夜不寝,以思,无益,不如学也”[4]。整天不吃不睡地思考,是不会有结果的,还不如去学习。学习与思考,相互作用,缺一不可。学习与思考,还得讲究方法,培养能力,做到“博学之,审问之,慎思之,明辨之、笃行之”[5],进而以学习与思考为喜好和快乐,进入一种自觉的境界,学是思的基础,思是学的进步。熟读精思,学博思远,体察意味,通晓道理,由表及里,获得新知。其次是在学与思的基础上增强温故而知新的能力。《论语》开宗明义即谓“学而时习之,不亦乐乎!”进而强调“温故而知新,可以为师矣”。在学习的基础上有所前进与发展,有新的收获与体会,才可以当老师去教育别人。学而习之,习而时之,不间断,持之以恒,而非一曝十寒,必有进境。温故知新,融会贯通,把握规律,获得自由,能够做到“择其善者而从之,其不善者而改之”。增强判断能力,不会主观武断,不凭空猜想,不妄作结论,不固执己见,不自以为是,自觉遵循客观规律。第三即能进而处理好博与专的关系,懂得博学是精研的基础,在博闻强记的过程中去获取

---

①② 《孟子·尽心上》。

③ 《论语·为政》。

④ 《论语·卫灵公》。

⑤ 《礼记·中庸》。

深专的途径和目标，以求成果。孟子明确地提出学习不仅要获得广博的知识，还要善于归纳，由博返约："博学而详说之，将以反说约也。"知识渊博而能详细解释，进而达到扼要提炼的程度。"君子深造之以道，欲其自得之也。自得之，则居之安；居之安，则资之深；资之深，则取之左右逢其原，故君子欲其自得也。"是谓君子求深造是凭好的方法，想自觉地有所得。自觉地有所得，就能掌握得牢固；能掌握牢固，就能积累得深厚，积累深厚，就能运用自如，左右逢源。因此，君子要自觉地有所得。朱熹即是一个既博览群书、践履诸事，又专一精深、功底厚实的学者和教育家。朱熹一方面提倡博学，认为"天地万物之理，修己治人之方，皆所当学"。他用盖房为例说明博学的重要性，只有"阔开基，广开址"，才能盖起高楼大厦。另一方面又强调博学不能"杂而无统"，应该在"开阔中又著细密，宽缓中又著谨严"。他用吃饭为例说明读书不能盲目贪多，一味贪多反而嚼不烂，影响消化吸收，对身体有百害而无一利。因此，他主张学习要具备先博后约，由博而约，博与专相统一的能力。

能力的增强和素质的提高，是一个逐步积累的过程，必须循序渐进，不能揠苗助长，亦如荀子所说："不积跬步，无以至千里；不积小流，无以成江海。"在渐进和积累的过程中，把来自外界的压力和负担转化为自我需求的竞争发展的欲望，以主动性激活学习的潜能，开掘学习的创造精神。这在教育中是一个促进学生做到发现问题、解决问题并提出独立见解的过程。读书要通过独立思考，获得独立见解，才能有进步。

4. 提倡教学相长和尊师重道的原则

"教"与"学"从来都是相对而言的，弟子不必不如师，师不必贤于弟子，闻道有先后，术业有专攻。尺有所短，寸有所长，教学相长，必然之理。教师在教学过程中，可以发挥自己的优势，引导学生学习；可以发现自己的劣势，找到存在问题，不断总结经验教训，提高教学能力和水平。学生在学习过程中，接受教师的引导，获取知识，"学然后知不足"，再不断弥补自己的不足，不断充实和丰富自己的知识。"教"与"学"都是动态的，孔子主张"学无常师"，"三人行，必有我师"。无论教师和学生都要善于发现和学习对方的长处，能者为师，不耻下问，共同达到教学的目标要求。

王充《论衡·超奇篇》曰："通书千篇以上，万卷以下，弘畅雅闲，审定文读，而以教授为人师者，通人也；抒其义旨，损益其文句，而以上书奏记，或兴论立说，结连篇章者，文人鸿儒也。"按照王充的观点，教师是传播文化的知识分子群体。孔子是第一个大教育家，是中国历史上教师的范型。他很是为自己是一个教师而自傲的,他说:“若圣与仁,则吾岂敢。抑为之不厌,诲人不倦,则可谓云尔已矣。”[①]“十室之邑,必有忠信如丘者焉,不如丘之好学也。”[②]孔子认为自己在“好学”和“诲人”这两方面是能够胜人的,这正是他一生自我教育和教育他人的写照。到了孟子、荀子之时,更是把教师的地位提高到了前所未有的高度,甚至超乎帝王之尊。荀子说:“礼有三本:天地者,生之本也;先祖者,类之本也;君师者,治之本也。无天地恶生?无先祖恶出?无君师恶治?三者偏亡焉,无安人。故礼上事天,下事地,尊先祖而隆君师,是礼之三本也。”[③]荀子把能否从师作为取舍一切的前提:“故人无师,无法而知,则必为盗;勇,则必为贼;云能,则必为乱;察,则必为怪;辩,则必为诞。人有师有法而智,则速通;勇,则速威;云能,则速成;察,则速尽;辩,则速论。故有师法者,人之大宝也;无师法者,人之大殃也。”[④]教师具有至尊至贵的地位,是因为教师代表至高无上的道,教师是道的物质承载者和体现者。“凡学之道,严师为难。师严然后道尊,道尊然后民知敬学。是故君之所不臣于其臣者二:当其为尸,则弗臣也;当其为师,则弗臣也。大学之礼,虽诏于天子无北面,所以尊师也。”[⑤]正因为教师代表道,代表礼,所以教师成为常人效法的楷模,“务学不如务求师。师者,人之模范”[⑥]。教师一词,具有两种涵义,狭义者专门指某种学科的讲授者,广义者则泛指有威望、有知识而且对人们有巨大影响的人。在古代中国,对教师的理解一开始就有把两种意义集于一身的倾向。

魏晋以降,审美艺术文化的影响逐渐超越了伦理政治文化。由于审美艺术文化的传授模式与伦理政治文化的教育模式有显著的差异,前者更多地强调悟性、自修、创新,后者更多地推重记忆、实行、模仿。因而在审美艺术教育中,学生往往居于中心地位,教师则可能是一个被学生不断超越的对象,师生之间乃是教育过程中相互启发美感的同伴,没有不可逾越的障碍。在审美艺术教育中,真正的艺术家学习和效法的楷模往往不是教师,而是自然山水,他们可能师从某人但最终是为了摆脱和超越某人。“青出于蓝而胜于蓝”,此之谓也。教学相长,在这里也就得到了最佳的体现。

---

① 《论语·述而》。
② 《论语·公冶长》。
③ 《荀子·礼论》。
④ 《荀子·儒效》。
⑤ 《礼记·学记》。
⑥ 扬雄:《法言》。

王阳明说："圣人教人，不是束缚他通做一般，只好狂者便从狂处成就他，狷者便从狷处成就他。人之才气，如何同得？"[①] 教育就是要求人最终通过"体知"或"悟知"的认知方式达到教学相长，"各因其性情之近而人才成"的目标。所谓"体知"是指从个体经验入手作直观外推的思维方式。"夫仁者己欲立而立人，己欲达而达人，能近取譬，可谓仁之方也已。"[②] 孔子在这里讲的是从"近取诸身"即个体经验来理解他人，或者推己及人，就能达到"仁"的途径。这是一种诉诸学生直接经验（体验）来推论一般的教育方法。诉诸学生的直接经验的方法是依据了"人同此心，心同此理"的预设，所以可以从自身的体验中读书求知，通过直观外推来把握世界。所谓"悟知"是指直觉感受，这是一种思维过程的飞跃，不是用一般的逻辑思维去把握，而是依于"感悟"，所谓心领神会，豁然贯通是也。用心去"悟知"，这是通过某种直观表象去领悟或暗示另外的意义的思维方法，只可意会，不可言传。大量运用比喻、象征的方法来启发学生，这实际上是借助于一种含蓄、直悟、暗示的多层次涵义结构，甚至借助于移情作用，以情动人，去消解教育者与被教育者之间的情感隔膜，消除认知主体与客体之间的隔离层，达到一种完美和谐与无障碍的状态，为教学相长铺垫了坚实的基础。

尊师重道，是中国古代教育的优良传统。教师要得到学生发自内心的尊重，首先要尊重学生，对学生要有仁爱之心，对教育有执著的追求。其次是自己要有高尚的道德和广博的专业知识、丰富的教学经验，巧妙的教学艺术。正如荀子所提出的四个标准，即"师术有四，而博学不与焉。尊师而惮，可以为师；耆艾而信，可以为师；诵说而不陵不犯，可以为师；知微而论，可以为师"[③]，是说教师除了拥有渊博的知识，还必须做到有尊严，能使人信服；有丰富的教学经验，善于引导；有系统传授知识的能力，不违反师说；有精微的理论，能条理分明地阐释。教师要善于教，学生要善于学，善教者能激励学生学习的兴趣，引发学习的爱好，在快乐轻松的心境中学习，而不是随心所欲，毫无原则，一意孤行，刚愎自用，压制学生。教师的仁爱之心体现在教学中对学生的平等精神和生活中对学生的关怀与善待。教师不可能是万能的，面对学业中的是非对错正误，应当尊重客观标准，不能自以为是，方能得到学生的理解。孔子正是这样的典范，他以自身的人格魅力，赢得学生真诚

① 《传习录》下。
② 《论语·雍也》。
③ 《荀子·致士》。

的敬爱。他的学生颜渊评价说:"仰之弥高,钻之弥坚;瞻之在前,忽焉在后。夫子循循然善诱人,博我以文,约我以礼,欲罢不能。既竭吾才,如有所立卓尔。虽欲从之,末由也已。"① 正因为如此,孔子死后,他的学生们能够自觉地学习和传播儒学并使之发扬光大。优良的传统对后世产生了巨大影响。北京的教育家胡瑗在其教学生涯中与学生建立了亲如父子、情同手足的亲密关系,"视诸生如其子弟,诸生亦信爱如其父兄"。对于勤奋好学的学生,胡瑗悉心关怀;对于曾有过失的学生,胡瑗也同样热心劝导,耐心帮助,认为"圣人不贵无过,而贵改过,勉勤事业"。胡瑗的诲人不倦,如同冬日的阳光,温暖着学生的心田,在学生的心目中,胡瑗不仅是学业上的良师,更是为人处世的楷模。当他晚年因老病而离开京城太学时,出现了学生百里相送的壮观场面。"东归之日,弟子祖帐,百里不绝,时以为荣。"② 这可以说是对教师一生辛劳的最高褒奖。

自从有了人类,就产生了人类文化;在人类的生存繁衍过程中,人类的文化在延续、发展和不断丰富,而使这一切成为可能的,则是教育。人类生生不息,世代交替,每一个新生命诞生,都因先天的遗传因素和后天的经验习得而融入社会的文化共同体中,通过一定的文化生活,从自然人而成为文化人,须依托于教育。在人类的存续和发展中,文化的传承与创新,也必须依托于教育,教育使文化繁荣灿烂,百态千姿,深邃精湛,意韵丰饶,臻于完美。教育与文化,是人类区别于其他动物的根本标志之一。教育又是构成文化的基本要素,是文化传播与传递的过程,是人类文化延续、发展和不断创新的必要手段,是属于人类特有的活动,因而又是一种文化行为,即"以文教化"。文化是与"自然"相对应的概念,是由人所创造的、非自然所提供的、具有社会性的人适应环境的超生物手段与机制的总和。这是一个广义的或称为大文化的概念,包括了物质文化、制度文化、精神文化的层面,具有民族性与地域性、时代性与传承性、可融性与可塑性、复杂性与统一性等特征。教育的作用就是要使人们通过"教育"而获得文化,引入一个按照人类意志创造出来的文化的世界。

因之,教育伴随人类的产生而产生、发展而发展。教育属于人类,与人类共始终,是培养人的社会文化活动。在泛教育的基础之上,产生了人类教育活动的一种特殊的和专门的教育形式即学校教育。在学校教育的形成与

① 《论语·子罕》。
② 《宋元学案·安定学案》。

发展过程中，渐次地产生着教育思想与观念、教育制度与方法、教学原则与内容，并按照一定时代的社会文化的需求，以高度的目的性、计划性和组织性地对受教育者之心身施加全面的、系统的影响，把他们培养造就成为一定的社会文化所能接纳的一代新人。作为个体的人在社会文化环境中生存，必然会分享着社会文化。教育是人的社会化和文化化两个方面中的同一过程，社会化强调人的共性的形成，以维系社会的统一与完整；文化化则注重个性的培养，以完善独立的、具有特色的个体文化。在完美、科学的教育中，二者应当是相和谐的、吻合的、相互促进的，表征着教育维系并促进社会的进步与促进个人的发展相统一与充分、合理的实现教育本质的对象化。

人是文化的产物，人又在创造着文化，文化本身又是一种教育的力量。教育，从对受教育者的作用而言，是一个社会化和文化化相统一的过程。在这一过程中，人类的物质生产活动及其物质文化，对教育发展的规模与速度、目标与内容都发挥着规定性的作用，而制度文化对教育的作用，则明显地表现在对学校教育制度的建构上，决定着谁受教育、受什么样的教育。制度文化对物质文化为教育提供的可能性和要求在变为客观现实中起着中介作用。精神文化对教育的支配作用主要体现在教育的质的特征方面。首先，从教育的培养规格上来看，从根本上来说，这是由物质文化和制度文化决定的，但精神文化也给予了相当的影响。因为教育作为精神文化的繁殖、内化、传递活动与精神文化有着十分密切的关系。其次，精神文化对教育的制约支配作用明显地表现在教育内容方面，教育离开了精神文化，就没有了传授的内容与精髓，成为一个空壳。第三，精神文化控制者对教育的重视程度、对教育体制的影响，引领着教育的发展方向。教育的发展，保存和传递着文化，使新生一代能够通过受教育而较为迅捷、经济、高效地承袭人类创造的文化财富的精华，推动人类的进化；传播和交流着文化，本土文化与外来文化的相互传播与交流，这是灌注新的生命力和新鲜血液的过程，可以在更高层次上增生新的文化因子，而改变故步自封、抱残守缺的状态；净化和提升着文化，通过教育对文化的选择、价值的取舍和认知意向的转变，撷取文化的精华，提供适应社会生活发展需要的优秀文化；创造和更新着文化，教育在文化进步的循环加速机制中，占有十分重要的地位，具有文化繁殖的功能，通过“过滤”、“变通”、“重组”的作用，激发文化创新的生机。一个人受教育愈多、愈好，占有的人类精神文化财富也就愈多，创造、发展的能力也就越强；一个民族，教育愈普及，教育的质量愈高，文化发展的速度就愈快，文化水准也就愈高，社会也因此而愈进步、发达。

第十章　中国古代科技

科学技术既是物质力量的体现，又是精神的凝聚和升华，而中国古代科技思想及方法论，毫无疑问，更应该属于文化大系统中的重要环节。中国古代的科学技术曾长期处于世界领先地位，并对整个人类文明的进步做出了重大贡献，科技思想和方法在其中起了至关重要的作用。科技是传统文化的有机组成部分，要全面、系统地认识中国传统文化，就必须多方面、多层次地把握中国古代科学技术及其思想文化的特征。

第一节　中国古代对科学和技术的贡献

一、古代人民的智慧与创造力

在中国上下五千年连绵不断的历史进程中，科学和技术的发展大致经历了五个阶段。即：古代科学技术的萌芽阶段，时间大约相当于我国的原始社会后期和奴隶社会；古代科学体系的形成阶段，时间从春秋到两汉；古代科学技术的发展阶段，时间从三国到五代；古代科学技术发展的高峰阶段，时间从宋到元；古代科学技术的停滞阶段，时间为明清两代。尤其是从三国到元代，中国人"在许多重要方面有一些科学技术发明，走在那些创造出著名的'希腊奇迹'的传奇式人物的前面，和拥有古代西方世界全部文化财富的阿拉伯人并驾齐驱，并在公元 3 世纪到 13 世纪之间保持一个西方所望尘莫及的科学知识水平"①。古代劳动人民用数以万计的发明和创造，书写出惊人的辉煌历史，充分体现出他们高度的智慧和无与伦比的创造力。

我国自古以农立国，在众多的古代科学门类中，农学的地位特别突出。与农学紧密相连，我国古代的天文学、数学和医药学也得到了长足的发展，逐渐形成了具有鲜明中国特色的四大学科。另外，在冶炼技术、水利工程和建筑技术、纺织技术、陶瓷和造船技术等方面也取得了不少成就。下面对它们作一简单介绍。

---

① 李约瑟：《中国科学技术史》第 1 卷第 1 分册，科学出版社 1975 年版，第 3 页。

1. 农学

原始先民在刀耕火种的同时，便开始了对农业生产经验的总结。文字出现之后，农业生产经验逐渐上升为农学理论。成书于公元前239年的《吕氏春秋》中的《上农》、《任地》、《辨土》、《审时》等四篇文章，是我国现存最早的农学理论著述。其中《上农》篇讲了农业的理论和政策；《任地》、《辨土》、《审时》三篇讲了农田整治、播种、锄草、收获、农时等农业生产技术和原则。它们的出现标志着我国传统的农学理论已经基本形成。西汉时农书不少，保留至今的有辑佚本《汜胜之书》，是对陕西关中地区农业生产经验的总结。其最大特点就是把整个农作物的栽培过程当作一个有机的整体加以研究。《齐民要术》为北魏贾思勰所著。全书共十卷，分别论述了耕种、粮食作物、蔬菜、林果的栽培方法和牲畜、鱼类的饲养技术，还介绍了一些食品加工和家庭手工业等。它总结了从西周到北魏一千六百多年的农业生产技术经验，反映了那个时期我国北方农业科技的水平，是现存最早最完整的传统农学著作。它的问世，标志着我国古代农学体系的建立。隋唐至宋，又出现了许多农学著作。如隋代诸葛颍的《种植法》，唐代韩鄂的《四时纂要》、陆羽的《茶经》、陆龟蒙的《耒耜经》等。宋代陈旉的《农书》是论述我国南方水稻产区的农业生产和农业技术的地区性、专业性著作。它和反映北方农业生产的《齐民要术》珠联璧合、交相辉映。元代王祯对北方黄河流域的旱地耕作技术和南方长江流域的水田耕作技术加以综合，写成另外一本《农书》。明代徐光启的《农政全书》则是我国传统农学的集大成之作。全书共六十卷，采用文献二百二十九种，分农本、田制、农事、水利、农器、树艺、蚕桑、蚕桑广类、种植、牧养、制造、荒政等十二个方面，对中国古代传统农学进行了综合性论述。建立了一个比较完整的农学体系。

2. 天文学

我国是天文学发达最早的国家之一。我们的祖先在以采集和渔猎为生的旧石器时代，已经对寒来暑往的变化、月亮的圆缺、动物活动的规律、植物生长和成熟的时间，逐渐有了一定的认识。新石器时代，社会经济逐渐进入以农、牧生产为主的阶段，人们更加需要掌握季节，以便不误农时。我国古代的天文历法知识就是在生产实践的迫切需要中产生出来的。根据考古学和古文献资料，可以确知新石器时代中期，我们的祖先已开始观测天象，并用以定方位、定时间、定季节了。而到了夏、商、西周三代，我国就已出现了历法。春秋末年则形成了所谓“四分历”。该历规定一回归年的长度为365日，朔望月的长度为29日，19年中置7个闰月。在当时世界上，这个历法是十分先进的。罗马人于公元前 43 年采用的儒略历也是用的这个数值,但要比我国约晚五百年。此后中国的历法仍不断改进,相继出现了秦代的颛顼历,西汉的太初历、三统历,东汉的乾象历,南北朝的大明历,唐代的大衍历,南宋的统天历,元代的授时历等,使古代历法愈来愈精确和趋于成熟,并且在历法的改进中,人们还逐渐认识到月球运行的不均匀、太阳运行的不均匀以及岁差等现象,并把这些现象作为制订历法时必须考虑的因素。

中国古代在天文观测和记录方面也取得了巨大的成就。在世界上,我国最早用文字记录了日食、哈雷彗星、新星、超新星爆发、太阳黑子、流星雨等天文现象;绘有较完备的恒星图,并为观测天象制造了许多天文仪器。其中有测量日影长度的仪器土圭;测量太阳方向并用以计时的日晷;观察天空的窥管和望筒;观察天体的浑天仪、浑天象、浑天黄道铜仪、黄道游仪、水运浑象台等。

在宇宙结构理论方面,较著名的有汉代的盖天、浑天和宣夜三种理论。盖天说源起甚为古老,最初主张天圆像张开的伞,地方像棋盘。到汉代则改为天像一个斗笠,地像覆着的盘子。天在上,地在下;日月星辰随天盖而运动,其东升西没是由于远近所致,不是没入地下,其说已为当时越来越多的天文观测事实所否定,因此显得比较落后。浑天说则主张天地的关系好像鸡蛋壳包着蛋黄那样。天的形体浑圆如蛋丸,"浑天"之名即由此而得。浑天说是一种以地球为中心的宇宙理论。它认为天和天上的日月星辰每天绕南、北两极不停地旋转,北极在正北出地 36 度,南极在正南入地 36 度。这一学说在当时的历史条件下,能较近似地说明天体的运行,于是对后世产生了很大的影响。宣夜说认为天没有形质,抬头看去高远没有止境。日月星辰悬浮于空中,并依靠气的作用而运动。宣夜说的上述思想在人类认识宇宙的历史上有着重要的意义,但它没有对天体运行的规律作更具体的论证,而仅仅停留在思辨性的论述上,因此其影响远不及浑天说。

3. 数学

我国古代数学产生于古人的田亩丈量、历法制订、兴修水利、工程建筑、商业往来等生产和生活实践之中。自有文字记载,就有了十位记数法。成书于公元前 1 世纪的《周髀算经》是古代最早的一部系统性数学著作,它较详细地记述了勾股定理以及其他复杂的分数运算。汉代《九章算术》的出现,标志着我国数学体系已初步形成。《九章算术》从方田、粟米、衰分、少广、商功、均输、盈不足、方程、勾股九个方面概括了汉以前算术、代数、几何方面的知识。其中负数概念及其加减法则,联立一次方程的解法,以及盈不足问题，在当时的世界数学领域都居于遥遥领先的地位。魏晋南北朝时期又相继出现了许多数学专著。如赵爽的《勾股方圆注》、刘徽的《九章算术注》、祖冲之的《缀术》等。其中祖冲之把圆周率精确到小数点后第七位，其精确度走在世界前列，这个记录直到一千年后才由阿拉伯数学家阿尔·卡西打破。宋元是中国古代数学发展的高潮时期，涌现了秦九韶、李治、杨辉、朱世杰四大名家。他们分别在《数书九章》、《测圆海镜》、《详解九章算法》、《算学启蒙》、《四元玉鉴》等著作中，深入探讨了高次方程的解法，多元高次方程组的消元法，联立一次同余式解法等代数问题。其中秦九韶在13世纪提出的“大衍求一术”，在一次同余式问题的研究水平上远远超过同时代的意大利数学家斐波那契。而到五百年以后，欧洲数学家才重新获得和秦九韶“大衍求一术”相同的定理。

中国古代数学取得了许多划时代的辉煌成就，必须充分肯定，但其本身也存在着一些缺陷。由于古代数学以实用、经验为基本前提，未经哲学逻辑思辨的洗礼，因此没有形成一个严密的演绎体系。传统的筹算和珠算制度只能借助文字来叙述其各种运算，妨碍了数学语言的抽象化。14世纪以后，中国数学停滞不前，除社会原因之外，与传统数学重于计算，轻于逻辑的缺陷有着直接的关系。

4. 医药学

我国古代医药学不仅具有悠久的历史，而且表现出令人惊讶的成熟，至今在世界上仍享有很高的声誉。据统计，留传至今的古代医学著作达八千多种。其中著名的有《黄帝内经》、《伤寒杂病论》、《针灸甲乙经》、《脉经》、《肘后卒急方》、《诸病源侯论》、《千金方》、《本草纲目》等。成书于两千多年前的《黄帝内经》就已经提出了阴阳五行学说、脏腑学说和经络学说，基本上构成了一个独特的理论体系。脏腑和经络学说是中医基本理论的重要部分，它对人体五脏、六腑、十二经脉、奇经八脉等的生理功能、病理变化及其相互关系作了比较系统和全面的论述。它是从临床实践中观察得来，并被两千多年来的临床实践证明是行之有效的。而阴阳五行学说则是把朴素唯物主义和辩证法思想直接应用于医疗实践。它将阴阳两个方面的对立统一、消长变化的朴素的矛盾发展观点，作为处理医学中各种问题的总纲，并应用五行的生、克、乘、侮等学说，作为具体的治疗准则。这在当时的历史条件下，是一个了不起的成就。这是中医学成为我国古代科学中最完善的学科之一的一个重要因素。张仲景《伤寒杂病论》最突出的贡献是，出色地总结出六经(太阳、阳明、少阳、少阴、太阴、厥阴)辩证的原则，从而使医家既可以探索各类疾病发生、发展与变化的规律,又注意到疾病在每一发展阶段上的特殊性,从而能够全面地掌握病变的发展状况,为论治提供依据。此外该书还强调了八纲(阴、阳、表、里、虚、实、寒、热)辩证的诊断方法,这些都对后世产生了极深远的影响。与张仲景同时代的神医华佗,发明了全身麻醉剂——麻沸散,不仅在中国医学史上而且在世界医学史上都是一项伟大的创举。金元时期,形成了以刘完素为代表的寒凉派、以李杲为代表的温补派、以张从正为代表的攻下派和以朱震亨为代表的滋阴派。他们各立学说,自成一家,在争鸣中促进了学术理论的发展,被后世称为"金元四大家"。明代李时珍花费 27 年时间所著的《本草纲目》,则是一部具有历史性意义的药物学巨著。该书集古代本草学之大成,它不仅促进了药物学的发展,而且推进了对药物学的进一步研究。它已传播到世界各地,被译成七种文字,至今仍被誉为"中药宝库"、"东方医学巨典"。

除了以上所述的农学、天文学、数学和医药学,其他诸如地学、化学、生物学和物理学等学科也取得了许多辉煌成就,它们共同形成了中国古代独树一帜的科学体系。

如果说科学是人们关于自然现象和规律的知识体系,是一种社会的观念形态,那么技术则是关于工具、物质产品以及它们被用来达到实用目的的另一类知识。科学和技术的关系十分密切,有时相互包含、相互渗透。因此,很有必要对冶炼、纺织、水利工程和建筑、制陶、造船等技术领域中所取得的突出成就作一简要的介绍。

5. 冶炼技术

商周时期,我国先民就掌握了青铜冶炼技术。在生产过程中,逐渐探索出铜和锡的比例规律,为我国率先跨入铁器时代奠定了基础。春秋时期,则出现了生铁冶炼技术。进入战国早期,又发明了生铁柔化技术,并在此基础上产生了炼钢技术。此后在进一步的实践中逐渐总结出百炼钢、炒钢、灌钢等三种方法。冶炼技术的发达,为我国封建时代其他技术的发展开辟了道路。比如为与冶炼相配合,我国古代的采矿技术和鼓风技术也得到了相应的发展。

6. 水利工程和建筑技术

水利工程设施的完善对于农业生产是至关重要的。早在战国末期,李冰父子就率领群众在成都平原兴建了举世闻名的大型水利工程都江堰,至今该工程仍发挥着巨大的作用。此后各代又相继兴建了郑国渠、灵渠、龙首渠、大运河等水利工程,特别是大运河的成功开凿,充分反映了我国古代劳动人民的聪明才智和创造精神。中国古代的建筑技术也具有相当高的水平。尤其在宫殿建筑、城市建筑、桥梁建筑、砖石和木构建筑方面取得了不胜枚举的辉煌成就。故宫、赵州桥、长城以及林立各地的各式古塔，至今仍令人叹为观止，赞不绝口。

7. 纺织技术

中国古代纺织技术具有悠久的历史。我国古代的诗歌集《诗经》中就有不少篇章描绘了养蚕织帛的劳动情景，而浙江吴兴钱山漾遗址中所发掘出的一段丝带和一小块绢片，则有力地证明了我国的纺织技术在距今五千年左右已经形成。春秋战国时期，葛麻纺织技术已得到了普及，秦汉之际又出现了棉织品。三国时魏人马钧曾对丝织机作了重大改进，进一步提高了生产效率。宋末元初，黄道婆发明了三锭棉纺车，并革新了轧棉和弹棉工具。这次新技术的成功应用，大大推动了我国手工棉纺织业的发展，对明代中叶以后首先在东南沿海一带出现资本主义萌芽起到了促进作用。

8. 陶瓷和造船技术

据考古发现证明，早在一万多年前，我们的祖先就已经能够制造陶器。此后，又发明了瓷器制造技术。宋代时全国出现了五大烧制陶瓷的名窑（定窑、汝窑、官窑、哥窑、钧窑），并形成了各自独特的风格。它们在配料、制胎、釉料、施釉、焙烧工艺等方面都达到了极高的技术水平。南宋时期，景德镇瓷器已远近闻名，至今还是我国著名的瓷器烧制中心之一，被人们誉为“瓷都”。我国古代造船技术是在水运交通和军事征战中不断完善和提高的。汉代就已能制造多层楼船；唐代则能够制长达 20 丈左右的海船；宋代的大龙船长 30 多丈，宽 3 丈多，并已具有一旦进水而不会立即沉没的水密隔舱。明代郑和七下西洋，每次都出动船只一二百艘，其中长度超过 100 米的大型宝船 40 至 60 艘。被称为“郑和宝船”的更创新纪录，最大的长达 150 米，舵杆长 11.07 米，张 12 帆，载重量达 800 吨。当时，我国古代造船技术以及航海技术保持着世界先进水平。

我国古代技术除了上述几个方面外，其他诸如酿酒、制茶、煮盐、漆器、染色等手工技术也相当发达。特别是指南针、火药、造纸术和活字印刷的发明，在人类文明的发展史上更具有深远的影响。

二、四大发明的历史意义

指南针、火药、造纸术和活字印刷并称为四大发明，是中华民族奉献给整个世界的伟大技术成果，是我国古代劳动人民聪明和智慧的结晶，反映和代表了我国古代文明的辉煌灿烂。

指南针的发明与应用,在我国有悠久的历史。相传黄帝战蚩尤的时代,就出现了指南车,黄帝凭借它在大雾中辨别方向。大约在战国时期,出现了所谓"司南"。司南是磨制成汤勺形状的天然磁石,将其放在平滑的"地盘"(用铜和涂漆木料制成)上,静止时勺柄恒指南,它也曾作罗盘或罗盘针。北宋时代则发明了人工磁石,人们用它制成指南鱼,让"鱼"浮在水面自由转动,静止时鱼头便指向正南。后来人们将鱼片改成细小的磁针,真正的指南针便诞生了。沈括在《梦溪笔谈》中详细记载了用人造磁钢制作指南针的技术过程,并列出水浮法、指甲旋定法、碗唇旋定法和悬挂法等四种装置指南针的方法。中国的指南针大约在11世纪中叶用于航海,北宋末年朱彧在《萍洲可谈》卷二中写到:"舟师识地理,夜则观星,昼则观日,阴晦则观指南针。"这是世界航海史上使用指南针的最早记录。由于指南针技术的大规模应用,使船只能够在茫茫大海上进行全天候航行,从而对宋元明时期中国航海事业起了巨大的推进作用。以后这项伟大发明相继传播到波斯、阿拉伯和欧洲,又对世界范围内近现代的航海事业起到了奠基作用。

火药的发明很可能起源于中国古代炼丹家的炼丹实验。唐代的炼丹家孙思邈在《丹经要诀》中最早记录了黑色火药的配方,即把硫黄、硝石粉末放进锅里,加入点火的皂角子就会起焰生火。北宋曾公亮在《武经总要》中最早使用"火药"一词,并记述了三种复杂的火药配方和各种火药武器。火药的主要用途是制成火器应用到军事方面。在唐代我国就开始出现火药武器。宋代以后,人们相继发明了"火枪"、"飞火枪"、"突火枪"、"火炮"等火药武器。明代还出现了"飞弹"和"两级火箭"之类较复杂的东西。我国的火药以及制造使用技术在南宋时由商人外传,14世纪传到欧洲,遂成为资产阶级革命强有力的武器。

自有文字以来,人们以不同的东西作为书写材料,但没有比纸更方便和实惠的了。我国的造纸术起源很早。根据地下发掘可知,早在公元前2世纪西汉初期,已经有了纸。其原料主要是大麻、苎麻等植物纤维。2世纪,东汉的宦官蔡伦革新了造纸术。在原料上,采用比较经济的树皮、麻头、破布和旧渔网等;在工艺上,可能已用石灰对原料进行碱性烹煮,从而改善了纸的质量。这种被称为"蔡侯纸"的新产品,因其质地好、成本低,被很快地推广开来。到了3世纪,纸张已为人们普遍使用,完全取代了简、帛的地位成为我国主要的书写材料。从6世纪开始,中国造纸术相继传入朝鲜、越南、印度和日本。8世纪传入阿拉伯地区,而且许多中国工匠赴该地区亲自操作并非传授造纸技艺。到了大约12世纪,造纸术又经阿拉伯传入欧洲。西班牙、法国、意大利、德国相继设厂造纸。16世纪，中国造纸术传遍欧亚大陆并传入美洲，取代了当地传统的羊皮纸。到了近代，中国造纸术传遍五大洲，为整个人类的科学、文化的繁荣昌盛做出了杰出的贡献。

被称为"文明之母"的印刷术是古代中国人的又一伟大发明。最初的雕版印刷是在印章和碑拓的基础上产生的。到了隋唐时期，人们把反手字雕刻在木板上，用刷子把墨汁刷在凸起的字上，敷上纸张即印出文字，然后将之汇集成册。这种雕版印刷在当时已流通较广。唐咸通九年(868年)雕版印刷的《金刚经》是世界上目前发现的最早印刷品。逮至北宋，毕昇发明活字印刷，完成了印刷史上的一次伟大变革。他用胶泥刻单字，然后烧硬作活字，再按照需要把活字排在铁框板上进行印刷，这便是排版印刷的开始。以后，又有人用锡、铜等金属制成活字。中国印刷术最先传入朝鲜，8世纪又传到日本。后来，又经欧亚大陆北部传入欧洲。雕版与活字印刷在欧洲的流行，逐渐改变了当地文化落后的状况，把学术、教育从宗教贵族手中解放出来，使之在平民百姓中得到普及，从而为当时欧洲的宗教改革运动、反封建斗争和思想文化的交流传播提供了有力的武器，产生了巨大的作用。

指南针、火药、造纸术和印刷术这四大发明，不仅是中国古代科学技术高度发展的重要标志，而且也是整个人类文明发展的重要里程碑。特别是对欧洲文艺复兴时代的科学文化、生产技术的发展，社会政治的进步，都产生了巨大而深远的影响。马克思对此曾有过精辟的论述。他说："火药、指南针、印刷术——这是预兆资产阶级社会到来的三项伟大发明。火药把骑士阶层炸得粉碎，指南针打开了世界市场并建立了殖民地，而印刷术则变成了新教的工具，总的来说变成了科学复兴的手段，变成了对精神发展创造必要前提的最强大的杠杆。"① 马克思从政治军事、经济贸易和思想意识三个方面高度评价了中国三大发明所做出的历史性贡献。虽然他没有提到造纸术，但不言而喻，造纸术和印刷术的关系是十分紧密的。西方一些具有远见卓识的科学家和科学史家，也都盛赞四大发明的卓越贡献。李约瑟指出："要是没有这种贡献，就不可能有我们西方文明的整个发展历程。因为如果没有火药、纸、印刷术和磁针，欧洲封建主义的消失就是一件难以想象的事。"② 总之，四大发明对人类历史进程所产生的革命性作用及其全部文化价值，已经得到举世公认。

---

① 《马克思恩格斯全集》第47卷，人民出版社1979年版，第427页。

② 《李约瑟文集》，辽宁科学技术出版社1986年版，第123页。

但是,在西方过去的一段漫长历史过程中,一些学者虽然大谈文艺复兴时期印刷术、火药和指南针这些发明的意义,却并不知道它们的故乡是中国而非欧洲。如培根一方面说"这三种发明已经在世界范围内把事物的全部面貌和情况都改变了",另一方面却又说"起源却还暧昧不彰"。① 这是因为西方科学家懂汉语的很少,而汉学家往往又不注意科学史,久而久之在西方就形成了对中国科技贡献估计过低的传统观念。而一些"欧洲中心论"者却极力抹杀中国对人类文明发展的贡献,否定全部中国科学技术,如法国人列维·布留尔就曾说,中国的科学"产生了天文学、物理学、化学、生理学、病理学、治疗学以及诸如此类的浩如烟海的百科全书,但在我们看来,所有这一切只不过是扯淡"。这就十分清楚不过地暴露了在西方中心主义指导下的根深蒂固的种族偏见。然而偏见比无知离真理更远。铁的事实胜于任何诡辩,中国古代人民的智慧和创造力决不是随意可以抹杀的。

由此可以得出结论,正确评价我国古代在科学技术方面所取得的辉煌成就,特别是四大发明对人类文明所做出的巨大贡献,不仅具有科学史方面的重要意义,而且具有更为重要的现实意义。不断重温这些彪炳千秋的业绩,既可以破除那种数典忘祖、妄自菲薄的民族虚无主义,又可以激励我们开拓创新,努力奋进,去谱写科学技术新的更加辉煌的篇章。

第二节 中国古代科技的整体观

一、古代科技整体观的思想基础

传统文化的各个方面都要受到思想观念和理论哲学的影响,中国古代科学技术当然也毫无例外。古代科技的整体观特征就深深植根于中国哲学的土壤之中。正如李约瑟在《中国科学技术史》一书中所说:"在希腊人和印度人发展机械原子论的时候,中国人则发展了有机宇宙哲学。"② 这种所谓的有机宇宙哲学或称做有机自然观正是中国古代科技整体观所赖以形成的思想基础。

不同的地理环境、生活习惯以及其他原因,使中西方形成了迥然不同的自然观。西方古代的自然观是以机械原子论为代表的,中国则形成了以元气论为代表的有机自然观。

---

① 《原始思维》,商务印书馆 1983 年版,第 447 页。

② 《中国科学技术史》第 3 卷,科学出版社 1975 年版,第 337 页。

西方原子论认为，世界万物是由大量不可分割的微小物质粒子——原子所构成。各种原子在质上没有差别，而只有大小、形状、重量和位置的不同。它们按照一定的规律在“虚空”中不断运动。聚集时形成物体，分散时则物体消失。显然这种原子论的自然观具有个体性和机械性的特征。

中国的元气自然观是古代人民在长期的生产、生活实践中逐渐形成的。早在春秋时代，气作为哲学概念就已经产生了。后来经过《管子》、《淮南子》、王充、柳宗元、张载、王夫之等的不断补充和发展，最终概括出了较为系统的元气论自然观。这一自然观认为，宇宙间充满了气，气是万物的本体。“元气未分，浑沌为一”①，“太虚无形，气之本体”②，“庞昧革化，惟元气存”③。万事万物皆由气所生，皆由气所成。“万物之生，皆禀元气。”④ 这种自然观同时指出气占有空间，有清浊的属性，气演化成天地、四时和万物是一个过程，并且，气的活动不是杂乱无章的，它按照自身所固有的规律运行和变化。阴阳二气的相互作用是气运行变化的内在原因，“若阴阳之气，则循环迭至，聚散相荡，升降相求，絪缊相揉，盖相兼相制，欲一之而不能，此其所以屈伸无方，运行不息，莫或使之”⑤。由此可知，元气自然观与西方原子论自然观不同，它认为“万物的本原是非形非质的贯通于一切形质之中的气。这气没有不可入性，而具有内在的运动性”⑥，十分明显地表现出有机整体性的特征。

这种有机整体性可以归纳为以下两方面内容：1. 元气自然观总是先从宏观角度指出宇宙整体的物质构成，然后再分析整体内部各个物体如日月星辰等是怎样形成的。“天地、含气之自然也。”⑦“夫天覆于上，地偃于下，下气蒸上，上气降下，万物自生其中矣。”⑧不像西方原子论自然观那样把原子看作最后不可分割的个体、质点，而把微观世界个性物的构成纳入宏观宇宙整体的系统之中。2. 元气自然论始终把人、社会、自然看作一个有机整体。把人的生理、心理活动以及社会的组合，看作是自然的产物，反过来也把自然拟人化。如《易传·序卦》所说：“有天地然后有万物，有万物然后有男女，

---

①⑦⑧ 《论衡·谈天》，《诸子集成》本，中华书局 1954 年版，第七册，第 105 页。
② 张载：《正蒙·太和》，《张子全书》，中华书局聚珍仿宋版，卷二，第 2 页。
③ 柳宗元：《柳河东全集·天对》，中华书局聚珍仿宋版，卷一四，第 8 页。
④ 《论衡·言毒》，《诸子集成》本，中华书局 1954 年版，第七册，第 223 页。
⑤ 张载：《正蒙·参两》，《张子全书》，中华书局聚珍仿宋版卷 2，第 9 页。
⑥ 张岱年：《释“天”、“道”、“气”、“理”、“则”》，载《中国哲学范畴集》，人民出版社 1985 版，第 116 页。

有男女然后有夫妇,有夫妇然后有父子,有父子然后有君臣,有君臣然后有上下,有上下然后有所错(措)。”从天地万物到人之男女夫妇再到社会的君臣礼义之别,整个自然、社会、人浑然而为一体。

作为中国古代朴素唯物主义的基本形态,元气自然观及其整体性原则,对于中国古代科技,特别是对于农学、医学、天文历法等产生了深远的影响。比如中国古代农学理论就始终把天、地、人作为一个有机整体,强调获取农业丰收必须把顺天时、量地利、用人力三要素加以有机结合,并进行统筹规划。在医学方面,传统的中医理论不仅把人放在自然环境和社会环境的整体中去剖析病症,而且也始终把人身当作一个有机整体来进行辨征,从而避免了那种“头痛医头,脚痛医脚”的片面性错误。当然,在充分肯定元气自然观对古代科技进步所起的推动作用的同时,也不能忽视这一理论所固有的内在缺陷,以及它结合古代科技思维方式和方法所带来的局限和误区。

二、古代科技整体观的长处与不足

对古代科技整体观的历史作用做出恰当的评价,就不能仅仅停留在一般性的概述上,而必须进行较为具体的分析和深入的探讨,由此才能真正认识它的长处与不足之处,进而总结出一些理论思维方面的经验和教训。

上文我们在叙述古代元气自然观及其整体性特征时,就可以看到这是“一幅由种种联系和相互作用无穷无尽地交织起来的画面,其中没有任何东西是不动的和不变的,而是一切都在运动、变化、产生和消失”①。古代正是运用这种朴素辩证法思想,对物质世界运动变化得出一些正确认识,而这正体现了中国古代科技整体观的长处,具体说来有下列几方面内容:

1. 它始终把所研究的对象作为一个整体来看待。一方面它把研究对象放在一个大的整体中去研究;另一方面它把研究对象自身也作为一个整体。它不同于西方那种把整体割裂成一个个部分加以研究的方法。实质上这是一种朴素的古代系统论观点。比如在古代建筑学方面,建筑家们不仅考虑房屋建筑本身的内部整体的结构布局,而且也考虑建筑与气候环境、社会观念的关系,使得建筑对象既体现出在材料选用、结构样式、平面布局、外观和艺术造型以及采光、防风等方面的特色,也体现出社会中上下有别的等级伦理观念。正是在这种整体性原则的支配下,中国古代大型建筑才显出那种气象庄严,色彩秾丽,雍容华贵,巧夺天工的风格。

---

① 恩格斯:《反杜林论》,《马克思恩格斯选集》第 3 卷,人民出版社 1972 年版,第 60 页。

2. 它强调整体对象与外部环境以及整体内部各要素之间的联系性。注重从联系和相互关系来把握事物的整体特征。不像西方那种从普遍联系中单独抽取某种因果关系去研究部分的做法。《黄帝内经》中把人的肝、心、脾、肺、肾五脏和木、火、土、金、水五行联系起来加以综合判断，运用五行的生、克、乘、侮等学说来说明五脏间的关系，如诊断为肝病则根据木克土的原理，认为肝病可传至脾，因此在用药上就需注重先实其脾气，防止肝病流向脾脏。祖国医学还认为，生理、病理和心理之间有着矛盾统一的关系，也可以构成一个系统来加以研究。情志活动是以五脏为基础的，如《素问・阴阳应象大论》说："人有五脏化五气，以生喜怒忧思悲恐惊。"过度的情志活动，会使五脏患病，即所谓怒伤肝、喜伤心、思伤脾、忧伤肺、怒伤肾。由此可见，祖国医学研究人与自然、人与社会、生理与心理的种种联系，集中地体现了古代科技的整体观。

3. 它强调了整体的有序性。即认为整体是多个要素有序地结合而成，并非是一堆要素杂乱无章的偶然性堆积，而且整体的功能发挥要依赖整体内部结构的有序性。古人非常强调自然界和人类社会都有一定的秩序。如《国语・周语上》载伯阳父解释地震现象时说："天地之气，不失其序，若过其序，民乱之也。阳伏而不能出，阴迫而不能烝，于是有地震。"就是把地震这种自然界的反常现象看作是阴阳失序造成的。张载在《正蒙》中也认为事物产生有先有后，这是天的秩序；事物有大小高下之分，相互并存相互作用，这也是天的秩序。强调整个客观世界都自然而然地存在着某种秩序。祖国医学则把人体与外界环境的整体统一和机体内在环境的平衡协调，看作是人体得以生存的基础。疾病的发生，就是这种平衡协调遭到破坏的结果。无怪乎人们把中医称为古老的稳态学说。总之，这种整体有序性就是指整个世界无论是结构还是运动状态都呈现出某种确定性和规则性。

中国古代科技整体观是当时历史条件下的产物。由于当时人们受认识工具和实验条件的限制，不可能对事物内部的各个部分把握得那么深刻与准确，只能靠事物之间的联系，靠事物之间的信息交换，从整体上把握事物的性能。

随着历史的向前发展，特别是到了近代实验科学的兴起，中国古代科技整体观越来越显示出它的局限性。主要表现在以下两个方面：

1. 缺少对事物内部各要素进行独立的具体分析，至于通过实验手段来获得事物的部分性能则更属少见。中国古代科学理论的形成过程往往是先全面地观察现象，获得一定的信息与经验，然后再进行整体的理论综合。如古代天文学，对天文现象的观测和记录都非常详细，获得的天文资料也非常丰富，但是天文学家却很少对它进行深入的分析，以探求其中的规律性。在医学方面，中国古代的生理解剖理论和西方相比就显得相对不足，其原因就在于中医理论始终把人作为一个整体，因此诊断治疗往往还停留在经验性观察和经验推导的阶段，从而带来了不够精确的结果。

2. 由于古代科技理论大多是经验的整体综合，因而具有直观性与模糊性，缺乏严密的逻辑推理与公理系统。我国古代形成了许多宇宙生成的模式，但脱不了气，阴阳、五行、四象等直观的具体的物质形态，因此这些宇宙理论根本经不起严密的逻辑推敲。我国古代数学以其精湛的运算技巧著称于世，但由于它一直与生活和生产实际密切结合，没有能够走上抽象化与逻辑化这一阶段，因此它既缺乏符号化的数学语言，更缺乏严格而明确的定义与公理系统。

近代科学以分析方法作为标志，中国古代的科技的整体观已明显跟不上时代的发展步伐。因此，中国古代科技发展到近代呈现出停滞的趋势。但是，我们不能因此而抹杀整个中华民族几千年来的科学发明和技术创造，更不能以古代中国所缺少的和近代西方所具有的相互参照而丧失向前发展的信心。正确的应该是，总结古代科技发展的有益经验，反省近代科技落后的深刻教训，以开辟现代中国科技发展的新天地。令人欣慰的是，科学在经过几百年的分析时代之后，又开始向整体综合化的方向发展。现代科学的许多综合性原理，不少可以在中国古代科技的整体观中找到它的端倪；而中国的一些传统科学与现代科学方法的结合，也得到了一种新的解释与阐发。比如量子力学的创始人波尔认为他一生反复阐述的互补观念在中国就有它的先河。著名科学家普里高津则认为现代科学的发展，近十年物理和数学的研究，如托姆的突变理论、重整化群、分支点理论更符合于中国的哲学思想。总之，科学界普遍认为现代科学尤其是现代物理学走向了一个类似东方的世界观，即宇宙的全部现象是一个不可分离的和谐的整体。又如中医学理论与现代系统论、控制论的结合，获得了较大的理论突破。中医研究人体的方法相当于控制论中的黑箱理论方法。有人并已从事辩证论治的电子计算机的研制工作。① 在这种情况下，我们应该扬长避短，在新的科学时代更好地发挥我们的优势，早日实现我国的科技现代化。

① 参见李志林等：《中国科学比较面面观》，华东师范大学出版社 1988 年版。

第三节　中国古代科技的实用性

如果说中国古代科技整体观是内部特征的话，那么古代科技的外部特征则表现出强烈的实用性。一般说来，凡科学技术都有它的实用性，但我国古代科技和西方比起来，其实用性则表现得更充分、更明显、更具有特色。

一、实用性与古代国家政治的关系

在中国古代社会里，科学和技术具有明显的政治化、伦理化倾向，而这种倾向正是出于封建大一统政治的实际需要。所以，对于实用性，我们应从更宽泛的意义上去理解。它不仅指古代科技对生产生活的直接实用，而且也指对国家政治的实用。

中国古代科技的政治化、伦理化倾向最明显地体现在古代天文学与数学上。古代天文学是中国古代社会的官方科学，几乎每一朝代都设有司管天文历算的官僚机构。这种状况，一方面促进了古代天文学的发展，使得古代天文科学家们可以在国家提供的各种物质条件下从事研究工作。另一方面，天文学又为封建朝廷加以利用，成为他们改朝换代、篡权夺位、祈祥避灾的工具。如西汉时董仲舒创立三统说，以夏代为黑统、商代为白统、周代为赤统，三统依次循环，朝代的更替即是三统的替换。后来，刘歆把三统说巧妙地引进了历法，制定了"三统历"。他认为1559年为一统，三个1559年就是三统，进而为王莽篡位获得"天命"作舆论准备，以后他就成了王莽的国师。古代像刘歆这样的人为数不少。他们利用自己所掌握的天文历法知识为统治者服务，而统治者也确实需要这批人，既为他们的制定切合生产生活实际、具有实用性的历法；又为他们政权制造合理性舆论。古代数学虽没有像天文学那样的殊荣，但也受到封建统治者的高度重视，唐朝时列为科举考试科目，宋代也时常列为科举科目之一。这种状况，一方面也确实出于生产生活的实际需要；另一方面当然也有其政治目的。如《易经》研究中的象数学派，就是利用数学知识来推算人生和社会的必然和偶然现象，以预测未来。而为了政治需要，一些人则把数学吹捧为参天地造化，助君王统治的大法。如唐代王孝通在上奏他的《缉古算经》表中说："臣闻九畴载叙，纪法著于彝伦，六艺成功，数术参与造化。夫为君上者司牧黔首，有神道而设教，采能事而经论，尽性穷源莫重于算。"数学在这里虽然以一种神秘的近乎无所不能的姿态出现，但必须为社会和政治服务。

军事作为政治的一种手段，它的需要也强化了中国古代科技的实用性。

我国古代有许多发明就出于军事目的。如我国最早的运河——胥溪，是公元前506年楚吴交战时，吴国为补给西方战场军用物资的方便而开凿的。灵渠的设计堪称水利技术的一个奇迹，它是秦始皇为统一岭南而修的通粮道。火药武器在宋元时期一直处于世界领先地位，但如果没有宋元时期频繁的军事战争的需要，它也不会迅速发展。

中国古代科技中的其他领域，虽然没有像天文学、数学等与国家政治结合得那样紧密，但也和封建国家政治有一定的关系。如农学，历代统治者都认识到只有仓廪实衣食足，人民才能守礼节知荣辱，因而非常重视农业的发展，皇帝常把各地农业收成的好坏作为考核地方官吏政绩的标准。这种政治作用无疑也是促进古代农学发展的一个因素。但是，科学技术的发展程度，最终取决于该社会生产、生活实践的需要程度。因此从根本上讲，我国古代科技的发展取决于以农为本的社会生产和生活的需要，而封建统治阶级的政治和军事需要并不能成为我国古代科技发展的直接动力。当然，也不能完全否定这种政治军事需要在一定程度上所起的作用。即从某种意义上说，它引导了古代科技发展的方向，从而使得中国古代科技具有强烈的实用性特征。

二、实用性的具体表现与相互关系

中国古代科技的实用性不仅表现为对国家政治的实用，而且更主要地表现为对人民生产和生活的实用。各个学科无不以“实用”来规范自己的发展道路，它也正是中国古代科技长期居于世界前列的重要原因。像中国传统的农学、天文学、医学、数学四大科学体系的产生与发展无不与国家政治、人民的生产与生活密切相关。中国农学史中的两部巨著《齐民要术》和《农政全书》就极强烈地表现了这一实用性特征。《齐民要术》的所谓“齐民”就是指一般的老百姓，“要术”则指谋生的主要方法和手段，该书的写作目的就是要教会人民以农谋生的方法。《农政全书·凡例》中说徐光启“生平所学，博究天人，而皆在实用”。该著作定名为《农政全书》就表明作者是从国家政策与生产实际的双重角度来考察和研究农业的。

我国古代数学一开始就具有这种实用性特征。最初所产生的“筹算”就是直接来源于实际生活的应用运算，后来演变成“珠算”，虽然在演算方法上有了提高与完善，但也没有脱离具体的实际应用的范围。西周时期，数学就被当作基本教育的内容，成为“六艺”(礼、乐、射、御、书、数)之一。《周礼》认为六艺中的“数”就是指“九数”。汉代郑玄释“九数”为方田、粟米、差分、少广、商功、均输、方程、赢不足、旁要、今有重差、勾股等内容，显然这些都是当时生产、生活中经常碰到的计算问题。如方田讲的是田亩面积的计算;粟米讲的是怎样解决各种粮谷之间的交换比例;商功讲的是工程计算,等等。再从六艺的“艺”字来看,“艺”是指一种普遍适用于实际生活的技艺,表明数学与礼艺、射艺等一样都是为了实用。成书于汉代的《九章算术》,标志着我国古代数学体系的形成。它所列出的九个方面的计算问题基本上未出上述“九数”的范围,其中全部246个题都是实际应用题。中国古代数学这种重实际应用的倾向一直延续下来,如后来的《孙子算经》是普及筹算知识的书;《五曹算经》是讲管理方面的数学问题的;《缉古算经》是适应隋唐大兴水利,开凿运河时计算各种土方体积的需要而产生的;秦九韶的《数术九章》涉及81个实际应用题;李治的《测圆海镜》,其中的170个题也是以“应用”形式出现的。正因为如此,中国古代数学始终没有形成抽象的符号系统或公理系统,而以解答实际应用中的问题来表达某种抽象的数学原理。这就使得古代数学在人民的实际应用中能够不断发展,但同时又阻碍着它向更高阶段演变。我国古代数学在宋元以后陡然衰落,其原因大约在这里。

古代技术相对于古代科学来说则具有更加明显的实用性。因为古代技术多为下层匠人实践经验的总结,与生产过程紧密相连。一般来说,如果说不具有重要实用性的技术,便不会被人民群众所接受,也不会得到广泛的推广和一代代的流传。《考工记》是我国最早的一部技术著作,其中所涉及的运输和生产工具、兵器、乐器、容器、玉器、皮革、染色、建筑等技术纵然有很重要的生产或生活的实用价值,但如果它被认为违背了国家政治的利益,那么也会被统治者看作是“奇技淫巧”而打入冷宫的。清王朝实行闭关锁国的政策以后,就曾对当时西方先进的科学技术采取拒绝排斥的态度。如嘉庆二十一年(1816年)英国两次派特使来华要求通商贸易,遭到清政府的拒绝。后来外国人曾向清政府进献过钟表等物,但都被认为是“奇技淫巧”而不加重视,仅被置于宫中作为消遣的玩意。在清统治者看来,计时有中国的漏刻就足够用了。这就说明古代的封建政治往往凌驾于科学技术之上,而成为科技发展的一种阻力。

三、实用性与传统思维方式的关系

清代阮元在其所著《畴人传》中说:“良以天道渊微,非人力所能窥测,故但言其所当然而不复强其所以然,此古人立言之慎也。”“但言其当然,而不言其所以然者之终古无弊哉。”这两句话很清楚地说出了古代科技的实用性和传统思维方式之间的关系。我国自古“以农立国”,而农业生产对古人来说无疑是靠天恩赐,因此古人很早就十分注意对天文现象的观察和研究。

但正如阮元所说“天道渊微”,不是以人力就能窥测到其底蕴的,因此只能言其“所当然”,即只能对日月星辰等天体变化以及其所引起的旱涝灾害和社会治乱现象等加以描述,从而把握天体变化的外部特征和作用。而对其“所以然”,即天体为什么这样变化,天体变化为什么会引起如此这般的社会后果则不能进一步做出分析。在古人看来,天道渊深微邈,而人生有限,与其妄加推断其所以然,不如只言其所当然。阮元就是认识到了这一点,因而他说这样做可以“终古无弊”。

所有这些,如果概括为中国传统思维方式的特征,就是重经验概括,不重逻辑推理,重整体功用,不重内部分析。反映在古代科技的创造发明上,就是单纯强调科技的实用性。古代许多科技理论往往是经验整体功用性的描述。阮元的《畴人传》是我国第一部古代天文学家和数学家的传记著作,上面所引他说的那些话,也很概括地说明了古代天文学和数学的方法论特征。如古代天文学,我国的天文记录从甲骨卜辞时代就开始了,以后历朝历代对天文现象的观察和记录都非常详细,但缺少逻辑的分析与推理,缺少对天体内部规律性的探究。比如哈雷彗星从春秋到清末共被记录了 31 次,但古人始终没有发现其出现的平均周期为 76 年,最后还是被英国天文学家哈雷发现了这一规律。为什么最早、最多记录哈雷彗星的国家不能发现其出现的周期呢?显然这个原因归结为古代重经验概括,重整体功用的思维定式,而这种“不复强其所以然”的态度,使古代天文学留下了这个遗憾。

我国古代数学中,算术和代数比较发达,而几何学则相对不足,从而形成了古代数学重“算”轻“证”的特点。究其原因,也是由于传统思维方式重整体功能,轻逻辑分析使然。比如筹算和珠算应用范围广泛,且简便、易学和准确,但却只能看到算的结果,而看不到算的步骤,也不能从中检验运算过程的错误。当然,即使是筹算和珠算也蕴涵着一定的理论,“只是这里理论在多数情况下寓于实际(有形的、有数的东西)之中,没能被抽象出来,形成独立的或系统的理论”①。

总之,古代科技的实用性和传统思维方式有着内在的联系。传统思维方式促使古代科技形成了实用性倾向,而古代科技的实用性倾向又强化了传统思维方式的基本结构。

① 杜石然等:《中国科学技术史稿》(下),科学出版社 1982 年版,第 326 页。

第四节　中国古代的科技方法论

在前面几节中，我们已经谈到传统的思想观念和理论哲学对中国古代科技的影响。本节拟具体讨论一下在古代科学技术的实践活动中，一些辩证思维原理怎样在一定程度上被自觉地作为科学方法论的问题。科学方法论是在一般、抽象的层次上所进行的理论反思，它仍然具有哲学反思的性质。下面就从九个范畴三个问题对古代科技方法论作一简要的论述。

一、古代科技方法论的逻辑起点

取象、比类、求故是古代科技方法论的逻辑起点，也是古人观察、认识事物的基本程序。

所谓取象，就是通过观察事物的现象，而创设出某种符号或其他表现形式，作为正确认识事物及其道理的参照系。《周易・系辞下》说："古者庖牺氏之王天下也，仰则观象于天，俯则观法于地，观鸟兽之文与地之宜，近取诸身，远取诸物，于是始作八卦。"《帝王世纪》也说："伏羲画八卦，所以六气、六府、五藏、五行、阴阳、四时、水火、升降，得以有象，百病之理，得以类推；乃尝味百药而制九针，以拯夭枉。"都是把某种符号（八卦）看作是对自然界的形态及其相互关系的表现形式，并进而推导出各种各样的道理。在《周易》等书中八卦以及其排列组合而成的六十四卦就成为自然界的各种现象与人类创造物之间的中介而谓之"象"。如认为结绳而成渔网的发明是取诸"离"卦之象；耒耜的发明是取诸"益"卦之象；舟楫的发明是取诸"涣"卦之象；宫室的发明是取诸"大壮"卦之象，等等。如《周易・系辞下》所说："圣人有以见天下之赜，而拟诸其形容，象其物宜，是故谓之象。"这些说法尽管以十分曲折的形式来表达取象的真正意义，但已透露出作为科学方法论"取象"所具有的普遍性价值。在天文学、农学、医学等领域中，人们首先要做的就是取象（当然不仅仅是卦象）。"天垂象"在地可知，对于五星运行、四季递嬗，月廓亏盈，昼夜交替种种天象进行探索，来推测和理解自然界的规律性，并且人们把通过观察所得之象作为制造各种科学仪器的模型。从《尚书・舜典》中所记载的"璇玑玉衡"到汉代张衡所制造的"水运浑象"，就是人们模拟天象而研制出来的测天仪器，即《周易・系辞下》所谓"以制器者尚其象"。对于人体的认识也必经取象的过程。例如，诊病时要观察脉象，"脉之小、大、滑、涩、浮、沉,可以指别”①,即各种脉象,医生可以用手指来度量、辨别;而五脏之象则可以从外测内,以表推里,《灵枢·本脏》说:“视其外应以知其内脏,则知所病矣”,即是说内脏的功能可以通过体表的现象来加以观察和推测。古代医家还把人的心理活动称作“心象”,提出了较为系统的“脏象五志论”学说。并且,取象之法可以把现象世界的各种事物、各种过程以及它们之间的互相联系和变化,作为一个有机整体来看待。比如在探讨病象之时,同时去研究天象、物象、体象、心象、社会象等因素,从而更好地把握所要考察的对象,为正确判断打下坚实的基础。总之,取象作为方法论,在古代的科学活动中,起到了对事物进行科学定性的重要作用。

所谓比类,就是通过比较来确定客观事物之间的共同点和不同点,推论和证明它们在另一些特性和规律上也是相同或相异的。比类是科学认识过程中获取新知识的重要手段,它一般是以取象为基础的。作为一种科学方法论,后期墨家从形式逻辑的角度提出了进行比类的重要原则。《墨经》认为,应该将“以类行之”作为比类的出发点,“有以同,类同也”,即一类事物的不同个体有相同的本质属性称为类同:“不有同,不类也”②,即两个事物没有共同的属性称为不类。它还提出了“异类不比”的观点,认为性质不同类的事物不能作数量上的比较。这一观点成为古代科学方法论中的重要原则。《墨经》运用形式逻辑方法研究具体科学,在几何学、光学、力学等领域中,都做出重要贡献。明清之际,王夫之提出了“比类相观”的方法,使比类从形式逻辑进入了辩证逻辑的范畴。他在为张载《正蒙·动物》一篇所作的注中说:“凡物,非相类则相反。《易》之为象……错者,同异也;综者,屈伸也。万物之成,以错综而成用。……或始同而终异,或始异而终同,比类相观,乃知此物所以成彼物之利。”这里要求把握现实的变化和发展,从而认识到同异、屈伸等在遵循形式逻辑的同时又是对立统一的,即灵活的、能动的,以便更好地理解各类事物的本质。王夫之称赞《黄帝内经》灵活地运用了比类方法,说:“故诸家之说,唯《素问》为见天地之化而不滞五运之序。”③ 相反他认为董仲舒等的“天人感应”论是“略其真体实用而以形似者相配而合之”④,是一种荒谬的主观任意比附。王夫之用分析和综合的辩证方法考察了前人的

① 《素问·五脏生成论》,人民卫生出版社1963年版,第75页。
② 《墨子·经说上》,《诸子集成》本,中华书局1954年版,第四册,第212页。
③ 《思问录·外篇》,古籍出版社1956年版,第69页。
④ 《尚书引义·洪范二》,中华书局1962年版,第98页。

逻辑范畴，为比类这一科学方法论的发展做出了贡献。

纵观中国古代科学史，任何一门科学都无一例外地运用了比类这一方法论，作为指导各自的科学实践的原则，并取得了相当的成就。因篇幅所限，就不一一列举了。

所谓求故，就是寻求论断得以成立的根据、原因或条件，它往往是与取象、比类等方法同时被运用的。墨子最先提出的“察类明故”的命题，就是将类推作为明辨事物的前提。他很善于运用“故”范畴来探求事情的原因和行动的目的，以此作为立论的根据。比如医病就要先考察“疾之所自起”①，寻找疾病的原因，方能达到治病的目的。后期墨家发展了墨子这一逻辑论证方法，明确地提出：“故，所得而后成也。”② 即认为“故”是事物所以能成的原因或条件，也是论题所以能成立的具体论据和理由，并将“故”区分为“大故”和“小故”。“大故”是指“有之必然，无之必不然”的条件，相当于充分必要条件。小故是指“有之不必然，无之必不然”的条件，相当于必要条件。还进一步提出了“以故生，以理长，以类行”③、“以说出故”④等逻辑原则和方法，将求故等作为论证中所不可缺少的条件和基本成分。后期墨家所阐述的“故”范畴成为逻辑思维的重要形式，成为古代科技方法论中举足轻重的一环。

在古代的科学实践中，人们广泛地运用着求故这一科学方法论。《黄帝内经》在病因探察中认为“夫百病之所始生者，必起于燥湿寒暑风雨，阴阳喜怒，饮食居处”⑤，并具体提出了“审证求因”、“病因辨征”等方法。南朝科学家祖冲之认为自己“考影弥年，穷察毫微，课验以前，合若符契，孟子以为千岁之日至，可坐而知，斯言实矣”⑥。强调要对事物进行系统的考察，就包含着一种“求故”的科学方法论。其他像北魏的贾思勰、北宋的沈括等人均运用求故的科学方法在各自所研究的领域中做出了突出的贡献。当然，也应看到这一方法在古代科学研究中并未完全发挥作用，特别是在宇宙理论方面人们做出的解释往往是不正确的，从而引发出阮元“不复强其所以然”的悲叹。然而，这并非求故方法论本身的错误，而是受整个古代科学水平的

① 《墨子·兼爱上》，《诸子集成》本，中华书局 1954 年版，第四册，第 62 页。

② 《墨子·经上》，《诸子集成》本，中华书局 1954 年版，第四册，第 190 页。

③ 《墨子·大取》，《诸子集成》本，中华书局 1954 年版，第四册，第 249 页。

④ 《墨子·小取》，《诸子集成》本，中华书局 1954 年版，第四册，第 250 页。

⑤ 《灵枢·顺气一日分为四时》，上海科技出版社 1986 年版，第 218 页。

⑥ 《宋书·历志》，《二十五史》全十二册本，上海古籍出版社、上海书店 1986 年版，第三册，第 1066 页。

局限。

二、辨合、符验、解蔽的方法论

辨合、符验、解蔽是要求人们全面、客观和正确地分析认识问题的方法论原则。它是荀子针对诸子百家片面性使用一些逻辑方法而提出来的纠偏措施,而在整个科技发展史上产生了深远的影响。

辨合、符验和解蔽这三个方法论原则具有内在联系性。荀子说:“善言古者必有节于今,善言天者必有征于人。凡论者,贵其有辨合,有符验,故坐而言之,起而可设,张而可施行。”① “凡人之患,蔽于一曲而暗于大理。”② 在这两段有名的话语中,他从先秦哲学三个主要问题,即“古今”、“天人”和“名实”之辨,作了全面性总结。为了叙述的方便,我们将这三个方法论原则结合先秦哲学的三个主要问题,分述于下。

所谓辨合,从字义上看,辨指辨析、分析,指在立论中要对各种材料和现象进行分辨剖析,找出各部分的属性;合指综观、总合,即在分析的基础上对事物各方面、各部分的属性作综合性考察,以便全面地把握事物的本质属性。因此可以说,辨合就是分析与综合相统一的原则。荀子说:“辨异而不过,推类而不悖;听则合文,辨(辩)则尽故;以正道而辨奸,犹引绳以持曲直;是故邪说不得乱,百家无所窜。”③ 这段话充满了朴素辩证法思想,要求人们善于辨别事物的同异,根据类别进行推理;善于吸取别人意见中的合理成分,进行辩说要全面地阐明所以然之故;这样就能用“正道”来辨别奸言,就能够以绳墨来校正曲直。从而一切邪说和谬论就无处容身了。总之,“贵有辨合”,就是要进行正确的分析和综合,也就是要正确运用那些逻辑范畴,以求全面地把握事物固有的规律。

所谓符验,就是理论形成之后要经受事实的验证。符即符节,为古代用来作凭证的信物,荀子这里引申为能验证理论的事实。所谓“贵为符验”在荀子看来主要有两方面的内容:即谈论古代的东西一定要从现今的事实加以验证;谈论天道一定要从人事上加以验证。做到这两点,就可以“坐而言之,起而可设,张而可施行”,达到知与行、名与实的统一。这种要求理论与事实相统一的辩证逻辑方法论原则,在后世得到进一步的充实与发展。如韩非提出了“参验”的思想方法,认为要“循名实而定是非,因参验而审言

---

① 《荀子·性恶》,《诸子集成》本,中华书局1954年版,第二册,第289页。
② 《荀子·解蔽》,《诸子集成》本,中华书局1954年版,第二册,第258页。
③ 《荀子·正名》,《诸子集成》本,中华书局1954年版,第二册,第274页。

辞”,“偶参伍之验,以责陈言之实”,[①] 即要求把各种言论、判断集合来进行比较研究,看其是否符合于客观事实。荀子则十分注重“效验”的价值,他说:“凡论事者,违实不引效验,则虽甘义繁说众不见信。”[②] 即认为如果缺少事实根据和客观效验,无论多么华丽的理论,都不能令人信服。古代关于这方面的言论很多,这说明荀子所倡导的“符验”的方法论原则,已在科技研究以及整个文化领域中得到普遍重视和运用。

所谓解蔽,就是破除人们思想上的主观片面性,以便能客观地、全面地认识世界。“解蔽”从字面上解释,就是解除自己常被私欲所蒙蔽的一曲之见,而求得全面公正的“大理”。荀子认为产生片面性的原因很多,“欲为蔽,恶为蔽;始为蔽,终为蔽;远为蔽,近为蔽;博为蔽,浅为蔽;古为蔽,今为蔽。”[③] 在他看来,只要思想方法出现错误,任何情况都可能是导致片面性认识的原因。这是由于“万物异则莫不相为蔽,此心术之公患也”[④],天下万事万物相互遮蔽相互掩盖,形成思想方法上的“公患”。荀子结合先秦哲学界的具体情况,指出了诸子百家的“蔽”与“见”。例如,“惠子蔽于辞而不知实,庄子蔽于天而不知人”,“老子有见于诎,无见于信;墨子有见于齐,无见于畸”。[⑤] 荀子认为,诸子各自只看到矛盾的某一方面,即有所见,而恰恰就是这个“见”使他们蔽而不见矛盾的另外一面。见和蔽是联在一起的。荀子的这种分析批判,确实是辩证逻辑的方法,而要破除思想方法上的片面性,荀子认为,必须全面把握各种事物,寻找一个衡量一切的正确标准,方能认识事物的本来面目和固有秩序。尽管荀子在解蔽方法上有某些失误(如将“道”作为衡量一切的永恒标准),但是,从总体上看,这一方法论原则为人类正确认识客观事物提供了理论的指导,因此也成为古代科学技术领域中被人们自觉运用的思想武器之一。

三、观变、知常、明理的方法论

对于观变、知常和明理这三个范畴,历来就受到古代哲学家和科学家的重视,自觉将之作为科学观察和实验的重要方法论原则,并做出了许多创造性贡献,其中尤以北宋杰出的科学家沈括最为突出。

---

① 《韩非子·奸劫弑臣》,《诸子集成》本,中华书局1954年版,第五册,第70页。

② 《韩非子·备内》,《诸子集成》本,中华书局1954年版,第五册,第84页。

③ 《荀子·解蔽》,《诸子集成》本,中华书局1954年版,第二册,第259—262页。

④ 《荀子·天论》,《诸子集成》本,中华书局1954年版,第二册,第213页。

⑤ 《周易·系辞上》,《十三经注疏》本,中华书局1980年版,第76页上。

变就是指变化、变通。古人在对自然界和社会的观察中,很早就对“变”有了很深刻的认识。首先认识到一切事物都处于变化之中,“在天成象,在地成形,变化见矣”,[①]“日中则昃,月盈则食,天地盈虚,与时消息,而况于人乎?”,[②] 从日月星辰、山川河流、草木禽兽到人生社会,没有不变化的。其次认识到只有变化才能反映宇宙万物由往至来的发展过程。《周易·系辞下》说:“穷则变,变则通,通则久”,即是说事物发展到了极点(穷),就要变为反面(变),而变为反面后又有新的发展(通),这个新的发展需要一定的过程(久)。而“久”和“穷”之间也是要变化的。再次古人还把变化本身作了区分。《黄帝内经》认为:“物生谓之化,物极谓之变。”[③] 把事物产生的变化叫做“化”,把事物超过一定极限的变化叫做“变”。这说明古人已具有质变量变的辩证法思想。

常就是指恒久、不易。古人认识到万事万物的变化不是杂乱无章的,而是有相对稳定的变化之道,即存在一定的秩序和法则。《周易·系辞上》说:“动静有常,刚柔断矣”;《管子·形势》说:“天不变其常,地不易其则”;《荀子·天论》说:“天行有常”,都是认为自然界的变化有其内在的秩序和法则,在变动性中存在着常驻性。明清之际,王夫之对“常”作了较为详细的论述。他把“常”或称作“恒”、“有则”等,是与“变”或“不恒”、“无定则”等相对而言的。他认为具体事物可以依据不同的条件(时)千变万化,但不会离开宇宙的根本法则。因此,他强调要掌握自然界的客观法则,对变化无穷的世界万物要发挥人的主观能动作用。王夫之在这一问题上,把辩证法和认识论正确地结合起来,做出了较好的理论概括。

理或被称为大理、至理、物理、自然之理,是指客观事物的规律。古代对“理”的论述甚多,其中尤以沈括的论述最为深刻与全面。他说:“大凡物理有常有变。运气所主者,常也;异夫所主者,皆变也。常则如本气,变则无所不至,而各有所占。故其候有从、逆、淫、郁、胜、复、太过、不足之变,其发皆不同。”[④] 他把物理作为“常”与“变”的统一。变化中的不变就是常,这就为“五运六气”理论,可以根据自然界的种种变化来推断人的各种疾病应该有如何结果。但是,这种恒常并非绝对的,会出现种种异常变化。因此,既要

① 《周易·丰卦》,《十三经注疏》本,中华书局1980年版,第67页下。

② 《素问·天元纪大论》,人民卫生出版社1963年版,第361页。

③ 《素问·天元纪大论》,人民卫生出版社1963年版,第361页。

④ 《梦溪笔谈》卷七,《梦溪笔谈译注》,安徽科技出版社1978年版,第268页。

看到一定阶段内"本气"所决定的"常",也要看到在此阶段内尚有受其他各种因素影响而产生的"变",但不论是"常"还是"变",都可以进行推测,因其都具有规律性。所以要注意从逆、淫、郁等征候的不同变化,如果"胶于定法","其术皆不验"。① 沈括着重讲了在探讨事物的客观规律时,要具体问题具体分析,随时注意具体条件的变化,只有这样才能达到科学研究的目的。

沈括还论述了科学技术与客观规律,即"微"与"至理"之间的关系。他将科学技术,如积术、会圆术等数学方法,辩证施治等医学方法称作"微",说:"其造微之术,间不容发推此以穊,自臻至理。"② 认为只有通过发展科学技术,才能达到对自然规律的深刻认识。

从以上可以看到,观变、知常和明理三者作为科学方法论是密切相连、不可分离的。它要求人们在科学观察和实验中,从客观实际出发,不可泥于常规、胶于定法,而要随时把握变化了的各种条件,否则就不可能真正认识事物的内在规律。沈括正是以此作为自己科学实验活动的指导原则。他在谈到采药不能"拘以定月"时指出,生物的生长发育虽有其一般规律,但要受各种条件的影响。纬度不同,海拔高低不同,同样的植物在生长发育上就有差异,"缘土气有早晚,天时有愆伏。如平地三月花者,深山中则四月花。"③ 所以采药不仅要看到草药的一般生长过程,更要注意具体的地理条件,否则就误了时机。沈括在《苏沈良方》序言中说,尽管他所记录的良方,都是目睹其效验的。但是诊病、处方、辨药等方面的情况都是很复杂的,所以决不能用刻舟求剑的死板态度来对待良方。总之,沈括从"大凡物理有常有变"的观点出发,将观变、知常和明理的科学方法论加以灵活运用,在古代许多科学领域中都做出了创造性的贡献。如冯契教授所说:"在当时的历史条件下,沈括的方法论无疑是最先进的。并且它还有优于近代科学之处,即闪耀着朴素辩证法的光辉。"④ 这同时也说明上述三个方法论的提出,标志着中国古代哲学、科学、逻辑学在科学思维领域中所达到的高度,以及哲学与科学、理论与实际相结合才是科学发展的必由之路。

---

①② 《梦溪笔谈》卷七,《梦溪笔谈译注》,安徽科技出版社 1978 年版,第 269 页、269 页。

③ 《梦溪笔谈》卷二六,《梦溪笔谈译注》,安徽科技出版社 1978 年版,第 236 页。

④ 《中国古代哲学的逻辑发展》(下册),上海人民出版社 1985 年版,第 821 页。

第十一章　创建社会主义新文化体系

人类精神和人类知识作为人类历史自觉不自觉的观念形态，在历史演进中以文化的形式扮演着不可替代的重要作用。中国传统文化与社会主义物质文明、精神文明建设更有着相辅相成的关系。传统文化并非仅仅是历史的空谷回音和过时的历史残留，而是至今仍潜移默化影响着我们国家、民族发展的重要精神因素。因此，我们不仅需要广纳博采现代西方文化中的先进成果，而且要高度重视中国传统文化精髓的更新和创造，在继承的基础上实现人类精神和物质文明的新突破、新发展，实现中华民族的伟大复兴。以此为前提，对人类先进文化和人类社会的基本走向和演化态势作自觉的研讨与前瞻，对新世纪的未来作深沉的多维度、建设性思考，应是我们义不容辞的责任和使命。

第一节　文化评估与文化选择

中国自古是一个礼义之邦。在与西方文化接触之前，她的四邻没有第二个可以与其分庭抗礼的文化中心。这种情况的长期存在，使中国人在心理上产生很大的错觉，认为中国便是世界的中心，是普天之下文化最发达的国家。这种华夏中心主义实实在在统治了上下两千年的中国人的思想。一直到明朝万历、天启年间，耶稣教会教士东来，向中国人展示了一个闻所未闻的陌生世界的文化，华夏中心主义从此开始受到挑战。关于中、外文化的论争与中国文化变革，也从此揭开了序幕。

一、文化论争与文化变革(一)

16 世纪以来的文化论争，按其演变的线索大体可分为四个阶段。第一阶段是从明万历、天启年间耶稣会传教士的东来到清朝的雍正元年(1723 年)。第二阶段是从鸦片战争爆发(1840 年)到五四运动前夕(1919 年前)。第三阶段是从五四运动(1919 年)到中华人民共和国成立(1949 年)。第四阶段则从 1981 年开始延以至今。

根据目前学术界的观点，16 世纪以来的文化论争大体上不出四种理论类型。一是国粹主义；二是全盘西化论；三是在这两个极端之间持调和折中立场的理论；四是主张发扬民族的主体精神，综合中西文化之长，创造新的中国文化的理论。[①]

自明万历、天启年间，以利玛窦、庞迪我、罗雅谷、艾儒略、汤若望等为代表的一大批西方传教士先后来到中国，带来了西方的文化和科学技术。在这次从16世纪末叶开始到18世纪初叶中断的中西文化交流，曾给当时的中国学者带来了长期的论争。这时的论争大都是技术层面的，主要是围绕着天文学和数学问题，在主张学习吸收西方天文学和数学成果的一派人与主张固守中国传统的一派人之间展开争论。在主张学习与吸收的一派人中，徐光启、李之藻提出"会通以求超胜"的主张，认为中国人要超胜西方，必须走会通中西即综合中西之长的道路，而要做到这一点，又必须先将西学忠实地翻译介绍过来，实现"西法不妨于兼收，诸家务取而参合"[②]的兼收并蓄的治学境界。黄宗羲一派主"光复旧物"。他认为，西方的技术和学术，的确有其长处，但这些方法为我国所固有。"周公商高之术，中原失传而被篡于西人，试按其言以求之，汶阳之田可归也。"[③] 王锡阐、梅文鼎一派主张调和前两种态度。所以，梁启超认为，王、梅一派在理论上赞成徐光启的"会通以求超胜"，但其动机中又有黄宗羲"汶阳之田可归"这种光复旧物思想意识的成分，[④] 他们没有因华夏中心主义而陷入情绪化，而是在积极发掘整理中国固有的学术成果的同时又积极探索中西融合的道路。经王、梅等人重申并修正的学术观点，对后来清代学术界产生了很大的影响。

与上述几种主张学习西法的人相对立的，是一些固守中国旧法的学者与官僚，其代表人物是邢云路、魏文魁、冷守忠、杨光先等人。他们的反对意见大体包括两个层次：一是在政治和社会方面，一是在学术方面。他们建议根据邵雍的《皇极经世》修订历法，反对运用西方的天文学与数学方法，表现出一种拘泥经义，盲目排外的情绪。明末清初的中西文化交流到雍正年间宣告结束，它是在中国仍保持着独立自主地位的情况下进行的，虽然其间也出现了盲目排外和盲目崇信的倾向，但其性质带有开放和吸纳的特征，正确的和基本正确的态度占据着主导地位。

---

① 张岱年、程宜山：《中国文化与文化论争》，中国人民大学出版社1997年版，第313页。

② 《明史·徐光启传》。

③④ 参阅张岱年、程宜山：《中国文化与文化论争》，第315—317页。

中国文化论争与变革的第二阶段，经历了从物质层面到制度层面的文化变革。1840年鸦片战争之后，面对着西方列强的坚船利炮和西方文化咄咄逼人的进攻，引发了中国历史上一场重大的中西文化论争，以林则徐主持编译《四洲志》和魏源提出“师夷之长技以制夷”的口号为标志，开始了中国文化近代化变革的尝试。当时的学者与官僚们认为，中国的精神文化和国家体制是先进的，我们的落后在于富国强兵、船坚炮利之术不如人。于是一场物质层面文化变革的改革运动——“洋务运动”于60年代开始兴起，其指导思想就是所谓“中体西用”。这种思想可以追溯到魏源的“师夷长技”的主张，而最先对此作比较系统的理论说明的是冯桂芬。冯于1861年写成《校邠庐抗议》，论述了学习西方的必要性、紧迫性和可行性，并就如何处理中西文化关系问题发表了原则性的意见：“以中国伦常名教为原本，辅以诸国富强之术”①，这个意见成为30年洋务运动的纲领，它后来被概括成“中学为体、西学为用”的主张。这种理论一方面提倡引进西方的物质文化，一方面又要捍卫中国传统的精神文化，就二者关系来讲，前者为“用”，后者为“体”，“用”是为“体”服务的。这种理论在洋务运动时期曾经起过积极的作用。面对着主张变革的洋务派，强大的封建顽固势力根本拒绝西学，在这样的背景下，也只有在“中体西用”的口号下，才有可能部分地引进西学，引起中国文化的变革和历史性的进步。

从19世纪60年代到90年代，洋务派兴办了一批近代军事工业和民用工业。与之相联系，文化领域也发生了重大变化。引入了大量的西方科学技术知识，形成了中国近代译介西学书籍354种(不含宗教类)，其中大部分是科学技术书籍，也有少量的史地、政法类书籍。西方科学技术的引进和传播，冲击和动摇了儒家文化的传统价值取向和思维习惯，有助于近代科学的世界观和方法论在中国的传播和发展。

19世纪70—80年代，早期改良派逐渐从洋务派中分化出来。他们与洋务派的主要不同点在于他们主张不仅在物质层面，而且要在制度层面上学习西方文化，即从学习“西技”发展到学习“西政”。这种改良思想到甲午战争时已形成广泛的社会思潮。

1895年甲午战争失败，政治维新成为文化先驱们思考的热门话题，维新派登上了政治舞台。维新派主张在中国实行君主立宪制度，宣传西方资产阶级的政治学说，提倡民权，批判封建专制主义，从而形成中国近代史上第

① 冯桂芬：《校邠庐抗议·采西学议》。

一次思想解放的潮流。他们办报纸，立学会，创办新式学堂，使文化教育的面貌为之一新，哲学、历史学、经济学、文学理论如雨后春笋；诗界革命、文体革命、小说界革命、戏剧革命相继而起，中国的资产阶级新文化初步创立起来。

维新派领袖是康有为和梁启超。他们在维新的旗帜下，努力创造一种"不中不西，即中即西"的文化，其主要方法是用西学来解释中国的传统文化，实现中国文化的改良。康有为说："若夫泰西立国之有本末，重学校，讲保民、养民、教民之道，(设)议院以通下情，君不甚贵，民不甚贱，制器利用以前民，皆与吾经义相合，故其致强也有由。吾兵、农、学校皆不修，民生无保、养、教之之道，上下不通、贵贱隔绝者，皆与我经义相反，故宜其弱也。"① 这是一种巧妙的论述方法。按照他的观点，西方的经济制度、教育制度和政治制度，本质上是符合儒家经义的，而当时现行的清王朝经济制度，教育制度与政治制度不符合儒家经义，因此，必须改革。康有为所谓的"儒家经义"已不是传统意义上的儒家经义，而是体现着资产阶级新观念的"儒家经义"。实际上，康有为是企图用"托古改制"的办法来变革现实，宣传的是一种"儒表西里"的新儒学，一种体现着资产阶级改良思想观念的"儒学"。这种学术界称为"新学"的戊戌时期的新文化，无论在内容上还是形式上都是古色古香的，当时还不可能完全从封建时代的旧文化中脱胎出来。

这种情况到20世纪初期发生了很大变化。戊戌维新失败，特别是1900年八国联军之役以后，越来越多的人深刻理解了西方之强者兵，之所以强者不在兵的道理，开始从物质层面到制度层面的文化反思，革命思潮逐渐取代维新改良思潮，而成为时代主潮，以国内新式学堂师生和留日学生为主体的新式知识分子群体开始形成，他们无论倾向革命还是主张改良，都同时对西方的政治学说发生了强烈兴趣，成为介绍和传播西学的主力。据《译书经眼录》记录，在20世纪初翻译的书籍中，有自然科学类164部，占总数的19.6%；社会科学类327部，占60.9%。而据《东西学书录》记录，在1940年以前翻译的西学书籍中，自然科学类437部，占总数的75.3%；社会科学类仅80部，占13.9%。两个时代的数据相比较，可以看出，在制度层面变革中国文化的要求和努力主要发生在20世纪初期，即辛亥革命的准备期。在这一时期，许多思想家、宣传家已不借助传统文化的旧形式来表达自己的思想。邹容的《革命军》、陈天华的《狮子吼》、孙中山以及一批革命派的理论，都直

① 康有为：《保国会上讲演辞》，《戊戌变法》第4册，第409页。

接用鲜明的时代语言表达资产阶级的新思想。这一时期的新文化、新思想,在中国近代文化变革中发挥了重要作用,为随之而来的辛亥革命做好了思想、理论上的准备。

第三阶段的文化论争是从观念层面的文化变革到民族的、科学的、大众的文化观念的确立时期。

1911年辛亥革命建立起资产阶级民主共和国——中华民国,这是一场制度层面文化变革的胜利成果。以后,虽然发生了袁世凯和张勋两次复辟,但很快烟消云散,说明代表着社会进步的共和观念在中华大地上已深入人心。同时,复辟的事实,又从另一方面说明,仅有制度层面的变革是不够的。于是,陈独秀、李大钊等人掀起了以改造国民性为主要目的的新文化运动。中国的文化变革也由此进入观念层面的近代化建设阶段。

新文化运动的先驱者们认为,国民性的改造归根结底是革除旧的价值观念和道德观念,建立新的与共和制度相适应的价值观念和道德观念。为此,他们提出三个响亮的口号:个性主义、科学、民主。从个性解放的需求出发,树立起科学和民主意识,于是就产生了新的价值观念。这种新的价值观念、道德观念与传统的以纲常名教为基础的价值观念、道德观念是格格不入的:中国传统文化是一种伦理型文化,而新文化运动正是要在伦理层面上改变旧文化。因此这一层面上的革命表现出激烈的反传统情绪。在"打倒孔家店"的口号中,传统文化遭到了前所未有的批判。这样,中国从鸦片战争开始,到五四新文化运动,大体实现了从传统向近代的转变。

五四新文化运动以后,中国文化在尝试着一种新的探索与发展,这就是无产阶级领导的以人民大众为基础的新文化的兴起,并一步步取得主导地位,近代以来的旧民主主义文化转变为新民主主义文化。新民主主义文化是在共产党的领导下创建的。1940年,毛泽东发表《新民主主义论》,对于新民主主义的政治、经济和文化做了经典性的阐述。他认为,鸦片战争以后产生的新文化,是一种资产阶级的文化形态,属于世界的资本主义文化革命的一部分。而五四以后,中国的新文化是由无产阶级领导的,是新民主主义性质的文化,属于世界无产阶级的社会主义文化革命的一部分。那么,无产阶级领导的新民主主义文化应该具有怎样的特征?毛泽东概括说:新民主主义文化即中华民族的新文化应该是"民族的科学的大众的文化"。

所谓民族的,包括两层含义。一层是说,"这是反对帝国主义压迫,主张中华民族的尊严和独立的",另一层含义是说,"它是我们这个民族的,带有我们民族的特性"。在这里,毛泽东强调新民主主义文化应该而且必然具有民族性。这个民族性包括文化的民族特征和文化交流中的民族主体意识。毛泽东对于后者做了详细的论述，他写道："中国应该大量吸收外国的进步文化，作为自己文化粮食的原料……但是一切外国的东西，如同人们对于食物一样，必须经过自己的口腔咀嚼和肠胃运动，送进唾液胃液肠液，把它分解为精华和糟粕两部分，然后排泄其糟粕，吸收其精华，才能对我们的身体有益，决不能生吞活剥地毫无批判地吸收。所谓'全盘西化'的主张，乃是一种错误的观点。"[①] 这种思想是已经被历史证明的正确理论。它告诉我们，应该采取如上的历史观和文化观，正确对待中、外的文化和文化交融，就是说，即使是外国优秀的文化，也不能完全照搬过来，必须结合中国的实际情况，经过中国人自己的"消化"，使之成为具有中国特色的文化，包括对马克思主义也必须采取这种态度。

二、文化论争与文化变革(二)

1949 年的中国革命胜利，开辟了中国文化发展的新阶段。根据当年 9 月中国人民政治协商会议通过的《共同纲领》规定的目标，新中国沿着民族的、科学的、大众的新文化建设方向前进。在实践中，新中国总结了一套以为人民服务的思想建设为旗帜，以提高全体人民的文化素质为目标，以"百花齐放、百家争鸣"的方针为动力的文化政策，极大地调动了人民建设社会主义的积极性，迅速恢复了生产，用三个五年计划的时间积极发展了经济，推动了群众性文化事业的发展和进步，促进了文学、艺术、哲学、社会科学、自然科学、技术科学的发展与繁荣。

由于国际、国内条件和自身经验的不足，也由于当时政治形势的严势的严峻和经济建设任务的繁重，新中国文化建设也出现了挫折与教训。新民主主义的文化建设方针虽然已经形成，但是对其发展过程和规律性的认识尚缺乏世界历史的理性深度。现代民主法制还处在草创期，尚未真正建立起制度化的法理权威和科学决策的民主程序与机制。在新民主主义文化与社会主义文化的过渡衔接过程中，由于一系列的胜利以及社会建设的经验不足，出现了加速"社会主义改造"的急于求成的做法，违背事物发展规律，搞"大跃进"，造成浮夸和虚假的繁荣。尤其是在"左"的思想路线干扰下发动的长达十年的"文化大革命"，文化建设和国民经济发展受到了极大影响，没有像"亚洲四小龙"那样及时抓住机遇，实现经济腾飞，造成了经济和文化明显落后的局面。

---

① 毛泽东：《新民主主义论》。

进入20世纪80年代,中国出现了解放思想、改革开放的新形势。伴随着经济、政治改革的要求,在思想文化领域出现了持续十余年的文化论争与研讨的热潮。

被称为"80年代文化热"的这场讨论,表现出一种比较宽松的学术氛围,虽然近代以来的各种不同的文化观点、理论和主张又重新提出,但显然不是在一个层面上的反思,其中绝大多数都是为了深刻总结历史经验教训,努力为中国文化的未来发展探索一条切实可行的道路。但是,由于历史的原因,一些学者带着政治情绪的偏执参加文化讨论,因而不能客观理性地观察与研究文化与社会发展问题。中国文化建设、思想理论建设的繁荣期并没有真正到来。此期论争的有代表性的文化观点有:

1. 全盘西化论

该理论认为,20世纪80年代的中国没有一样不落后,应当全方位开放或者叫全盘西化。中国近代以来的文化选择由于与传统断裂的不彻底,大量保留了传统的劣根性,只有而且必须实行彻底的反传统,断裂传统,"赤身裸体走向上帝",当三百年殖民地才可能走上现代化的进程。这是一种偏激的、脱离实际、反对辩证思维的主观情绪化的理论,某种程度反映了当时的理论界的迷惘。其实,每个人都生活在一定的文化传统中,民族文化的基因或多或少地化入你的血脉之中,即使"赤身裸体",脱掉的也只是衣服,对于肌体的改变还是无济于事。传统可以创新、转换,但不可能彻底割断。对于中国传统文化应进行辩证分析,全面认识她的正面价值和负面价值。不加分析地全面否定一个五千余年不断统绪,为人类文明史做出过杰出贡献的民族文化,危害很大,这种危害在今天已经越来越明显地显现出来。因此,近代以来几次激烈反传统的教训应该吸取。由于数十年来各方面确实存在着大量失误,到反思时,面对落后局面,情绪激动,一股脑把账都算在传统文化的账上,甚至埋怨这片黄土地没有孕育出蔚蓝色的西方文明。这种偏激与片面很容易导致民族虚无主义,是一种不负责任的态度。偏激只会把我们的改革引入歧途。

2. 儒学复兴论

该理论的代表人物是海外华裔学者余英时、杜维明、成中英等,该理论在大陆部分学者中引起共鸣。在他们看来,中国社会出路的解决在于文化出路,文化出路的根本解决在于儒学的复兴。因此,只要抓住复兴儒学这个根本问题,就可以解决当代中国包括信仰危机、道德建设、政治民主、经济发展等内在的主要问题。应当承认,60年代、70年代以来的当代儒家学者对文化问题的反思有许多精卓的见解，他们反对欧洲中心主义、反对现代化只有西方一种模式的观点，他们把中国文化的未来放在全球意识的时代大背景下考察，把儒学的命运放在"认同"与"适应"的理论中来考虑，指出中国社会出路的解决在首先解决好文化出路的理论，都是很有见地的。如果说，要批判地吸收传统儒学中的某些有价值的思想要素，以它来组成中华新世纪文化体系的内核，广泛吸收古今中外人类文化的精华，创建一个多元一体的新的中国文化体系是可以的；如果说要完全恢复儒学在中国的统治地位，确立其在意识形态领域中的主导地位，用以指导中国的现代和未来的建设，在完全脱离了传统农业文明而走向现代工业文明的当代中国，这种构想未免有几分空想成分，是不大现实的。

3. 西体中用说

李泽厚在《关于儒学与现代新儒学》中提出这一理论。他说："西体中用"这个术语所表达的实际意思是"未来的道路应是社会存在的本体（生产方式、上层建筑和日常现实生活）和本体意识（科技思想、意识形态）的现代化（它源自西方，如马克思主义）和中国的实际（包括儒家作为中国文化主要的客观存在的这个实际）相结合。"这里所说的"体"有两个层次的含义，一层指社会存在，另一层指与一定社会存在相适应的意识形态。按照"西体中用"的理论，现代社会的社会存在、上层建筑与意识形态都应该是西方的。在这个"体"的输入、引进过程中，"判断、选择、修正、改造中便产生了'中用'——即如何适应，运用在中国的各种实际情况和实践活动中……如何把'西体''用'到中国，是一个非常艰难的创造性的历史进程"①。"西体中用"说作为一种文化主张，理论概念与传统的和常用的概念用法不同，因而产生了一定的争议。此论的提出似乎是一方面想确立西方文化的价值，另一方面又想避免"全盘西化"、"中体西用"之类主张的片面性，但事实上至少现在还没有能够做到。这种理论尽管尚不成熟，但他记录了当代一批知识分子的思考，该理论以这样一种形式表现出来，似乎是在向世人和历史表明，在文化问题上纠结中国人近两个世纪的中西对立、体用二元的时代已经过去，多元一体文化体系的建设任务已经历史地落在了新一代知识分子的肩上。

4. 综合创造论

以张岱年为代表的一种文化建设主张。这种理论以"会通以求超胜"

---

① 李泽厚：《中国现代思想史论》，第337页。

论、“拿来主义”与“民族的科学的大众的文化”论为基础,主张抛弃中西对立,体用二元的僵固思维模式,排除盲目的华夏中心论与欧洲中心论的干扰,在马克思主义普遍真理的指导下,在社会主义原则的基础上,以开放的胸襟、兼容的态度,对古今中外的文化系统的组成要素和结构形式进行科学的分析和审慎的筛选,根据中国社会主义现代化建设的实际需要,发扬民族的主体意识,经过辩证的综合,创造出一种既有民族特色又充分体现时代精神的高度发达的社会主义新文化。这种以多元会通、广纳博采为特征的文化理论典型地概括在张岱年先生的这样一段论述中,他说:“在新中国文化建设基本方针和道路这一重大问题上,中国的马克思主义者提出和坚持‘古为今用,洋为中用,批判继承,综合创新’的正确主张。这一主张不仅有辩证法的世界观、方法论作为思想理论基础,而且是先进的中国人长期探索和缜密思考的结果。”①

经过“80 年代文化热”的大讨论及文化反思,虽然学说林立,观点纷呈,各执一端,但对于中国文化的旧系统已经落后,不破除改造这种旧的体系结构,不吸取大量外来的先进文化要素,不按现代化的客观需要重新建构中国文化就没有出路等问题的认识却形成了共识。文化既有时代性,又有民族性。因此,除个别极端派学说之外,大都认为完全舍弃中国固有的文化,全盘照搬西方文化,同样不符合中国文化建设的客观实际。随着科技与经济的飞速发展,世界经济一体化、文化全球化的倾向越来越明显,它一方面要求我们以开放的心态拥抱全世界,适应全球协作的新形势;另一方面,离开了民族的独立与富强、民族文化的高度文明与发展,全球化的世界就没有你的地位。因此,民族文化的重建,文化个性的确立是至关重要、刻不容缓的。目前,西方文化虽然在整体上优于中国传统文化,但从文化的基本精神看,二者各有千秋,各有其独创性和片面性。从世界文化发展的历史实践看,一个民族的现代化,说到底离不开自己民族文化的现代化,不加分析地完全照搬外来民族的文化,是不可能实现本民族的文化重建,形成独具风格的文化优势的。中国文化经过数次大的文化论争,终于在 20 世纪的末页,在经过了对文化反思的反思和各种理论的实践之后,出现了兼收并蓄、文化兼容的新局面,并且已然开始了在多元文化共存的前提下,探索如何综合建设一种新的文化体系的历史实践。

---

① 张岱年等:《中国文化概论》,北京师范大学出版社 1994 年版,第 472 页。

第二节　传统文化与现代新文化建设

当今社会，怎样处理传统文化与当代新文化建设的关系？文化建设应坚持什么样的方针？怎样保证中国文化沿着正确的道路健康、持久、朝气蓬勃地发展？尽管自近代以来，文化变革与选择始终作为民族的重大问题来考虑，并为此做出了令世人惊叹的奋斗与努力，但创建出既高度文明、发达又能体现民族特色，有效指导民族文化实践的文化体系的历史任务始终没有很好完成。今天，这一任务历史地落在了21世纪新一代身上，对此，我们一定要树立使命意识与责任意识，做好认真的反思和艰苦的建设。

一、传统文化的历史地位

我们祖先创造过人类最先进的古代文明。然而，具有几千年文明的古老大国在走向近代时，为什么远远地落伍于西方？在社会主义新文化建设过程中，对于这一重大问题有必要做一次哲学性的观照与审视。

任何一个国家、一个民族的文化，在其历史的发展过程中，都经常出现这样一种矛盾运动：一方面主要维护自己的民族传统，保持自身文化的特色，另一方面，它又需要吸收外来文化以发展壮大自己。这种矛盾运动，文化学上称为“认同”和“适应”。

按照文化学的观点，民族是人们在历史上形成的一个有共同语言、共同领域、共同经济生活以及表现于稳定的共同心理素质的人类共同体。根据这一理论，任何民族都有其与其他民族相互区别的文化传统，这传统是一个民族世代积累的精神财富，是一个民族发展动力的接连不断的源泉。文化传统可以造成一个民族的自尊心、自豪感和自强精神。有了它，一个民族在遇到难以应付的历史环境的挑战时，就可能激发民族活力，解决面临的复杂问题，使民族获得新生。

在“认同”与“适应”这对对立统一的矛盾关系的处理上，中国文化曾有着相当成功的经验，无论是在上古三代的文化传播与文化交融，汉魏六朝时期佛教的融合并中国化的过程，还是明末清初一度出现的对外来文化的“会通超胜”文化实践，都是中国文化协调性、开放性和适应性的极好明证。中国历史上长期、多次出现较好处理“认同”与“适应”协调关系的实践，除了它本身的成熟与文化胸襟因素之外，中国文化，尤其是中国哲学中的辩证传统以及其中存在的一系列相反相成的因素，也是其重要的原因。在中国文化中，既有“天人相合”，又有“天人相分”；既有重“自然无为”的一面，又有重

“刚健有为”的一面;既有调和持中的一面,又有“反中庸”的一面;既有崇尚玄虚的一面,又有务真求实的一面;既有“华夷之辨”的封闭性,又有变易、革命与善于吸取外来思想的开放性。这些矛盾的思想观念,文化哲学意识,对立地统一在一个有机的文化整体中,避免了僵硬、教条,形成了宽容与博雅的传统,具有极强的文化同化力,使中国文化长期处在“任凭风浪起,稳坐钓鱼船”的有利地位。长期领先的文化现实,使中国文化的自身认同大于适应性的增长,一度形成稳定、自信、保守的痼疾,以致闭关锁国、孤芳自赏,对后来中国文化的发展以及民族性格的形成发生了深远的影响。为此,近代以来,中国人民与中国文化付出了惨痛的代价,以至于半个多世纪以来,在新中国的文化实践中,不断地出现这样一种论调:中国文化的出路在于文化传统的“断裂”和“自我超越”。持此论者对旧的传统充满了义愤,渴望与传统一刀两断,于是将传统文化描绘得一无是处,不可救药。其实,一个民族的历史是不能割裂的,它的文化传统也是不能强行“断裂”的,任何一个民族成员都不可能“超越”自己的时代和自己涵泳其内的文化传统,貌似激烈的口号和过分夸张的言辞所包含的主观随意性,决不能真正给民族文化找到正确的出路,相反只能稍稍掩盖对传统与创新的束手无策、软弱无力而已。章太炎曾针对这种虚诞的论调,指出:“自国的人,施自国的教育,像水、火、柴、米一个样,贵也是要用,贱也要用。”① 因此,企图“断裂”民族文化传统的设想是一种“无根”之论,事实上不可能做到,而且客观上起到销蚀人们民族自信心的作用,有害而无益。

立足于时代高度,面临实现现代化、迎接知识经济到来的历史任务,中华民族的文化认同决不是向传统文化的全面认同和复归,而是立足现实,学会理解传统,从传统文化中汲取可以为今天所用的营养,进行创造性的转换,形成开放、宽容、具有灵活性自我调节机制的文化体制。鲁迅说得好:“夫国民发展,功虽在于怀古,然其怀也,思理朗然,如鉴明镜,时时上征,时时反顾,时时进光明之长途,时时念辉煌之旧有,故其新者日新,而其古亦不死。若不知所以然,漫夸耀以自悦,则长夜之始,即在斯时。”② 这些话是鲁迅在本世纪初新旧文化冲突激荡的时刻说的,闪耀着理性的光芒,他对“怀古”与“创新”的辩证分析,至今仍可以作为我们文化工作的指导方针。

关于民族文化的适应性问题,一般说来,当一个民族处于封闭状态,与

① 《教育的根本要从自国心发出来》。
② 《摩罗诗力说》。

外域文化不发生任何联系的时候，是无所谓适应不适应的；只有当它与异民族发生交往、特别是激烈冲突的时候，发展水平较低的民族文化才有一个如何适应发展水平较高的民族文化的问题。文化发展的规律是：一个民族的文化只有遇到更先进的文化，在冲突与融合中才能更新发展。所以说，外部挑战乃是文化发展的重要条件。

从世界文化史看，欧美国家和日本自古以来就崇尚贸易活动，重视同其他民族的交往，因此把对外文化交流视为习惯和自然，深感文化交流可以带来本民族的文化进步。在这方面日本是一个适应型文化的范例。日本历史学家桥龟吉说："日本人对于与本国不同的外国文化，不是看作异端，也没有排斥和偏见，而善于以外国先进文化思想为师，并积极地进行全力移植和吸收。"① 事实确是如此。它在古代一直以中国为师，深受中国文化的恩惠。在近代当意识不以西方为师便难以生存和发展时，便断然"脱亚"，而大量地、普遍地引进西方文化融入日本文化，终于使自己迅速成为世界第一流的强国。

相比之下，中国文化的适应能力是比较薄弱的。中国传统文化由于地理环境的隔离机制和历史上长期的领先地位，遂产生强烈的文化优越感和自我中心的文化心态。在近代，中国一些文化保守主义者就认为，"华夏"文化高明而精微，"外来"文化低劣而粗浅，因而在对待外来文化上总是难以摆脱自我本位的对应模式。这种对应模式直接繁衍出"文化本位论"、"国粹主义"和种种论调。今天，我们要排除这种不合时宜的自大心理，就必须从思想上明确："中央之国"的盲目自大观念是封建时代的观念；平等观念、全球观念才是现代观念。

因此，认同与适应是一对存在辩证关系的矛盾，认同不是全面的认同，适应不是消极的适应，应当把它们有机地统一起来，既能保持民族主体性和民族文化的优良传统，又能广泛吸收外来文化的优秀成果，而最终以建设社会主义新文化、提高中华民族的科学文化水平和文明素质为依归。这实际上就是毛泽东倡导的"古今中外法"，就是"古为今用"、"洋为中用"的选择和继承原则。一种新世纪中国文化建设的辩证法。

要建设新世纪中国文化体系，必须正确估价传统文化的价值，给它应有的历史地位。我们过去曾经雄心勃勃地幻想开创一种纯而又纯的一元论文化，殊不知，真正有生命力的文化一定是兼容的，对立统一地解决好认同与

① 《战后日本经济飞跃发展的根本原因》。

适应矛盾关系的文化。在中国传统文化错综复杂的矛盾性和两重性背后，蕴藏着一个伟大民族几千年的智慧和创造，是一个极有发掘价值的文化宝库，其对未来中国文化的发展、中国文化新体系的建构以及民族性格的完善将发生深远的影响。

因此，要正确估价传统文化的历史地位，首先就应该区分出其中的精华与糟粕：

第一，中华民族的独特而曲折的历史经历，磨砺出一种刚健奋进、沉毅坚韧、礼让互助、克己奉公的精神。这是几千年形成的我们民族的灵魂，是我们民族被誉为"礼义之邦"的核心所在，是不可或缺的精神资源。恰恰在这些方面，是我们现实生活所缺失而社会生活不应该缺失的宝贵财富。正因为它稀缺，今天的文化的重建，首先要在精神上"补钙"，使之足以支撑起一个民族的脊梁。这一任务对于当今的人文工作者可谓任重道远。

第二，中国传统文化以兴灭国、继绝世、举逸民为代表的博大、宽容的人文精神具有顽强的生命力。这是中华民族的民族内聚力与文化同化力的象征，是在人道的基础上联合全民族的精神纽带。中国在历史上多次沦于外来民族统治之下，文化始终没有断裂，反而把入主民族的文化同化入中华民族。这其中的原因，关键在于这种符合人性的中华文化的生命力与凝聚力闪现着文明的光芒，具有被认同的宝贵文化价值。文化靠人传承，传承建立在认同的基础上。从这里出发，只要传承的人在，文化就在；只要文化在，民族就不会解体。一旦文化灭亡无人传承了，也就意味着民族的真正灭亡。世界上许多盛极一时的民族相继在历史上消失，中华民族却世代相传，与中华文化人文精神的顽强生命力直接相关。这一观点把文化与民族的关系讲得十分清楚，同时也说明了传统文化在中华民族生存和发展中的重要地位。

第三，传统文化具有很强的吸收消化外来文化的功能。就中华民族的传统文化自身的发展过程看，确曾吸取了不少外来文化的养料。这一功能与儒家经典《易经》倡导的变易思想以及儒家见贤思齐的思想有关。另外，应当指出的是，不管怎样吸收外来文化，传统文化的基本精神却是由本土文化所规定的，由外部输入的文化因素，最终还要经过儒家思想的消化吸收。中国文化史上有所谓儒释道"三教合流"的有趣现象，在西方一些国家是无法想象的。这也表明以儒家思想为主体的传统文化兼蓄并包的历史特质。

第四，民主、爱国传统和大同理想。在中国古代，产生了主张仁政，反抗暴政的现实主义传统以及天下为公的思想和理想。中华民族古代文化发展的过程，就是在不断同黑暗、蒙昧作斗争中逐渐得到启蒙和觉醒的过程。中国古代还产生了“民本”思想。虽然这并不是近代的民主，也不可能摆脱封建思想的制约，但却是中国古代比较富于原始民主性和人民性的精神成果。这些都是中国传统文化不可磨灭的、宝贵的历史遗产。

第五，不尚玄虚，直面社会现实生活。章太炎先生说：“国民常性，所察在政事日用，所务在工商耕稼，志尽于有生，语绝于无验。”① 这种“君子务实”的思想，比较确切地刻画了以农业为主体的中国人“重实际而黜玄想”的民族性格。在务实的基础上，中国传统的优秀文化力图从各个历史时代所提出的迫切现实问题出发，“究天人之际，通古今之变”，探求宇宙、社会发展的趋势与规律，寻求“治世之道”，它具有强烈的使命感、责任感，“天下兴亡，匹夫有责”，经世致用，救世之危，济世之穷，力求“富天下、强天下、安天下”。这种优秀的文化传统为20世纪马克思主义与中国革命具体实践相结合提供了思想条件，也将为21世纪中国文化的重建提供基础性的精神资源。

中国传统文化中的优秀成分还很多，如悠久的唯物主义思维方式、理智的无神论传统，独特的人文取向与人道原则，强调人应当由自然的天性提升为人化的德性理论等等。但也应看到，在传统文化中还存在着大量的为历史发展过程所积淀下来的糟粕及其表现形式。如以家族为本位的宗法等级制度和观念，自给自足的、安于现状的、狭隘的手工业生活方式、思想方法和习气，抱残守缺，故步自封，夜郎自大，闭关锁国，等等，所有这些已经形成了“历史的堕力”，极大地阻碍着中国社会历史的向前发展。近代中国在科技、经济等方面的落后，恐怕与文化的落后有着直接的关系。因此，从民族的利益出发，在21世纪重建中国文化是中华民族伟大复兴的基础性工作。

二、传统文化的前景

传统文化是动态的、历史的、涵盖面很广的系统。它随事推移、与时俱进，每个时代对传统文化和它的某些成分都能发现新的意义并做出新的解释。同时，传统文化对于现实社会又能提供历史借鉴。因此，人们说“一切历史都是现代史”。正是从这一角度讲，康有为在古代的大同理想中找到了未来社会的范式。站在21世纪改革开放的水准上，我们能从传统文化中受到什么启示，发现些什么意义并为它创设怎样的发展前景呢？

美籍学者、哈佛大学教授杜维明在策划儒学发展的前景时，讲过一番颇有启迪意义的话。他说：“在中国，为了坚持开放政策，为了推展四个现代化，为了赶上西方先进诸国的经济水平，为了建设中国式的社会主义文明大

① 《驳建立孔教论》，《章太炎政论选集》下册，第689页。

国,深入广泛地批判封建意识形态是有浓厚现实意义的思想工作。儒家传统能否超脱保守主义、权威主义和因循苟且的心理而成为有志青年的价值源泉是其能否进一步发展的必要条件。”① 这是在呼唤儒学的变革、消化与再生。儒学是如此,传统文化亦复如此。因为哲学的可贵在于它的超越性,文化的可贵也在于它的超越性。关键在于我们的民族是否在今天的历史背景下,有能力实现这样一种文化和哲学的超越。要实现超越就要解放思想,克服传统与现实的惰性,在创新的前提下,完成新的文化、哲学体系的建构。

谈到新文化、哲学体系的建构,传统文化、现实文化和未来新文化的关系需要首先搞清楚。该问题的提出,基于这样的判断:现行的文化现实和传统一样,存在着历史的惰性,只不过表现形式不同罢了。分析起来,这种现行文化的惰性力不是来自人之外,而是来自人自身。具体表现为道德失范、藐视精神价值、追求物欲和行为放纵等等。这种被文化惰性感染的人的价值尺度建立在彻底反传统,以个体为本位,追求个性解放绝对化的基础上。这种“流感”在社会的风行,已然造成了对文化本质的背离,久而久之,必定造成对民族文化和民族形象的难以挽回的负面影响。这种现实与我们高速发展的经济及大国形象极不吻合。

怎样理解和对待传统?怎样改变和引导现实,怎样建设未来的文化?的确到了应该认真思考、认真回答的时候了。

我们说,传统文化的惰性力表现在因循、保守,表现在对人的创造力的束缚及对人的个性尊严的漠视。在这种传统氛围中的人,既以传统自我评价、自我约束、自我控制,又以传统评价别人、约束别人、规范别人。因此,人头脑中的传统观念形成的思维定式,既自己妨碍着自己的发展,同时也阻滞着别人的进步。这是传统文化惰性一面的具体显现,它渗透到人的文化、心理、行为、思想、观念等社会生活的各个领域,亟待在反思与建设中实现历史性的超越。

然而,超越应该是在原有基础的超越;超越绝不意味着走向反面。回到现行文化惰性问题上来,因为社会的确立和社会的存在需要秩序来维系和保障,人的解放便永远只能是相对的。只要社会存在,社会需要进步,人就需要理智、理性,人就需要皈依的精神家园。只要社会存在,人就不应该成为绝对自由理念支配下的感性人。人是各种社会关系的总和。这一定义决

① 杜维明:《儒学第三期发展的前景问题》,《文化:中国与世界》(第二辑),三联书店1987年版,第137页。

定了人性对动物性的超越，决定了以文化的形式对人进行人化是人类文明的重要表征。正是在这方面，传统文化中蕴藏着丰富的精神资源，它的以人的内心信仰和自我约束为文化基础，重精神、重气节的合理内核，为我们今天的文化建设和文化实践提供了一种理性的启迪、深刻的启示和历史的借鉴。因此，无论是对现实的文化和传统的文化，都应该抱定科学求实的精神，深入地分析、剖判，科学地求证、扬弃，坚定地建设、实践。这样，我们就能够正视传统，给传统文化应有的历史地位，在理解传统的基础上超越传统，在综合古今中外优秀文化遗产的平台上，建设属于现在和未来的新文化。

在国际上，儒学由于其涵括丰厚的人文精神，获得越来越多的域外学人的青睐，越来越取得了与世界其他文明对话的话语权；中国传统文化也正以其独具特色的基本精神和品格，吸引着越来越多的国际友人的学术注意力。在中国，在美国，在欧洲，越来越多的知识分子以极大的热情，尝试着把中国文化与各种形态的文化，尤其是西方文化，进行正常的日益频繁的对话和交流，产生了广泛的国际影响。这种形势为我们的文化建设提供了良好的背景条件。

要把这项工作卓有成效地进行下去，就必须：第一，深入地发掘传统哲学的智慧和精神，并把它们贯注到现代人的生活之中。例如，用中国传统文化解决人与自然关系的理论，解决调控环境污染和可持续发展的问题。用中国传统文化人与人、人与社会之间和谐的理论（参阅绪论部分），启示我们解决因现代竞争和现代节奏使现代人陷入尴尬的各种现实问题。第二，吸纳、消化西方的先进文化，面对当今国际思潮中提出的大问题做出创建性的反应。这是一个问题的两个方面。也就是说，要保持传统文化的合理内涵，同时又必须借助西方文化体系中的积极内容和优秀成果来补充和发展传统文化；同时在这一过程中，还要将传统文化的自强不息、厚德载物、刚健有为的基本精神不断赋予新的内容，以弘扬中华民族的伟大精神。

以上述的观点看问题，传统文化的发展前景意味着它自身的创造性转化。狭义地讲，任何传统都只能说明过去，而不能代表未来。但是这丝毫不影响它本身蕴含着未来的精神和普世性的价值，这也是一种对立的统一。掌握了这样一种辩证法，传统在现实中确然可以发挥作用。当然，在现代化建设这个时代课题的客观要求面前，即使是优秀的传统也面临着无情的挑战和考验，也必须面向未来、实现自身的创造性转化。譬如，吃苦耐劳、艰苦奋斗包括两层含义：一是指在生活消费方面能勤俭节约、艰苦朴素，有吃苦精神。在一家一户的自然经济条件下,节俭、朴素、吃苦的消费方式有利于维持或者有利于扩大简单再生产,有利于生产资料的积累和发展;而在社会化、商品化大生产的情况下,仍以维持自给自足和简单再生产为目的的消费传统,也会压抑、阻碍社会生产力的发展。因为消费可以刺激生产,没有消费的发展,就不可能发展社会生产力。吃苦耐劳、艰苦奋斗的另一层含义,是指在劳动实践中不畏劳苦、敢于克服困难的精神。这种精神是永远应该提倡的;但在现代化建设的今天,如果再继续提倡那种"锄禾日当午,汗滴禾下土"式的艰苦奋斗方式,就不可能有农业的现代化。我们既不能用农业文明时代的观念理解艰苦奋斗,也不能像"大跃进"时代那样用"大干"、"苦干",而实际上是"蛮干"的观念理解艰苦奋斗。这应该说是一种认识上的观念超越。今天,艰苦奋斗的传统在现代化的进程中,更多地表现为坚韧不拔的意志和努力,表现为研究新情况、解决新问题和勇于创新的开拓精神、创造精神、拼搏精神。传统观念侧重从体力和耐力的支出、耗费上规定艰苦奋斗的意义,现代化却赋予它以科学性,智能性和创造性的特征。这种变革就是促使传统实现创造性的转化,使之顺应时代潮流,使中华民族的优秀传统在时代发展中获得现代内涵和形态,实现民族传统的现代化。离开了传统的创造性转化,只停留于对中华民族优秀传统的赞美和欣赏上,不仅会窒息优秀传统力量的正常发挥,而且将堵塞其发展的必经之途。

这里还应提及的是,传统文化在经受了马克思主义新文化的洗礼之后,已发生了翻天覆地的变化。尽管现代新儒家是传统文化尤其是儒学的继承者,但既然是"现代"新儒家,就势必具有一些现代的色彩。随着时间的推移,现代新儒家已然开始了和马克思主义的对话和交流,他们不会无视马克思主义在 20 世纪的中国大行其道这一基本事实。至于 20 世纪 40 年代创立的毛泽东思想,在某种意义上可以说就是马列主义和中国传统文化既冲突又融合的产物。所以,毛泽东思想这一中国化了马克思主义,不可能与传统文化完全绝缘。而且,正是马列主义、毛泽东思想给传统文化灌注了生机与活力,一度使许多传统文化的门类和事项获得新生与空前的发展。

进入 80 年代,文化问题成为中国知识分子广为关注的问题,研究内容之广泛,研究问题之深入,研究队伍之宠大,都是前所未有的。传统文化又成为其中的热点。多数研究者都能用正确的观点和方法,区分传统的优劣,探讨中国传统文化的起源、发展及其历史地位与社会作用,取得了可喜的成绩。特别是其中一些理论能够和现代化建设的实践结合起来,探索社会主义新文化建设的途径和方法,深入剖析、区分封建主义遗毒和已过时的资产阶级学术思想，结出丰硕的果实。十分可喜的是，国内学术界在突破狭隘眼界，广泛接受文化的多元和多元文化方面，已经取得取向上的一致。尤其是在探讨民族文化共同价值方面，不仅“现代新儒家”的代表杜维明先生一再呼唤不同文化的对话和探讨普世性价值问题，而且以张岱年先生为代表的“综合创新”论学派也试图从不同流派综合的角度，建立新的文化价值体系。该学派认为，价值观是人类最重要的评价性观点。它既涉及现实世界的意义，也指向理想的境界。具体而言，价值奠基于人的历史需要，体现人的理想，蕴含着一般的评价标准，形成一定的价值取向，外化为具体的行为规范。作为稳定的思维定式、思维倾向，价值观影响着广义的文化演进过程，不同时期的文化创造，总是受到特定价值观的范导，文化本身在某种意义上也可以看作是价值理想的外化或对象化，价值在文化中处于核心地位。一般说来，价值观由一系列价值原则组成。价值原则凝聚了人们对善恶、美丑的最基本的看法。正是相互关联的价值原则，构成了文化的价值体系。[①] 该学派通过对中国文化中儒、道、墨、法、佛诸家的价值原则中相拒而又交融，相反而又互补，最终形成多元一体内涵丰富的价值体系的现象分析，最终得出“如果对中国传统文化作一整体系统分析，我们则不能忽略其中所包含的多元价值取向”的认识。[②] 这种对中国传统文化所做出的以儒家价值取向为主，诸家思想交融，多元一体价值体系的分析，很能给人以启示。从战国时期的诸子百家纷争到中国传统文化最终的多元一体，似乎是在向今天的知识分子提出的启示。现今社会，古今中外多元文化的交汇与共存，不仅不是坏事，相反，正是历史提供的一个绝好的文化整合、文化新生的时机。因此，可以断言，在新世纪的伟大时代里，伴随着马列主义、毛泽东思想的深入研究和西方乃至世界各种先进文化的传入，传统文化的创造性转换，新文化体系的综合创建，必将跃上一个新的阶段。

三、与时俱进创建社会主义新文化体系

当我们从更广阔的视野来考察现代化进程的时候，我们发现，所谓现代化，就是指18世纪工业革命后，人类社会从传统的农业社会向现代工业社会，从生产的家庭化向生产的社会化转变的历史进程。现代化不仅限于经济领域内生产力的进步和生产方式的更新，而且包括社会的政治发展和文化发展。在现代化进程中，随着生产方式的变革，工业化、后工业化社会的实现，尤其是随着知识经济的来临，整个社会的政治制度、精神风貌、思想文

---

①② 参阅张岱年等：《中国文化概论》，北京师范大学出版社1994年版，第400页。

化以及作为社会主体的人,都必将实行各方面的更新。所以,现代化不仅是物的现代化,而且也是人及人的社会关系的现代化,是“人的全面发展”。总之,首当其冲的是文化的现代化。

近代中国的现代化运动经历了一个曲折的历程。在这一过程中,中国传统文化与西方文化的冲突与融合表现得淋漓尽致。从现代化的物质层面到政治制度层面,再到思想观念的层面,先进的中国人在探索中国现代化进程时付出了艰苦的努力和巨大的代价:学习西方的器物技艺、科学技术,但却没有实现当时物质层次的现代化;引进西方的政治学术思想,发起资产阶级的政治改革运动,却没能使辛亥革命后的中国走上建设现代化强国的坦途;在思想观念、文化心理等方面全盘学习西方,也没能使国民的心理和意识完全摆脱传统意识的束缚,真正实现国民心理的现代化。这是因为文化问题有其自己的规律性,不以人的主观意志为转移。我们应该很好地总结其中的经验和教训,探讨其中的规律。第一,出于对文化现代化规律的隔膜,中国近代以来的改革家和思想先驱们,还不可能把现代化作为一个多层次的系统去实践,而仅仅将其理解为单一的过程,缺乏系统的理论作指导,缺乏长期建设的思想准备。如前所述,发端于工业革命的现代化运动,是一个漫长的历史过程,即由传统的前工业社会向工业社会转变的过程。在这一过程中,无论是社会的经济生活、政治生活、组织管理,还是人的思维方式、价值观念等等,即作为社会主体的人的一切方面,都将发生巨大的变化。所有这些变化,无疑将是呈现于一定历史过程且具有层次性的有机系统。譬如,现代化的经济系统,就包括农业现代化、工业现代化、组织管理科学化等。而且同传统的自然经济相比,现代化的经济还包括商品经济的基础层面。所有这些方面,构成为一个统一的整体、有机的系统。而其他领域的现代化发展也同样具有这一特征。

鸦片战争以来,先进的中国学人把探求的视角从延续恒久的“道统”逐渐转向了来自西方的器物技艺和声光化电,目的就是“师夷之长技以制夷”。这个“师夷制夷”的价值取向和后来洋务派的自强运动,意味着现代化先驱们的经世致用、放眼世界、推崇西学、重视科技的思维定式,因而开启了中国现代化的先河。显而易见,这种探求还只是抓住了现代化的物质层面,但它在整个现代化过程中一直若隐若现,形成中国现代化进程中的物质基因。当然,现代化的先驱们并没有停留在这一层面上,而是随着甲午战争的失败所导致的中华民族“亡国灭种”危机的日益加深,大力倡导社会改革和思想启蒙,力图从政治制度或思想文化的层面动摇封建传统的根基,革新中国社会的面貌。于是先后爆发了戊戌变法、辛亥革命和五四运动。

如果对迄今为止不满200年的中国现代经历程划分一下阶段，那么大致包括：(1)在传统的封建社会内部寻找改良主义现代化道路的阶段；(2)在否定封建的基础上试图走资本主义现代化道路的阶段；(3)在资本主义道路走不通的情况下寻求社会主义现代化道路的阶段。

从实践的角度看，前两个阶段均没有取得成功。原因之一，就在于呈现于这两个阶段中的三个层次(物质层、制度、观念层)还只是依次出现的、相互分离的、独立的现代化要素，每一个层次在其实现过程中，还缺乏与其他层次或要素的有机联系。

第二，是由于中国复杂的国情和传统文化的强大惰性所造成的。近代史上的"华夷之辨"、"道器之争"以及"本末"、"体用"的论战，都一而再、再而三地出现。这表明，现代化的问题是一个"人"的问题，作为一个拥有几千年传统的人口大国，中国现代化的道路必定是艰难的、曲折的。它的现代转型必定受到多方面的阻力，而最根本的是习惯、定势与传统的阻力，是缺少哲学与超越传统的原因所致。与洋务派相对立的顽固派，固守着传统儒家文化的观念和价值尺度，仇视和排斥学习一切西方器物技艺和制度，视西学为"奇技淫巧"、"坏我人心"，因而坚决反对。洋务派虽然主张学习西方，但却落入"中体西用"、"器变道不变"的窠臼，认为"可变者器也，不可变者道也"①，"中学其本也，西学其末也"②。中国的纲常伦理是不可变的，而器物方面则可通过学习西方补我不足，因此学习西方决不能舍本逐末。可见，洋务派和顽固派尽管有论争，但殊途同归，都是要维护以纲常伦理为核心的传统儒家文化和封建制度，而且在对待维新和革命派的态度上，二者是一致的。他们反对学习西方的政治制度和思想文化，更反对变更封建帝制的社会革命。由于封建势力的强大，使资产阶级改良主义运动和资产阶级民主主义革命最终归于流产。近代以来中国的现代化发展极为缓慢、没有成功，封建势力与传统文化的巨大阻力，无疑是基本原因之一。

第三，近代中国的现代化往往是"西化"的同义语，所谓"工业化"、"近代化"，也是指的这个意思。五四出现的"全盘西化"、"充分世界化"，也没有超出这一格局。近代的思想先驱们对现代化模式的简单化、一元化理解，即单一的西化模式，这应该说是一种误解。由于世界上各个民族、国家和地区经

---

① 王韬：《弢园文录外编·变法上》，中华书局1959年版，第237页。

② 《郑观应集》上册，上海人民出版社1982年版，第276页。

济、政治、文化发展的不平衡,造成了现代化进程开始的早晚、速度的快慢、途径的优劣等等的差异。这种差异在结果上形成的显著不同和强烈对比,既引起落后的不发达国家向西方发达国家学习的迫切愿望,也滋长了西方国家"以我为中心"的观念。在这样的背景下,人们有可能产生把现代化等同于西化的误解。在一个开放的世界上,各民族、国家和地区之间的交往、合作日益频繁,相互影响、相互学习都是极寻常的事。但是,学习别人的现代化经验和方式,终归还是为本民族、本国家、本地区的现代化服务。只有把别人的现代化经验和方式与自己的历史和现实很好地结合起来,就可以发展出适合自己国情的现代化模式。因此,现代化不等同于西化。

在今天的国际舞台上,除了欧美西方模式,还有东方日本模式;除了先进的工业国家的模式,还有后工业国家的模式;除了资本主义模式,还有社会主义模式。80 年代在东方还出现了儒教资本主义模式。这些模式之间相互渗透、相互影响。因此,要探索具有中国特色的现代化建设模式,就必须吸收世界各民族的一切优秀成果和经验,并与中国的国情结合起来。而在近代中国,或者是仅仅学习西方某一层面的文化成果,其他则"依然故我",或者是彻底抛弃传统,把西方的东西全盘搬进中国。这两者都没能使中国现代化走上健康发展的坦途,都缺乏消化、吸收与再生,文化上缺乏真正哲学意义上的融汇与超越。

历史的巨流把一代又一代的弄潮儿推向前台,而新一代的改革家正把握住历史的脉搏,聆听着时代的召唤,开始新的努力。不可否认,近代以来的仁人志士探索中国现代化的努力,无疑启迪了新一代中国改革家卓越领导人的睿智。

十一届三中全会以来,中国领导人确立了建设有中国特色的社会主义现代化强国的战略目标,制定了"一个中心,两个基本点"的战略方针,在党的"十二大"、十四届六中全会上明确提出建设高度的社会主义精神文明的任务,并且将此作为我国社会主义现代化建设的基本指导思想。进入 21 世纪,中国领导人不断呼吁哲学社会科学界加快社会科学对于现实社会的解释性,努力建设有中国特色社会主义的经济、政治和文化,并把它规定为国家建设的基本纲领。综括这些方面,我们确信,社会主义的现代化事业决不会仅仅表现在经济发展高速度的创造上。我们的文化建设的速度在今后若许年间将会加快。在积累了近两个世纪的挫折和经验之后,中国新一代人理当更加成熟起来,以社会主义精神文明建设为中心的社会主义新文化事业将由新一代人在全国广泛地开展起来。这次社会主义新文化建设的根本任务仍将是：围绕着现代化建设事业，培养有理想、有道德、有文化、守纪律的社会主义新公民，提高整个民族的思想道德素质和科学文化水平，努力创造出一种以马克思主义为指导的，批判继承历史传统而充分体现时代精神和先进文化发展方向的，立足本国而又面向世界的高度发达的社会主义新文化。

有中国特色社会主义文化体系的建构任重道远。要完成这样一个艰巨的历史任务，必须精心整合其文化来源，所以，我们在考察社会主义新文化的来源时，应该有自己的原则和准绳。

首先，作为主导的方面，社会主义新文化将吸收容纳几千年来传统文化的精华，这是社会主义新文化的起点，也是其中华民族赖以生存发展的基础所在。新文化体系的确立，不可能割断自己的历史传统。"我们要正确认识自己的历史文化，区分精华和糟粕，使中华民族几千年来创造的文明成果，在社会主义现代化建设中获得新的生命，放出新的光彩"。① 但是，我们对待传统文化，必须运用科学的精神和求实的态度进行一番淘汰和改造，真正筛选出能为今天和未来建设服务的精神遗产。

其次，社会主义新文化建设的另一个原则是，尽可能地吸收西方乃至世界各国的先进科学技术和思想文化成果，赋予社会主义新文化以时代性和世界性的双重意义。江泽民同志说："我们的社会主义现代化建设需要继承和发扬中华民族优秀文化传统，也需要学习和吸收世界各国人民包括在资本主义制度下创造的优秀文明成果。"② 这是以马克思主义为指南，以社会主义现代化建设为目的，在立足中国具体实际的基础上实现中西优秀文化的辩证综合和融会贯通，建设社会主义新文化体系的正确途径。

回顾中国文化的先驱所走过的文化选择的曲折道路，展望中国文化未来的走向，我们有了较为清楚的认识。诚如绪论部分曾作过的简单梳理，在中国人近两个世纪的文化反思和文化选择中，曾经经历了三次大的文化转型。首先是清代末年从对中国传统文化的矜持、自恋到试图通过洋务运动、变法维新来实现对旧有传统文化的革命。其次是五四之后，从以孙中山为代表的国民革命在大陆的终结到中国共产党的社会主义革命，尝试着用马克思主义与中国革命相结合两源会通的毛泽东思想完成中国文化的转型。第三次是从文革之后的文化反思到 20 世纪八九十年代的马克思主义、西方

---

①② 江泽民：《在首都青年纪念五四报告会上的讲话》，《人民日报》1990 年 5 月 3 日。

文化和中国传统文化三源会通的新尝试。如此漫长的文化革命和文化选择,显现出中华民族的自强不息和坚韧的探求精神。直到如今,在改革开放的旗帜下,国内理论界为马克思主义在新时代的解释性,国家为固有的社会主义原则与西方文化的接轨仍在做着艰苦的探索。尽管如此,建设与时代相适应的现代文化体系的任务仍任重道远。令人高兴的是,根据中国文化反思的积累和文化研究的发展,学术界在许多问题上已取得共识。21 世纪的中国文化走向,必然朝向两种社会制度并存、多种文化类型同在、多维价值体系共生的多元文化发展。21 世纪中国文化的多元发展主要体现在有中国特色的社会主义文化,带有自由主义色彩的文化,以新儒学为代表的保守主义文化以及一国两制下的港、澳、台文化等多种文化观念的并存交融。多元文化并存的进一步发展是多元文化的交融,因为,21 世纪文化中国广泛空间中相对统一的精神文化基础只能是中华文化。正如人们所言,中国人之所以是中国人,并不完全在于黄皮肤、黑头发、黑眼睛这些特征,而在于他们拥有一个共同的根,即中华民族在长期的历史发展过程中形成的源远流长的共同的文化心理结构。客观上,全球华人社会制度可以不同,但文化是同一的。中华文化是唯一能把多元文化、不同地域所有成员联系起来的纽带。因此,不管现代文化建设的任务多么艰巨,中国文化只能从这里出发去追求多元文化基础上的深层次整合,使多种文化类型、多维价值体系在相互冲突中相互渗透,在相互对立中相互结合,最终在吸纳古今中外文化营养的同时整合、交融,创造出一种多元兼容、多元一体的新文化!

后 记

历经20世纪“八十年代文化热”，我和徐仪明博士成为朋友。90年代初，我们第一次合作，编写了由张岱年先生题写书名，由石训先生作序的《中国文化论纲》。这是一次成功的合作，该教材出版后，在社会上产生了较好的反响。

进入21世纪以来，科学技术裹挟着时代飞速发展，教育国际化的趋势、素质教育理念的推行、扩招带来的高等教育大众化发展趋势，协同创新理念的提出，促使我国高等教育进行全面改革。新世纪的到来，一大批新的本科院校的设立、高等学校的结构调整、高等学校的教育质量要求都在深情呼唤适应时代精神的新教材建设。就在这时候，教育部“十五”教育科学规划项目——《新世纪地方高等院校课程改革与教材建设研究》课题组邀我加盟，主持其中一个子课题。于是，有了我和徐仪明先生在该领域里的“第二次握手”。我们初定课题组人员名单，并就有关问题进行了充分的讨论。经过子课题组各位同仁的共同努力，最后将成果结集成为这本适用于新世纪素质教育课程建设的教材。

本教材由陈江风任主编，徐仪明、李世桥任副主编。各章的作者分别是：

第一、第七、第十一章、后记部分由陈江风教授（郑州轻工业学院）撰写。

第二章第一节、第三章由李世桥副教授（南阳师院）撰写。

第四章由汤广全先生（玉溪师院）撰写，其中第四节由陈江风添加、改写。

第二章第二节、第五章由王仁宇副教授（南阳师院）撰写。

第六、第十章由徐仪明教授（河南大学）撰写。

第八章由李富华副教授（雁北师院）撰写。

第九章由钟坤杰副教授（曲靖师院）撰写。

统稿工作由陈江风、徐仪明教授承担。李世桥副教授担任联络工作。

本教材坚持“守正出新”的原则，力求在辨彰学术、考镜源流，梳理学术传统的基础上对传统文化进行新的审视，并力图从促进我国哲学社会科学发展,尝试在马克思主义指导下,以中华本土文化为核心,吸纳人类各种文化精华,形成多元一体新文化体系建设方面做了一点推陈出新的粗浅尝试。

感谢课题组成员对本子课题的大力支持,感谢南京大学出版社左健社长和金鑫荣总编的辛勤指导,感谢蔡文彬主任亲临郑州指导本书的修订工作,没有他们的支持和指导,本教材就不可能面世、改版,渐臻完善。

该教材问世十年来受到同行们的肯定。伴随着教材的使用与修订,本人因工作的需要和组织调动,由河南大学经南阳师院最终落脚郑州轻工业学院工作。所幸的是,十年来,本教材除了在大专院校本专科生中使用外,国家汉办和自学考试委员会曾指定该教材为"中国文化史"课程的专业教材和参考教材。使用中,一些朋友也指出了教材的不足之处,使我很受感动。为了回报读者朋友们的热情,抱着对学术负责的态度,此次修订,本人集中精力用了四个月时间,逐字审读,认真修改,每个章节都进行了斟酌改动,最多的章节如第二章增删改动了近万字,其中第二节重新写作,以求改善。全书校正改动三万余字。作为一本数人合作的教材,的确需要反复的切磋琢磨。本书 2005 年曾有过一次修订。经过两次认真修订,其内容更加严整科学,各章节之间的联系更加紧密,文字风格相对统一。尽管如此,由于作者水平所限,舛错疏漏之处敬请国内同仁批评海涵。

陈江风

2013 年 10 月 18 日于郑州轻院三榆堂